图 1-1 《皇甫奉諠墓志》志盖

图 1-2 《皇甫奉諠墓志》志石

图 1-3 《井真成墓志》拓片

图 1-4 《祢军墓志》

图1-5 《吴怀实墓志》

图1-6 圆仁题名舍利藏志

图 2-1 《井真成墓志》志石、志盖

图 2-2 《井真成墓志》志盖拓片

图 3-1 《唐万年宫碑阴题名》

图 3-2　乾陵六十一蕃臣像（东侧）

图 3-3　乾陵六十一蕃臣像之新罗使臣像

图 3-4 《金日晟墓志》

图 3-5 《金日晟墓志》志盖

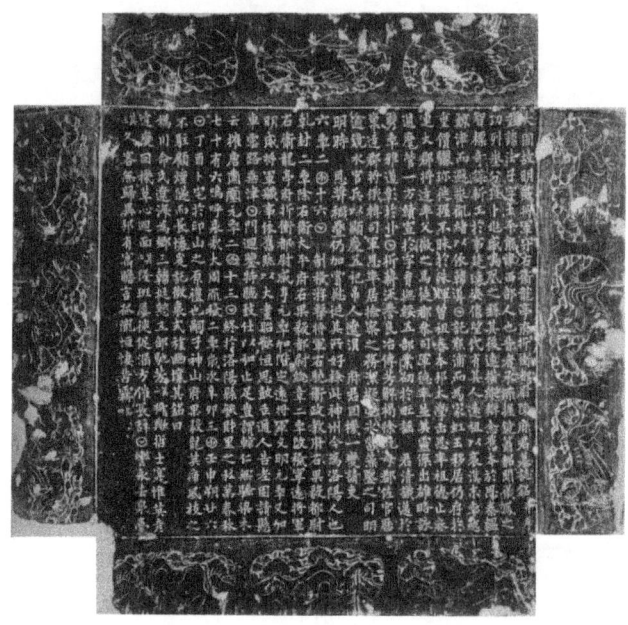

图 4-1 《陈法子墓志》志石

图 4-2 《陈法子墓志》志盖

图 5-1 《南单德墓志》

图 5-2 《高提昔墓志》

图 5-3 《李隐之墓志》志石

图 5-4 《李隐之墓志》志盖

图 5-5 《李怀墓志》

图 5-6 《高牟墓志》志石

图 5-7 《高乙德墓志》志盖

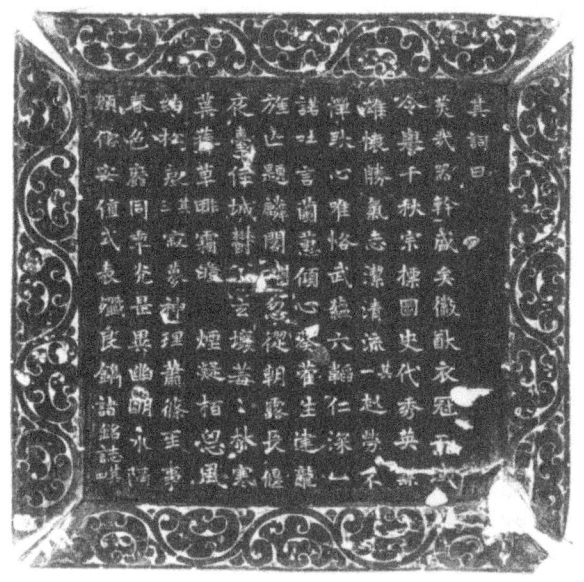

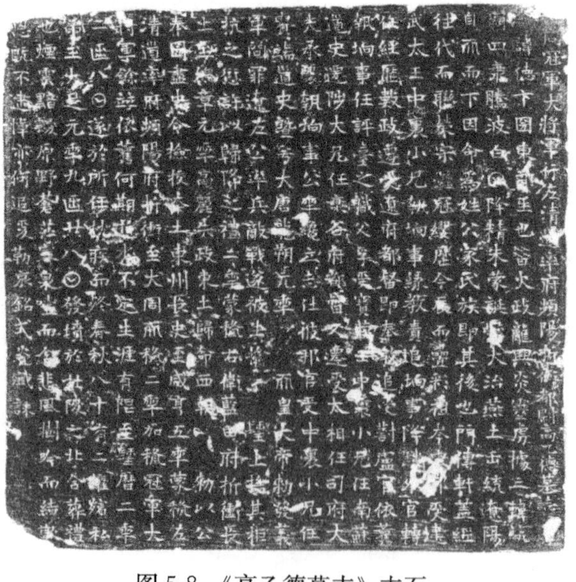

图 5-8 《高乙德墓志》志石

陕西师范大学史学丛书
丛书主编／何志龙

石刻墓志与唐代东亚交流研究

拜根兴／著

科学出版社
北京

图书在版编目(CIP)数据

石刻墓志与唐代东亚交流研究/拜根兴著. —北京：科学出版社，2015.12
（陕西师范大学史学丛书）
ISBN 978-7-03-047024-9

Ⅰ.①石… Ⅱ.①拜… Ⅲ.①文化交流-文化史-中国、东亚-唐代 Ⅳ.①K203
②K310.03

中国版本图书馆 CIP 数据核字（2015）第 318405 号

责任编辑：陈 亮 任晓刚/责任校对：李 影
责任印制：张 伟/封面设计：黄华斌 陈 敬
编辑部电话：010-64026975
E-mail：chenliang@mail.sciencep.com

科学出版社 出版
北京东黄城根北街 16 号
邮政编码：100717
http://www.sciencep.com
北京虎彩文化传播有限公司 印刷
科学出版社发行 各地新华书店经销
*
2015 年 12 月第 一 版 开本：720×1000 1/16
2022 年 1 月第四次印刷 印张：19
字数：320 000
定价：128.00 元
（如有印装质量问题，我社负责调换）

丛书总序

在高等院校，教学与科研是一般教师关注的主要对象，教师们不仅关注自身的教学与科研，也关注他人的教学与科研，但对于学校和学院，高度关注的则是学科，即我们通常讲的学科建设。所谓学科建设，一般包含学科平台建设、师资队伍建设、科学研究和人才培养四个方面。学科平台建设，主要指硕士学位授权点和博士学位授权点的设置和建设，博士后科研流动站的设置和建设，另外也包括教育部人文社会科学重点研究基地的设置和建设，以及其他各类研究平台的设置和建设。师资队伍建设，主要指师资队伍的规模、职称结构、学历结构、年龄结构、学缘结构等方面。科学研究，主要指师资队伍成员从事学术研究所产出并公开发表和出版的学术论文、著作以及研究报告等。人才培养，主要指硕士学位授权点和博士学位授权点所培养的硕士研究生和博士研究生的数量、质量及其在学术界的影响和社会各行业的影响。学科建设的四个方面相互依托，相互促进，相辅相成，共同构成了学科建设的有机整体。其中，学科平台是基础，有了学科平台，有利于引进人才和加强队伍建设，有了学科平台，才能招收研究生，进行人才培养。队伍建设是核心，拥有一支合理的师资队伍，才能支撑和维持学科平台，才能有进行科学研究和人才培养的主体。科学研究是关键，科学研究的成果体现学科平台的力量，也是培养人才的前提和基础，没有较强的科学研究能力，不可能培养出合格的人才。人才培养是目标，人才培养必须依托学科平台，同时，人才培养不仅必须要有师资队伍，而且必须要有具备科学研究能力的师资队伍，才能完成合格的人才培养。

与国内大多数高校的历史学科一样，陕西师范大学的历史学科建设，在2012年之前，主要进行的是学科的外延建设。所谓外延建设，就是指增加学科的数量和规模，如拥有几个一级博士学位授权点，几个国家重点学科以及几个教育部人文社会科学重点研究基地等。随着我国改革开放的深化和综合国力的增强，民众对高等教育有更高期待，党的"十八大"明确提出推动高等教育的内涵发展，走以质量提升为核心的内涵发展道路，高校学科建设进入了一个新的时期，学科建设的重点由外延建设转向内涵建设。外延建设主要强调量，而内涵建设则更加注重质，外延建设为内涵建设奠定了坚实的基础。也就是说，在已有学科平台的基础上，凝练高水平的队伍，产出高水平的成果，培养高质量的人才，将成为学科发展的关键所在，而统领这三方面的正是学科特色。凡大学都应该有自己的特色，大学的特色集中体现在学科特色上。所谓学科特色，主要指在某一学科的某一领域，凝练一支高水平的研究团队，产出一系列有影响的研究成果，同时培养出一批在学术界和相关行业有影响的人才。为什么说学科特色是学科内涵建设的灵魂，原因有三：一是从人力资源配置看，很难有一个高校有能力支撑一个学科（一级学科）所包含的所有学科领域。二是从财物资源配置看，很难有一个高校有能力支持一个学科（一级学科）所包含的所有学科领域发展所需要的财力和物力。支持学科建设不仅要有研究团队，而且要有为研究团队提供从事科学研究所必需的财力和物力，如从事历史学研究所必需的场所设施、网络环境和图书资料等，只有满足人、财、物的合理配置，才能进行科学研究。三是只有发展学科特色，资源配置才能实现成本最低，效率最高。如果学科领域广泛，需要配置的文献资源也必然广泛，相应地如果学科领域相对集中，需要配置的文献资源也相对集中，成本低而利用率高。另外，发展学科特色，易于承传学术传统，易于形成内部合作，易于产出系列成果，易于团队培养人才，易于形成学术影响，也易于保持学术影响。

　　发展学科特色需要考虑诸多因素。作为历史学科建设，要充分考虑地方历史文化，形成自己的学科优势，这种优势既能更好地服务地方，也能充分彰显自己的学科特色。要注重已有学术传统，顺应国家长期发展的重大战略目标，着眼未来，长远规划学科特色。要充分考虑学校的实力地位，谋划学校能够实现的规划，因为学科建设规划只有在人、财、物的可持续投入基础上才能实现。

　　陕西师范大学的历史学科，依托地处周秦汉唐历史文化中心，考古资源丰富，出土文物规格高和数量大的优势，经过几代历史人70多年的不懈努力，逐步形成了以周秦汉唐历史为主要研究领域的学科特色，中国古代史国家重点学科的获批，也是对这一学科特色的充分肯定。随着国家对历史学科精细化分类管理，原来既是门类也是一级学科的历史学一分为三，调整为中国史、世界史、考古学三个一级学科。根据学校地位的变化和学校对历史学科人、财、物的持续投入状况，面对三个一级学科的评估和建设，在国家一流大学和一流学科建设中，我们面临着前所未有的巨大挑战。在严峻的挑战面前，思路必须明确，决策必须正确，行动必须快捷。环顾国内外高等院校学科建设成功者，无不具有显著特色。我们在学科内涵建设中，特色发展是唯一选择。作为中国史一级学科，其统属的中国古代史和历史地理学两个国家重点学科，是我校的特色学科，也是我校的优势学科，在国内学科建设的激烈竞争中，只有加大建设力度，才能保持优势地位。而要保持传统优势学科的地位，除了加大已有建设的力度，还必须不断探索新的学科增长点，才能进一步强化学科优势，彰显学科特色。中央提出的"一带一路"建设，是我国发展的大战略，为地处丝绸之路起点的我校历史学科发展迎来了难得的发展机遇，学院"丝绸之路历史文化研究中心"的建立，不仅顺应了国家重大战略需求，同时也是我院探索新的学科增长点的体现。中国史升格为一级学科后，发展中国近现代史学科势在必行，而从时间和空间上看，中国近现代史学科的研究领域同样极为广泛，我们也必须选择某一领域，重点建设，特色发展。西北地区的近现代史研究是中国近现代史研究的重要组成部分，把西北地区的近现代史作为我校中国近现代史学科的发展方向，同样具有明显的地域优势，也必将成为我校的学科特色和新亮点。

此外，文物与博物馆学也是学院谋求学科建设发展特色的一大发力点。2008年1月23日，中宣部、财政部、文化部和国家文物局联合下发《关于全国博物馆、纪念馆免费开放的通知》，根据该通知，全国各级文化文物部门归口管理的公共博物馆、纪念馆，全国爱国主义教育示范基地将全部实行免费开放，博物馆已成为国民素质教育的重要基地。在全国范围内，博物馆如雨后春笋，发展迅猛，但博物馆学的专业人才却明显不足，这就为高等院校博物馆学人才培养提出了新的要求。陕西是考古大省、文物大省，更是博物馆大省，博物馆的人才需求也相对较大。基于地缘优势和省内学科建设差异化发展的思路，我校在考古学学科下重点发展博物馆学，经过十多年的发展，取得了一定成就,陕西省文物局与我校签订战略合作框架协议,国家文物局在我校设立文博人才培训示范基地,充分说明我校重点发展博物馆学符合陕西省和国家对博物馆人才培养的需求,特色建设博物馆学的思路得到了肯定和支持。我们将在国内博物馆学研究的基础上,学习、借鉴、吸收国外博物馆学的理论和方法,深入探索努力构建我国博物馆学的学科理论体系,彰显我校博物馆学的学科特色。

彰显学科特色的要素很多,但产出颇具影响的系列研究成果尤为重要。为此,学院设计出版《陕西师范大学史学丛书》。本丛书首批17本,均为学院教师近年新作,每本书的内容不少于三编,作者自序。丛书的内容广泛,涉及中国古代史、中国近现代史、世界史等。希望通过出版本套丛书,集中展现学院教师近年来学术关注的领域和成就。鉴于本丛书是在我校大力推进一流学科建设的开启之年规划完成的,故以一流学科建设的思路代为本套丛书之总序。

何志龙
2015年12月25日于陕西师范大学长安校区文汇楼C段209室

前言

众所周知，自20世纪80年代至今，以古都著称的西安、洛阳两地，由于城市开发建设规模的不断扩大，数以百计的唐代墓志石刻大量出土，吸引着整个社会收藏界乃至中古史学术圈，成为继敦煌吐鲁番文书、唐代墓室壁画出土以后，与唐朝历史文化关联史料的又一次井喷式面世。伴随着唐代墓志石刻各种形式的不断出土，随之而来的是出版界对出土唐代墓志石刻图版及录文的出版热潮。

现在能够看到的唐代墓志录文集主要有：周绍良主编《唐代墓志汇编》（上下册，上海古籍出版社1992年版）；周绍良、赵超主编《唐代墓志汇编续集》（上海古籍出版社2001年版）；吴钢主编《全唐文补遗》（全9辑，三秦出版社1994—2007年版）；吴钢主编《全唐文补遗》（千唐志斋新藏专辑，三秦出版社2006年版）；陈尚君《全唐文补编》（全3册，中华书局2005年版）。墓志拓本图版后附录文的有：张沛主编《昭陵碑石》（三秦出版社1993年版）；毛汉光《唐代墓志铭汇编附考》（共18册，台北"中央研究院"历史语言研究所1984—1994年版）；李献奇、郭引强编《洛阳新获墓志》（文物出版社1996年版）；洛阳市第二文物工作队等编《洛阳新获墓志续编》（科学出版社2008年版）；赵力光主编《西安碑林博物馆新藏墓志汇编》（全3册，线装书局2007年版）；西安市长安区博物馆编《长安新出墓志》（文物出版社2011年版）；胡戟、荣新江主编《大唐西市博物馆藏墓志》（全3册，北京大学出版社2012年版）；赵力光主编《西安碑林博物馆新藏墓志续编》（上下册，陕西师范大学出版社2014年版）；毛阳光、余扶危主编《洛阳流散唐代墓志汇编》（上下册，国家图书馆出版社2013年版）；吴敏霞主编《长安碑刻》（上下册，陕西人民出版社2014年版）。只编辑出土墓志图版的石刻墓志集有：陈长安主编《隋唐五代墓志汇编》（全30卷，天津古籍出版社 2009 年版）；赵君平编《邙洛碑志三百种》（中华书局 2004 年版）；赵君平、赵文成编《河洛墓刻拾零》（上下册，北京图书馆出版社 2007 年版）；赵君平、赵文成编《秦晋豫新出土墓志蒐佚》（全4册，国家图书馆出版社 2012 年版）等。

另据笔者所知，西安文物保护考古研究院、陕西省考古研究院、大唐西市博物馆近来也有出版新收藏石刻墓志的计划，可能在今明两年内面世，相信仍有一些石刻墓志内容和唐代东亚国家人员来往、物质交流相关联，为探讨唐代东亚交流提供资料，促进这一时期关联问题的研究走向深入。

日本明治大学气贺泽保规教授长期从事唐代墓志的收集研究，编纂《新版唐代墓志所在总合目录》（增订版）[①]，统计出截至 2009 年为止，中国各地出土的唐代墓志墓志盖总数为 8737 方（含志盖 369 方），较 2004 版《唐代墓志所在总合目录》新增 1909 方，其中，包括 1909 方墓志，志盖仅 1 方。很显然，除过有学者指出该目录未收学术期刊、集刊登载的 100 余方墓志之外[②]，2009 年之后（包括 2009 年）出版的新出土的墓志集中收录墓志并未统计在内，而最近几年新出土的唐代墓志，以及仍然掌握于私人或者某些机构未公开的墓志也有不少。

如此多的唐人墓志石刻出土并得以公诸于世，引起海内外唐史学界的重视。享誉学界的《魏晋南北朝隋唐史资料》（武汉大学中国三至九世纪研究所）、《唐史论丛》（陕西师范大学历史文化学院）、《唐研究》（北京大学中古史研究中心）等唐史研究集刊，每期都要发表若干篇新出土唐代墓志研究论文；《碑林集刊》（西安碑林博物馆）、《陕西历史博物馆馆刊》（陕西历史博物馆）、《河洛春秋》（现改为《洛阳考古》，洛阳文物保护考古研究所）、《乾陵文化研究》（陕西乾陵博物馆）等专门集刊，以及《文物》、《考古》、《中原文物》、《考古与文物》、《文博》等期刊，也发表新出土的唐人墓志史料；还有为数众多的唐代墓志研究新作。另外，多达数十篇硕博论文，以及从事石刻

---

① （日）气贺泽保规主编：《新版唐代墓志所在总合目录（增订版）》，东京：汲古书院，2009 年。
② 仇鹿鸣：《气贺泽保规主编〈新版唐代墓志所在总合目录〉（增订版）》，荣新江主编：《唐研究》第十七卷，北京：北京大学出版社，2011 年，第 600—603 页。

墓志研究的著名学者的著作①，还有西安、洛阳等地专门的古籍研究所、石刻墓志研究机构，这些研究人员中相当一部分人士也是以唐代墓志石刻作为研究对象，都不同程度推动了唐史研究的新进展，为中国中古史学的深入发展做出了贡献。

具体到唐代东亚交流，新出土的石刻墓志也有突出的反映。

首先，要提及的是体现七世纪中叶唐朝与朝鲜半岛高丽、百济、新罗关系的石刻墓志。应该说，清代编集的《全唐文》、《金石萃编》、《八琼室金石补正》等已收录了当时可以看到的石刻墓志，如著名的《大唐平百济国碑铭》、《刘仁愿纪功碑》，也涉及一些曾经赴朝鲜半岛的唐军将领的神道碑、墓志铭等。而20世纪90年代之后出版的石刻墓志集中，则大量收录新出土的赴朝鲜半岛征战的唐人军将墓志。对此，笔者在《七世纪中叶唐与新罗关系研究》（2003）附表中已经列出相关墓志、造像铭等目录，对其中一些墓志在具体论述中也有不同程度的运用②，只是十余年来新的同类墓志不断出现，故笔者也将再次以列表的形式补录新出石刻墓志名目，记录这一研究近年来新的发现和收获。

其次，入唐朝鲜半岛移民的墓志石刻。众所周知，自20世纪30年代金石学家罗振玉先生编集《唐代海东藩阀志存》之后，中韩学界做过不同程度的探讨，产生了不少令人振奋的学术成就。笔者也做过相应的专题研究，在2012年出版了《唐代高丽百济移民研究：以西安洛阳出土墓志为中心》一书。随着时间的流逝，新的朝鲜半岛入唐移民墓志不时面世，如《高提昔墓志》、《南单德墓志》、《李隐之墓志》等，特别是绝少出现的在唐新罗人墓志（《金日晟墓志》）也应时出土。据笔者最新统计，西安、洛阳两地出土的入唐高丽移民墓志共24方，百济移民墓志12方，在唐新罗人墓志1方，而文献史料中涉及的还有一些。依据最新出土的入唐朝鲜半岛移民墓志，有必要在原有基础上做相应的补充研究。

再次，和古代日本关联的石刻墓志。20世纪末迄今在中日学界影响巨大

---

① 主要有岑仲勉：《金石论丛》，北京：中华书局，2004年；牛致功：《唐代碑石与文化研究》，西安：三秦出版社，2001年；赵振华：《洛阳古代铭刻文献研究》，西安：三秦出版社，2009年。其中也有涉及对东亚交流关联的石刻墓志的探讨内容。

② （韩）高句丽研究财团编：《中国所在高句丽关联金石文资料集》，首尔：高句丽研究财团，2005年。

的要数 20 世纪 90 年代在台北出现的《杜嗣先墓志》，其实这方墓志并不完整，但却独具特点（墓志有序无铭）。这方墓志的发现被学界广为传扬，其实要归功于台湾大学文学院的叶国良教授，是他无意中在台北一家古玩店发现并抄录了这方墓志①，并在随后撰写相关的学术论文，但遗憾的是这篇论文在当时并没有被学界所重视，只是在近十年当西北大学博物馆的收藏公之于众之时，这方鲜为人知的《杜嗣先墓志》才为更多的学人所了解。2005 年被西北大学博物馆收藏的日本遣唐使随从（一说为日本遣唐留学生）《井真成墓志》，成为中日学界共同协力研究的典范。当然，我们也不能忘记西北大学博物馆的贾麦明副馆长，是他独具识见、慧眼鉴珠，果断收藏这方并不起眼的墓志，成就了古都西安收藏界一段传奇！2011 年公布的出土于西安长安区高阳原的百济移民《祢军墓志》，其曲折惊险的面世过程，则更为学界所关注。与上述《井真成墓志》一样，这方墓志中也有"日本"两字，但却成为学界探讨攻克的"难点"，多种见解纷纷出炉，至今仍是海内外学界争论不息的话题。还有新发现的在新罗、日本"争长"事件中起到关键作用的唐朝宦官《吴怀实墓志》②，河南嵩山法王寺和日僧圆仁关联的碑石③等，这些石刻墓志史料的公布，均引起中日韩三国学者的重视，成为较长时段东亚历史学界学术研究的关注点。

最后，一些唐人石刻墓志中涉及的古代东亚文化交流元素，牵涉穿插与古代朝鲜半岛、日本关联的人物事件，也是笔者近年来十分重视并力图探讨的问题，如陕西宝鸡麟游县博物馆藏《万年宫碑阴题名》、乾陵六十一蕃臣石像、唐昭陵十四藩君长石像之新罗真德女王石像底座铭文等，这些也成为学界探讨相关问题不可缺少的史料依据。

鉴于此，笔者在学界已有研究的基础上，集中考察上述课题，撰写本书，力图全方位爬梳探讨上述课题，最终能够得出自圆其说的看法。

其一，宏观考察已经发现或者新出土的石刻墓志，论述往来于大陆与朝

---

① 叶国良：《石学续探》，台北：大安出版社，1999 年。
② 该墓志 2007 年出土于西安市西三环，录文见杜文玉：《唐代吴氏宦官家族研究》，杜文玉主编：《唐史论丛》第二十辑，西安：三秦出版社，2015 年，第 150—169 页。
③ 赵振华：《嵩山法王寺唐代〈释迦舍利藏志〉研究》，荣新江主编：《唐研究》第十七卷，北京：北京大学出版社，2011 年，第 481—501 页；（日）铃木靖民主编：《圆仁与石刻的史料学》，东京：高志书院，2011 年。

鲜半岛，以及日本列岛的使者、商人、僧侣们的行迹，发掘他们为双方友好关系的缔结所做出的巨大贡献，并指出这些石刻墓志在唐代东亚文化交流中的作用。其中通过对出自《文苑英华》卷八百一十九《易州抱阳山定惠寺新造文殊师利菩萨记》[①]中提及的新罗真子（质子）谈藏其人的考察，找出学界探讨唐朝押新罗渤海使存在的问题，并设法予以解决；对唐中后期赴新罗的九名唐朝使者墓志的探讨，发掘这一时期唐朝与新罗文化交流的课题和实质。日本圆仁的《入唐求法巡礼行记》，被誉为"东方的马可波罗游记"，其中记载了9世纪三四十年代唐朝乃至东亚鲜为人知的人物、事件细节，日本学者小野胜年毕数十年之功力，点校此书，国内知名文史专家白化文教授亦潜心校注，成就国内最好的校注本。然而，上述两种本子中对于圆仁所见的登州文登县仵台村法云寺铁铸佛塔碑文均未做明确的考释，其中简单的标注亦有可商榷之处。而碑文内容"王行则者，奉敕征伐东蕃没落，同船一百余人俱被贼擒，送之倭国。一身逃窜，有遇还归。麟德二年（665）九月十五日造此宝塔"，却道出7世纪六十年代唐、倭，以及朝鲜半岛南部百济复兴军政权交织在一起的复杂现实。笔者依据现存的中日韩三方史料，对于被百济复兴军俘获，在押送倭国途中逃脱、辗转回到故乡山东登州的王行则其人东征朝鲜半岛的前因后果，这一时期唐朝百济留守军的窘迫状况，百济复兴军为转嫁矛盾、舒缓危殆将俘获的百名唐军送往倭国的行动，以及到达倭国的唐军俘虏命运等做出了自圆其说的论述，堪称圆仁行记中提到的这件石刻碑文的唯一考释文字。

其二，在爬梳已有石刻墓志基础上，找出此前不为学界重视，或者虽然有所涉及但却疑虑重重者做全新诠释探讨，如依据历代金石专家所做的石刻跋文，现存碑阴题名文字，以及学界已有的研究，对树立于唐九成宫遗址博物馆（今陕西宝鸡麟游县博物馆）的《万年宫碑阴题名》中新罗质子金仁问题名的探讨，纠正了此前学界认为是唐宰相"刘仁轨"或大将"薛仁贵"题名的错误，为当地的文化旅游事业提供了可资宣扬的国际化基础资料，吸引众多的韩国旅游者前往观光。在学界现有研究的基础上，利用中韩史书对相关问题的记载，辨识解读唐乾陵六十一蕃臣石像东侧东南角无头石像的服饰样式、佩戴品、手持兵器等，摸清其中脉络，指出六种可能性，究明此前学

---

① 该文字也见于《全唐文》卷四百四十五《易州抱阳山定惠寺新造文殊师利菩萨记》。

界研究的缺失，最终得出令人信服的看法，并获得学界同行及陕西乾陵管理单位的认可推崇。对《杜嗣先墓志》、《井真成墓志》中出现的"日本"国号问题，在已有研究的基础上，从史料学角度加以归纳探讨，正本清源，指出不同观点产生的缘由，有利于学者把握动向，在现有基础上做进一步的探索，特别是对两方墓志的史料价值恰如其分的评估，突出了学术研究的客观性原则。总结西安、洛阳出土的唐代高丽移民墓葬的特点，墓志铭反映高丽移民的实际情形及墓志铭的史料价值等，并针对近年来出土的高丽移民墓志，在现有研究基础上，对某些未定问题提出自己的看法。这篇论作被《高等学校文科学术文摘》摘引，中国社会科学院世界史研究所所做2013年度研究综述中也介绍其中观点，在学术界产生了一定的反响。

其三，对于新公布的墓志史料，如近年来出土的入唐高丽移民《高提昔墓志》、《南单德墓志》、《高牟墓志》、《李隐之墓志》，笔者运用多年来从事古代朝鲜半岛历史，古代中韩、中日关系史研究心得，并依据已有文献史料，对其中的一些不为人们注意的问题做出相应的解释，提出自己的看法。例如，《南单德墓志》中提到"时夔曾祖行军大总管平阳公擐甲先駈，隳拔城邑，生擒其王莫丽支，斩首获俘，不可胜计。因此分隶辽东，子弟郡县散居。公之家，子弟首也，配住安东。"其中的"子弟"、"子弟首也"字样，之前的研究者并未指出其中的含义，只是笼统地提到。笔者依据现存文献史料，以及出土的同时代墓志资料，认为这里的"子弟"，应该和七世纪中叶前后唐朝在边疆安置周边民族百姓的"城傍"相联系，即为"城傍子弟"，如此解释不仅对墓志录文有了更深入的认识，而且可以洞察唐朝廷这一时期对周边归附民族的安置策略，了解唐朝决策者们采取各种形式构建多民族国家统治的苦心。例如，对大唐西市博物馆藏在唐新罗人《金日晟墓志》、入唐百济移民《陈法子墓志》，以及天宝初年前往新罗传播道符的道士《皇甫奉諠墓志》的探讨就是如此。其中针对在唐新罗人《金日晟墓志》，确定金日晟为新罗孝成王、景德王的从兄，论述金日晟的婚姻和担当的官职、唐朝对金日晟葬仪的重视等，进而对这方珍贵的在唐新罗人墓志做了全面的探讨。该文章后被译为日文，发表于日本早稻田大学文学部编辑出版的《史滴》杂志2014年第36号。入唐百济人《陈法子墓志》中提及的四个百济地方行政地名，不见于现存《三国史记》、《高丽史》、《世宗实录》地理志，以及《新增东国舆地胜览》等韩国史书记载，如何解释？笔者也给出了名实相副的答案，也获得学界的肯定。出土于西安南郊长安区郭杜镇高阳原的祢氏家族墓志，是笔者近年来探讨入唐百济移民研究的重要收获，已成为海内外学界从事朝鲜半岛百济移民研究不可或缺的参考文献，当然，其研究成果亦具备学界前沿性质。具体来说，笔者依据朝鲜语发音及演变过程，对比"祢植"、"祢寔进"两个人名的发音相同点，祢寔进其人入唐后适应唐朝社会的过程，同时探讨祢寔进入唐后不久就担当正三品的唐朝左威卫大将军职务，其立功的区域和晋升途径及其可能性，以及入唐其他百济上层移民升迁轨迹和年限，提出《祢寔进墓志》的主人公祢寔进，就是韩国《三国史记》文献史料中临阵倒戈，将百济义慈王进献唐军的百济熊津方领祢植。文章发表后在学界引起很大的反响，但也不乏质疑商榷之声音。但幸运的是，三年后的2011年，在西安文物保护考古研究院发掘清理公布的祢寔进孙子祢仁秀墓出土的墓志录文中，明确记载其祖父祢寔进将百济王扶余义慈交予唐朝的事实，也就是说，笔者此前探讨的结论得到新出土墓志史料的证实。这一观点已为国内学界及韩日学者赞同和频繁引用①，论文也被中国人民大学报刊复印资料《魏晋南北朝隋唐史》2013年第1期全文转载；同时，笔者对于《祢军墓志》中出现的"日本"两字，依据史料，得出与日本学界主流观点不同的看法，并希望以此推动学界形式多样的研究风气。这篇论文发表于北京大学文学院编辑出版的《国际汉学研究通讯》2014年第8期，其后被韩国学者翻译为韩文，发表于韩国权威刊物《韩国史研究》2014年第165期，在韩日学界产生了重要的影响。

其四，虽然不是针对石刻墓志史料的诠释解读，但在具体论述中却大量运用相关金石墓志史料，并以其为中心，探讨相关问题。例如，对唐军联合新罗灭亡百济，又与百济复兴军鏖战数年，最终取得了有倭国军队参战的白江口之战的胜利，探寻期间百济的盟友高丽是何态度，有什么作为？其对高丽最终灭亡产生了哪些影响？这些问题虽然在现有研究中均有所提及，但具体值得信赖的看法却并不多见，笔者运用《大唐平百济国碑铭》、《刘仁愿纪功碑》，以及韩日文献史料，入唐高丽移民墓志等资料，经过缜密的学术探

---

① 可参阅张全民、葛继勇、王博、井上亘、铃木靖民、李成市、金子修一等人论文，吉林大学古籍研究所王连龙教授虽提出不同看法，但上述学者均予以商榷讨论，并赞同笔者的观点。

讨，得出自圆其说的解释。这篇论作也是笔者承担的国家社科基金重点项目的规划题目之一。又如，对出现于7世纪70年代，发生于唐与新罗间的"唐罗战争"①，笔者在已有研究成果的基础上②，以清代乾嘉学者们发现的"鸡林道经略使之印"为中心，借用清代学者的研究积淀，分析这方铜印涉及问题，解释作为铜印拥有者李谨行将军担当官职的差异，以及进军新罗唐军的规模等；运用《夏州都督太原王方翼碑》、《李他仁墓志》等石刻墓志史料，提出674年唐高宗虽然发布征伐新罗诏令，但因其他原因当时并未即刻出兵，出兵具体时间当在半年之后；这些问题的提出，在中韩日学界尚属首次，很好地解释了学界对鸡林道大总管刘仁轨674年行迹的困惑，填补了学界的研究空白，并且获得中外学界的认同。

其五，对于唐都长安佛教文化的交融与传播，唐都长安与新罗庆州之间的各种交流，以及贞观年间实行开放包容国策，唐朝与周边国家民族的友好往来等问题，本书在已有研究的基础上，也有一定篇幅探讨，并提出自己的观点。唐都长安无疑是唐代东亚文化交流的中心，佛教文化的交流成为重要的内容之一，景教、摩尼教、祆教、伊斯兰教也在各地传播，进而印证了唐初推行开放包容国策的成功。佛教九大宗派中，七大宗派的祖庭就在唐都长安，一系列的交流由此展开。无论是东来西往的印度或西域高僧大德，还是日本、新罗的求法巡礼僧侣，他们翻译佛经，修行参拜，唐都长安成为他们从事佛教吸收传播不可替代的中心地域，成就了东亚都市佛教文化传播的新景象。

其六，综述中国学界自20世纪90年代之后对朝鲜半岛百济历史、入唐百济移民石刻墓志研究现状，找出问题所在。另外，依据新罗人崔致远、崔彦撝撰做的金石碑志史料和《大唐开元礼》、《通典》等史书，探讨唐代五礼中有关宾礼的规定，以及在与藩属国新罗实际交往中宾礼的实施情况等。首

---

① 韩国首尔大学国史学科卢泰敦教授出版《新罗三国统一史研究》一书，该书引用笔者论著近20处，其中有的采用笔者的观点，有的则是商榷的内容。（韩）卢泰敦：《新罗三国统一史研究》，首尔：首尔大学出版部，2009年。另一韩国学者李相勋出版《罗唐战争研究》专著，书中引用笔者论文达27次，其中多有和笔者商榷的内容。这些均显示出中韩学界对某些问题看法的分歧，但也可看出，中韩两国学者深层次的学术交流已习以为常。（韩）李相勋：《罗唐战争研究》，首尔：周留城出版社，2013年。

② 拜根兴：《罗唐战争研究中的几个问题》，（韩）《中国学报》2002年第47辑。

前言

先，书中涉及新罗派遣使臣入唐，唐朝在城东长乐驿的郊迎，以及唐朝皇帝接见新罗使者、新罗僧侣，唐皇帝宴请新罗使者等礼仪；同时，唐朝使者前往新罗行使册封、吊唁等义务，其中也涉及相关的新罗王面见唐朝使者，新罗王接受唐使者的册封等礼仪。其次，依据中日韩现有史书的记载，对相关礼仪的具体排设，以及执行过程中可能存在的差异和区别提出自己的看法；而对一些具体的事例，由于史料的欠缺，还不能得出恰如其分的结论，期待查找更多的史料，以便使这一问题能够有更清晰的解释。五代乃至宋辽金与高丽宾礼的执行情况如何？笔者认为，除了认真探讨现存相关史料之外，一定要把握这一时期东亚地区几个相互平行存在、互不臣属、势力交替消长明显的政治实体的实态，进而了解存在于它们之间宾礼的演变，得出符合实际情况的结论。总之，通过新出土的石刻墓志史料，笔者希望以此验证、充实现存文献史料，并从中发掘出和此前研究不一样的东西，而从现有研究结果看，这种设想已在很大程度上得以实现，这是笔者颇感欣慰的事情。

全书分上编、下编及附录三部分，其中下编为笔者承担的国家社会科学基金重点项目（13AZS007）的阶段性研究成果之一。本书集中针对石刻墓志所反映的唐代东亚交流涉及的外交使节、僧侣、商人、留学生往来，因战争或其他原因入唐的朝鲜半岛移民在唐生活，唐朝都城长安所在的东亚人活动，探讨唐代东亚各国文化交流的真谛，反映一个时代的激荡与和谐的主旋律。附录有：（1）海内外学界有关百济祢氏家族墓志研究论著目录。（2）石刻墓志所见7世纪赴朝鲜半岛唐人军将行迹表，为学界提供这一时期石刻墓志与东亚交流研究资料。需要说明的是，现有石刻墓志显示出唐代东亚交流的内容十分广泛，而本书涉及的石刻墓志从篇目到内容仍相当有限，随着新的石刻墓志史料的不断出现，以后的补充研究在所难免。再者，上述有些新出土公布的石刻墓志资料，由于其所具有的唯一、孤立性质，也就是说，个别石刻墓志在现有文献史料中并不能找到相应的对证，故笔者依据现有文献考古资料的论述，虽然经过缜密的考释，其所获得的结论，或许还有不能自圆其说，抑或还有进一步探讨的可能，同时对已有问题结论的论述，亦或许还有逻辑或者论述中的明显问题出现，敬请诸师友方家不吝指正！

拜根兴

2015年7月10日谨识

目 录

丛书总序 ······ i
前 言 ······ v

上编　石刻墓志与东亚交流研究 ······ 1

第一章　新发现的墓志石刻与唐代东亚交流 ······ 3
第一节　天宝、大历年间来往于唐罗间的各类人士 ······ 3
第二节　墓志所见唐中后期出使新罗的唐朝使者们 ······ 9
第三节　墓志中"日本"国号的出现与吴怀实墓志 ······ 14
第四节　圆仁所见登州文登县佛塔碑文 ······ 21

第二章　杜嗣先、井真成墓志与唐代中日关系 ······ 28
第一节　井真成、杜嗣先墓志的发现 ······ 29
第二节　《井真成墓志》、《杜嗣先墓志》与唐代中日关系 ······ 33
第三节　《杜嗣先墓志》、《井真成墓志》的史料价值 ······ 38

第三章　石刻墓志所见唐朝与新罗往来 ······ 41
第一节　西安周边石刻与唐和新罗往来 ······ 41
第二节　在唐新罗人金日晟的墓志 ······ 58

第四章　入唐百济移民墓志研究 ······ 71
第一节　百济移民祢氏家族墓志 ······ 71
第二节　百济移民陈法子墓志 ······ 85
第三节　百济移民祢氏家族墓志的研究现状 ······ 98

第五章 入唐高丽移民墓志的史料价值 ……………… 107
第一节 新见入唐高丽移民墓志 …………………… 107
第二节 入唐高丽移民墓葬及其史料价值 ………… 122

下编 唐都长安与东亚交流 ……………………………… 139

第六章 唐高宗时代：朝鲜半岛剧变与高丽的应对 …… 141
第一节 百济灭亡与高丽应对的乏力 ……………… 141
第二节 百济复兴军救援作壁上观 ………………… 145
第三节 高丽灭亡原因再探索 ……………………… 150

第七章 "唐罗战争"始末及涉及问题 ………………… 155
第一节 "唐罗战争"爆发的原因及时间界定 …… 156
第二节 《夏州都督太原王方翼碑》与上元元年唐朝出兵新罗 …………………………………………… 159
第三节 李谨行与"鸡林道经略使之印" ………… 167
第四节 "唐罗战争"的终结 ……………………… 172

第八章 唐长安都市佛教文化的交融与传播 …………… 182
第一节 都市佛教文化繁荣发展的国际舞台 ……… 182
第二节 佛经翻译中的文化交融 …………………… 184
第三节 儒佛道等宗教间的相互批判与交融 ……… 187
第四节 长安都市佛教的东亚传播 ………………… 191

第九章 唐都长安与新罗庆州 …………………………… 196
第一节 唐与新罗双边关系的缔结 ………………… 196
第二节 双方人员的频繁往来 ……………………… 200
第三节 唐罗之间的物质文化交流 ………………… 208
第四节 长安——庆州，唐罗友好交往与文化遗存 … 213

第十章 唐朝的宾礼仪式及其实施 ……………………… 221
第一节 郊迎宴饮，唐皇帝会见新罗使者 ………… 221
第二节 依礼而行，新罗王面见唐使者 …………… 227

第十一章　中国学界百济史研究的现状与课题——以出土百济
　　　　移民石刻墓志铭文为中心 …………………………… 234
　　第一节　中国学界的百济史研究 ……………………… 235
　　第二节　中国学界对百济移民墓志的探索 …………… 238
　　第三节　新发现的百济移民墓志及其研究 …………… 243
　　第四节　现有研究的回顾与检讨 ……………………… 248

附　录 ………………………………………………………… 251
参考文献 ……………………………………………………… 265
后　记 ………………………………………………………… 270

上编　石刻墓志与东亚交流研究

第一章　新发现的墓志石刻与唐代东亚交流

对于汉唐时期的中国来说，在漫长的历史时期，由于都城长安处于四关之中的内陆，王朝要应付来自西北少数民族政权的不断挑战，似乎对遥远的海洋并没有多少人为的主动，少有的一些动作也往往流于被动。正因如此，有学者认为汉唐时代"长期的缺乏海洋意识，是中国的一个大问题"[①]。但毋庸讳言，面对来自朝鲜半岛和日本列岛，怀着诸多善意或点滴并非主观恶意邻邦使者的频繁前来，唐朝与他们亦曾有过很好的互动，即派遣使者前往册封或出使，进而涉足海洋，留下颇多值得缅怀的鸿爪遗痕。如此有来有往，东亚三国暨唐朝、新罗、日本文化交流呈现相对繁荣的局面[②]。鉴于中韩日现存文献史料已为众多的研究者所共知，本章以现存唐代石刻墓志，特别是最近新发现的墓志为媒介，以各自的使者及僧道人士往来为主线，探讨海洋因素下的唐代东亚三国文化交流的真谛。

第一节　天宝、大历年间来往于唐罗间的各类人士

关于此一时期来往于唐朝与新罗间的使者、僧道大德，现存文献史

[①] 胡戟：《快乐历史和对历史观的重新思考——评北京大学《盛唐研究丛书》第一辑》，《社会科学评论》2004年第1期，第8—16页。

[②] （韩）权惠永：《韩中古代外交史：遣唐使研究》，首尔：一潮阁，1997年；李大龙：《唐朝和边疆民族使者往来研究》，哈尔滨：黑龙江教育出版社，2001年；拜根兴：《唐朝与新罗关系史论》，北京：中国社会科学出版社，2009年；曲金良：《历史时期东亚地区跨海交流的港口网络与移民：以唐朝山东半岛的新罗人口为中心》，2008年海洋文化学术研讨会论文，基隆，2008年11月。

料及今人论著中多有提及,不过,一些不为研究者关注的碑刻史料,以及近年来新公布的墓志中,出现了并不见于史载的入唐新罗人、前往新罗的唐人行迹,为进一步探讨此一时段唐罗交往提供了诸多奇异个案。

一、驻留岐州大云寺的新罗和上

2000年出土的《唐故鸿胪寺丞李府君夫人琅琊王氏墓志铭并序》中所记"新罗和上"就是其中之一①。墓志中提到墓主王氏,"天宝初,有大云寺新罗和上者,崇启道门。夫人礼谒至诚,廻向便为上足,一心斋戒,十载住持。契不二之门,以寂灭为乐;穷归一之义,明色即是空。体性如如,喜怒不干于颜色;心神杳杳,憎爱无杂于言怀。岂可不以为如莲花不著水,居然有道者也。"显然,上述史料可提供以下信息:其一,大云寺新罗和上天宝初才来到寺院,也就是说,其来寺院的时间在天宝五载(746)前后。更因为王氏天宝九载(750)去世,墓志中有"十载住持"句,虽然此处的"十载"极可能是虚指,但可推定新罗和上来寺时间在天宝元年(742)或二年(743)间。其二,新罗和上在大云寺期间,王氏对其礼敬有加,而且矢志不移,十年如一日,当然,从另一侧面可证明新罗和上在大云寺驻锡时间不短。其三,新罗和上此后的踪迹,志文没有涉及,现有史料也缺载。其四,此新罗和上能和信众熟练交流,并受到相当的礼遇,可见其能灵活自如运用唐朝语言,精通佛典,应该是一位入唐时间较长,佛教修养扎实,在当时有一定名望的新罗僧侣。至于新罗和上具体生平,以及大云寺所在岐州佛教传播状况,当时新罗入唐求法僧侣的规模,僧侣们入唐后的求法足迹所向,为唐朝佛教做有何等贡献,因其并非我们论述的重点,故在此不赘。但这些新罗僧侣一心向佛,不惜越洋过海,并在中土学有所成,成为颇受当地信众礼敬的大师级人物,确实令人钦佩。

---

① 拜根兴:《唐〈李训夫人王氏墓志〉关联问题考析》,西安碑林博物馆编:《纪念西安碑林920年华诞国际学术研讨会论文集》,北京:文物出版社,2008年,第341—349页。

二、官拜唐朝光禄卿的新罗王子金日晟

新罗王族金日晟其人墓志的公布①，无疑为探讨中唐时代唐朝与新罗关系提供了重要史料。金日晟，唐代宗大历九年（774）去世，享年62岁，其出生时间应为713年，即唐玄宗开元元年（713）。金日晟"讳日晟，字日用，新罗王之从兄也。壮烈内蕴，丹诚天纵。归奉中朝，率先万国。上嘉之，累授银青光禄大夫，光禄卿。位列天阶，名登国史。绍开遗绪，不忝前人。"首先，笔者依据韩国史书《三国史记》、《三国遗事》等，考证出金日晟应该是新罗孝成王、景德王的从兄，解决了墓志中最为复杂的金日晟身份问题。其次，关于金日晟何时入唐、入唐时的身份、入唐的目的，以及入唐后为何担当唐朝中央政府官职等问题，笔者均给予自圆其说的答案。再次，对于金日晟的婚姻，以及去世之后唐朝政府对其的处置措施，依据《唐六典》、《唐会要》等书的记载，也给予卓有成效的探讨。认为金日晟的已故夫人张氏很可能死于安史之乱，张氏应该是唐人女子；金日晟担任唐朝官职，长期居留唐朝，一方面和金氏与唐人结婚并身处战乱时期有关；另一方面亦和金日晟仰慕唐朝文化不无关系。从新罗圣德王在位始，经过孝成王、景德王、惠恭王，新罗与唐朝的交流非常频繁，主要表现在双方使节往来交流频见史载，新罗的质子宿卫定期越海前来唐朝，亦担当文化使者的角色。唐朝道教传播者前往新罗，新罗僧侣入唐求法者亦纷至沓来。金日晟其人就是在双方不断的交流浪潮中，渡过令人心悸但却无限向往的海洋，来到唐朝。

三、入唐求法的新罗真子（质子）谈藏

出身王室的新罗僧侣谈藏大历十三年（778）入唐，史载云：

---

① 胡戟、荣新江主编：《大唐西市博物馆藏墓志》中册，北京：北京大学出版社，2012年，第623页；笔者2013年4月22日应邀出席"大唐西市新出墓志国际学术研讨会"，宣读《新公布在唐新罗人金日晟墓志考析》一文，论文刊登于杜文玉主编：《唐史论丛》第十七辑，西安：陕西师范大学出版社，2014年，第173—181页。

有若新罗真（质）子曰谈藏，浮海而至，止于山间，回向恳到，发其诞愿，乃于寺内建文殊师利菩萨堂焉。又于堂内立我陇西王洎夫人邠国夫人谷氏真形于其次，所以存相展敬，荷恩昭报也。规心匠智，厄徒藏事，征工攻木陶瓴，穷妙凝铄，人随悦来，事与念就，乃毕土木，乃备丹素。彩错翚飞，霞张电烻，俨八部以营卫，列四天以护持。如登化城，窈入空境。作礼端肃，则文殊垂教之迹可归也；洁诚趋奉，则陇西护法之恩可报也。①

上引史料，此前研究者的着眼点只是将谈藏作为一位普通的新罗求法僧，至今还没有人专门探讨过其特殊身份。但这位"浮海而至"的奇异僧侣，笔者认为还有以下几点值得注意：其一，这里的"真子"应是"质子"之误，而从谈藏其人的名字看其似乎是个僧人，但针对好佛的唐代宗，新罗派遣王室中信佛者担当质子也是可能的事情。其二，李宝臣担当成德节度使，"光膺朝寄，主东之诸侯，保和师旅，康靖方夏。"即这一时期李宝臣担当畅通与新罗等国往来事务，新罗使臣、留学生等往来长安等地，成德镇成为必经之路，如此新罗质子谈藏的修造行为就不难理解了；与此相联系，成德节度使李宝臣，与押新罗渤海两蕃使、淄青节度使李正己在对新罗、渤海两蕃使节往来问题上，是分段管理还是各有重点，抑或因为割据的缘故各行其是，此前黎虎②、姜清波③等先生论述押新罗渤海两蕃使论文中，并未提及成德节度使李宝臣亦曾涉及藩属国朝贡路线关联事宜，故谈藏入唐涉及事宜似可补缺。当然，也可能是此文的撰写者邵真其人夸大事实，但新罗质子谈藏在定惠寺建造文殊菩萨堂，并塑造李宝臣夫妇真身像，应该是没有什么疑问的。其三，谈藏在定惠寺建造文殊菩萨堂，并在堂内雕造李宝臣夫妇像，说明其具备相当的经济能力，而作为一般初次入唐的求法僧侣，在当时并不多见，其必然具有一定的新罗官方背景，并得到新罗王廷的同意或首肯。当然，也不是任何域外人士在唐朝均能随意任事，此亦体现唐代宗在位期间，由于双方佛教

---

① （清）董诰等：《全唐文》卷四百四十五《易州抱阳山定惠寺新造文殊师利菩萨（堂）记》，北京：中华书局，1983年。
② 黎虎：《唐代的押蕃使》，《庆州史学》2001年第20辑，第305—327页。
③ 姜清波：《试论唐代的押新罗渤海两蕃使》，《暨南学报》（人文科学与社会科学版）2005年第1期，第90—94页。

交流的频繁，新罗王室人士也加入其行列，进而保证了唐罗双方友好安稳局面持续发展，同时也说明新罗派遣宿卫质子入唐，并未因安史之乱而有所改变。

四、前往新罗传播道教灵符的道士皇甫奉諠[①]

皇甫奉諠墓位于西安市长安区引镇北，墓志何时出土，以何种形式出土不得而知，2009年入藏西安大唐西市博物馆。《大唐故道门大德玄真观主皇甫尊师墓志铭并序》（图1-1、图1-2）记载了墓主皇甫奉諠于天宝初，因"祥符发于尹真人故宅，声教遐布，有诏以童诵随三洞法主秘希一传经新罗。复于王庭，光锡羽珮，甫廿五岁矣。"[②] 就是说，皇甫奉諠曾经随三洞法主秘希一前往新罗。关于此事原委，史书记载：

> 甲寅，陈王府参军田同秀上言："见玄元皇帝于丹凤门之空中，告以我藏灵符，在尹喜故宅。"上遣使于故函谷关尹喜台旁求得之。……壬辰，群臣上表，以"函谷宝符，潜应年号；先天不违，请于遵号'天宝'字。"从之。二月，辛卯，上享玄元皇帝于新庙。甲午，享太庙。丙申，合祀天地于南郊，赦天下[③]。

同年六月，又下制书并"宣示中外"[④]。可以看出，皇甫奉諠前往新罗可能有双重使命：其一，虽然没有具体史料说明他们前往新罗的时间，但唐朝刚改元，按照唐朝和周边民族国家长期形成的交往惯例，此时唐朝似应派使者到周边藩属国，传达唐朝改元的诏旨。秘希一一行到达新罗，是否还有传

[①] 日本东京专修大学土屋昌明教授长期关注唐代道教的传播等问题，建树颇丰。皇甫奉諠墓志公布之后，他撰写了《唐代道教东传新罗与长安的道观：以皇甫奉諠墓志为中心》论文，探讨墓志涉及问题，详见《东方宗教》2013年第122号。

[②] 胡戟、荣新江主编：《大唐西市博物馆藏墓志》中册，北京：北京大学出版社，2012年，第637页。

[③]（宋）司马光：《资治通鉴》卷二百一十五《唐纪三十一》"玄宗天宝元年正月"条，北京：中华书局，1956年标点本，第6852页。

[④]（宋）王钦若等撰、周勋初等校订：《册府元龟》卷五十四《帝王部·尚黄老》，南京：凤凰出版社，2006年。

达唐朝改元的使命？因其与魏曜一行前往新罗时间先后我们并不知晓，故在此存疑。其二，将新发现的道教灵符即道教教义经典传入朝鲜半岛。

其实，唐朝建立之初，就曾派遣道士携带天尊像及道法前往高丽，宣讲老子道德经，以至于高丽荣留王也遣使到唐朝"求学佛老教法"。有研究者认为正是因为高丽上层道教势力的加强，使得尊崇佛教者颇受轻视，故而成为高丽政权内讧的导火线①。也有学者探讨朝鲜半岛道教及道教文化的发展②，只是道教何时传到新罗，未见史书明确记载，现有论著也很少论及。新罗孝成王继立之时，唐玄宗就遣派左赞善大夫邢璹前往册封，同时，"以老子《道德经》等文书献于王"。而如上所述的同一年，唐玄宗还派遣赞善大夫魏曜到新罗吊祭册封，并赐御注《孝经》一部。

秘希一一行前往新罗传播道教灵符教义经典，作为随行的皇甫奉諠的身份值得探讨。皇甫奉諠是以"童诵"的身份前往的，但依据墓志记载，这一年皇甫奉諠为21岁的年龄，是皇甫其人虽然21岁，但声音酷似孩童，并能很好地朗诵诠释新发现的道经灵符？还是皇甫奉諠作为"童诵"的领队，带领数名或更多的童子前往新罗朗诵道教经典灵符？显然，从墓志文中似可看出前一种可能性大一些。但无论如何，秘希一一行到达新罗，"复于王庭，光锡羽珮"，利用"童诵"方式，很好地宣传了唐朝奉为至高无上的道教灵符道义经典，并且达到了预期目的，进而也使得皇甫奉諠有机会到达朝鲜半岛，并在唐朝朝野崇尚道教的氛围下，往来宫廷，声名鹊起。另外，虽然唐代宗崇尚佛教，但皇甫奉諠仍于代宗在位期间"其醮火坛金，飞章告箓，固以平成九气，降格三清，有助神功，允敷圣泽。前后赐衣五副、绫绢一百疋、金钱卅千，旌有道也"。

至于玄真观的地址在今天西安何处③？皇甫奉諠传布道教灵符道义，对新罗的道教发展有何影响？此后新罗道教发展情况如何？现存中外史料似乎

---

① 拜根兴：《七世纪中叶唐与新罗关系研究》，北京：中国社会科学出版社，2003年。
② （韩）张寅成：《古代韩国的道教和道教文化》，《成功大学历史学报》2010年第39辑；（韩）车柱环：《金可记与道教》，第一届国际唐代学术会议论文集编辑委员会：《第一届国际唐代学术会议论文集》，台北：学生书局，1989年。
③ 据史料记载，玄真观其前身为景龙观。该道观位于唐都长安城内崇仁坊西南隅，初为唐中宗之女长宁公主宅第，后奏请为景龙观。天宝十二年（752）改名为玄真观，参阅（元）骆天骧：《类编长安志》卷五《寺观》，北京：中华书局，1990年。

并未有更多的记载,现在只知道在唐宾贡进士金可记信奉道教,并且在终南山子午谷修炼,并坐化于此①。新罗国内道教的发展的具体状况还有待于进一步探讨。

第二节　墓志所见唐中后期出使新罗的唐朝使者们

众所周知,无论是唐朝使者到朝鲜半岛、日本,抑或朝鲜半岛、日本派遣的使者前来唐朝,在1000多年前的古代,穿越茫茫大海是必须面对的难题。这不仅受限于当时航海技术的现实,而且直接考验着担当国家使命,甘冒生命危险为国捐躯使者们的胆识和毅力。有的人因此葬身大海,而众多的使者却前赴后继,体现出崇高的品质和令人敬佩的国家意识。

对于唐朝赴新罗使者,文献史料中明确记载有初唐、盛唐时代赴新罗使者,中外研究者的著作中也多有阐述,如国内学者韩国磐②、杨昭全③等先生就做过相应的研究,但中唐以后有关记载就相对减少,致使对双方往来真相难以很好地评估。然而,一些墓志史料却可以弥补这种缺陷。笔者搜集的九方唐人墓志,显示出这一时期唐廷和新罗王朝通过海洋媒介缔结的紧密关系。不仅如此,使者前往新罗所蕴含的海洋意义也值得关注。

学者官僚马卢符④担当使命出使新罗,返回后撰写了《新罗纪行》一书。据笔者考证,马卢符出使新罗时间可能在中唐代、德两帝之际。另外,查阅史书,了解到唐朝赴新罗使者或随从返回后,也有撰写游记或纪实性著作者。其中张楚金的《翰苑》⑤、顾愔的《新罗国记》⑥ 等较为著名,也有曾到达高丽的使者撰写的著作。无疑,作为太子左赞善大夫、主客员外郎的马卢符,他所撰写的《新罗纪行》,一定会有不同凡响的史料价值,只是此书和顾愔所著书一样,现均已散逸,这不能不说是一件遗憾的事情。

---

① 周伟洲:《长安子午谷金可记磨崖碑研究》,《中华文史论丛》2006年第1期,第287—302页。

② 韩国磐:《南北朝隋唐与百济新罗的往来》,《历史研究》1994年第3期,第21—42页。

③ 杨昭全:《中国——朝鲜·韩国文化交流史》第1册,北京:昆仑出版社,2004年。

④ (清)董诰等:《全唐文》卷六百三十九《秘书少监史馆修撰马君墓志》,北京:中华书局,1983年。

⑤ 张楚金撰、雍公睿注、竹内理三校订:《翰苑》,东京:吉川弘文馆,1977年影印本。

⑥ 《新唐书》卷五十八《艺文志二》,北京:中华书局,1975年标点本。

宦官董承悦两次出使新罗、渤海。据《董文萼墓志》载：董文萼"长曰承悦，先授登仕郎、内侍省内府局丞员外置同正员兼殿前内养。昂昂出群，月鉴秋水，妙年出仕，贞白在公。前后两充新罗、渤海二国等使。动经万里，历险尽忠，仁孝温恭，勋庸茂矣！"据赵力光研究员依据董承悦的父亲董文萼年岁考证，董承悦出使新罗、渤海的时间约在公元770—815年，即可能是在唐代宗、德宗、宪宗在位期间①；而据唐朝其他宦官出使新罗的一般年龄，笔者推定董承悦出使新罗、渤海的时间可能在唐德宗中后期。

宦官武自和三年间两次出使新罗。据《武自和墓志》记载，武自和元和年间曾担任福建地方监军使，返回朝廷后为殿前内养，可能在唐穆宗登上皇位过程中发挥过作用，因而"赐绿衣，官授登仕郎，内侍省内府局丞"。志文没有说明武自和出使新罗的具体时间，但其中有"至宝历三年，文宗嗣位，选充山陵修筑判官"，而且，其出使名目为"奉诏充新罗宣慰告哀等使"。如何看待这一记载？笔者认为：其一，武自和出使新罗应在宝历三年（827）之前；其二，其使命为传达唐皇帝驾崩的消息。宝历二年（826）十二月唐敬宗卒，从时间推算，武自和不可能很快往返新罗。所以，其出使新罗只能是唐穆宗或唐宪宗驾崩之时。从志文看，唐宪宗死后，武氏被任命新职，似乎前往新罗告哀的可能性并不大，这样，其出使新罗唯一可能就是在唐穆宗死后，即长庆四年（824）。另外，《册府元龟》卷六百六十九记载了武自和还随同另一宦官吐突士昕前往新罗取鹰鹞事件，而且确定出使时间为宝历二年（826）。这里可能会产生疑问，前面界定的长庆四年（824）出使新罗是否和这次出使为同一次？笔者认为这种可能性很小。因为其一，志文中明确记载长庆四年（824）出使为"奉诏充新罗宣慰告哀等使"，而且按照此前惯例，唐朝皇帝驾崩，需要向藩属国新罗传达消息。其二，如果真是取鹰鹞，志文中却写成宣慰告哀等使，虽然是在出使十余年之后，但出使新罗，返回被流贬的事实朝野共知，志文撰者"将仕郎试太子通事舍人张模"不可能对此置若罔闻。正是因为长庆四年（824）出使得到好评，武自和其人也可能大谈在新罗的各种见闻，喜

---

① 笔者查阅现存唐代文献史料，董文萼其人不见史书记载。有关《董文萼墓志》，参阅黄小芸：《唐〈董文萼墓志〉考》，西安碑林博物馆编：《碑林集刊》第七辑，西安：陕西人民美术出版社，2001年；赵力光：《西安碑林所藏与海东关联墓志概述》，西安碑林博物馆编：《碑林集刊》第十七辑，西安：三秦出版社，2011年，第9页。

第一章 新发现的墓志石刻与唐代东亚交流

欢玩耍的唐敬宗才会再次派他与吐突士昕赴新罗取鹰鹞。也就是说，武自和其人在824—826年三年间两次往返新罗。当然，第二次返回唐朝时朝野政情变化，唐敬宗被杀，宦官中新一轮倾轧开始，两人因所属原宦官集团的失利，其被流贬也是可以想象的。至于志文中谈及宝历三年（827，该年二月改元太和），武自和被"选充山陵修筑判官"，当是被重新启用。从记载中可知，吐突士昕被流配于洛阳附近的唐高宗太子李弘恭陵，武自和则是在长安"配南衙"，两人处分的轻重差异是显而易见的。无论如何，在中唐特殊时期，作为宦官的武自和，漂洋越海三年两次往返新罗完成使命，为唐与新罗友好交流做出贡献。

宫闱扃令充阁门使朱朝政在新罗居留三年。朱朝政其人不见正史及其他史书载录，他的事迹只见于其母亲赵氏墓志。志文载：朱朝政的母亲赵氏太和八年（834）十一月中旬去世，去世前朱朝政已经从新罗返回。就是说，朱朝政出使新罗时间当在唐文宗太和八年（834）之前。其次，从志文的行文看，似乎朱朝政返回不久，赵氏就欢喜过度，捐弃人世①。另外，朱朝政奉命出使新罗，并不是常见的册封、告哀、吊唁等，而且在新罗居留三年，其具体公干不明。上述宦官吐突士昕与武自和曾赴新罗取鹰鹞，推测朱朝政出使大概应与皇帝本人的需求有关。也就是说，这次出使具有随意性特点。而此时正值新罗兴德王（826—836）在位，双方保持良好紧密的交流关系，新罗曾七次派使节到唐廷朝贡，唐朝亦遣使赴新罗行使册封、吊祭等。值得注意的是，公元828年，入唐的新罗使节金大廉将茶种带回新罗，开启了新罗栽培茶叶的历史。这样，朱朝政出使新罗，并长期驻留于此②，对于双方已

---

① 《大唐故兴元原从登仕郎内侍省内侍伯员外置同正员上柱国朱公故夫人天水郡赵氏墓志铭》载云："洎相见时，悲倍于喜。浃旬，大夫宠命日隆，自宫闱令拜阁门使，中外相庆，咸谓夫人冥求保助，以致于斯。既契凤心，吾无恨矣！呜呼！方欢愉于色养，遽见悲于夜泉……"可见，赵氏死于其子朱朝政返回长安之后很短时间之内。

② 参阅（清）陆增祥：《八琼室金石补正》卷七十二，陆氏据《内侍伯朱夫人赵氏合祔志》有"（崔）锷尝奉国命，与大夫同赴三韩"之文，认为"《新唐书·东夷·新罗传》：新罗王彦昇死，子景徽立，大和五年以太子左谕德源寂册吊如仪。朝政（赵氏之子朱朝政）及锷（崔锷）盖皆随源寂出使者。源寂为左谕德正四品下，崔锷为右赞善大夫正五品上，当是以崔锷为副使，而史所不详也"。就是说，陆氏认为朱朝政、崔锷是和源寂一起出使新罗的。无疑，此可作为一种解释。但是，从上述墓志录文看，朱朝政、崔锷一行在新罗滞留长达三年，是作为吊祭册立使的源寂也在新罗逗留三年？还是正使源寂及其随从率先返回唐朝，而朱朝政、崔锷一干人逗留新罗？因没有史料说明，在此姑且存疑。当然，还有一种可能，那就是朱朝政、崔锷一行，和源寂担当吊祭册立使出使新罗为一年内（831）的两次不同目的的出使，从现在掌握的史料看，此似应是正确的答案。

11

有关系的加强,无疑起到了重要作用。

太子赞善大夫、充册立副使苗弘本出使新罗临危受命。苗弘本其人出使新罗表现突出,新发现的墓志提供了重要资料。苗氏作为唐朝副使渡海前往新罗,册封继立的新罗王。可能正使不能承受航海劳顿,或在异域不习水土,导致他乡染病身故,苗氏因而"专其礼,上下之分,皎然无违,夷人祗畏而且欢戴不足"。但是,查阅现存唐史史料,似未发现赴新罗唐朝使节病死当地的记载。只是韩国史书《海东绎史》卷三十七有所提及,云:"武宗会昌中,以左庶子薛宜僚充新罗册赠使。宜僚到外国,未行册礼,旋染疾而卒,判官苗甲摄大使行礼。"此史料出自《女侠传》。考察上述记载,其与志文所及相仿佛,但苗弘本志文载苗氏为副使,而上及《海东绎史》则记载为"判官";《海东绎史》明确记载唐朝所派正使是薛宜僚,苗弘本则记为"苗甲"(甲是否为苗弘本的字?因没有史料证明,不得而知),这些在志文中则看不到。显然,两种记载还是存在一定的差异。无论如何,志文提供了以往史书缺载的新资料(只是没有记载具体的出使时间),结合《海东绎史》的记载,苗氏一行出使新罗应在唐武宗会昌年间。

宦官杨遵诲出使新罗宣达皇命。《唐故振武监军使赠内侍杨公夫人谯郡曹氏(延美)墓志铭并序》载:墓主的次子杨遵诲官拜"宣德郎、行内侍省内仆令。一鹗凌空,三秀髦地。擅名于禁掖之内,独步于群伦之中。前年,主上龙飞,先帝晏驾。远颁国命,达于海东。归朝加金印之荣,异域重皇华之使"。该墓志铭撰写于乾符三年(876),其"前年"就是乾符元年,即公元874年。就是说,唐僖宗乾符元年(874)即位之初,曾派遣使者赴新罗告哀。身为宦官内仆令的杨遵诲其人参与其事,到达新罗传达皇命,随后即安全返回唐都长安。①

唐朝使者越洋赴新罗过程中频遭危难。元和七年(812)崔廷出使新罗,崔廷墓志载崔廷"虽泛沧溟,叱驭而往,朝廷以为难,实由夫人以事君之理助焉。"即朝廷鉴于使者要越海前往,故对出使人选颇感踌躇,多亏崔廷夫人从中晓以情理,崔廷才踏上出使的征程。对此,史书亦有记载。大历初年,唐朝派遣仓部郎中、兼御史中丞归崇敬等人出使新罗,"至海中流,波涛迅

---

① (唐)毛璧:《唐故振武监军使赠内侍杨公夫人谯郡曹氏(延美)墓志铭并序》,吴钢主编:《全唐文补遗》第八辑,西安:三秦出版社,2005年,第223—224页。

第一章　新发现的墓志石刻与唐代东亚交流

急，舟船坏漏，众咸惊骇"①，但终化险为夷。崔廷、朱朝政出使新罗三年，崔廷的夫人郑氏"自始去至于言旋，蓬首濡脸，艰意空门，求福佑以助行，果安逸而速返"②，此当然是担心崔廷一行的海上航程。朱朝政的母亲赵氏"以嗣子奉命鸡林三岁，然复疚心疾首，六时礼念，冥期佑助，以福后光。果符神力，保全以归。"③即均夜以继日的向佛祖祷告，祈求神灵保佑。值得庆幸的是，两人虽历经艰险，但均安全返回。

宦官王文擀出使新罗返回时则遭遇台风，险象环生。据现存《王文擀墓志》记载，王文擀一行在完成使命返回唐朝途中，即：

> 王事斯毕，回橹累程，潮退反风，征帆阻驻，未达本国，恐惧在舟。夜耿耿而周为，魂营营而至曙。呜呼！险阻艰难，备尝之矣。及其不测，妖怪竞生。波溟瀁而滔天，云暧曃而蔽日。介副相失，舟楫差池，毒恶相仍，疾从此起。扶持归国，寝膳稍微，药石无功，奄至殂谢，享年五十有三。④

可以看出，虽然当时人们对海洋潮汐有了一定的了解⑤，但无疑还有待于提高，特别是身处内陆前往海洋更是顾虑多多，故在海上遭遇台风险情之后，人们的不适反应就特别强烈，进而威胁到生命安全，这些都是值得关注的事情。上述太子赞善大夫苗弘本，"副新罗使立其嗣，将命至其国，使病死，公专其礼……"⑥也可说明这一问题。而其他史书如《太平广记》中也记载了多起朝廷官员或民间人士前往新罗，途中受困，以及被海流漂向他处的事件。⑦上述事件发生，加之中唐以后东亚国际关系复杂多变，某种程度上不能不对唐朝向新罗行使宗主国权力产生影响。而在唐新罗质子或宿卫者能参与到出使新罗行列中来，不仅源于他们具备相应的能力，并有前往新罗的积极性，当然他们也弥补了已有缺陷，进而成为中唐以后唐廷出使新罗交流的

---

① 《旧唐书》卷一百四十九《归崇敬传》，北京：中华书局，1975年标点本，第4016页。
② 周绍良主编：《唐代墓志汇编》大中68，上海：上海古籍出版社，1992年。
③ 周绍良主编：《唐代墓志汇编》大和79，上海：上海古籍出版社，1992年。
④ 周绍良主编：《唐代墓志汇编》会昌37，上海：上海古籍出版社，1992年。
⑤ 王赛时：《唐朝人的海洋意识与海洋活动》，杜文玉主编：《唐史论丛》第八辑，西安：三秦出版社，2006年。
⑥ 周绍良主编：《唐代墓志汇编》大中93，上海：上海古籍出版社，1992年。
⑦ （宋）李昉等：《太平广记》卷四百八十一，北京：中华书局，1961年。

生力军。这样，会昌元年（841）、天祐元年（904）唐朝分别派遣新罗宿卫者金云卿、金文蔚担当使节，元和七年（812）、元和十五年（820）、宝历二年（826）分别遣派金沔、金士信、金允夫担当副使，不仅保证了每次出使任务的圆满顺利，而且对于唐朝行使宗主国权力，继续唐初以来实行的质子制度不无益处。

唐朝使者长时间逗留新罗问题分析。按常理推想，唐赴新罗使节完成吊唁、告哀或册封使命之后，应在短时间内返回，然而，在特殊情况下，唐使节亦不得不滞留新罗。《大唐故兴元原从登仕郎内侍省内侍伯员外置同正员上柱国朱公故夫人天水郡赵氏墓志铭》载赵氏嗣子，即宦官朱朝政"奉命鸡林三岁，然复疚心疾首，六时礼念，冥期佑助，以福后光"。《崔廷墓志铭》载元和七年（812），崔氏"会新罗王死，选可以宣达国命抚柔外夷者，由是擢拜公为尚书职方员外郎，摄御史中丞，赐紫金鱼袋，充吊祭册封使。期年而返。"这里的期年，即三年（也有认为一年的见解）。其妻郑氏墓志则明确记崔廷充"吊祭于乐浪国"使节，"往返三岁"。就是说，上述三方墓志均载唐使臣出使新罗来回费时三年，前者未明出使时期及出使名目，后者明确说明是"充吊祭册立使"。唐咸通年间进士李昌符有《送人入新罗使》诗云："鸡林君欲去，立册付星轺。越海难计程，征帆影自飘。望乡当落日，怀阙羡回潮。宿雾蒙青嶂，惊波荡碧霄。春生阳气早，天接祖州遥。愁约三年外，相迎上石桥。"①诗最后两句，亦有"三年"字样。唐朝使者为什么长时间逗留新罗？在三年时间内逗留新罗的唐朝使者做了些什么？是否只是吊祭、册立使得停留时间长？这些问题因缺乏相应的史料佐证，迄今仍难以得出令人满意的答案。②

第三节　墓志中"日本"国号的出现与《吴怀实墓志》

一、"日本"国号的出现

有关"日本"国号，学界一般认为有两种看法：或者武则天敕封；或者

---

① （清）彭定求等：《全唐诗》卷六〇一《送人入新罗使》，北京：中华书局，1960年。
② 本节参见拜根兴《唐中后期赴新罗使者关联问题考辨》一文，其中有的部分经修订和补充，增加了新的史料和论述，特此说明。

第一章 新发现的墓志石刻与唐代东亚交流

日本自己改称。前者支撑史料见于《旧唐书》卷一百九十九上《东夷·日本传》,以及《史记》卷二《夏本纪》唐张守节《史记正义》引《括地志》;后者则出自《唐会要》卷一百《日本国》、《新唐书》卷二百二十《东夷·日本》。而"倭"改"日本"的原因则有两个:其一为日本地理位置"近日";其二为"恶倭名不雅"。诸书记载改名的时间均在唐高宗咸亨元年(670)前后,主要事件就是日本遣使到唐朝祝贺讨平高丽。高明士教授认为改名可能出自668年颁布的《近江令》,可备一说①。虽然史书有上述一系列的记载,但"倭"改名"日本"的具体状况还有待于更明确的解读。20世纪末出土发现的三方唐人墓志,不仅印证了文献史料的记载,而且使得问题更加明朗化。

1992年台湾大学叶国良教授在台北一家古玩店发现唐人《杜嗣先墓志》,因志文中有"日本"两字,故抄录志文,其研究论文发表于1995年的《台大中文学报》第7辑,云:"徐州刺史杜嗣先墓志,其子维骥撰,有序无铭。此志不见于著录,一九九二年,余在台北古玩店'寒舍'见原石及其妻墓石宝物,因引笔抄录。志二十八行,行二十八字,遇'皇朝'、'遗训'等字则挪抬,或一字,或两字……"

志文中涉及墓主与日本遣唐使关联记载:

> 又属皇明远被,日本来庭。有勅令公与李怀远、豆卢钦望、祝钦明等宾于蕃使,共其话语。

《旧唐书》卷一九九上有对应的记载:

> 长安三年,其大臣朝臣真人来贡方物,朝臣真人者,犹中国户部尚书,冠进德冠,其顶为花,分而四散,身服紫袍,以帛为腰带。真人好读经史,解属文,容止温雅。则天宴之于麟德殿,授司膳卿,放还本国。

也就是说,墓志表现的是长安三年(702)武周朝廷接待第七次遣唐使的情况,而从石刻史料看,"日本"国名出现于墓志文中,可以上溯到公元702

---

① 高明士:《"日本"国号与"天皇"制的起源——以最近发现的墓志、木简为据》,杜文玉主编:《唐史论丛》第十七辑,西安:陕西师范大学出版社,2014年,第158—172页。

年。虽则如此,可能是宣传不够的原因,叶教授的研究成果在当时并没有引起学界的足够重视。该论文后收录于叶教授《金石续拾》[①]一书中。

2004年10月,西北大学博物馆收藏一方《井真成墓志》(图1-3),由于墓主作为遣唐使的随从(有学者认为是在唐日本留学生)的特殊身份,以及迄今为止发现的在唐日本人墓志的唯一性等原因,该墓志及其相关问题很快为中外学术界所熟知。志文曰:

> 公姓井,字真成,国号日本。才称天纵,故能□命远邦,驰骋上国。蹈礼乐,袭衣冠,束带□朝,难与俦矣!岂图强学不倦,闻道未终,□遇移舟,隙逢奔驷。以开元廿二年正月□日,乃终于官弟,春秋卅六。皇上□伤,追崇有典。诏赠尚衣奉御,葬令官□。即以其年二月四日,窆于万年县浐水□原,礼也。

墓志记载墓主井真成开元二十二年(734)去世,学界对井真成入唐说有两种看法,即井真成717年入唐说,以及733年入唐说。但无论如何,《井真成墓志》所见"日本"国号字样,显然要晚于上述《杜嗣先墓志》所载,这是学界已经认定的事实。但不可否认,正是由于《井真成墓志》的出现,并且因为墓主的日本人身份,以及中日学界及媒体的普遍关注,才使得《杜嗣先墓志》涉及"日本"国号的内容为更多的人士所了解,成为学界关注的问题之一。两方墓志,特别是《井真成墓志》所受关注非同一般,据笔者统计,单就出版的专题论文集,涉及《井真成墓志》的就有日本专修大学与西北大学合编《遣唐使所见中国与日本》、日本《古代文化》杂志2005年特别策划专号、藤田友治编著《遣唐使井真成的墓志》等,而且2005—2011年,这两方墓志成为中日学界持续讨论的话题[②]。

直到2011年《社会科学战线》第7期发表吉林大学古籍研究所王连龙《百济人〈祢军墓志〉考释》之后,学者们才把探寻的目光转了过来。《祢军墓志》(图1-4)出土于西安市长安区郭杜镇,被盗掘后志石流落西安文物坊

[①] 叶国良:《金石续拾》,台北:大安出版社,1999年。
[②] 拜根兴:《杜嗣先、井真成墓志与唐代中日关系研究》,成建正主编:《陕西历史博物馆馆刊》第十八辑,西安:三秦出版社,2011年,第204—211页。

第一章　新发现的墓志石刻与唐代东亚交流

肆，现案件已经侦破，志石收藏于西安博物院。其实，祢军墓只是埋藏于同一地域的百济人祢氏家族①墓中的一座，因为祢军墓志文中有"日本"国号等，故而引起学界的重视。祢军660年随其胞弟祢寔进临阵倒戈，将百济王扶余义慈献与唐军，志文载：

> 去显庆五年，官军平本藩日，见机识变，仗剑知归，似由余之出戎，如金磾之入汉。圣上嘉叹，擢以荣班，授右武卫浐川府折冲都尉。

就是说，祢军投诚唐朝，到达长安，曾被授予京城"右武卫浐川府折冲都尉"。浐川府位于今西安市东郊，担当拱卫京城重任；折冲都尉为正四品武官。由此可以看出，唐朝廷十分信任投诚过来的祢军，当然，这或许是与祢军的弟弟祢寔进担当唐朝左威卫大将军官职有关。虽则如此，作为百济将领的祢军，投诚唐朝之前或许曾到过日本，故而唐朝廷派遣祢军前往日本从事交涉事务。墓志记载：

> 于时日本余噍，据扶桑以逋诛；风谷遗甿，负盘桃而阻固。万骑亘野，与盖马以惊尘；千艘横波，援原虵而纵泝。以公格谋海左，龟镜瀛东，特在简帝，往尸招慰。公徇臣节而投命，歌皇华以载驰。飞泛海之苍鹰，蓄凌山之赤雀。决河眦而天吴静，鉴风隧而云路通。惊□失侣，济不终夕，遂能说畅天威，喻以祸福千秋。僭帝一旦称臣，仍领大首领数十人将入朝谒，特蒙恩诏授左戎卫郎将，少选迁右领军卫中郎将兼检校熊津都督府司马。

咸亨三年（672）十一月二十一日，祢军的弟弟祢寔进被葬埋于长安高阳原，而就在当天，祢军被授予右威卫将军，足见唐朝廷对祢氏家族人士为唐朝所建功勋的认定和采取的抚恤奖励。祢军其人仪凤三年（678）二月死于长安延寿里私邸，享年66岁，同年十月埋葬于雍州乾封县高阳里。一方面，说明墓志撰写应该也是当年十月之前的事情。另一方面，也可说明仪

---

① 拜根兴：《唐代百济移民祢氏家族墓志相关问题研究》，《当代韩国》2012年第2期，第94—107页。

凤三年（678）当时倭国改名日本，已为唐廷一般民众所知晓。因为祢军生前官至从三品，他的墓志撰写来自唐廷官方，故墓志中的素材应是官方掌握的最新资料。如此，曾经出使日本的祢军，他的墓志中出现"倭"改名"日本"的蛛丝马迹也并不奇怪。无论如何，和上述《杜嗣先墓志》、《井真成墓志》所载"日本"国号时间相比，《祢军墓志》录文一下子将时间提前了近30年，即"倭"改名"日本"国号事件后的第8年，而且改名后数年间在唐朝已成为一个公共认知事件，并在相当的范围内成为众所周知的事情。当然，这里也有疑问：其一，公元670年倭国派遣使臣入唐"贺平高丽"，其中提到国名更改问题，唐朝对此抱什么样的态度？如果真是日本自行改名，在白江口之战后，日本希望和唐朝重归于好的大前提下，唐朝是否乐意日本如此行为？假若不乐意，出自唐廷某些特定部门之手的《祢军墓志》，出现改名后的"日本"国号，其中契机有待进一步探讨①。其二，假若是武则天赐名，就没有上文所及问题，说明当时唐朝和日本的关系已经有所缓和。

杜嗣先、井真成、祢军的三方墓志，虽然从镌刻埋藏时间上看相差数十年，但却引证了文献史料中关于"倭"改名"日本"的历史事实；《祢军墓志》中出现"日本"国号，不仅证明作为百济移民的祢军确实代表唐朝出使过日本，而且从一个侧面显示出白江口之战后唐日关系已经有所缓和，当然，其是否与唐朝此时出兵朝鲜半岛相关联，还有待于进一步探讨。

二、新出墓志与日本、新罗"争长"问题

吴怀实其人名字曾出现于笔记小说《安禄山事迹》，徐浩撰、颜真卿书《多宝塔碑文》，以及《旧唐书》卷二百《高尚传》中。特别是《续日本纪》

---

① 不可忽视的是，从咸亨元年（670年）开始，唐朝与此前朝鲜半岛的伙伴新罗进行了长达七年的战争，即"唐罗战争"。白江口之战后紧绷的唐日关系解冻，是否也和"唐罗战争"有关？因为"祢军墓志"中出现"日本"国号，从唐朝自身所处地位来说，如果不是其所认同乐意，将其上行下达，并在一定范围所执行使用，应当说使用"日本"国号还是有一定的难度。有关"唐罗战争"，参阅拜根兴：《论罗唐战争的性质及其双方的交往》，《中国边疆史地研究》2005年第1期，第43—50页；拜根兴：《"唐罗战争"关联问题的再探讨》，荣新江主编：《唐研究》第十六卷，北京：北京大学出版社，2010年，第91—116页。

第一章　新发现的墓志石刻与唐代东亚交流

卷十九记载：

> 丙寅，副使大伴宿祢古麻吕自唐国至。古麻吕奏曰：大唐天宝十二载，岁在癸巳，正月朔癸卯，百官诸蕃朝贺，天子于蓬莱宫含元殿受朝。是日，以我次西畔第二吐蕃下，以新罗使次东畔第一大食国上。古麻吕论曰：自古至今，新罗之朝贡大日本国久矣，而今列东畔上，我反在其下，义不和得。时将军吴怀实见知，古麻吕不肯色，即引新罗使次西畔第二吐蕃下，以日本使次东畔第一大食国上。

上述史料就是所谓的日本、新罗在唐朝"争长"事件的原始记载。对此，韩国学者卞麟锡教授提出商榷，认为整个事件纯属虚构①，日本学者山尾幸久赞同卞氏的观点。后来日本学者池田温氏综述韩日学界对此事件的研究现状②，福田忠之文中③也有探讨，中国学者王小甫教授论文④中亦曾提及。虽然学者们依据史料对唐朝朝贺礼仪、诸藩国座次均有不同的探讨，得出各自的结论，但对其中的重要人物吴怀实着墨却并不多。而日本学者石井正敏《论唐朝"将军吴怀实"》一文⑤中，专门论述史料中出现的吴怀实，认为吴怀实与唐玄宗朝著名的权臣高力士关系亲密，恐怕是担任监门卫将军、负责皇帝宫门警卫的要人。当然，依据唐朝朝贺礼仪规定，负责安排周边国家座次朝贺的最高负责人是礼部尚书和太常寺卿，由中书省通事舍人、礼部郎中和太常丞主持，具体事务则由门下省典仪和太常寺奉礼郎负责执行。只是天宝末年宦官高力士颇受唐玄宗宠幸，宦官势力浸透到王朝肌体，执行朝贺礼仪过程中宦官是否也参与其中无疑也是值得探讨的问题。新发现的宦官《吴

---

① （韩）卞麟锡：《中国唐代与新罗的关系——兼论续日本纪所载"古麻吕抗议"》，《大陆杂志》1966年第9期；（韩）卞麟锡：《唐代外国使争长之研究》，《亚细亚研究》1967年第4期；（韩）卞麟锡：《从唐代外国使之争长事例再论古麻吕抗议：以批判〈续日本纪〉相关史料为主》，第一届国际唐代学术会议论文集编辑委员会：《第一届国际唐代学术会议论文集》，台北：学生书局，1989年。
② （日）池田温：《论天宝后期唐朝、新罗与日本的关系》，《唐研究论文选集》，北京：中国社会科学出版社，1999年。
③ （日）福田忠之：《唐朝之东北亚诸国观及东北亚诸藩国国际地位——以唐代各国争长事件为中心》，王小甫主编：《盛唐时代与东北亚政局》，上海：上海辞书出版社，2003年。
④ 王小甫：《唐朝与新罗关系史论——兼论统一新罗在东亚世界中的地位》，荣新江主编：《唐研究》第六卷，北京：北京大学出版社，2000年，第155—172页。
⑤ （日）石井正敏：《论唐朝"将军吴怀实"》，《日本历史》1981年第402号。

怀实墓志》（图 1-5），或许能够为我们提供一些新的理解思路和依据。

吴怀实墓在 2007 年西安市西三环安置工程施工时所发现，位于西安市东凹里村，被编为唐墓 M11 号，同一地点出土的还有宦官吴游艺的墓志等①。志石今藏于西安市文物保护考古研究院。志文载：

> 天宝七载，我英主念悃之深至，而渥恩之未遑，识燕鸽以当侯，开龙颜而授印，迁云麾将军、右监门卫将军、兼知内侍省事。皇明久畅，休应荐答。于是郊天享地之礼叙，崇号改年之涣举，幽明合赞，雨露增濡，进封濮阳郡开国公，食邑二千户。凡前后历位者九，益封者四，盛金章戟户之秩，专庙享叙宾之使，役智增劳，福谦反疾，以天宝十三载四月三日薨于胜业里弟，春秋六十有四。

首先，上述石井正敏文中推测吴怀实可能担当监门卫将军，而志文中确实记载天宝七载（748）吴怀实迁任云麾将军、右监门卫将军、兼知内侍省事，证明元旦朝贺大典吴怀实其人确实就在现场。其次，可以确认吴怀实其人的宦官身份为担当宦官管理的最高职位。再次，志文中谈及吴怀实当时承担的具体事务，有"郊天享地之礼叙，崇号改年之涣举"，又有"盛金章戟户之秩，专庙享叙宾之使"，似乎均与祭祀、朝贺大典中位序排列相关联。最后，如上所述，天宝末期宦官势力浸透于王朝的肌体之内，并在许多重大事件中担当关键角色；同时，一些约定俗成的国家礼仪成例，可能因为皇帝对朝官信任度的降低，改由皇帝代言人宦官统领参与，如此似更具人为色彩，导致一些似是而非问题的发生。因此，探讨此一时期的历史事件，应该考虑宦官因素的存在及由此产生的问题。总之，《吴怀实墓志》的出土，虽然不能从根本上改变学界对天宝年间日本、新罗"争长"问题最终结论的达成，但从吴怀实当时担当的官职来看，"古麻吕抗议"事件似并非空穴来风。期待更多新的墓志史料发掘出土，使这一问题得到圆满解决。

---

① 关于唐代宦官吴氏家族涉及问题，参阅杜文玉：《唐代吴氏宦官家族研究》，杜文玉主编：《唐史论丛》第二十辑，西安：三秦出版社，2015 年，第 150—169 页。

第四节　圆仁所见登州文登县佛塔碑文

现存唐史基本资料《旧唐书》、《新唐书》、《资治通鉴》、《册府元龟》中，有关唐代山东半岛与相邻地域关联的内容，特别是对外关系方面的内容并不多，考古金石资料更是如此①。然而，日本请益僧圆仁所著，"可以和《佛国记》、《大唐西域记》、《马可波罗游记》等并列，是东方游记中一颗灿烂明珠"② 的《入唐求法巡礼行记》一书则别开生面，为我们提供了大量唐朝与新罗、唐朝与日本关联问题相当重要的资料。本节即对圆仁所见的登州文登县仵③台村法云寺铁铸佛塔碑文试作考释（图1-6）。

开成五年（840）二月二十八日，圆仁到达文登县的卢山寺，登州刺史乌君设斋饭，圆仁有机会和当寺僧侣及村民一起吃饭。饭后继续赶路，行十五里，看到王府君墓及碑志。再行二十里到达仵台村法云寺住宿。这里本来是佛寺，后来当地人称其为仵台馆④，圆仁记载：

> 馆前有两塔：一高二丈，五层，镌石构作；一高一丈，铸铁作之，有七层。其碑文云：王行则者，奉敕征伐东蕃没落，同船一百余人俱被贼擒，送之倭国。一身逃窜，有遇还归。麟德二年九月十五日造此宝塔，云云。

---

① 根据赖非：《齐鲁碑刻墓志研究》（齐鲁书社2004年版）一书统计，齐鲁地区发掘的北朝时期墓志数量可观，对于研究当时士家大族族系源流等问题提供了重要史料，然而，齐鲁地区，即山东半岛发掘的唐代墓志却不是很多，据该书附表四统计有85方，而与中外关系关联的内容，只有早年出土于馆陶县的《馆陶郭公姬薛氏墓志铭》（《全唐文》卷二百一十六），笔者在《金仁问研究中的几个问题》（《海交史研究》2003年第2期）一文，曾对新罗人薛氏墓志铭文做过一些考释。
② 周一良：《评〈入唐求法巡礼行记校注〉》，王元化主编：《学术集林》卷一，上海：上海远东出版社，1994年，第317—321页；又见周一良：《周一良集》第四卷《日本史与中外文化交流史》，沈阳：辽宁教育出版社，1998年。
③ 顾承甫、何泉达校注：《入唐求法巡礼行记》上海：上海古籍出版社，1986年；卷二作"伐"，白化文等校注：《入唐求法巡礼行记》，石家庄：花山文艺出版社，1992年。卷二作"仵"，其校注语云："仵，抄本作'件'，小野本以意改，从之"，即认同日本学者小野胜年的看法。文中依从后者。
④ 在圆仁的日记中，记载了海州、登州、莱州一带大量的"馆"。这些"馆"，就是当时的驿馆，有的就是当时的佛寺，唐朝曾经屡次下诏。该书卷一载有：平桥馆、安乐馆、楚州馆。卷二有：招贤馆、斜山馆、仵台馆、芝阳馆、故县馆、新罗馆、渤海馆、乘夫馆；战斋馆、图丘馆。当时登州、莱州等沿海地区将驿站称为"馆"，长安、洛阳周围地区则称"店"。

从馆前的两座佛塔,可以验证圆仁的说法。不仅如此,两塔的质地和高度也不相同,其是否为同一时期建造值得怀疑。特别是有七层、高一丈、铸铁而成的塔上还有碑文,碑文明确记载了造此宝塔的时间为"麟德二年九月十五日",造塔者为王行则,建造塔铭是由于王行则"奉敕征伐东蕃"。"东蕃"及"麟德二年"等信息,可以断定奉敕征伐和朝鲜半岛有关。

关于王行则其人,现存文献资料未见记载,他的出身及生平事迹不得而知;同时,王行则其人何时奉敕参与征讨,现存史料及圆仁日记中亦未见明确记载。对于此问题,顾承甫、何泉达校注本未作讨论,考察圆仁在唐活动的专题论文,以及探讨七世纪中叶唐与朝鲜半岛关系的论著亦未见涉及。现在能够看到的只有白化文等《入唐求法巡礼行记校注》本在注释中有所考释,认为碑文中所指:"大约指唐高宗龙朔三年(663)白江口之战。"并且征引《资治通鉴》卷第二百零一中的记载证明自己的观点。

> 于是仁师、仁愿与新罗王法敏将陆军以进,仁轨与别将杜爽、扶余隆将水军及粮船自熊津入白江,以会陆军,同趣周留城。遇倭兵于白江口,四战皆捷,焚其舟四百艘,烟炎灼天,海水皆赤。百济王丰脱身奔高丽,王子忠胜、忠志等帅众降,百济尽平,唯别帅迟受信据任存城,不下。

韩国史书《三国史记》卷七的记载与上述《资治通鉴》记载大同小异。就是说,唐百济留守军与新罗军在战斗中取得了全面的胜利,"百济王丰脱身奔高丽,王子忠胜、忠志等帅众降,百济尽平"。然而,唐军在如此大的胜利情况下,其军兵被俘的可能性又有多少呢?这是应当慎重考察的问题。与此同时,日本史书《日本书纪》详细记载了白江村(即白江口)战争当时倭军战败惨状,此可为深入探讨这一问题提供依据。天智二年(663)三月条载:

> 八月戊戌,贼将(新罗军)至于州柔城,绕其王城。大唐军将率战船一百七十艘,阵烈于白村江。戊申,日本船师初至者,与大唐船师合战,日本不利而退,大唐坚阵而守。乙酉,日本诸将与百济王,不观气象,而相谓之曰:'我等争先,彼应自退。'更率日本乱伍,中军之卒,进打大唐坚阵之军。大唐便自左右夹船绕战。须臾之际,官军败绩,赴

水溺死者众。舻舳不得回旋。朴市田来津仰天而誓,切齿而嗔,杀数十人,于焉战死。是时,百济王余璋,与数人逃去高丽。①

单从史料记载来看,唐军取得了决定性的胜利,倭军及百济复兴军要么慷慨战死,要么想方设法逃离战场,像迟受信坚守城池不降者犹如凤毛麟角,因而根本不可能在大败的情况下俘获唐军一整条船,以及船中的100余名兵士,这是不符合当时的实际情况的。

首先,俘虏唐军船只和兵士的实体并不存在。从碑文看,俘获唐军船只的并不是倭军,而是"贼",即百济复兴军,是百济复兴军将俘获的唐军兵船押解到日本的。但是,这种情况在当时存在的可能性微乎其微。其一,百济复兴军在唐与新罗联合军的打击下已溃不成军,百济王扶余丰(余璋)竟驾船冒险逃往高丽,也就是说,当时唐军已经封锁了去日本的海路,如果可能的话,扶余丰肯定是要去他作为质子曾经呆过若干年的日本,而不是前往相对陌生的高丽。其二,就是在白江口之战之后,唐军收留了大量百济复兴军俘虏,其中就有复兴军著名大将黑齿常之。在复兴军兵败如山倒的状况下,俘虏一整船的唐兵,必然需要超过3条大船以上的复兴军才能达到,这在当时是不可能的事情,而且,退一步说,即使侥幸俘虏了唐军,但还要经过唐、新罗军的封锁线,将这些唐兵解送到日本,这种可能如同扶余丰不能逃往日本一样,也是难以置信的。其三,上引史料中有"百济尽平,唯别帅迟受信据任存城,不下"。也就是说,在百济、日本联合军失败后,百济别将迟受信坚守任存城。当年十月份,刘仁轨招降的百济大将黑齿常之、沙吒相如参与攻击任存城,在强大的唐军、新罗军,以及归降的百济复兴军进攻下,"迟受信委妻子奔高句丽"②。也就是说,坚守任存城的迟受信也未逃往日本,而是最终舍弃妻子,选择了出逃高丽,其中缘由可能与扶余丰相同。总之,从扶余丰、迟受信最后选择出逃归宿为高丽,而不是倭国看,说明逃往倭国已是不可能,当然,也可能他们认为逃往高丽比前往倭国更安全。总之,在白江口之战过程中,百济复兴军俘虏一整条船100余名唐军兵士,从当时的实际

---

① (日)舍人亲王:《日本书纪》卷二十七,(韩)田溶新译,首尔:一志社,1997年。
② (高丽)金富轼:《三国史记》卷二十七《百济纪·义慈王》,首尔:乙酉文化社,1997年。

情况看是没有可能的。

其次,《日本书纪》详细记载了日本在百济住民及其残兵败将退往日本的情况。

> 九月辛亥朔丁巳,百济州柔城始降于唐。是时,国人相谓之曰:"州柔降矣,事无奈何,百济之名绝于今日,丘墓之所,岂能复往。"但可往于弓礼城,会日本军将等,相谋事机所要。遂教本在枕服岐城之妻子等,令知去国之心。辛酉,发途于牟弓。癸亥,至弓礼。甲戌,日本船师及佐平余自信、达率木素贵子、谷那晋首、忆礼福留并国民等,至于弓礼城。明日,发船始自日本。①

从上引资料看,并未见押送唐军俘虏赴日本的记载。可以认定,在白江口战役过程中,无论是百济复兴军,还是倭军,从战后两方的基本态势看,根本就不可能俘虏一整船100余名唐军,也就是说,校注本的解释没有反映当时的新罗、唐军与百济、倭国联合军战斗的实际状况,其认定王行则其人参与东征,即被俘时间"大约指唐高宗龙朔三年(663)白江口之战"的看法是不正确的。

那么,这100余名唐军是什么时候被百济复兴军俘获押解到倭国呢?笔者认为,当是在百济都城陷落之时,百济复兴军在各地风起云涌之时,具体时间为公元660年10月前后。为什么如此?第一,这一时期是唐百济留守军最困难的时期。苏定方于同年九月,率唐朝主力并押解俘获的百济王扶余义慈等返回唐境,留大将刘仁愿率万名唐军及七千新罗军兵驻守百济。与此同时,唐朝派大将王文度担当熊津都督前往百济,但王氏刚到达百济,在给新罗王传达敕令时,突然离奇的死去。由此,不受唐当朝中枢欢迎,时为青州刺史的刘仁轨戴罪临危受命东渡朝鲜半岛,协助大将刘仁愿据守百济故地,只是他到达百济时已是第二年三月(661,龙朔元年三月)。在此期间,百济各地纷纷起兵,并在大将鬼室福信、僧侣道琛等人的领导下,包围了唐留守军大本营熊津府城,具体时间为显庆五年(660)九月到龙朔元年(661)三

---

① (日)舍人亲王:《日本书纪》卷二十七,(韩)田溶新译,首尔:一志社,1997年。

第一章 新发现的墓志石刻与唐代东亚交流

月。也就是说,这一时期是唐朝与新罗百济留守军最艰难的时期。王行则其人当是万名唐留守军中的一员。第二,史料有明确的记载。《日本书纪》卷二十六齐明天皇六年(660)十月条载云:"百济佐平鬼室福信,遣佐平贵智等,来献唐俘一百人,今美浓不破、片县二郡唐人等也"。《三国史记》卷七《新罗本纪·文武王》、《答薛仁贵书》载曰:"至六年(660),福信徒党渐多,侵取江东之地,熊津汉兵一千往打贼徒,被贼摧破,一人不归。……"此两书所载可能为同一件事,但唐军损失的渠道、方式、数量却不尽相同,亦可能有夸大等成分,但无疑都说明唐留守军在战争中兵员受到损失。百济复兴军为什么要将俘虏的唐军送往日本?笔者认为主要有以下几个原因。其一,当时百济复兴军占据的山城规模均不大,开辟专门看管俘虏的场所并不现实。据韩国学者研究,处于凤首山的复兴军的重要据点任存山城周长为2450米;豆陵(良)尹山城所在鸡凤山标高210米,地势险峻,山城周长560米;雨述山城所在怀德山城周长为1000米,相邻的瓮山城所在周长也不过1200米。周留城则是一个复合式山城,其所在的乾芝山主峰城周350米,以西北东南走向的溪谷为中心,所谓"包谷式"山城周长1300米。① 这些山城由人数众多的百济复兴军屯兵驻守,同时又要屯放给养兵械,开辟专门看管俘虏场所是不可能的。其二,经过战争,百济复兴军的给养并不充足,同时,看管俘虏,无疑还要有专门的兵士负责,这对百济复兴军来说是得不偿失的。其三,复兴军领导人上至百济王扶余丰,下及将军福信、道琛,均堪称一代枭雄,其处事方式诡秘而意味深长。表面看,将俘获的唐军俘虏送往日本,只是显示百济复兴军作战勇敢、不负众望,倭国朝野对百济复兴军的支持是物有所值,将俘虏送往日本,是双方共同分享胜利的喜悦;实际上,这样做既可邀功请赏,又可起到甩包袱的作用。就是说,复兴军领导人这样决策,具有一石三鸟的功效。另外,关于百济复兴军占据的山城位置比定,中日韩三国学界的看法并不统一,如中国学者王小甫教授对白江、白江口、周留城的位置就有自己独到的见解②。第三,仵台馆原佛寺铁铸塔碑文中明确有"同船一百余人俱被贼擒,送之倭国"的记载,这正和上述《日本书纪》所载百济将

---

① (韩)沈正辅:《关于百济复兴军的主要据点研究》,《百济研究》1983年第14辑;(韩)沈正辅:《百济周留城考》,《百济文化》1999年第28辑。

② 王小甫主编:《盛唐时代与东北亚政局》,上海:上海辞书出版社,2003年,第343—348页。

军鬼室福信遣派佐平贵智等献唐俘虏100人的记事相吻合,而且,这些唐朝俘虏被分别安置在日本美浓不破县、片县。《日本书纪》颁行于8世纪中期,圆仁精通古今,游历日本各地,对《日本书纪》的内容,以及居住在此两县的唐人及其后裔的状况应当是有所了解的,可能这正是他详细记载此碑文的原因所在。第四,如笔者所论不妄,说明王行则其人显庆五年(660)末已经脱离危险。他是历经千辛万苦只身返回唐境?还是重新回到唐百济留守军大本营,进而在白江口战后回到唐境?史料缺载。笔者认为后者的可能性比较大。这是因为,单凭个人的能力,在当时的条件下只身返回唐境几乎是不可能的,而且,唐军对临阵脱逃者处罚严厉,虽然他的行动和临阵脱逃还有所不同,相信王行则是知晓其中利害的。据笔者考察,龙朔三年(663)十一月至麟德初年,唐百济留守军因各种原因,曾令部分兵士分批返回唐朝本土。①从题记时间和铸造佛塔等工役周期推算,王行则很可能于663年11月随刘仁愿、孙仁师等返回,即就是所谓的"有遇还归"。或许王行则的故里就在登州辖内②,他不能忘怀在海上阴错阳差的被俘,以及绝路逢生地只身脱险,感念冥冥上苍和慈悲佛陀的保佑,故而在其故里附近的寺院内铸造铁塔追福,并煞有介事的题写碑文记载其事。

100余年之后,日本请益僧圆仁路过仵台馆,目睹了馆内佛寺、风格迥异的双塔,更值得庆幸的是,圆仁清楚地抄录并保留了铁铸塔上记载唐朝、日本、朝鲜半岛关联事件的碑文。正因如此,才使我们今天能够更具体的了解并印证上引《日本书纪》中关于百济复兴军大将鬼室福信将百名唐朝俘虏押送日本,这些人最终流落日本事件的本末;同时,通过铁铸塔上的碑文,人们一定会对唐朝军兵王行则足智多谋、悲壮惊险的脱逃历程留下深刻的记忆。战争是残酷的,人最宝贵的是生命。对仵台馆佛寺铁铸塔碑文的考释,无疑为研究7世纪中叶东亚各国交往的具体事件提供新的资料,并将有助于相关问题的解决。

---

① 拜根兴:《七世纪中叶唐与新罗关系研究》,北京:中国社会科学出版社,2003年,第158—164页。

② 按照一般的推理,如果王行则不是登州辖内人士,他在返回途中,不可能随便在登州的一个小村寺庙铸造铁塔。如果要铸造铁塔,表示自己虔诚的心情,一定是最能体现他对佛陀虔诚供奉的名山大川,如洛阳龙门等。这样,王行则很可能就是当时的莱州(即后来的登州)人。

小　结

　　本章利用新发现的唐人墓志、在唐新罗人墓志，以及此前不为人们关注的石刻史料，对唐天宝、大历年间历经艰难险阻，漂洋过海往返于唐朝新罗间的两国使者、僧侣关联事迹，以及不见于文献记载的唐后期赴新罗使者事迹，墓志所见"日本"国号经纬，天宝末年新罗、日本"争长"的重要人物吴怀实的墓志，入唐日本僧侣圆仁的所见所闻等做了相应的分析探讨，提出了自己的见解。由于上述某些墓志资料的唯一性，虽然为学界提供了新的人物样本和素材，但在探讨过程中仍须借助其他史料加以考述，故其中或许还有值得商榷之处，敬请师友方家不吝指正。探讨唐代东亚国家文化交流，找寻往昔历史的遗痕胜迹，学习古人不畏艰难为国捐躯的伟大精神，无疑具有重要的现实意义。当然，除过现存文献资料之外，墓志石刻史料理应得到更多学者的重视。期待不断有新的史料面世，推动唐代东亚文化交流研究更上一层楼。

　　说明：本章第一至三节原名《使者往来与唐代东亚三国文化交流》，是笔者 2013 年应日本东京专修大学邀请所做学术讲演稿，亦曾在中国海洋大学韩国研究中心、浙江大学历史系做过学术报告，其日文本见日本专修大学东亚欧文化交流中心编辑《东亚欧研究》第 1 号，2015 年 3 月出版；中文稿刊登于陕西师范大学西部边疆研究院编：《西北民族论丛》第十辑，北京：中国社会科学出版社，2014 年，又收入李海英、李翔宇主编：《海洋与东亚文化交流》，青岛：中国海洋大学出版社，2014 年；第四节原名《圆仁所见登州文登县佛塔碑文考释》，收入西安市社会科学院主编：《纪念空海入唐 1200 周年纪念论文集》，西安：三秦出版社，2004 年。

第二章　杜嗣先、井真成墓志与唐代中日关系

　　唐代中日关系史研究，具体来说日本的遣唐使研究，一直是古代中日关系史研究中的重要领域。但是，除过日本史书《日本书纪》、《续日本记》、《日本后记》、《续日本后记》、《三代实录》、《文德实录》，即所谓的"六国史"，以及真人元开的《唐大和上东征传》，圆仁的《入唐求法巡礼行记》等，中国史书《旧唐书》、《新唐书》、《资治通鉴》、《册府元龟》等主要文献史书记载，加上日本正仓院所藏日本遣唐使、学问僧带回的遗物之外，有关遣唐使个人关联的实物资料，特别是墓志资料却十分少见。长期以来，人们从木宫泰彦、森克己、铃木靖民、古濑奈津子、汪向荣、池步洲、李寅生、王贞平、王勇、韩昇[1]等人的著作中了解到遣唐使涉及的事件人物、遣唐使往来航路漫漫路途的艰辛、遣唐使对中日文化交流所做贡献。只是历史研究重在创新，要创新就需找寻新史料和已有史料的延伸史料，以遣唐使研究为中心的唐代中日关系史研究更是如此。不过，自20世纪末以来，杜嗣先、井真成墓志相继面世，并很快成为日本遣唐使乃至中日关系史研究的新热点，大大

---

[1] （日）森克己：《遣唐使》，东京：至文堂，1966年；（日）木宫泰彦：《日中文化交流史》，胡锡年译，北京：商务印书馆，1979年；池步洲：《遣唐使》，北京：中国青年出版社，1984年；王贞平：《汉唐中日关系论》，台北：文津出版社，1997年；汪向荣：《古代中日关系史话》，北京：中国青年出版社，1999年；李寅生：《论唐代文化对日本文化的影响》，成都：巴蜀书社，2001年；王勇：《日本文化》，北京：社会科学文献出版社，1999年；（日）古濑奈津子：《遣唐使眼中的中国》，高泉益译，台北：商务印书馆，2005年；韩昇：《东亚世界形成史论》，上海：复旦大学出版社，2009年；韩昇：《海东集——古代东亚史实考论》，上海：上海人民出版社，2009年。

第二章　杜嗣先、井真成墓志与唐代中日关系

促进了中日关系史研究的深入。本章关注此两方墓志的发现及中日学界的研究盛况，探讨墓志的史料价值，了解其对遣唐使以及中日关系研究过程中的作用和意义。

第一节　井真成、杜嗣先墓志的发现

一、《井真成墓志》的发现

对于西北大学博物馆来说，2004年4月某日无疑是一个难以忘怀的日子。贾麦明副馆长意外的接到一个电话，并在随后的几天中，一方引起石破天惊的墓志收藏协议达成，即《井真成墓志》最终成为西北大学博物馆的收藏品。据说此碑石持有者起先是和西安碑林博物馆联系，但没有得到礼遇性肯定答复，故而才和西北大学博物馆方面接洽。可见，这方为中日学界捧星戴月的墓志，确实和西北大学博物馆有缘。关于这方墓志的出土地点，因为墓志中有"即以其年二月四日，窆于万年县浐水口原"字样，故一般认为是在西安东郊浐河岸边一带，具体出土地点，以及井真成墓还有什么遗物出土，因其他原因无从得知。当然，也可能随着时光的推移，在适当的时间，这些疑问也会得到满意的答复。据2004年10月10日西北大学新闻发布会及当日《西安晚报》报道权威专家论证，这合墓志由两部分组成（图2-1），其上部是呈覆斗形的志盖（图2-2），铭文分4行，每行3字，共12字，篆书，按中国古代文言由右至左、由上至下的方式雕刻而成，内容为："赠尚衣奉御井府君墓志之铭"。墓志下部的志石近方形，边长约39.5厘米，铭文分12行，共171字。因志石上方破损造成部分字体残缺，墓志铭文如下：

　　赠尚衣奉御井公墓并序：公姓井，字真成，国号日本。才称天纵，故能口命远邦，驰骋上国。蹈礼乐，袭衣冠，束带口朝，难与俦矣！岂图强学不倦，闻道未终，口遇移舟，隙逢奔驷。以开元廿二年正月口日，乃终于官弟，春秋卅六。皇上口伤，追崇有典。诏赠尚衣奉御，葬令官口。即以其年二月四日，窆于万年县浐水口原，礼也。呜呼！素车晓引，丹旐行衰。嗟远口兮颓暮日，指穷郊兮悲夜台。其辞曰：口乃天常，哀

石刻墓志与唐代东亚交流研究

兹远方。形既埋于异土，魂庶归于故乡！①

很显然，与现存唐代近万方出土墓志相比，这方墓志无论从铭文字数、书体，还是志石本身状况，都算不上完好，甚至于和一般墓志也有一定的距离。但是，研究者看到铭文中"公姓井，字真成，国号日本"字样，由此产生的震撼却是超乎寻常的。因为据现在可以看到的《西北大学学报》（哲学社会科学版）2004年第6期发表的几篇论文，以及随后中日学界专家学者及媒体的定调看②，"这一墓志的发现有'两最'惊人之处：最初在中国发现的古代日本人墓志；墓志所载的'国号日本'是目前最古的用例。"③看来，这方墓志的价值，并非我们单从墓志简短的铭文和临时搭配的青白石志、盖所能囊括得了的。

正因为这方墓志的出现，以及学者对其中"国号日本"的深度诠释，才引起学界对十余年前发现，并不为人们熟知的另外一方墓志发生兴趣。这方墓志就是辗转流落到台湾的徐州刺史杜嗣先的墓志。

二、《杜嗣先墓志》的发现

《杜嗣先墓志》的发现纯属偶然，而志石的流传收藏脉络踪迹也一直为海内外学界所重视。这方墓志文字能够公诸于世，应该感谢独具慧眼的台湾大学文学院叶国良教授，叶教授是在台北一个名叫"寒舍"的古玩店发现此志石的。据发表于1995年《台大中文学报》第7期《唐代墓志考释八则》之《徐州刺史杜嗣先墓志》④所介绍："徐州刺史杜嗣先墓志，其子维骥撰，有

---

① 王子今教授综合此前研究者的研究，补全了《井真成墓志》中的九个缺字，并提出自己的看法。具体为"啣命远邦"，"束带立朝"，"蹔遇移舟"，"正月一日"，"皇上憨〔感〕伤"，"葬令官给"，"万年县浐水乡原"，"嗟远道兮颓暮日"，"殁乃天常"，参阅王子今：《井真成墓志文试补释》，《西北大学学报》（哲学社会科学版）2005年第4期，第112—115页。
② 井真成墓志之所以在中日学界，特别是在日本引起重大反响，是和日本专修大学东亚世界研究中心的矢野建一、土屋昌明两位教授的积极参与有重要关系。他们作为日方的研究专家，一方面和西北大学文博学院积极合作；另一方面在日本学界大力推动，促使日本媒体乃至学界最终认定井真成墓志的学术价值，并举办了一系列的学术研讨会。
③ 葛继勇：《唐代日本留学生井真成墓志铭初释》，《华南农业大学学报》（哲学社会科学版）2005年第1期，第119—126页。
④ 叶国良：《石学续探》，台北：大安出版社，1999年，第127—132页。

第二章　杜嗣先、井真成墓志与唐代中日关系

序无铭。此志不见于著录，一九九二年，余在台北古玩店'寒舍'见原石及其妻墓石宝物，因引笔抄录。志二十八行，行二十八字，遇'皇朝'、'遗训'等字则挪抬，或一字，或两字……"据说文章发表后，叶教授又到"寒舍"找寻这方墓志，但不知所至，查无下落①。笔者2005年10月赴台湾台北大学参加第七届唐代学术会议，在大会上宣读《韩国现存金石碑志与古代中韩关系》论文，这篇文章的评议人恰好就是以研究金石墓志"石学"而享誉海内外的叶教授。会议期间我们谈到有关西安、洛阳等地出土的大量唐代墓志，以及学界的墓志研究。因为我是来自西安的唐史研究学者，叶教授就提及在西安的发现——已经在中日学界炒得很热的"井真成墓志"。他谈到他发表在上述《台大中文学报》上的论文，并送我《石学蠡测》、《石学续探》两本文集，而后者就收录了发表在《台大中文学报》上的论文。因徐州刺史杜嗣先墓志没有志石照片发表，我们只能从叶国良教授发表的论文中得其端倪。另外，从叶教授抄录的文字看，此墓志有序无铭，似乎是没有抄录铭文的缘故，当然，也不排除志石文字漫灭不完整，以及该墓志就是只有序没有铭等其他可能性。

为了说明问题，摘抄墓志文如下：

公讳嗣先、京兆人也。高祖魏龙骧将军豫州刺史惠公，讳遇字庆期，晋镇南大将军当阳侯预之六代孙。预生新平太守跻，跻生南阳太守胄，胄生燕郡太守巍，巍生中书侍郎新丰侯铨，铨生中书博士振，振生遇。有赐田于洛邑，子孙因家于河南之偃师焉，凡四代矣。曾祖周新城太守琳，祖随朝散大夫行昌安县令歆。考　皇朝滑州长史业。公少好经史，兼属文笔，心无伪饰，口不二言。由是乡闾重之，知友亲之。年十八，本州察孝廉。明庆三年，释褐蒋王府典签。麟德元年，河南道大使左相窦公旌节星移，州郡风靡。出轩辕之路、入许颍之郊。官僚之中，特加礼接。时即表荐，驰驿就徵。逐于合璧宫引见，　制试乾元殿颂，即

---

① 2014年8月23日，笔者应邀出席西北大学日本文化研究中心举办的"古代长安与东亚文化交流"学术研讨会，在会上见到任职浙江工商大学东亚研究院的著名中日关系史研究学者王勇教授。在与王教授交谈过程中，了解到杜嗣先墓志石仍在台湾，其保管收藏等已有了确切的下落，这不仅可消除国外一些学者的疑惑，而且有利于相关研究的持续展开，无疑是令人鼓舞的消息。

降　　恩旨,授昭文馆直学士。借马幷人,仍令于洛城门待　　制。寻授太子左率府仓曹参军,又除国子监主簿。□入芳林门内,与学士高若恩、孟利贞、刘祎之、郭正一等供奉。咸亨元年,　　銮舆顺动,避暑幽岐,沛王以　　天人之姿,留守监国。遂降　　勑日,驾幸九成宫。□令学士刘祎之、杜嗣先于沛王贤处参侍言论。寻授雍王记室参军,与侍读刘讷、功曹韦承庆等参注后汉。上元二年,藩邸昇储,元良贞国。又迁太子文学兼摄太子舍人。永崇元年,以官僚故事出为郓州巨野县令,又除幽州蓟县令。还私后,除汝州司马,又除苏州吴县令。寻加朝散大夫,简州长史入计。又除太子洗马、昭文馆学士,又迁给事中礼部侍郎,以前数官咸带学士。其所撰《兔园策府》及杂文笔,合廿卷见行于时。每至朝仪有事,礼申大祀,或郊丘展报,或　陵庙肃诚,上帝宗于明堂,法驾移于京邑。元正献寿,南至履长,朝日迎于青郊,神州尊于黑座。公凡一摄太尉,三摄司寇,重主司空,再入门下。或献替于常侍,或警卫于参军,典礼经于太常,修图书于大象矣。又属　　皇明远被,日本来庭。有　　勑令公与李怀远、豆卢钦望、祝钦明等宾于蕃使,共其语话。至神龙元年,又除徐州刺史。预陪祔　庙,恩及追尊,赠公皇考滑州长史。公于是从心自逸,式就愚车。立身扬名,其德备矣。藏舟变睿窒,归居奄及。粤以先天元年九月六日薨于列祖旧墟偃师之别第,春秋七十有九。以二年二月二日,与夫人郑氏祔葬于洛都故城东北首阳原当阳侯茔下,礼也。孤子贝州司兵维骥,失其孝养,痛贯骨髓,伏念遗训,实录志云。

此墓志文的核心内容,即和遣唐使关联的信息,就是"又属　　皇明远被,日本来庭。有勑令公与李怀远、豆卢钦望、祝钦明等宾于蕃使,共其话语",其中"日本"两字格外引起人们注意。很显然,杜嗣先死于先天元年(712),墓志中所记的"日本"用例,当然早于上述《井真成墓志》所记。至于《杜嗣先墓志》中所记日本遣唐使入唐年代,中国史书记载武周长安三年(703)曾经有日本使节前来,云:"长安三年,其大臣朝臣真人来贡方物,朝臣真人者,犹中国户部尚书,冠进德冠,其顶为花,分而四散,身服紫袍,以帛为腰带。真人好读经史,解属文,容止温雅。则天宴之于麟德殿,授司膳卿,放还本国。"① 又云："长安元（三）年，其王文武立，改元曰太宝，遣朝臣真人粟田贡方物。朝臣真人者，犹唐尚书也。冠进德冠，顶有华蕤四披，紫袍帛带。真人好学，能属文，进止有容。武后宴之麟德殿，授司膳卿，还之。"② 很显然，上述两条史料记载大同小异，记载日本遣唐使长安三年（703）到达西京长安。日本史书《续日本纪》记载文武天皇庆云元年（704）秋七月，遣唐使粟田朝臣真人等返回日本，并追述了他们入境中国的奇遇：

  初七月甲申朔，正四位下粟田朝臣真人自唐国至。初至唐时，有人来问曰："何处使人？"答曰："日本国使"。我使反问曰："此是何州界？"答曰："大周楚州盐城县界也"更问"先是大唐，今称大周，国号缘何改称？"答曰："永淳二年，天皇大帝崩，皇太后登位称号圣神皇帝，国号大周"。问答略了。唐人谓我使曰："亟闻海东有大倭国，谓之君子国，人民丰乐，礼仪敦行，今看使人仪容大净，岂不信乎"，语毕而去。

就是说，长安三年（703），杜嗣先受女皇武则天的选派，和当时朝廷名流官僚李怀远、豆卢钦望、祝钦明等人，负责接待日本遣唐使粟田真人一行，和他们亲切交谈。虽然史料中没有提及谈话的具体内容，但据上引《旧唐书》、《新唐书》记载，推测谈话可能是礼节性的，可能深入交谈诗文辞赋，满足日本使者的需要，也可能谈及武周与日本更深交流关联的事情。当然，这种场合一定会有双方的译员在场，不然交流没有办法进行。《杜嗣先墓志》的发现，使得日本第7次遣唐使在长安的活动更加明晰，也从另一个侧面印证了中日文献史料的记载。

第二节 《井真成墓志》、《杜嗣先墓志》与唐代中日关系

一、《井真成墓志》研究

如上所述，2004年年中《井真成墓志》面世之后，经过短时间的准备，

---

① 《旧唐书》卷一百九十九上《东夷传·日本》，北京：中华书局，1975年标点本。
② 《新唐书》卷二百二十《东夷传·日本》，北京：中华书局，1975年标点本。

西北大学博物馆乃至西北大学当局很快认识到这方墓志的价值,当年10月就召开新闻发布会,向媒体全面介绍了这方墓志的发现由来和具体内容。《西安晚报》于当日(10月10日)特别报道了权威专家的论证结论。日本《朝日新闻》次日刊发《逝于中国长安的遣唐使井真成是井上氏还是葛井氏》文章,将这一重大的学术信息全面介绍给日本国内,进而在日本列岛各界引起重大反响。不仅如此,《西北大学学报》(哲学社会科学版)2004年第6期刊登贾麦明副馆长撰写的《新发现的唐日本人井真成墓志及初步研究》论文,作为学术论文介绍探讨了这方具有重大学术研究价值的墓志;王建新教授的《唐代的日本留学生与遣唐使》、《西北大学博物馆收藏唐代日本留学生墓志考释》两篇大作也一同发表。紧接着《西北大学学报》(哲学社会科学版)2005年第2期发表王维坤教授的《关于唐日本留学生井真成墓志之我见》,贾麦明、葛继勇的《井真成墓志铭释读再探》两篇论文,进一步探讨井真成墓志铭涉及问题。可以看出,上述论文均将井真成确定为入唐日本留学生。

与此同时,中日新闻媒体从多个角度报道这方墓志的发现,涉及金石墓志学、中日文化交流,以及书法、文学等方面,并且围绕井真成其人的名字来源、家族渊源,遣唐使出发及到达唐朝的时间,井真成其人的身份和官宦经历,井真成死因及埋葬地点等问题展开讨论,和《井真成墓志》关联的学术研讨会也在中日学界频繁举办。

2005年1月28—29日,由日本朝日新闻社、日本专修大学和中国西北大学等单位,在日本朝日新闻社共同举办"井真成国际学术研讨会"①,中国方面有西北大学方光华、王建新、王维坤、贾麦明等学者与会,日本方面铃木靖民、气贺泽保规、龟井明德、土屋昌明、东野治之、矢野建一等教授发表论文,会后方光华教授撰有《井真成墓志特别研讨会在日本东京引起轰动》文章,对这次国际学术研讨会予以评述。无疑这次研讨会对井真成墓志涉及的诸多问题进行了卓有成效的探讨。

2005年4月15日,由陕西省文物局、西北大学文博学院联合举办"唐代日本留学生井真成墓志学术研讨会",除过西安所在的专家学者之外,还邀请北京大专院校及中国社会科学院系统著名专家荣新江、王小甫、罗新(北

---

① 庞博:《古代中日友好交往的新实证——井真成墓志与"遣唐使与唐美术展"》,《中国文化遗产》2005年第5期,第86—91页。

京大学中古史研究中心)、吴玉贵、马一虹(中国社会科学院历史所中外关系史研究室)、张国刚(清华大学历史系)、王子今(北京师范大学历史学院)等与会。学者们畅所欲言、各抒己见。对于井真成何时入唐,有学者不同意学界普遍认为的"开元五年(717)说,"认为应当是开元二十一年(733)年入唐①。有学者认为把这方墓志看做是首次发现的带有"日本"国名的实物资料,"恐怕是不够妥当的",因为就墓志而言,先天二年(713)的《徐州刺史杜嗣先墓志》中,已经有"皇明远被,日本来庭"字样②。

2005 年 7 月 29 日,在日本东京召开"中日文化交流学术大会",中国学者马一虹、王小甫、王勇、王金林等,日本学者石见清裕、妹尾达彦等人与会。会议涉及井真成入唐时间、井真成在使团中的身份、死后赠官"尚衣奉御"等问题;也有学者从更广泛的 8 世纪唐都长安政治经济社会状况、唐朝国子监对外国留学生教育制度、唐人墓志整体结构等入手,探讨《井真成墓志》涉及的问题。

2005 年 8 月,在日本东京国立博物馆举办了"遣唐使与唐美术展",其中展品中就有西北大学博物馆收藏的《井真成墓志》真品。日本天皇明仁夫妇饶有兴趣地亲临参观,并仔细观看《井真成墓志》。这次展览将《井真成墓志》发现的学术探讨旋风吹遍整个日本,而学者们对志石、志文涉及的众多问题进一步探索研究,必将取得更加重要的成果。

2008 年 6 月,西安碑林博物馆举办专题讲座,邀请西北大学文博学院王维坤教授作《唐日本留学生井真成墓志的发现及最新研究》报告。

另据笔者统计,中国国内自 2004 年以来学术刊物发表与《井真成墓志》关联的论文共 19 篇(截止到 2010 年年底),除了上述《西北大学学报》、《考古与文物》等西安本地刊物外,《世界历史》、《中国历史文物》等全国性刊物,《复旦学报》、《华南农业大学学报》等地方著名杂志也刊发论文,足见井真成墓志的发现已经为众多的研究者关注。日本方面,到现在为止,已经有两本论文集出版,一本是《东亚古代文化》2005 年第 123 号专刊《遣唐使墓志与日中交流史》,刊发了 13 篇论文;另一本则是由朝日新闻社 2005 年出版

---

① 吴玉贵研究员提交的《井真成来华时间的一点意见》会议论文。
② 荣新江:《从〈井真成墓志〉看唐朝对日本遣唐使的礼遇》,《西北大学学报》(哲学社会科学版)2006 年第 5 期,第 108—111 页。

的《唐朝都城的日本人井真成墓志之谜》，收录西北大学与日本专修大学共同举办的国际学术研讨会中发表的24篇论文。综合而言，中日学界现有研究主要涉及以下问题：其一，墓志本身志石、志盖用料，志文书体，志文基本用语涉及的问题。其二，井真成入唐时间，是开元五年（717）还是开元二十一年（733），墓志发现之初，主张前者的学者占上风，而近年来，随着研究的深入，后者逐渐取得主导地位。其三，井真成其人入唐身份，是入唐留学生还是遣唐使随从人员，现在看来，井真成作为遣唐使随从人员的看法似乎更具说服力①。其四，井真成死后所受到的追赠礼遇，学者们对唐朝"尚衣奉御"任职者人数、待遇、任职者资历身份等问题都有详细论述，显然，这对探讨井真成赠官涉及问题无疑可提供帮助。其五，《井真成墓志》牵涉唐朝对域外留学生的管理制度，遣唐使及其随从人员入唐礼仪规定及在唐期间生活的具体规定等问题。其六，井真成的姓氏演变及故乡所在问题，日本学者和民众对此比较感兴趣，发表论文中涉及的比较多。2006年5月下旬，陕西省文物部门向学界推定的井真成故乡日本大阪府藤井寺市赠送了《井真成墓志》复制品，再次引发日本社会各界的关注②。总之，有关《井真成墓志》的研究还在继续，我们期待有更多的学者和社会人士对此问题保持深度关注，推动唐代中日关系史整体研究不断走向深入。

二、《杜嗣先墓志》研究

如上所述，虽然《杜嗣先墓志》在1992年已经发现，研究成果是在1995年发表于《台大中文学报》，但引起人们高度关注，重新审视它的价值却是《井真成墓志》发现以后的事情。也就是说，正是有《井真成墓志》的发现，学者们才对不为学界广泛了解的《杜嗣先墓志》产生兴趣，展开卓有成效的研究。这固然是由于在此之前学术信息交流不畅，但对学术界无疑也是一个警示，这就是重大的学术结论得出之前，必须谨慎小心，避免遗漏一些细小环节，造成不必要的疑惑和遗憾。

---

① 韩昇：《〈井真成墓志〉所反映的唐朝制度》，《复旦学报》（社会科学版）2009年第6期，第67—75页。

② 《井真成墓志归国记》，《光明日报》2006年6月30日。

第二章 杜嗣先、井真成墓志与唐代中日关系

无疑,对于《杜嗣先墓志》的探讨,叶国良教授具有开山之功,正是由于他的不辞劳苦,我们才对《旧唐书》、《新唐书》等经典史书缺载的《兔园策府》作者杜嗣先其人有了更深入的了解。同时,杜嗣先参与接待日本第7次遣唐使任务,其墓志中明确有"皇明远被,日本来庭",即"日本"国号出现,无论怎么计算,都要比《井真成墓志》所记要早。当然,关于倭国改名日本,《新唐书·东夷传·日本》载:"咸亨元年,遣使贺平高丽。后稍习夏音,恶倭名,更号日本。使者自言,国近日所出,以为名。或云日本乃小国,为倭所并,故冒其号。使者不以情,故疑焉。"也就是说,倭国改名日本是在咸亨年间(670—673)之后出现的事情。至于是武则天赐名还是日本天皇自己所为,中日学界有不同的看法,但不管怎么说,"倭国改国号为日本,应当是其改革内政,重塑崭新的国际形象的开端"①。

事实上,在叶国良教授文章发表之后,首先提出疑问并撰写论文探讨《杜嗣先墓志》起自日本学者,是他们将《杜嗣先墓志》及其涉及问题的研究推向高潮。高桥继男《最古的"日本":杜嗣先墓志介绍》,收入上述由朝日新闻社出版的中国西北大学与日本专修大学国际学术研讨会论文集中。伊藤宏明《〈徐州刺史杜嗣先墓志〉杂感》,刊登于日本《鹿儿岛大学法文学部纪要人文学科论集》2006年第63号。金子修一《则天武后和杜嗣先墓志:与新发现的井真成墓志相关》,是提交的2007年7月在洛阳举办的"中国武则天研究会第十届年会"论文,后收入《武则天与神都洛阳》论文集;金子修一氏还撰有《则天武后与杜嗣先墓志:以遣唐使粟田真人关联问题为中心》,刊登于《国史学》2010年第197号,此外还有中国学者葛继勇撰有《〈兔园策府〉的成书及东传日本》论文等。至于是否还有学者写过有关杜嗣先墓志的关联论文,笔者还应再做检索,但到现在为止,可能就是上述这几篇论文了。综合上述中日学者的《杜嗣先墓志》研究,他们涉及以下几个问题:首先,证明了《杜嗣先墓志》是现存金石墓志资料中最早记载"日本"国号的实物资料,纠正了自《井真成墓志》面世以来学界的不同看法。其次,因为正史中并无杜嗣先传,研究者通过探讨墓志,对于杜嗣先的家族世系有了明确的认识;同时,学者还了解到杜嗣先曾作为著名文士参与章怀太子李贤主

---

① 拜根兴:《唐朝与新罗关系史论》,北京:中国社会科学出版社。2009年,第135页。

持的《后汉书》注释,频繁地参与唐及武周的各种祭祀礼仪活动,受到最高当局的欣赏和肯定。再次,杜嗣先其人参与接待日本第7次遣唐使粟田真人一行,印证了《新唐书》、《旧唐书》中武则天在大明宫麟德殿设宴招待日本遣唐使的记载。通过这方墓志,可以了解到接待外藩使者的相关礼仪,同时也可知晓参与宴会官员除了杜嗣先之外,还有李怀远、豆卢钦望、祝钦明等人。最后,对于《兔园策府》一书的性质有了更深的了解,即此书不单是儿童教育的教科书,而且是由采用问答形式的华丽精致的正文和引经据典的注释构成的名副其实的著作①。通过新发现的《杜嗣先墓志》,确定《兔园策府》撰写于7世纪中叶,很可能8世纪初传入日本,并作为启蒙教材广为流播,是唐代中日"书籍之路"上一道不可多得的靓丽风景②。无疑,对于徐州刺史杜嗣先的墓志,叶国良教授的研究具有开拓性贡献,而随后学者们的探讨,不仅纠正了学界的一些错误提法,而且对于深化和遣唐使关联的唐代中日关系研究很有帮助。

第三节 《杜嗣先墓志》、《井真成墓志》的史料价值

如上所述,唐代中日关系史研究的一个重大议题就是遣唐使研究,而经过近百年数代研究者的辛勤耕耘,产出了许多足以传流后世的大著名作,遣唐使研究涉及的文献史料已为众多的学者所了解。要进一步扩展研究视野,找寻研究主题,在爬梳现有文献资料的基础上,学者们把关注的重点放在考古与文物调查方面。《杜嗣先墓志》、《井真成墓志》的发现面世,对于遣唐使研究,乃至唐代中日关系史研究具有重要的史料价值。

其一,验证、补充中日两国现存文献史料。对于第8次日本遣唐使入唐情况,上述《旧唐书》、《新唐书·东夷传》中均有记载,而且提及遣唐使粟田真人一行在大明宫麟德殿受到武则天隆重的接待,并授予粟田真人司膳卿。《续日本纪》则记载了粟田真人一行在楚州盐城县登陆时的情景,足见自咸亨

---

① (日)伊藤宏明:《〈徐州刺史杜嗣先墓志〉杂感》,转引自金子修一:《则天武后和杜嗣先墓志——与新发现的井真成墓志相关》,王双怀、郭绍林主编:《武则天与神都洛阳》,北京:中国文史出版社,2008年。

② 葛继勇:《〈兔园策府〉的成书及东传日本》,《甘肃社会科学》2008年第5期,第199页。

年间（670—673）之后，近三十年中日官方来往中断，日本使节对武则天临朝称制，以及武周代唐等漠然不知的现实。而《杜嗣先墓志》的发现，不仅验证了粟田真人一行在武周朝廷受到的热情招待，而且对具体接待等问题有了较为明确的认识；同时，两方墓志中均有"日本"字样铭文出现，成为中日学术界喜闻乐见的探讨话题。经过学者们不辞劳苦的探讨，《杜嗣先墓志》中提及的"日本"，为现存唐代墓志文中最早的用例，并成为中日学界公认的结论。

其二，为唐代中日关系史研究增添了新的史料。《井真成墓志》的面世，为日本入唐留学生、遣唐使研究提供了新的史料。这方墓志发现之前，我们了解到主要的遣唐使及留学生有高向玄理、粟田真人、藤原清河、大伴古麻吕、阿培仲麻吕、吉备真备等人，学问僧有道慈、玄昉、空海、最澄、圆仁、圆珍等。《井真成墓志》的发现，使有关井真成其人，成为学界研究日本遣唐使、留学生发掘不尽的新话题。学者们由此关注入唐留学生在唐居留年限，唐朝国子监对外藩留学生的规定，遣唐使入唐涉及的礼仪、任职问题，遣唐使及其随从在唐生活的具体情况；井真成的故乡、入唐的时间、身份、死后追赠等。能够重新提出这些问题，或者第一次提及井真成本人涉及的问题，都足以说明这方墓志提供的史料所产生的超乎寻常的效果。相信随着时间的推移，这方墓志的史料价值会更加突出地显示出来。

其三，激活了历史，为冰冷的历史记载输入了鲜活的素材，为唐代中日关系研究提供了新的人物和事件，这些都将成为中日学界今后经久不息的谈论话题。日本正仓院收藏有一枚"金银山水八卦背八角镜"，此镜边沿处有人工錾刻的五言诗，云"只影嗟为客，孤鸣复几春。初成照胆镜，遥忆画眉人。舞凤归林近，盘龙渡海新。缄封待还日，披□鉴情亲"。日本学者藏内数太分析此镜五言诗铭文及装饰图案等，判定此镜制作时间应在公元735—755年，进而认为此镜持有人很可能是一位长期滞留唐朝，有很高修养，并有着强大经济实力，和东大寺有密切关系者。结合五言诗中男女依依惜别，期望早日相会诗意，推定此镜持有者可能就是曾经两次入唐的留学生、遣唐副使吉备真备[①]。显然，正仓院所藏遣唐使从唐朝带回的文物，从另一侧面给我们勾

---

① （日）成濑正和：《正仓院宝饰镜》，《日本的美术》2009年第523号。

勒出一段脉脉含情的唐代中日文化交流的鸿篇佳话。与此相联系，《井真成墓志》的发现，为学界提供了更加翔实具体的遣唐使人物，而且是以前我们根本不知道，或者说是全新的人物。我们无需搜肠刮肚的联想，更无须推定青年井真成意气风发辗转入唐，到达长安后却突患疾病不治，病逝于切切向往的异国他乡，不无幸运地得到唐朝皇帝的追赠嘉奖，最终埋葬于川流不息浐水旁，目送往来于唐朝京城的各色人等，当然也包括日本遣唐使、留学生。而墓志铭文中"殁乃天常，哀兹远方。形既埋于异土，魂庶归于故乡"，更是令人唏嘘伤感，产生无限的悲情。《杜嗣先墓志》中提及在宏大壮阔的大明宫麟德殿，在轻柔的音乐和缓缓舞动的歌舞氛围下，墓主亲切地与日本遣唐使粟田真人拉话谈论、品尝美食，谱写中日友好交往的历史。这些无疑都是很好的文学题材，鲜活而生动，值得我们去感受、去发掘。

小　　结

总之，《杜嗣先墓志》、《井真成墓志》的发现及公布，对于唐代中日关系史研究的深入，加深中日两国人民的友谊，以及对相关历史问题，特别是遣唐使关联问题的探讨，均可起到重要的推动作用。相信随着时间的推移，它的史料价值、社会价值会为更多的学者乃至公众所了解。

说明：本章原名《杜嗣先、井真成墓志与唐代中日关系研究》，刊登于《陕西历史博物馆馆刊》第十八辑，西安：三秦出版社，2011年。

第三章 石刻墓志所见唐朝与新罗往来

西安及其周边地区乃汉唐都城长安辖区所在,保存着大量的历史文化遗迹。由于唐朝与朝鲜半岛国家保持有十分紧密的来往关系,入唐新罗使者、僧人、商人、留学生等纷纷来到这里,成为唐朝与周边民族国家友好交往的典范。对此,笔者此前曾做过相应的探讨[①],对一些问题发表过自己的看法。本章针对学界此前虽有所涉及,但并未仔细探讨的《万年宫碑阴题名》(以下简称《碑阴题名》,图 3-1)、"乾陵六十一蕃臣石像"中涉及的唐朝与新罗关系问题试做探讨。

第一节 西安周边石刻与唐和新罗往来

一、《万年宫碑阴题名》与新罗使者金仁问

万年宫位于今陕西省宝鸡市麟游县境内,就是隋朝著名建筑学家宇文恺设计建造的仁寿宫,是隋唐两朝皇室的避暑胜地。据史料记载,唐朝初年改仁寿宫为九成宫,永徽二年(651)九月改九成宫为万年宫,乾封二年(667)又诏令万年宫依旧称为九成宫。万年宫中有许多著名的文化遗存,除过魏徵撰写、欧阳询书丹的《九成宫醴泉铭》之外,最著名的就是唐高宗李治亲书的《万年宫铭》,而《万年宫铭》碑阴则有当时扈从唐高宗一同前往的三品以上众臣僚军将题名,是为《碑阴题名》。《碑阴题名》者 48 人,其中作为藩属

---

① 参阅拜根兴:《七世纪中叶唐与新罗关系研究》,北京:中国社会科学出版社,2003 年;拜根兴:《唐朝与新罗关系史论》,北京:中国社会科学出版社,2009 年。

国宿卫者新罗人金仁问的名字也赫然在列，成为唐朝与朝鲜半岛国家新罗友好往来的重要证据。本书在已有研究基础上，论述《碑阴题名》研究历史，探讨金仁问其人事迹。

（一）《万年宫碑阴题名》及其研究

说到《碑阴题名》，首先应该了解唐高宗书写的《万年宫铭》。碑青石质，螭首龟趺，通高2.6米，宽0.79米，厚0.26米，碑首正面额篆"万年宫铭"四个大字。碑文为唐高宗李治撰书，行草兼用，行间双线竖格，现与《醴泉铭碑》同院建亭保护①。碑阴有三品以上文武官员挂衔书名永徽五年（654）五月，唐高宗前往长安以西的万年宫避暑，撰写《万年宫铭》树立于宫门前。据载，高宗撰写《万年宫铭》之后，让随行三品以上（含三品）官员题名于碑阴，这样随行的三品以上官员48人题名碑阴，成为当时及此后传扬天下的盛事。关于《碑阴题名》，唐人谈及者并不多，因为他们津津乐道的是魏徵撰、欧阳询书丹的《九成宫醴泉铭》，以及上述唐高宗书《万年宫铭》。宋人欧阳修的《集古录跋尾》、陈思道人的《宝刻丛编》均未见提及《碑阴题名》；而赵明诚的《金石录》卷二十四述及《碑阴题名》，认为"长孙无忌、褚遂良、许敬宗、李义府同时列名，未尝不掩卷太息。以为善恶如水火，绝不可同器，惟人主能辩小人而远之，然后君子道长而天下治。若具收并用，则小人必得志，小人得志则君子必被其祸。如无忌、遂良是已。然知人帝尧所难，非所以责高宗也。"即赵明诚只是提及高宗初年同时任用几位品位各异的臣僚，引发对小人与君子之间的争论。另外，由于《九成宫醴泉铭》、《万年宫铭》声名所产生的轰动效应，使得人们对《碑阴题名》关注相对不多。宋人宋敏求的《长安志》、元人李好文的《长安志图》未见提及，元人骆天骧的《类编长安志》中提到《万年宫铭》，但对《碑阴题名》却有矛盾的记载②。倒是另一元代人杨瑀（1285—1361）所著《山居新话》中提及家中收藏有

---

① （清）毕沅撰：《关中胜迹图志》，张沛校点，西安：三秦出版社，2004年，第550页。
② （元）骆天骧著、黄永年校注：《类编长安志》卷十《石刻》载云："'唐从幸九成宫题名'，太尉长孙无忌等题名欧阳询所书'醴泉铭'之阴。时既为'泉铭'，敕中书门下及见从文武三品以上并学士各自书其官名于碑阴，凡四十六人，并无忌等七人题名附。"显然，《类编长安志》最大的疑点就是将《九成宫醴泉铭》与《万年宫铭》混淆，给人的印象就是没有《万年宫铭》存在，这是应当特别指出的问题。

第三章 石刻墓志所见唐朝与新罗往来

《碑阴题名》拓本,云:"李和,钱塘贫士也!国初时尚在,鬻故书为业,尤精于碑刻,凡博古之家所藏,必使之过目。或有赝本,求一印识,虽邀之酒食,惠以钱物,则毅然却之。……余家藏《万年宫碑阴题名》,后有李和鉴定石刻印识见存。"可见,杨氏家中所藏碑阴题名拓片应该是旧拓珍本。

明清时代麟游县当地编撰的地方志中多提及《碑阴题名》①,特别是乾嘉学派兴起金石碑刻考订风潮之后,《碑阴题名》开始为更多地学人关注,相关研究层出不穷。学者们关注的问题主要有以下三点:首先,《碑阴题名》的人数问题。元人骆天骧统计碑阴题名者46人。明末陕西著名金石碑刻专家,关中"前碑学"主要人物②赵崡(1568—1640),他为《碑阴题名》所写跋文中认为"碑阴云奉敕中书门下见从文武三品以上并学士并听自书官名于碑阴,后列从官五十余人"③。清人钱大昕(1728—1804)、毛凤枝(1835—1895)均统计为48人④。依据"秦文化资源"网络的统计数字,题名人数亦为四十八人。中共麟游县委、麟游县政府编辑出版的《九成宫概览》画册,其中有《碑阴题名》拓片照片及题名录文,列出题名者48人。那么,到底当时随唐高宗前往九成宫,并在九成宫碑阴题名者有多少人?笔者以为,虽然元代骆天骧统计为46人,明末赵崡的著述中有50余人的记载,但他们是亲自前往查看探究,还是看到拓片不得而知。而清人钱大昕、毛凤枝两人跋文中均言及48人。麟游县政府编撰的《九成宫概览》一书,既有拓片录文,还附有拓片照片,从拓片照片看,拓片相对比较完整,以此书的统计为准应当不会有问题。其次,唐高宗敕令题名者的标准,即是否都是三品以上。对此,清人王昶(1724—1806)认为题名中的"左领军将军"是薛仁贵,但洪颐煊(1765—1833)"谛视'仁'上有金旁,可辨非仁贵矣!仁贵时为右领军郎将,

---

① 现在可以看到的有:吴汝为、刘元泰顺治十四年(1657)修撰《重修麟游县志》四卷;范光曦康熙四十七年(1708)修撰《重修麟游县志》五卷八篇;知县彭洵光绪九年撰修《麟游县新志草》十卷;还有民国年间未署撰者姓名,不分卷次的《麟游县志》,以及麟游县志编委会编撰,陕西人民出版社1993年出版的《麟游县志》。
② 白林波:《明末清初关中"前碑学"研究》上,《荣宝斋》2009年第1期,第62—71页。
③ (明)赵崡:《石墨镌华》卷二,上海:上海古籍出版社,1987年影印四库全书本。
④ (清)钱大昕:《潜研堂金石文跋尾》卷四,陈文和校点,南京:江苏古籍出版社,1997年;(清)毛凤枝:《关中金石文字存逸考》卷十,台北:文海出版社,1974年影印本。

正五品，例不得书"①。顾千里（1766—1835）也提到《碑阴题名》②。而现在通行的题名录文中均有"左领军将军臣刘仁轨"字样。笔者认为刘仁轨没有担当过"左领军将军"军职，特别是在永徽、显庆之际，刘仁轨在唐都长安朝廷中担当给事中官职；而据《唐六典》卷八记载，给事中为正五品上品级，和上述随从唐高宗前往万年宫，并跻身碑阴题名的三品官员还有一定的距离，如此，将刘仁轨列入碑阴题名中很成问题，题名中出现的这位"左领军将军□仁□"当另有其人。再次，碑阴题名的48人中，除了当时非常知名的皇帝僚属军将之外，还有一些人并不为人们熟知。例如，金紫光禄大夫行司农卿宋城县开国伯萧钦，太仆卿上柱国平武县开国男张天师，左卫将军兼太子左卫率上柱国鄁国公郭广敬，左武卫将军兼太子左卫率上柱国永富县开国公窦智纯，左武卫将军上护军史元施，左领军将军上柱国汶川县开国男赵孝祖，右领军将军柱国李义辩，左武侯将军上柱国赵道兴，左监门将军上柱国汶山郡公仇怀吉，左武侯将军上柱国晋阳县开国侯王文度③，前汾州刺史柱国蕲春县开国伯元武荣，云麾将军上柱国阳平县开国子侯贵昌，兼左卫将军驸马都尉上柱国检校右卫将军通化县开国男贺兰僧伽，前同州刺史上护军平恩郡开国公刘善因，左监门将军上柱国魏县开国公常基，兼右武侯将军柱国长山县开国男辛文陵。上述16人在现存唐史史料中并不多见，如郭广敬、赵道兴、赵孝祖、仇怀吉、侯贵昌、元武荣等人可能是上述《碑阴题名》中仅见，故仍需要找寻其他史料钩沉探讨。

另外，对于上述"左领军将军臣□仁□"，学者们的意见并不相同。对此，笔者在《七世纪中叶唐与新罗关系研究》一书中有所涉及，按：清代著名金石碑刻大家王昶的《金石萃编》中将"□仁□"释读其当为"薛仁贵"④，但随后毛凤枝在《关中金石文字存逸考》卷十中就予以辩证，认为：

---

① （清）洪颐煊：《平津读碑记》，《石刻史料新编》第一辑，台北：新文丰出版公司，第26册，1982年。
② （清）顾千里著、王欣夫编：《顾千里集》卷十六，北京：中华书局，2008年。
③ 关于王文度其人事迹，可参考拜根兴：《初唐将领王文度事迹考述——兼论唐与百济、新罗的关系》，杜文玉主编：《唐史论丛》第十辑，西安：三秦出版社，2008年，第206—216页。
④ 《金石萃编》卷五十载："……又见唐书薛仁贵传，回视此碑所云，忧乐之情景迥别矣！薛仁贵在从官之列。今碑阴有左领军将军臣□仁□，当即其人。稽之本传，则其时仁贵官右领军中郎将，与碑少异耳！……"。（清）王昶：《金石萃编》卷五十，北京：中国书店，1985年。

"《金石萃编》云,'碑阴有左领军将军臣□仁□,系薛仁贵题名。'今以石本证之,臣字下系金字,当系金仁□,非薛仁贵也。按《资治通鉴》,仁贵是年方为右领军郎将,系正五品上,不得与三品以上题名之列。考《资治通鉴》高宗上元元年(674),有右骁卫员外大将军临海郡公金仁问,新罗人,以外藩而入宿卫者,今碑阴间字形势尚可识,即其人矣。盖仁问于是年方官左领军将军,系从三品,扈从巡幸,故得题名也。"当代著名唐史专家岑仲勉教授(1885—1961)亦辨认其"□仁□"题名非薛仁贵,云:"复考碑文,姓氏字□其半,但可确认其非'薛'字,有类'金'字,疑为金仁问,待考。抑显庆五年(660)《平百济碑》有'副大总管左领军将军金□□',以时代考之,殆同一人。唐制武官常久不调,可于前引《契苾何力传》见之。"① 可以看出,毛凤枝、岑仲勉两位都没有引用韩国史书《三国史记》的史料,而《三国史记》卷44《金仁问传》有永徽二年(651)唐高宗特授金仁问"左领军卫将军"的明确记载。同时,从现存《碑阴题名》拓片照片,以及笔者亲临麟游县万年宫碑所在碑亭内仔细校验结果看②,正如上述毛凤枝、岑仲勉所论,其"□仁□"中第一个"□"字,其明显就是"金"字,根本和"薛"、"刘"两字不搭边,亦完全没有关联,这一点是毋庸置疑的。如果真是"刘"字的话,"左领军将军臣□仁□"几个字上下轴线将不复存在,并出现其他几个字大小相同,其中只有一个字超大现象。

当然,永徽五年(654)三月至五月,作为新罗人金仁问是否在唐都长安,这是问题的关键,对此,有必要做深入探讨。

(二)永徽末年金仁问的行踪及唐罗关系

有关金仁问其人事迹,韩国史书《三国史记》卷四十四有传记,韩国学者金寿泰、姜镐妍、权悳永等③均有文章发表,中国学者陈景富、拜根兴、

---

① 岑仲勉:《金石论丛》,北京:中华书局,2004年,第266—267页。
② 2011年8月7日—8月9日,笔者应邀出席在陕西宝鸡麟游县举办的"第二届全国九成宫文化研讨会",有机会亲临万年宫碑亭内仔细辨认《碑阴题名》文字,并拍摄了照片,获益匪浅。
③ 参阅(韩)金寿泰《罗唐关系的变化与金仁问》,《白山学报》1999年第52号;(韩)姜镐妍:《关于金仁问》,《韩国史论丛》第3辑,上海:上海人民出版社,1997年;(韩)权悳永:《韩中古代外交史:遣唐使研究》,首尔:一潮阁,1997年。

姜维东、金光明①等也有专文刊出。关于金仁问的生平事迹,依据韩国现存史料记载,金仁问于694年病死于东都洛阳,享年66岁,以此可以推断出其出生时间为628年。"永徽二年,仁问二十三岁,受主命入大唐宿卫。高宗谓涉海来朝,忠诚可尚,特授左领军卫将军"②。也就是说,金仁问第一次入唐时间为公元651年。同时,史书又记载了金仁问永徽四年(653)受诏令回国观省,这样就有第二次入唐事件的发生。另外,韩国庆州国立博物馆收藏一方认定为《金仁问碑》的金石碑刻,由于碑面磨灭、破损严重(其实只保存了碑石的一半),现在只有部分文字可以释读,故对金仁问事迹的研究的帮助相当有限。金仁问曾经七次往返于唐朝与新罗之间,对此,笔者曾在上述《金仁问研究中的几个问题》论文中有详细的论述。对于第三次之后入唐关联问题,因与本文关系不大,故不赘述,这里单就金仁问第二次入唐时间问题试做论述。具体来说,依据史料记载,永徽六年(655)新罗王金春秋"立元子法敏为太子,庶子文王为伊湌,老且为海湌,仁泰为角湌,智镜、恺元各为伊湌"。金春秋封赏嫡子、庶子官爵,但就是未见给次子金仁问封赏官爵的记载,韩国学者权悳永依此认为当时金仁问并未在新罗国内,这种见解是值得肯定的③。也就是说,655年上半年金仁问没有在新罗国内,而他唯一可以到达的地方就是唐都长安,因为他的父亲金春秋曾经许诺遣派儿子前往唐朝宫廷宿卫,而金仁问第一次入唐,以及永徽四年返回新罗均有明确记载。至于金仁问第二次入唐时间问题,笔者以为应该在653年末或654年初,而这种看法也获得一些学者的认同④。

看来,永徽末年金仁问逗留唐都长安应该没有什么疑问。但是,当时在唐都长安的藩属国宿卫使者并非金仁问一个,为什么唯独只有作为新罗宿卫

---

① 参阅陈景富:《新罗著名外交家——金仁问》,韩国庆州新罗文化宣扬会编:《新罗文化祭学术论文集》第23辑,韩国庆州,2002年,第279—289页;拜根兴:《金仁问研究中的几个问题》,《海交史研究》2003年第2期,第72—77页;姜维东:《金仁问事迹考》,《博物馆研究》2003年第2期,第22—26页;金光明:《金仁问前三次入唐考——兼与姜维东先生商榷》,《博物馆研究》2009年第1期,第49—52页。

② (高丽)金富轼:《三国史记》卷四四《金仁问传》,首尔:乙酉文化社,1997年。

③ (韩)权悳永:《悲运的新罗遣唐使——以金仁问为中心》,韩国庆州新罗文化宣扬会编:《新罗文化祭学术论文集》第15辑,韩国庆州,1995年。

④ 参阅金光明:《金仁问前三次入唐考——兼与姜维东先生商榷》,《博物馆研究》2009年第1期,第49—52页。

使者的金仁问，享受随从唐高宗及臣僚军将前往万年宫的荣耀，其中是否还有其他特别的缘由？对此需要做进一步的探讨。首先，唐太宗征伐高丽之后，由于唐朝在朝鲜半岛北部利益的缘故，唐朝和新罗的藩属关系进一步发展；与此同时，新罗也急需唐朝的支持，以应付来自西、北两面的压力。由于存在共同的或者说交叉的利益，即唐朝想解决高丽问题，而新罗与世仇百济摩擦不断，此一时段新罗与百济的战斗中新罗常常处于下风，唐罗双方均需要对方，维持紧密的往来是大势所趋。具体表现在648年新罗真德王派遣阿飡金春秋一行入唐请兵，650年真德王派遣金春秋的长子金法敏入唐告捷并举讼百济、进献《太平颂》锦旗，651年金春秋次子金仁问入唐宿卫等；唐朝也于647、654年先后派遣太常丞张文收等人前往新罗吊祭册封。双方维持密切友好的交往，这在当时唐朝与其他藩属国交往关系中并不多见。其次，如上所述，唐高宗对金仁问代表新罗涉海入朝的行动颇感欣慰，因而就授予金仁问"左领军卫将军"。众所周知，唐太宗贞观二十二年（648）年末新罗派遣金仁问的父亲金春秋入唐之时，唐太宗授予金春秋的官职为"特进"，而"特进"为正二品，"左领军卫将军"则为从三品，就是说，唐高宗非常欣赏、宠爱这位来自遥远海域的同龄人，给他授予从三品官职，也足以证明唐朝和新罗此时的关系密切。再次，由于新罗派遣金法敏举讼百济，唐高宗在永徽二年（651）发布《与百济王义慈书》，而现存史料找不出百济和唐朝官方往来的记载，换句话说，此一时期百济和唐朝的关系已经转趋冷淡，也正是在这一时期，唐高宗形成如《旧唐书》卷八十四《刘仁轨传》中所示"欲吞灭高丽，先诛百济"的战略设想①。而密切加强和新罗的友好关系，无疑是实现这种构想的重要一环。正由于上述一系列原因，唐高宗前往万年宫巡幸避暑，已经担当唐朝从三品武官"左领军卫将军"的新罗宿卫金仁问跟随前往，并按照唐高宗敕令题名《万年宫铭》碑阴，应当是水到渠成的事情。

（三）误释金仁问为他人的原因

如上所述，《碑阴题名》分上下两层，书字大小不一。而金仁问题名位于下层自右向左数竖排第10行下端，其上为"右领军将军柱国臣李义辨"，也

---

① 上述三点原因，也可参阅拜根兴：《新罗真德王代的对唐外交》，《大陆杂志》2001年第2期；拜根兴：《七世纪中叶唐与新罗关系研究》，北京：中国社会科学出版社，2003年，第207—210页。

就是说，金仁问和李义辨的题名同处一行。那么，为什么自乾嘉学派金石碑刻学家以来，除过个别人之外，一般学者要么将其空出，录文为"□仁□"，要么释为"薛仁贵"或"刘仁轨"呢？对此，笔者认为有以下几点可供探讨。其一，公元654年至今1300多年已过，就是从乾嘉学派金石碑刻学家当时算，千年时间瞬息已过。碑石在唐代可能还有碑亭之类保护，免受风霜雨淋，但随后自然侵蚀及人为传拓的破坏，使得碑面拓痕斑斑，加之题名当时字迹大小并没有一定的规格，故而验看有一定的难度。当时又没有照相技术，拓片流传相对有一定的局限。具体到金仁问题名，从现在可以看到的拓片照片看，其中"金"一少半以上已为白片覆盖，"问"字也不好辨认，只有中间的"仁"字还可以辨认，这就为读者留下想象的空间。其二，王昶编撰《金石萃编》时，朝鲜半岛关联金石碑志文似还很少传到中国。虽然1805年刻印的《金石萃编》中也收录了《大唐平百济国碑铭》[①]，其中提到金仁问其人担当唐朝征伐军副大总管，但王昶并没有注意到其中金仁问关联问题。19世纪70年代，刘喜海（1793—1852）编撰的《海东金石苑》一书前四卷刻印出版，其中收录此前对上述碑铭和金仁问有关碑铭的论考。也就是说，当时大部分研究者对新罗人金仁问还不甚了解，但薛仁贵、刘仁轨两人，不仅是唐朝前期历史发展中大名鼎鼎的勇将谋臣，而且是学者乃至民间津津乐道的人物，加之依据史料记载，薛氏此时作为宿卫将领担当万年宫守卫重任，因而将薛氏及刘仁轨两人中某一人补入《碑阴题名》中，就成为理所当然的事情。与此同时，韩国现存最古的史书《三国史记》，当时学者们关注不多，也不易看到。其三，学者们对7世纪中叶唐朝和朝鲜半岛诸政权的关系，特别是唐朝与新罗的关系了解不多。有关这一时期新罗入唐宿卫使者，除了《旧唐书》、《新唐书》、《资治通鉴》中有所提及外，其他文献史料几乎很少涉及，这些仅有的有关金仁问其人的记载，也被淹没在茫茫史料之中，以至于清人除过上述毛凤枝之外，再很少有人提及金仁问。另外，从现有研究看，涉及这一时期唐朝与新罗关系的研究并不多，如上文注释中所引，仅有的论文、论著也

---

① 关于《大唐平百济国碑铭》，参阅拜根兴：《〈大唐平百济国碑铭〉关联问题考释》，杜文玉主编：《唐史论丛》第八辑，西安：三秦出版社，2008年，第133—150页；拜根兴：《唐朝与新罗关系史论》，北京：中国社会科学出版社，2009年。

是近10年出现的东西。

一方面,既有前人确凿的研究,即认为"□仁□"中的第一个"□"为"金"字,又有《碑阴题名》原石及拓片作证,而且7世纪50年代初唐朝与新罗关系中确有深受唐高宗宠爱,官职为"左领军卫将军"的金仁问其人;另一方面,薛仁贵、刘仁轨两人当时的官衔职位也并未达到唐高宗敕令所及的"三品以上"标准,因而有关《碑阴题名》下层自右向左第10行下端"左领军将军臣□仁□",就应名正言顺释读为"左领军将军臣金仁问",恢复历史本来面目,并以正视听。我们相信,随着学界对《碑阴题名》关注人群的增多,相关研究的进一步深入,这个问题会得到圆满解决的。

二、乾陵六十一蕃臣石像中的新罗使者

乾陵是唐高宗与武则天的合葬陵墓,也是现存地面上遗物最完整、未被盗掘、堪称唐代帝王制作陵墓典范的文化遗存。乾陵石刻中六十一蕃臣石像(图3-2),是乾陵石刻的重要组成部分,烘托起乾陵浩大磅礴的气势,长期以来也成为人们研究探讨的重要议题之一。据笔者统计,著名唐史专家岑仲勉教授很早之前就专门探讨过①,此后陈国灿、章群、马驰、樊英锋、张鸿杰、梁子②等先后有论文发表。笔者在上述《唐朝与新罗关系史论》一书中也曾认为新罗真德王石像残躯"特征与唐高宗与武则天合葬的乾陵六十一蕃王像中的一具石像,从雕刻服饰、体态等方面比较,显示出较为相似的特点"。也就是说,笔者断定位于乾陵六十一蕃臣石像东南角挎弓石像为新罗使者(图3-3)。最近赵斌先生发表《刍议乾陵六十一蕃臣像中的新罗人》③一文,通过

---

① 岑仲勉:《隋唐史》,北京:高等教育出版社,1959年。
② 陈国灿:《唐乾陵石人像及其衔名的研究》,文物编辑委员会编:《文物集刊》第2辑,北京:文物出版社,1980年;章群:《关于乾陵石人像问题》,《唐代蕃将研究(续篇)》,台北:联经出版事业公司,1990年;马驰:《唐代蕃将》,西安:三秦出版社,1990年;樊英锋:《乾陵61蕃臣像补考》,《文博》2003年第3期,第54—59页;张鸿杰:《乾陵"六十一蕃臣像"衔名订补》,《咸阳师范学院学报》2003年第3期,第8—11页;梁子、文军:《乾陵六十一蕃王考述》,《文博》2003年第6期,第44—51页;王晓莉:《乾陵六十一尊石人像有关问题的再探讨》,王文超、赵文润主编:《武则天与嵩山》,北京:中华书局,2003年。
③ 赵斌:《刍议乾陵六十一蕃臣像中的新罗人》,《丝绸之路》2010年第24期,第84—88页。

石像服饰、佩戴物件等，进一步认定上述石像就是新罗文武王金法敏。无疑，这是有关乾陵六十一蕃臣石像研究的最新成果，值得重视。但是，有关此研究还应继续深化，一些问题理应得到确实的答案。

（一）乾陵六十一蕃臣石像制作时间等问题评述

有关乾陵的建造，因为现存史料记载各异，至今没有统一的说法。不过，杨东晨、李爽通过比对现存史料，并甄别、探讨学界现有看法，得出唐高宗选定陵址并施工的时间当在仪凤三年（678）左右，整修乾陵的主持者是霍王李元轨和侍中刘齐贤，而具体实施陵墓建造者为将作大匠、山陵使韦待真①的结论。从现有史料及研究看，这种看法还是值得认同的。同时，对于乾陵六十一蕃臣石像的制作时间，现存正史未见有具体记载。元人李好文曾有所记载，但还是存有疑问②。任职乾陵博物馆的王晓莉先生依据1996年具体发掘测量的乾陵司马道两侧建筑布局数据，认为朱雀门之前、双阙之后"每处基址的范围都不大，其中南北距离10米，东西16米，基址南沿与阙楼基址北沿重合，基址北沿与紧邻北侧的另一建筑基址南沿重合。从整体上观察，阙楼、石人像群以及紧邻北侧的一组建筑三者之间的摆布显得事十分拥挤，狭小不堪。由此形成这一段建筑与阙楼之间的建筑不协调、不对称的局面"，进而得出六十一蕃臣石像的制作并非原来总体设计的一部分，而是武则天死后整修陵墓过程中加上去的；还通过对比作为恭陵、乾陵两座陵墓工程的具体负责人韦待真总体设计思想，指出如同恭陵没有设计蕃臣石像一样，乾陵在韦待真的设计中亦不可能出现蕃臣石人像；还有，现存蕃臣像背部的职衔名称，不是武则天时期已经改过的武将职衔，而是此后唐中宗改回的军衔。从上述三点推论，其一运用考古发掘资料，其二采用同一设计者应该有同样设计思想的推论，其三可以看做是最得力的证据，即石人像背部职衔出现的背景。笔者认为，在没有具体的史料佐证的前提下，采用其他可资证明自己

---

① 杨东晨、李爽：《乾陵的营修及安葬等问题考辨》，樊英峰主编：《乾陵文化研究》第2辑，西安：三秦出版社，2008年。

② （元）李好文：《长安志图》卷中载："宋元祐中，计使游公图而刻之，防御推官赵楷为之记，曰：'乾陵之葬诸蕃之来助者何其众也。武后曾不知太宗之余威遗烈，乃欲张大夸示来世，于是录其酋长六十一，各肖其形，镌之琬琰，庶使后人皆可得而知之'"。如此，学界一般认为六十一蕃臣石像为武则天时期所做。

观点的外围或者考古史料说明问题，其得出的结论可以作为一种观点存在。但是，在昭陵建造过程中，已经在北司马门内设计排列有十四尊蕃君长像，而且在当时已经引起相当大的反响，难道这些就没有引起乾陵设计者们的注意？是否一定要等到武则天死后乾陵整修之时，才临时补加这方面的内容，这些都是值得考虑的问题。虽然如此，因为没有确切的史料说明，笔者还是部分认同上述论者的观点，认为乾陵六十一蕃臣石像可能是武则天去世后，由当时的陵墓建造者设计，并获得唐中宗李显的认同，在朱雀门之前、双阙之后临时加上的一组蕃臣石人像。

至于制作这些蕃臣石人像的目的，此前宋人游师雄，今人岑仲勉、陈国灿、章群等都做过探讨，众说纷纭。具体有以下几种：其一，参与唐高宗或武则天葬礼的周边民族国家首领或者使者，出自宋人赵楷之口，见于元人李好文的《长安志图》一书。其二，陈国灿教授依据现在可以了解到的36名石像职衔，"除吐谷浑、吐蕃、突厥首领各二人外，绝大部分均为唐安北、北庭、安西等都护府属下的地方官员或民族首领"，认为这些人绝大部分为唐朝的蕃臣。其三，章群教授认为，"以昭陵与乾陵的石人像比观，论其性质，既非参与丧礼之人，亦非曾侍卫轩禁者，彰彰明甚"是武则天及唐中宗"乃欲张大夸示来世"之作。对比上述几种看法，笔者认为章群在对陈国灿研究补充辩证的基础上，其看法相对较为可靠。也就是说，昭陵与乾陵所在的蕃君长或蕃臣石人像，不仅显示了初唐时代唐朝与周边民族交往的频繁，而且也是唐朝廷津津乐道并向世人夸示的重要一点。新罗作为唐朝在朝鲜半岛重要的藩属国，贞观年间与唐朝保持紧密的来往关系。主要表现在新罗将唐朝作为对付西北两面劲敌、实现三韩统一的重要依托；唐朝在征伐高丽之后，也将新罗作为实现自己在朝鲜半岛利益的支撑点。这样，唐太宗昭陵十四蕃君长石像中出现新罗真德王形象就不奇怪了，而在唐高宗武则天合葬的乾陵六十一蕃臣石像中有新罗人出现，也应该是可以想得到的事情。

（二）这一时期入唐新罗使者涉及问题

唐朝政权建立的第三年，即公元621年，位于朝鲜半岛东南部的新罗就派遣使者入唐，唐罗宗藩关系开始形成。随着新罗受到朝鲜半岛西、北两方面百济、高丽压力的增大，它与遥远大陆唐朝的关系也日渐紧密，特别是在百济灭亡前后，这种来往变得极度频繁。

新罗遣使入唐具体情况如表 3-1 所示：

表 3-1　七世纪中叶新罗赴唐使者行迹表

年代	入唐时间	担当者	目的	在唐活动	返回时间	交涉影响	备注
642	新罗善德王十一年	缺载	朝贡	—	—	—	—
643	善德王十二年正月	缺载	献方物	—	—	—	—
643	善德王十二年9月	缺载	请兵求援	面见唐太宗	—	引发毗昙之乱	《三国遗事》卷四
643	善德王十二年11月	缺载	求救	—	—	百济闻之罢兵	—
644	善德王十三年正月	金多遂	朝贡献方物	面见唐太宗受领诏书	—	—	据《文馆词林》记载
645	善德王十四年正月	缺载	献方物	—	—	—	—
648	真德王二年正月	缺载	朝贡	—	—	—	—
648	真德王二年冬	邯帙许	朝贡	唐太宗提出新罗年号问题，新罗使节答应接受唐朝年号等	—	为新罗重臣金春秋赴唐作准备	权悳永氏将此编排于649年
648	真德王二年十二月	伊飡金春秋、金春秋之子金文王等	朝贡、请兵及文化方面的需求	面见唐太宗，在国子学观释奠及讲论，请改章服从中华制度，接受唐官爵及赐物	次年初离开唐朝，返回新罗	开启新罗与唐交涉的新局面	权悳永氏据金石文，认为金氏父子是647年赴唐的
650	真德王四年六月	金春秋长子金法敏等	告捷举讼	献真德王亲自绣制的五言颂诗，举讼百济，接受唐朝官爵	—	直接诱发唐高宗次年下玺书，唐对百济的态度开始转变	有可能和唐高宗见面
651	真德王五年	金春秋次子金仁问等	朝贡宿卫	面见唐高宗，授从三品官	—	与唐的关系加深	—
652	真德王六年正月	缺载	朝贡	—	—	—	权悳永氏推定为贺正使者
653	真德王七年十一月	缺载	献金总布	—	金仁问从唐返回	—	—

续表

年代	入唐时间	担当者	目的	在唐活动	返回时间	交涉影响	备注
654	武烈王元年初	金仁问	宿卫	随唐高宗巡游各地	—	罗唐关系密切	《九成宫碑阴题名》石刻
654	武烈王元年	缺载	表谢	—	—	—	唐遣使册封新罗遣使表谢
655	武烈王二年正月	不明	求援	—	—	唐程名振、苏定方等将军救援新罗,征讨高丽	权悳永氏认为此年所遣使节为金仁问
656	武烈王三年秋七月	金春秋之子金文王	朝贡	—	金仁问从唐返回	—	—
659	武烈王六年夏四月	金仁问等	乞师	—	—	唐朝于次年发兵征伐百济	—
660	武烈王七年七月、九月	弟监天福金仁问等	露布,报告战胜的消息。金仁问等随苏定方返回唐朝	—	—	百济灭亡	—
661	新罗武烈王八年、文武王元年、唐龙朔元年	缺载	—	—	金仁问、金儒敦返回新罗	传达唐皇帝勅令,举兵配合唐军征伐高丽之行动	—
662	文武王二年秋七月	金仁问等	贡方物	—	—	—	—
664	文武王四年	郑恭	—	—	—	—	权悳永氏据《三国遗事》
665	文武王五年唐麟德二年	金仁问等	—	参与唐皇帝泰山封禅活动	—	金文王死亡,罗唐最初交涉见证人全部物故	—
666	文武王六年四月	金三光、金汉林等	宿卫请兵	金三光接受左武卫翊府中郎将职务	—	配合唐朝征伐行动,加强双方联系	—
667	文武王七年	大奈麻汁恒世	朝贡	—	—	—	—

续表

年代	入唐时间	担当者	目的	在唐活动	返回时间	交涉影响	备注
668	文武王八年	元器、渊净土	献美女等	—	元器返回，渊净土留唐不归	—	—
	文武王八年	金仁问、助州等	随李勣返回唐朝宿卫	—	—	高丽灭亡	—
669	文武王九年	级飡祇真山等	献磁石	—	—	—	—
	文武王九年九月	角干金钦纯、波珍飡金良图	谢罪		金钦纯次年返回，金良图死于唐都	罗唐矛盾表面化	
	文武王九年冬	弩师沙飡仇珍川	造木弩	见到唐高宗（？）	次年返回	双方矛盾进一步激化	
	文武王十年	大奈麻福汉	献木	—	同年返回	—	
672	文武王十二年九月	级飡原川、奈麻边山等	上表谢罪，献金银、牛黄、布匹等	送还所俘唐朝兵将	—	新罗内部饥荒，可能通过谢罪缓解危机	
674	文武王十四年初	不明	—	—	大奈麻德福从唐学历术返回	新罗此前行用唐戊寅历，现改用唐麟德历	此人何时入唐，史书缺载
675	文武王十五年二月	缺载	入贡、谢罪	—		应付可能出现的危机，为胜利争取时间	
	文武王十五年九月	缺载	贡方物				

注：其中个别部分曾有补充修正，特此说明。

资料来源：拜根兴：《七世纪中叶唐与新罗关系研究》，北京：中国社会科学出版社，2003年，第326—330页

表3-1依据中韩现有史料，笔者对于新罗善德王、真德王、武烈王、文武王四代总共33年新罗入唐使者关联问题做了统计，其中主要情况说明如下。首先，善德王、真德王在位期间派遣入唐使者有14次，武烈王在位期间派遣入唐使者有7次，文武王在位期间有14次。单从数字看，文武王在位时间长，其间双方的来往较为频繁。同时，从另一角度看，唐高宗在位的34年间，由于唐朝对朝鲜半岛事务的重视，或者说新罗对唐朝倚重的加强，促成

双方来往的增多。还有,除了金仁问先后7次入唐之外,作为此后成为新罗王的金春秋,以及他的长子金法敏也曾先后到过唐朝。其次,新罗和唐朝构建蜜月期关系有两个时期:其一就是贞观二十二年(648)金春秋入唐请兵,受到唐太宗的盛情款待,金春秋许诺派遣其子入唐宿卫,双方开始更加紧密地来往(当然也包括永徽二年金法敏入唐告捷及举讼百济)。其二为金春秋次子金仁问为唐朝与新罗联合多次往返于唐与新罗间,此一时期唐朝和新罗交往呈多样化特点,其最终的成果就是百济及随后高丽的灭亡。再次,高丽灭亡之后,所谓的唐罗战争①爆发,前来唐朝的新罗使者多为入贡谢罪。676—681年,双方的来往几乎中断,也是近300年的唐罗友好关系中最低潮期。

(三) 乾陵六十一蕃臣石人像中的新罗人到底是谁

唐高宗在位的34年中,由于共同的利益,唐朝和新罗保持相当紧密的宗藩关系,正因如此,新罗才能完成半岛的统一,但此后双方关系也有所反复。如上所述,新罗真德王名列昭陵十四蕃君长像之中,对此笔者已有论述,在此不赘。乾陵六十一蕃臣石像中,新罗人位列其中已是不争的事实,无需再做讨论②。但是,这位新罗人是谁?是新罗武烈王金春秋?文武王金法敏?神文王金政明?孝昭王金理洪?圣德王金兴光?还是7次往返唐与新罗,最终老死神都洛阳的金仁问?这些都需要认真探讨。

先说新罗武烈王金春秋,654—661年在位。金春秋648年入唐请兵,颇受唐太宗欣赏,授予其"特进"官爵,直接促成新罗采用唐朝年号和"改章服从中华之制"。唐高宗永徽五年(654),新罗真德王去世,金春秋成为新罗国王,继续执行亲唐政策,先后派遣几个儿子入唐,担当交涉重任,促成唐朝与新罗联合,实现梦寐以求的灭亡百济大业。据史料记载,唐高宗和金春

---

① 关于唐罗战争问题,可参考拜根兴:《罗唐战争研究中的几个问题》,《中国学报》2002年第47辑;拜根兴:《"唐罗战争"关联问题的再探索》,荣新江主编:《唐研究》第十六卷,北京:北京大学出版社,2010年,第91—116页。

② 拜根兴:《试论新罗真德王石像残躯及其底座铭文的发现》,《新罗史学报》2006年第7辑,2006年;赵斌:《刍议乾陵六十一蕃臣像中的新罗人》,《丝绸之路》2010年第24期,第84—88页。

秋见过面，另据《册府元龟》卷九百九十九记载①，唐朝应该有金春秋的画像。可见，和唐朝一直保持亲密关系，在唐朝享有极高的声誉和人气，无疑应是和唐高宗同时在位的新罗国王金春秋②。唐中宗神龙年间制作蕃臣石像时，金春秋应该是重点考虑的人物之一。

新罗文武王金法敏，661—681 年在位。650 年入唐告捷并举讼百济，唐高宗授予其太府卿官爵。高宗龙朔元年（661），武烈王金春秋去世，作为金春秋长子的金法敏继立为新罗王。663 年，唐朝在新罗设立鸡林大都督府，任命金法敏为鸡林州大都督。668 年，唐朝和新罗联合灭亡高丽，新罗由此完成朝鲜半岛的统一。但是，随后新罗和唐朝的摩擦趋于表面化，并很快转化为直接冲突。674 年，唐高宗以金法敏"纳高丽叛众，又据百济故地，使人守之"，下令削夺金法敏新罗王爵，以在唐宿卫的右骁卫员外大将军临海郡公金仁问为新罗王，代替其兄行使新罗王职责。虽然此后金法敏遣使谢罪，唐高宗收回成命，但 678 年，唐高宗在与臣僚的议论中，仍对新罗占据百济故地的行为耿耿于怀。681 年，金法敏病逝，新罗遣使告哀，唐高宗随后亦遣使吊唁，并册封新继立的新罗神文王。如果从在位时间以及和唐朝的各方面来往来看，唐中宗神龙年间树立的六十一蕃臣石像中，金法敏理应是相当重要的人选之一。

新罗神文王金政明，681—692 年在位，文武王金法敏长子。681 年继新罗文武王而立，重新打开新罗与唐朝交往的大门。特别是垂拱二年（686）遣使入唐，"奏请礼记并文章"，武则天特令有关部门，"写吉凶要礼，并于《文馆词林》采其词涉规诫者，勒成五十卷赐之"③。新罗使者肯定也上报金政明的相貌特征，他亦应是六十一蕃臣石像中来自新罗值得考虑的人选。

新罗孝昭王金理洪，692—702 年在位，神文王太子，与武则天大周王朝几乎是同一时期存在。据现存史料记载，此一时期新罗只有一次遣使入唐，双方的来往并不多。但作为和武周政权并行的王朝，金理洪也可视为六十一

---

① 《册府元龟》卷九百九十九载："唐太宗贞观二年，东谢蛮主元深入朝，冠鸟熊皮冠，若今之旄头，以金银络额，身被毛皴，韦皮行藤而著履。中书侍郎颜师古奏言：'昔周武王之时，天下太平，远国归款，周史乃集其事为王会篇，今万国来朝，至如此辈章服，实可图写，今请撰为王会图。'从之。"也就是说，唐朝自贞观初以后，周边民族国家使节入唐之后，他们的形象都会被图写入藏，以备大用。

② 唐高宗遣派太常丞张文收前往新罗，册封金春秋为开府仪同三司新罗王。（高丽）金富轼：《三国史记》卷五《新罗本纪》，首尔：乙酉文化社，1997 年。

③ （高丽）金富轼：《三国史记》卷八《新罗本纪》，首尔：乙酉文化社，1997 年。

第三章 石刻墓志所见唐朝与新罗往来

蕃臣石像的备选人物之一。

新罗圣德王金兴光，702—737年在位，孝昭王的同母弟，其在位前几年唐朝仍然是武周统治时期。唐中宗在乾陵树立六十一蕃臣石像时，金兴光依然是新罗王。同时，金兴光在位期间遣使入唐近40次，开启新罗与唐朝友好交往的新局面。无疑，金兴光也可算作候选人之一。

新罗使者金仁问。金仁问自651年第一次入唐之后，先后7次来往于唐与新罗之间，受到唐高宗的宠爱和嘉奖，官拜左领军将军，先后任右骁卫员外大将军临海郡公，转镇军大将军行右武威卫大将军等。唐朝和新罗组建联合军征伐百济，金仁问作为联合征讨军的副大总管，对于协调两军联合作战起到了举足轻重的作用。高丽灭亡之后，由于新罗与唐朝反目，金仁问滞留在唐20余年，其间曾经受诏前往新罗替代其兄金法敏担当新罗王，但由于金法敏遣使谢罪，唐高宗赦免其罪并收回成命，金仁问中道返回。随着武则天临朝称制及武周王朝的建立，在唐（武周）藩属国宿卫人士由于各种原因多获罪而死于非命，但金仁问却安然无恙，直到694年老死洛阳，寿终正寝。武则天令"朝散大夫行司礼寺太医署令陆元景、判官朝散郎值司礼寺某等，押送灵柩"返回新罗。金仁问数十年在唐朝，与唐朝上下及武周君臣均建立了较为稳固的关系。可以说，数十年间他应是唐朝朝野家喻户晓的新罗人。如果不考虑其他问题，金仁问应该是乾陵树立六十一蕃臣石像中新罗人的第一人选。

但是，由于我们现在看到的位于东侧东南角的蕃臣石像，其头颅已经在历史时期不复存在，其背部的职衔等明显的标志性东西亦随着1000余年的风霜磨砺荡为尘埃。现在只有从仅存的石像佩戴物、服饰式样、石像总体造型，以及和其余石像格格不入的特点，判断其最大可能为新罗人。至于是新罗王金春秋？金法敏？还是如上述的新罗神文王……？抑或是唐人耳熟能详众所周知的金仁问？笔者认为似乎都有可能。但是，这尊石人像到底是谁，在没有文献史料佐证，考古资料又不能探究得十分清楚的前提下，最好还是不要做最后的界定，笔者认为此当是目前最好的处理办法。

本节对学界很少关注的位于西安周边的《碑阴题名》中的金仁问题名，乾陵六十一蕃臣石像东侧东南角的新罗人石像做了相应的考察，认为《碑阴题名》中的"左领军将军臣□仁□"，既非此前学者津津乐道的薛仁贵，亦非现在一些书籍中误写的刘仁轨，而是当时在唐担当宿卫的新罗使者金仁问。同时，笔者数年前提出乾陵六十一蕃臣石像东南角挎弓阔袖袍服的石人像为新罗人，近来有学者具体考证其为新罗王金法敏。笔者在探讨乾陵六十一蕃臣石像建立年代的同时，对新罗这一时期入唐使者，以及可能是石像人物原型等问题做了相应考察，认为在没有文献史料佐证，考古史料又十分匮乏的基础上，确定石像的最终归属是何等具体人物，在学术探讨中存在风险，也存在瑕疵。毋庸讳言，此石像是新罗人或新罗使者当没有问题。历史研究重在发掘史料，相信上述问题随着新史料的不断出现，会得到相应的解决，以推动唐朝历史及古代中韩关系史研究走向深入。

第二节 在唐新罗人金日晟的墓志

众所周知，660—670年，地处朝鲜半岛的高丽、百济，在唐朝与新罗的联合进攻下相继灭亡，大量高丽、百济移民因此移居唐朝，故自20世纪30年代以来，高丽、百济人墓志不时出土于今洛阳、西安及其周边地带①。与此同时，新罗统一朝鲜半岛后，众多新罗人来到唐朝，其中有使者、留学生、商人，还有求法巡礼的僧侣，也包括不同时期定居于山东半岛登州一带的新罗各个阶层人士。但是，除了唐初陈子昂撰写的《馆陶郭公姬薛氏墓志铭》②，无名氏撰写《大唐故金氏之铭》③两方墓志，以及唐末五代入唐求法巡礼的个别僧侣塔碑石刻文之外，似乎再未发现其他在唐新罗人石刻墓志史料。不过，随着胡戟、荣新江主编的《大唐西市博物馆藏墓志》一书出版④，书中公布的新罗人金日晟墓志铭，给学界提供了新的资料，有利于对中唐时

---

① 拜根兴：《唐代高丽百济移民研究：以西安洛阳出土墓志为中心》，北京：中国社会科学出版社，2012年。

② 有关《馆陶郭公姬薛氏墓志铭》，详见岑仲勉：《岑仲勉史学论文集》，上海：上海古籍出版社，1990年，第11—12页；拜根兴：《论韩国古代史有关的金石文现状》，《陕西历史博物馆馆刊》2003年第10辑，第381—388页；于赓哲：《"薛瑶"墓志铭再讨论》，第三届新罗学国际学术大会论文，韩国庆州，2009年；（韩）李锺文：《对薛瑶"返俗谣"的考察》，《汉文学研究》，韩国启明大学汉文学会，1994年；（韩）卢重国：《新罗时代姓氏的分枝化和食邑制的实施——以薛瑶墓志铭为中心》，《韩国古代史研究》1999年第15辑，第185—234页等人都做过研究，基本上搞清楚了薛氏关联问题，并对涉及此一时期唐朝与新罗关系的诸多问题有了清晰的了解。

③ （韩）权悳永：《新罗关联唐金石文的基础检讨》，《韩国史研究》2008年第142辑；（韩）权悳永：《大唐故金氏夫人墓铭及其关联的几个问题》，《韩国古代史研究》2009年第54辑；赵力光：《西安碑林博物馆所藏碑石综论》，《寻找百济的气息》，2009年；（韩）郑淳一：《唐代金氏关联墓志的基础检讨》，《新罗史学报》2009年第16辑；（韩）李泳镐：《在唐新罗人金氏墓志铭的检讨》，《新罗史学报》2009年第17辑。

④ 胡戟、荣新江主编：《大唐西市博物馆藏墓志》，北京：北京大学出版社，2012年，第622—623页。

代唐与藩属国新罗关系研究的深入。笔者近年来关注唐朝与新罗关系的研究①，本节试对这方墓志作一考析。

一、墓志的公布和志文诠释

如上所述，《金日晟墓志》（图3-4）见于胡戟、荣新江主编的《大唐西市博物馆藏墓志》一书。墓志解题载：

> 金日晟，新罗人，大历九年与夫人张氏合葬于长安永寿之古原，应在今西安雁塔区三爻村一带。志高42.5，宽42，厚7，铭文十七行，行十九字，楷书，素边。盝顶盖，盖高41，厚7，铭文三行，行三字，阴刻篆书，四杀云纹。2010年入藏大唐西市博物馆。

上述解题中只是说该墓志2010年入藏大唐西市博物馆，没有说明出土的地点和时间。墓志是基于当地开发建设不经意出土，还是遭受盗掘后辗转各处，最终入藏大唐西市博物馆？墓葬中是否还有其他遗物同时出土？这些令人疑惑的细节现在都是未知。只是从2010年入藏博物馆来看，墓志出土时间为2010年之前当可以确定，且从志文有墓主死后葬于"长安永寿之古原"字样，其出土于今西安周围地区当是可以认定的。

另外，依据公布的志石、志盖拓片照片（图3-5）及录文，对志文进行相应的解释、探讨势在必行。同时，因为拓片并未拓上志石的四个侧面，故志石四侧面是否有线刻图也不得而知。志盖篆书九字为"大唐故金府君墓志铭"，和同一时期的其他志石、志盖从形式上看并没有什么区别。墓志撰者是谁？志文中未见记载，以墓主担当从三品官职来看，相信志文应该是唐朝相关部门差遣专人所撰。志文中在"中朝"、"上"、"天阶"、"诏"，以及"朝谒"、"绛阙"、"轩墀"、"君臣"、"恩"文字前或空三格或空两格不等。全文如下：

> 有唐故银青光禄大夫光禄卿赠兖州都督金府君墓志铭并序
> 公姓金氏，讳日晟，字日用，新罗王之从兄也。壮烈内蕴，丹诚天

---

① 拜根兴：《七世纪中叶唐与新罗关系研究》，北京：中国社会科学出版社，2003年；拜根兴：《唐朝与新罗关系史论》，北京：中国社会科学出版社，2009年。

纵。归奉中朝，率先万国。上嘉之，累授银青光禄大夫，光禄卿。位列天阶，名登国史。绍开遗绪，不忝前人。呜呼！宠禄方假，贞心未已。遘疾弥留，奄然徂谢。以大历九年夏四月廿八日，薨于长安崇贤里之私第，春秋六十有二。天子闻而悼焉，遣中使诏慰，礼加恒典，赗赠绢一百疋、衣十副。且有后命，追赠兖州都督。冥途增宠，嗣子摧心。以其年甲寅秋八月戊辰朔粤五日壬申，诏葬于长安永寿之古原。夫人张氏，天宝末先君云亡。今祔迁厝，哀事官给。礼逾常等，中贵归赗。命万年令监护，宠蕃酋也。卤簿哀送，箫笳并引。葬于王土，何异乡关。铭曰：

"新罗慕义，万里朝谒。骏奔沧海，匍匐绛阙。惟公忠壮，位列九卿。陪奉轩墀，出入簪缨。义感君臣，礼霑荣悴。殁而不朽，衔恩永慰。"

依据上引志文，墓主是新罗人金日晟①，其与新罗王为从兄弟关系。从兄，即堂兄。按：金日晟死于大历九年（774），享年62岁，其出生时间应为713年，也就是唐玄宗先天元年。金日晟入唐后，"上嘉之，累授银青光禄大夫，光禄卿"，成为入唐后担任唐朝中央官职，并长期在唐生活的新罗著名人物之一。不仅如此，金日晟还在唐成婚，娶妻张氏。从其妻张氏的姓氏看，其为唐人当是可以认定的，因为此时新罗除了王族金氏和主要贵族朴姓、昔姓之外，一般官僚和平民有姓氏者很少，当时常见的只有薛、梁、崔等姓。特别是姓张者，在现有中韩日相关史料中，还未见到张姓新罗人的相关记载。至于金日晟的"嗣子"是张氏夫人所生，还是张氏死后另娶续弦所生，志文简略并未交代，在此存疑。

金氏大历九年四月病逝于长安崇贤里②私邸，时唐代宗在位。对于金氏之死，唐代宗遣派宦官前往慰问，赠予绢帛一百匹，衣服十套，并在随后追赠金氏为兖州都督。同年九月，唐朝廷葬金日晟"长安永寿之古原"。关于"长安永寿之古原"，应该是长安永寿乡所在的古原。其实，现存宋敏求的《长

---

① 众所周知，汉武帝时代有匈奴人金日磾入朝，在朝野产生了极大的影响。新罗人入唐并在唐朝廷担当重要官职，成为中唐时代唐与新罗友好关系的重要一环，是否"金日晟"其人名字是唐朝皇帝的赐名？因为现存《三国史记》、《三国遗事》记载的新罗王室诸人名字中，并没有看到有"日"字称谓者。在此存疑。

② 崇贤里即崇贤坊，位于唐长安朱雀门街西第三街，从南到北数第八坊。坊中有秘书监嗣虢王李邕宅、黄门监卢怀慎宅、光禄少卿窦瑗宅、太子少师崔景晊宅、进士独孤遐叔宅、中郎将曹遂兴等宅，以及海觉寺、大觉寺、法明尼寺、崇业尼寺等寺院，参阅李建超：《增订唐两京城坊考》，西安：三秦出版社，2006年，第213—214页。

第三章 石刻墓志所见唐朝与新罗往来

安志》、骆天骧的《类编长安志》、徐松的《唐两京城坊考》，以及李建超的《增补唐两京城坊考》，可能是书籍体例的原因，均未见有唐长安永寿乡的记载。今依据史念海主编的《西安历史地图集》，以及唐人墓志资料，可以确定唐京师长安永寿乡位于今西安市长安区北部，或即解题所说"雁塔区三爻村一带"，但还应做进一步的考察①。现在看来，永寿乡辖区似兼有毕原、高阳原、神禾原三原北头方向各一部，金日晟的埋葬地应该就在永寿乡某一高敞平坦的地方②，当然墓志出土地点位置也应在同一处。另外，金日晟葬事所需，全赖官给，唐代宗还诏令万年县令全程监护整个葬礼，足见唐代宗对从三品光禄卿金日晟葬事的重视。

---

① 已故武伯纶教授依据《关中金石文字存逸考》卷一"西安府上"著录的《武部常选韦琼墓志铭》，卷四"长安县下"著录的《佛顶尊胜陀罗尼经幢》铭文，其中有"大中九年十二月陈鸿为亡妻武氏建于永寿乡姜村"字样，认为"今西安城南杜城西北有村名姜村，盖即此乡所在"，他还绘有较为详细的《唐长安郊区万年县、长安县乡里位置示意图》，明确标出了永寿乡及永寿乡姜村的位置，参阅武伯纶《古城集》，西安：三秦出版社1987年，第105页；史念海教授主编《西安历史地图集》中也绘有《唐长安、万年县乡里图》，其中标注有永寿乡的位置，参阅史念海主编：《西安历史地图集》，西安：西安地图出版社，1995年。从两幅地图看，永寿乡似应在今西安朱雀路正南方向西边。笔者曾请教著名西安历史地理专家，任职西北大学的李健超教授，先生参考上述武、史两位前辈观点，并利用最新出土唐代《王府君墓志》、唐代《杜英奇墓志》，认定长安永寿乡位置在今西安市朱雀大街正南右侧范围所在。

② 笔者检索到埋葬于唐长安永寿乡的几方墓志：《故陇西李夫人墓志》，墓主李夫人于"大中八年十一月二十五日窆于长安县永寿乡毕原"（《唐代墓志汇编续集》大中045，第1001页）；《唐故武部常选韦府君墓志铭》，墓主韦氏天宝四载死亡，"天宝十四载五月十三日卜葬于长安县永寿乡毕原附先墓，礼也！"（《唐代墓志汇编》天宝268，第1719页）；《唐故颍州陈氏墓志》，墓主陈氏大中四年（850）十二月"十一日葬于长安县永寿乡高阳原"（赵力光：《唐柳公权撰柳愔愔墓志考》，《文博》2003年第3期）；《唐故新野庚氏墓志铭》，载墓主"大和三年岁在壬子正月乙未朔十八日壬子权窆于京兆府长安县永寿乡"（《唐代墓志汇编续集》大和035，第908页）；《大唐故郑府君墓志铭》，墓主大和元年（827）"十二月九日归葬于长安县永寿乡姜尹村神禾原"（《唐代墓志汇编续集》大和006，第884页）；《西安上塔坡唐王府君墓志铭》，墓主王府君"……辛四月十七日□/……之永寿乡毕原"，墓志撰作时间为永泰元年（765）到会昌四年（844）之间（《西安上塔坡唐王府君墓发掘简报》，《文博》2014年第3期）；唐宦官《杜英奇墓志》载墓主杜英奇为元和年间著名宦官，"以大和四年神直庚戌十月廿四日□葬于长安县永寿乡永尹原先墓之侧，礼也！"（景亚鹂：《新见唐代宦官〈杜英奇墓志〉疏证》，《文博》2014年第3期）。上述墓志中提到永寿乡辖内有毕原、高阳原、神禾原，而且墓主死亡年代均在唐天宝年间之后。如此就产生如下疑问，即长安县何时设立永寿乡？是否是后来才有？这些很具体的问题，相信在现有史料范畴内是很难有答案的。还有，从上述五方墓志记载墓主葬地，可以看出永寿乡辖境似乎很大，而永寿乡辖境前后是否有所变化也不得而知。至于金日晟墓志中提到的"长安永寿之古原"具体是辖内毕原、高阳原，抑或神禾原，因未见有确切记载，故难以确定。

61

二、金日晟墓志关联问题考析

查阅现有文献史料，如《旧唐书》、《新唐书》、《资治通鉴》、《三国史记》、《三国遗事》、《东国通鉴》、《东史纲目》、《日本书纪》、《续日本纪》等中外史书，以及《唐代墓志汇编》、《唐代墓志汇编续集》、《朝鲜金石总览》、《韩国金石全文》、《译注韩国古代金石文》等金石碑刻资料，并未见有金日晟其人的任何记载。就是说，墓志为学界提供了一位全新的入唐新罗人生平资料，当然也是迄今看到的有关金日晟其人生平的唯一记载。

（一）金日晟是新罗孝成王、景德王的从兄

墓志载金日晟为新罗王从兄，但到底是哪一位新罗王，志文并未明确记载。这一时期在位的新罗王有圣德王（702—737）、孝成王（737—742）、景德王（743—765）、惠恭王（765—780），其中圣德王在位长达36年，期间积极展开对唐交涉，实行汉化政策，取得了重要的成果①。笔者据高丽时代金富轼编纂《三国史记》进行不完全统计，圣德王在位期间，新罗派遣入唐使者就多达42次；其子孝成王在位6年，派遣入唐使者2次；孝成王的弟弟景德王在位22年，派遣入唐使者11次，而遣唐使者中直接和新罗宗室有关的人士如表3-2所示：

表3-2 新罗圣德王在位期间入唐新罗王室及其官员统计表

入唐时间	姓名	入唐目的	新罗官职	唐朝赐官	返回时间
圣德王二年（703）	金思让	朝唐	阿飡	—	三年（704）三月返回，献最胜王经
圣德王十二年（713）	金贞宗	朝贡	入唐使	—	同年十月返回
圣德王十三年（714）二月	金守忠	入唐宿卫	王子	大监	十六年（717）九月返回，献文宣王十哲七十二弟子图，即置于太学
圣德王十三年（714）闰二月	朴裕	入唐贺正	级飡	朝散大夫员外奉御	—

---

① （韩）赵二玉：《新罗圣德王代唐外交政策研究》，《梨花史学研究》1990年第19辑，第79页。

续表

入唐时间	姓名	入唐目的	新罗官职	唐朝赐官	返回时间
圣德王十四年（715）三月	金枫厚	朝贡	—	员外郎	十五年（716）三月
圣德王十七年（718）六月	金守中	朝贡	—	郎将	同年返回
圣德王二十一年（722）十月	金仁壹	贺正并献方物	大奈麻	—	—
圣德王二十三年（724）二月	金武勋	入唐贺正			同年返回
圣德王二十五年（726）四月	金忠臣	入唐贺正			同年返回
圣德王二十五年（726）五月	金釿质	朝贡	王弟	郎将	同年返回
圣德王二十七年（728）七月	金嗣宗	入唐献方物	王弟	果毅	仍留宿卫
圣德王二十九年（730）二月	金志满	朝唐	王侄	太仆卿	仍留宿卫
圣德王三十年（731）二月	金志良	入唐贺正	—	太仆少卿员外置	同年返回
—	金思兰	入唐宿卫	王族	太仆员外卿	三十二年返回新罗
圣德王三十一年（732）九月	金孝方	宿卫			死于唐朝
圣德王三十二年（733）十二月	金志廉	朝唐谢恩	王侄	鸿胪少卿员外置	三十三年接替金忠信在唐宿卫
	金忠信	入唐宿卫		左领军卫员外将军	三十三年正月返回
圣德王三十三年（734）四月	金端竭丹	入唐贺正	大臣	卫尉少卿	
圣德王三十四年（735）正月	金义忠 金荣	入唐贺正		死于唐赠光禄少卿	同年返回
圣德王三十五年（736）十一月	金（忠）相	朝唐	从弟 大阿飡	死于途中，唐玄宗赠其卫尉卿	
圣德王三十六年（737）二月	金抱质	入唐贺正	沙飡	—	孝成王二年（737）返回
景德王孝成王二年（738）三月	金元玄	入唐贺正			
景德王三年（742）十二月	未及名字	入唐贺正	王弟	左清道率府员外长史	返回
景德王二十四年（763）	—	入唐朝贡	—	检校礼部尚书	—
惠恭王三年（767）	金隐居	告哀，请册封	伊飡	—	四年（768）五月返回新罗

资料来源：(高丽) 金富轼：《三国史记》卷八《新罗本纪·圣德王》，首尔：乙酉文化社，1997年；(高丽) 金富轼：《三国史记》卷九《新罗本纪·孝成王》，首尔：乙酉文化社，1997年；(高丽) 金富轼：《三国史记》卷九《新罗本纪·景德王》，首尔：乙酉文化社，1997年；(韩) 权悳永：《古代韩中外交史：遣唐使研究》，首尔：一潮阁，1997年

可以看出，新罗圣德王在位期间，曾经派遣王子金守忠，王弟金釿质、金嗣宗，王侄金志满、金志廉、金某，王族金思兰，以及从弟金相入唐，要么是担当宿卫，要么作为质子①，说明了圣德王对新罗与唐朝关系的重视，但新罗并未派遣所谓王的从兄。新罗孝成王、景德王在位当时派遣的入唐使者中，其出身王族者并不多，当然也有可能有所漏记，其中是否将金日晟其人入唐事迹漏掉，不得而知！事实上，金日晟出生之时，圣德王金兴光已登基十一年了，圣德王去世之时，金日晟也已25岁。而且圣德王是继其兄孝昭王金理洪成为新罗王，在位长达三十六年，死亡时至少也是五十岁上下的年龄②。如果依据史料所做的这种推算可以成立的话，金日晟其人至少要比圣德王小二十余岁乃至三十岁以上，这样，金日晟作为圣德王的从兄就更加成为不可能的事了。也就是说，圣德王在位期间不可能派遣金日晟入唐。

如果分析现在掌握的中外史料，金日晟似亦不可能是惠恭王金乾运的从兄。其实问题并不复杂！765年，史载年仅8岁的新罗惠恭王继立，此时金日晟已经在唐为官，而且也已是五十三岁的垂垂老者。按照一般的情况分析，以及新罗王室人士辈次长幼排序，8岁幼童惠恭王不可能任命已经在唐任职的人如何如何，当然，派遣一位已经五十三岁的从兄更不可能。

这样，我们只有把探寻的重点放在新罗孝成王、景德王统治时期。孝成王金承庆在位6年（737—742），派遣入唐使节只有两次，继立的新罗景德王为孝成王的弟弟金宪英。从金日晟的终年年龄，孝成王、景德王在位期间王室人士入唐记载不多，以及至少安史之乱之前（天宝末年）金日晟已经入唐的事实综合分析，金日晟是金承庆、金宪英兄弟的从兄应该是有事实依据的。

---

① 关于新罗入唐宿卫、质子问题，参阅（韩）申滢植：《新罗的宿卫外交》，韩国史研究会编：《古代韩中关系史的研究》，首尔：三知院，1987年，第212—270页；章群：《论新罗入唐之宿卫与质子》，《唐代蕃将研究（续编）》，台北：联经出版事业公司，1991年，第97—104页；姜清波：《新罗对唐纳质宿卫述论》，《中国边疆史地研究》2004年第1期，第88—95页；魏郭辉、李强：《新罗质子侍က当议》，《北方文物》2006年第3期，第63—68页；王霞、拜根兴：《新罗圣德王实施亲唐政策始末》，《中国边疆史地研究》2014年第3期，第114—124页。

② 圣德王的哥哥金理洪687年出生，692年继其父神文王而立，702年薨谢。以此推算，金理洪虚岁16岁死亡。圣德王为神文王第二子，702年继其兄孝昭王金理洪而立。参照孝昭王金理洪的年龄，圣德王金兴光死亡时年龄应在五十岁上下。参阅（高丽）金富轼：《三国史记》卷八《新罗本纪·圣德王》，首尔：乙酉文化社，1997年，第219—223页。

为什么如此？其一，可能12世纪中期高丽时代金富轼编纂《三国史记》时，并没有看到出身于新罗王室，但却长期在唐为官，并且已经接受唐朝皇帝赐名而改名，死于唐朝的王子金日晟的有关记载，也不可能看到涉及金日晟的碑志资料，即使金富轼其人确实到过北宋京城开封①。其二，金日晟可能是入唐宿卫后就长期滞留于唐朝，等到景德王去世，作为嫡子年仅8岁的惠恭王金乾运继立，新罗国内或许将仍在唐担当官职，并终老于唐的金日晟其人事迹漏掉了（是否因斗换星移、物是人非，而且入唐时的金□□，此时已是唐朝官吏金日晟的缘故？）而对于和出入朝堂的其他民族出身的朝官亦无更多的差别、已经唐人化的金日晟，除过死后必要的墓志石刻之外，唐朝官方对其的记载可能也不会太多。如此金日晟其人事迹不彰，以至于在历史尘埃上下翻滚浪淘沙中被埋没遗忘。当然，金日晟是孝成王在位期间，还是景德王在位期间入唐，起初入唐使命是什么？为什么滞留唐朝并在唐为官？这些问题也和金日晟本人不为学界了解一样，因没有确切的史料证明，成为一个传奇、一个谜，我们只有在此存疑。

总之，金日晟其人作为新罗孝成王、景德王的从兄，因为其出身于王室，起初可能是以宿卫或者质子的身份入唐，虽然依据规定，新罗入唐宿卫、质子逗留唐朝均有时间限制，到了时间必须返回，但金日晟在唐朝期间或许因获得唐朝皇帝的垂爱（起初应该是唐玄宗），也可能因金日晟留恋唐朝的优裕生活和环境，并获准与唐朝女子结婚，也可能因为唐朝战乱的原因而滞留不归。但无论如何，金日晟以自己的聪明才智，担任唐朝中央九卿之一光禄卿，并确实终老于唐朝②已是事实。

---

① （朝鲜）郑麟趾编：《高丽史》卷九八《金富轼传》，北京、重庆：人民出版社、西南大学出版社，2014年。

② 入唐宿卫留学生梁悦，曾因"朱泚之乱"跟随唐德宗逃往奉天，后因"从难有功"，被授予右赞善大夫官职，但梁悦最终还是返回新罗，并因此被新罗哀庄王任命为豆肹小守，详见（高丽）金富轼：《三国史记》卷十《新罗本纪·哀庄王》，首尔：乙酉文化社，1997年，第275页。另外，日本僧人圆仁在《入唐求法巡礼行记》著作中曾经提到新罗人李元佐，当时李氏任唐朝左神策军中尉押衙、银青光禄大夫、检校国子祭酒等职，而且李元佐的外甥阮十三郎也给予圆仁必要的帮助，可见李元佐其人"入居唐的时间可能较早"，只是李元佐在唐最终命运如何，圆仁并未记载，参阅圆仁著、白化文等校注：《入唐求法巡礼行记校注》，石家庄：花山文艺出版社，1992年；姜清波：《入唐三韩人研究》，广州：暨南大学出版社，2010年，第165页。

(二) 金日晟的婚姻和担当官职

金日晟志文中有"夫人张氏,天宝末先君云亡"的记载,这至少可以说明金日晟天宝末年已经结婚,而且从年龄上判断,其结婚可能已经有相当长的时间了,以此类推,金日晟在唐也可能度过了至少 20 年的时间。同时,如上所述,金日晟是和张姓唐人官宦女子结婚,足见金氏和入唐的其他民族人士一样,很大程度上已经融入唐人共同体之中①。当然,作为与域外人士结婚的张氏,在天宝末年特别是安史之乱爆发的大背景下,是否死于天宝末年爆发的安史之乱亦不得而知。

志文提及"今祔迁厝,哀事官给。礼逾常等,中贵归赗"。就是说,金日晟薨谢后,其子嗣将已经死亡近 20 年的结发妻子张氏尸骨和金日晟合葬。唐玄宗"天宝"年号共有 15 年,按照一般情况,天宝末年应该是公元 751—755 年,而此时金日晟也已是近 40 或者已经 40 岁以上的人了,是否张氏去世以后金日晟还有新的一段婚姻,简短的志文没有做更多的交代,但从现有唐人墓志中不乏死后和原配合葬,续妻忠实执行唐政府有关规定,并不以此为意的事例②。

对于金日晟的官职,墓志铭载"累授银青光禄大夫,光禄卿"。按:银青光禄大夫为唐文散官,从三品,而光禄卿为光禄寺首席长官,亦为从三品,"掌酒醴膳羞之政,总太官、珍馐、良酝、掌醢四署。凡祭祀,省牲镬、濯溉;三公摄祭,则为终献。朝会宴享,则节其等差。"③ 作为一个入唐新罗人,金日晟应该是先获得唐朝皇帝的赐官,随后一步步升迁,最终靠兢兢业

---

① 《唐会要》卷一百载"贞观二年六月十六日敕,诸蕃使人所娶得汉妇女为妻者,并不得将还蕃",说明唐廷并不限制蕃人男子和汉妇人通婚,只是不允许将汉妇携带入蕃而已。

② 如唐初名将尉迟敬德死后就是与结发妻子苏氏合葬,参拜根兴:《唐初名将尉迟敬德研究三题》,樊英峰主编:《乾陵文化研究》第 7 辑,西安:三秦出版社,2012 年,第 224—234 页。另外,韦嗣立的母亲王氏为其父续弦,其生前曾对其子孙言云:"生者必死,人之大端。葬之言藏,礼有恒制。魂而有识,何往不通? 知或无知,合之何益? 况合葬非古,前圣格言。先嫔已创别坟,吾复安可同穴。若余生就毕,启手归全,但于旧茔因地之便,别开幽室,以瘗残骸。亲属子孙勿违吾意。"故而同意死去的先夫人崔氏和韦嗣立的父亲合葬,自己"与先府君并坟接圹而安厝焉!"参阅《大周故纳言博昌县开国男韦府君夫人琅耶郡君王氏墓志铭》,周绍良、赵超主编:《唐代墓志汇编续集》万岁通天 004,上海:上海古籍出版社,2001 年,第 349—350 页。从上引史料可以看出,唐朝对此有相关的规定。当然,从现存墓志及其他资料看,也有几个妻子与丈夫葬埋在一起的情况。

③ 《新唐书》卷四十八《百官志·光禄寺》,北京:中华书局,1975 年标点本,第 1247 页。

业的工作,以及特有的聪明才智,担当唐朝廷从三品官职,勤勤恳恳服务唐朝,并将自己的余生献给大唐。这种情况在盛唐到中唐转换期,唐朝依然实行开放包容政策大背景下,其实并非个例,但在唐与新罗藩属友好关系中,滞留唐朝担任官职,而且官至从三品者,这在当时并不多见。另外,从现存中外文献史料看,这一时期新罗人在唐宿卫为质子者多见于载,如大历十三年(778)新罗就曾派遣质子谈藏途径唐朝成德节度使辖境,在易州抱阳山定惠寺建造文殊师利菩萨堂,并和成德节度使李宝臣保持很好的私人关系①。虽则如此,此一时期入唐新罗人在唐为官者却鲜见史册。金日晟墓志背后隐藏着那些丰富且不为人知的人生故事,随着时间的流逝,今天已难能知晓。

另外,志文有"位列天阶,名登国史"句,从另一侧面可印证金日晟确曾担当唐朝中央官职,即光禄卿是实授,而非员外同置;铭文中"惟公忠壮,位列九卿。陪奉轩墀,出入簪缨"也可作为旁证。按:唐朝宰相监修国史史有明载,金日晟名登"国史",说明当时编撰成书的《玄宗实录》或《肃宗实录》记载有金日晟事迹,大历年间朝廷涉及事件中也有金日晟其人点缀其间,其事迹出现于官方文书也是迟早的事情。至于为什么现在看不到现存史料中有关金日晟的记载,可能和上及相关实录已不存在有关。

毋庸讳言,墓志打开了唐朝与新罗藩属友好关系的另外一扇门。但问题是此前学界对这一时期唐罗双方友好关系并未过多着墨,其估价是否过低?是否应该重新估价这种关系?这些都是应该进一步考虑的问题。

(三) 唐朝对金日晟葬仪的重视

查阅现存文献史料②,唐代宗大历九年(774)全年除过年初节度使田神功去世、中兴大将郭子仪入朝、兴善寺著名密教僧侣不空圆寂、京城长安久旱不雨之外,和代宗即位之初因安史之乱导致国家万事窘迫的境况相比,似乎没有更多的大事件发生,京师长安保持相对安定的局面,这也使得唐廷相关部门在处理从三品光禄卿金日晟的别世涉及的葬仪诸问题上,能够更忠实

---

① (唐)邵真:《易州抱阳山定惠寺新造文殊师利菩萨(堂)记》,(清)董诰等:《全唐文》卷四百四十五,北京:中华书局,1983年。

② 《旧唐书》卷十一《代宗纪》,北京:中华书局,1975年标点本,第303—306页;(宋)司马光:《资治通鉴》卷第二百二十五《唐纪四十一》"唐代宗大历九年"条,北京:中华书局,1956年标点本,第7225—7228页。

地执行朝廷相关的礼仪规定。

那么,唐朝对于享年62岁,来自于友好藩属国家新罗,并作为唐朝中央官吏的金日晟采取什么样的葬仪葬式?唐朝对官吏死后埋葬的相关规定有哪些?这些都应予以考察。

首先,作为唐朝"位列九卿"的高位官吏,其死后的葬埋规格均有详细规定。史载"甄官令,掌供琢石陶土之事,丞为之贰。凡石作之类,有石磬石人石兽石柱碑碣碾硙。出有方土,用有物宜。凡砖瓦之作,瓶缶之器,大小高下,各有程准。凡丧葬则供其明器之属。别敕葬者,供余并私备。"具体来说,埋葬的明器,"三品以上九十事,五品以上六十事,九品以上四十事。当圹当野,祖明地轴,诞马偶人,其高各一尺;其余音声队与僮仆之属,威仪服玩,各视生之品秩,所有以瓦木为之,其长率七寸……"① 按照上述规定,作为生前担当从三品光禄卿的金日晟,其墓葬明器应当以60个额度为准,其中有三彩男女俑、三彩家禽牲畜,以及镇墓兽等明器陪葬。至于墓室中是否绘有死者生前生活场景的壁画,依据现有考古发掘成例②,应该有所体现,只是金日晟墓是在何种情形下发掘或盗掘,除了墓志之外还出土了哪些文物我们并不清楚,故这些问题也只能停留在推证的层面上。

其次,大历五年(770),唐王朝颁布新规定"应准敕供百官丧葬人夫、幔幕等,三品以上,给夫一百人;四品、五品五十人;六品以下三十人。应给夫须和雇,价值委中书门下文计处置。其幔幕,鸿胪、卫尉等供者,须所载幔幕张设人,并和本司自备。如特有处分,定人夫数,不在此限。"③ 虽然唐朝在各个时期的规定各有不同,但大历五年的敕令应该适合于金日晟的丧葬实践。对此,金日晟墓志有明确的记载,"天子闻而悼焉,遣中使诏慰,礼加恒典,赗赠绢一百匹、衣十副。且有后命,追赠兖州都督。冥途增宠,嗣子摧心。"就是说,金日晟死亡之事也惊动了唐代宗,这固然和金日晟历官三品,总领光禄寺等政府机构不无关系,但金日晟的新罗人身份,唐代宗崇尚

---

① (唐)李林甫等撰:《唐六典》卷二十三《将作监·甄官署》,陈仲夫点校,北京:中华书局,1992年,第597—598页。
② 白丽莎:《陕西唐墓壁画的发现与保护》,陕西历史博物馆编:《唐墓壁画国际学术研讨会论文集》,西安:三秦出版社,2006年,第31—52页。
③ (宋)王溥:《唐会要》卷三十八《葬》,上海:上海古籍出版社,2006年,第811—812页。

第三章 石刻墓志所见唐朝与新罗往来

佛教①,以及唐朝与新罗牢固的藩属友好关系,这些应该也是考虑的重要因素。这样,唐代宗派遣宦官中使前往金日晟宅第诏慰问候,并奉上绢帛百匹,衣服十套等,在当时状况下,此应该是令人羡慕和不可多得的恩宠;不久,唐代宗又追赠金日晟兖州都督官职。无疑,唐朝廷的这些抚慰措施,对于金日晟家族,乃至在朝为官的来自不同地域的各色人等,都可起到安抚慰问的作用,使他们感受到来自唐朝皇帝的温暖,并感念大唐的恩德,为大唐的兴旺发达贡献力量。

再次,对于金日晟具体的葬埋过程,志文中也有简略记述:"夫人张氏,天宝末先君云亡。今祔迁厝,哀事官给。礼逾常等,中贵归赗。命万年令监护,宠蕃酋也。卤簿哀送,箫笳并引。葬于王土,何异乡关。"就是说,鉴于金日晟的原配夫人张氏早亡,唐朝有关部门先将张氏的尸骸迁出,其中所需费用完全由唐廷供给,随后在宦官的周密计划操作下,和金日晟合葬一处;葬礼过程中,有"卤簿"、"箫笳"前导鼓吹,浩浩荡荡,京师万年县令专门前往监护葬事。而敕令万年县令监护葬事,可能是唐代宗对出身于新罗的金日晟葬礼的特殊关照。尤其是志文中"葬于王土,何异乡关"两句,体现出金日晟最终虽然埋骨于异乡,但由于新罗和唐朝紧密无间的关系,大唐圣土依然令无数域外人士无限向往,埋葬在这里和归葬故乡新罗,那又有多少差别呢?

总之,继立于安史之乱之后的唐代宗,其统治时期国家乱象丛生,藩镇割据端倪已彰,曾经帮助唐朝平定安史之乱的回纥人恃功自傲,劫掠危害京师长安,吐蕃内侵,边疆不稳。在此状况下,一直和唐朝保持紧密关系的新罗,义无反顾维护着唐朝的颜面和利益,加强和唐朝友好、健康的关系,这不能不使唐朝君臣深感慰藉。虽然现有资料并无新罗官方对金日晟死亡所持态度的记载,但唐朝对金日晟丧事处理的人性周全,为双方关系的平稳发展,

---

① 《三国遗事》卷三《掘佛山》条记载,新罗景德王听闻唐代宗喜佛,即命新罗能工巧匠制作"五色氍毹,又雕沈檀木与明珠美玉,为假山高丈余,置氍毹之上……前有旋遶比丘像千余躯,下列紫金钟三虡,皆有阁有蒲牢,鲸鱼为撞,有风而钟鸣,则旋遶僧皆仆拜头至地,隐隐有梵音,盖关捩在乎钟也。虽号万佛,其实不可胜记。"做成之后,景德王遣使越海送与唐代宗,"代宗见之,叹曰:'新罗之巧天造,非巧也。'乃以九光扇加置岩岫间,因谓之佛光。四月八日,诏两街僧徒,于内道场礼万佛山,命三藏不空念赞密部真诠千遍以庆之。观者皆叹伏其巧。"具体分析参阅拜根兴:《唐朝与新罗关系史论》,北京:中国社会科学出版社,2009年,第154页。

无疑起到了积极的促进作用。

小　结

　　本章对新公布的新罗人《金日晟墓志》关联问题作了相应的考析，因现存中外文献史料中并无金日晟其人的任何信息，墓志文虽然对于金日晟的生平事迹有所记载，但由于行文只是简略概括，一些值得关注的重要问题并未交代清楚，进而造成一定的疑惑。尽管笔者采用现存史料，力图对涉及的问题给出可以自圆其说的解释，其中也依据志文和关联史料进行了必要的推证，但这些解释和推论还有待于批正及时间的检验。无论如何，《金日晟墓志》的公布，对于探讨八世纪中叶唐与新罗关系将起到重要的促进作用。期待着新的金石史料的不断发现，推动唐朝与新罗关系史研究走向深入。

　　说明：本章第一节原名《唐朝与新罗往来研究二题》，发表于《当代韩国》2011年第3期；第二节原名《新公布的在唐新罗人金日晟墓志考析》，发表于杜文玉主编：《唐史论丛》第十七辑，西安：三秦出版社，2014年，日语本刊登于日本早稻田大学文学部编辑《史滴》2014年第36号。感谢著名学者，北京大学历史系荣新江教授。荣教授2013年1月20日给笔者发送了大唐西市收藏的两方朝鲜半岛人士墓志文电子稿，该墓志文收录于2012年12月出版的《大唐西市馆藏墓志》一书。看到墓志文后，笔者认为撰写相应的论文责无旁贷，故利用寒假期间撰写了新罗人金日晟墓志的考释文章。2013年4月22日，应著名唐史专家胡戟教授邀请，笔者出席胡教授主持举办的"大唐西市博物馆藏墓志国际学术研讨会"，向大会提交了这篇论作。巧合的是，2014年5月7日，笔者收到韩国济州大学史学系金荣官教授发送的PDF韩文电子版论文，知道金教授已在同年4月末出版的《新罗史学报》上，发表了探讨金日晟墓志的论文。看来，新的史料出现后，学者们均不失时机、不遗余力的探讨，同时也可看出这方墓志的学术价值。另外，本文的撰写还得到台湾大学高明士教授、西北大学李健超教授的指导，谢谢两位老师！

第四章 入唐百济移民墓志研究

第一节 百济移民祢氏家族墓志

有关入唐百济移民相关问题，20世纪30年代金石学家罗振玉刊印的《唐代海东藩阀志存》一书，对洛阳北邙出土的百济移民扶余隆墓志做的深入探讨，首开入唐百济移民研究的先河。20世纪80年代后期，百济移民黑齿常之、黑齿俊父子墓志公布，21世纪初，百济移民扶余氏、祢寔进的墓志在西安、洛阳两地发现并相继公布，均引起学界高度关注。本章探讨的西安出土的百济移民祢氏家族墓志，则是作为唐都西安继前几年百济移民墓志出土后的又一次重大考古发现。志文体现出唐朝当时对周边地区极强的号召力和行动力，也印证了在唐朝开放包容政策下，周边民族不断融入，最终成为唐人共同体一员的客观事实。

一、祢氏家族墓及墓志的出土

2007年3月，洛阳考古专家赵振华研究员和时任洛阳大学（今洛阳理工学院）校长的董延寿先生，在《东北史地》杂志上联名发表的《洛阳、鲁山、西安出土的百济人墓志探索》一文，首次公布了被盗掘出土于西安南郊，随后盗运至洛阳市文物坊肆，最终由洛阳大学收藏百济移民祢寔进的墓志。这方墓志公布之后，中韩学者很快跟进，新闻媒体也涉足其间，在学术界引起很大的反响。韩国学者金荣官发表《百济遗民祢寔进墓志介绍》[①] 论文；笔

---

① （韩）金荣官：《百济遗民祢寔进墓志介绍》，《新罗史学报》2006年第10辑。

者在 2007 年韩国国立忠南大学百济研究所举办的国际学术研讨会上宣读《唐朝与百济关系研究二题：以熊津都督王文度死亡与祢寔进墓志铭为中心》论文，发表《百济遗民祢寔进墓志关联问题考释》①等；韩国《首尔新闻》报纸刊登专题报道②，其他电子媒体也于显著位置予以报道，引起各界广泛关注。2008 年韩国中央放送 KBS 制作的《降服义慈王的冲击：祢寔进墓志铭》专题片③，更是提高了人们对它的关注度。正在中韩学界对《祢寔进墓志铭》关注逐渐降温之时，《社会科学战线》杂志 2011 年第 7 期发表了王连龙先生的《百济人〈祢军墓志〉考论》一文④，稍后的 2011 年 8 月 26 日，由韩国驻西安领事馆、西安市文物局、韩国独立纪念馆、西安博物院等联合举办了"西安地区中韩历史文化交流学术研讨会"，就在这次学术会议上，西安文物保护考古所的张全民研究员宣读《唐祢氏家族墓的考古发现与初步研究》论文⑤，首次公开了新发现清理的祢氏家族墓消息。显然，两次不约而同的史料公布，对于唐代百济移民史研究具有重要的学术价值。

祢氏家族墓地位于华商传媒产业基地新征的项目工地之内，该工地位于西安市长安区郭杜街道办事处郭杜南村以南，北邻兴业二路，南邻学府大街，西邻翰林北路，东与文苑中路相望，而祢氏家族墓则发现于该工地的东侧中部附近。这次考古发掘共清理三座唐代古墓，出土两合墓志，以及大量陶器。根据新发现的《祢素士墓志铭》、《祢仁秀墓志铭》，以及编号为 M15 号墓内设施等要素，张全民研究员推证 M15 墓就是此前中韩学界投入重大关注的左威卫大将军祢寔进墓。也就是说，祢寔进、祢素士、祢仁秀祖孙三代墓在千余年后重新面世。次日（8 月 27 日），西安《华商报》以半版篇幅报道了这次考古重大发现，题为"这唐代大墓不寻常：墓主曾领百济国王归唐"；西安电视台《直播西安》栏目也很快跟进，采访墓群发掘者张全民及研究者拜根兴教授，并制作了

---

① 拜根兴：《唐朝与百济关系研究二题》，《百济研究》2008 年第 47 辑；拜根兴：《百济遗民〈祢寔进墓志铭〉关联问题考释》，《东北史地》2008 年第 2 期，第 28—32 页；拜根兴：《入乡随俗：墓志所见入唐百济遗民的生活轨迹——兼论百济遗民遗迹》，《陕西师范大学学报》（哲学社会科学版）2009 年第 4 期，第 72—80 页。
② 韩国《首尔新闻》2007 年 11 月 8 日。
③ 韩国中央放送 KBS 制作的《历史追踪》专题片，于 2008 年 12 月 18 日首次播放。
④ 王连龙：《百济人〈祢军墓志〉考论》，《社会科学战线》2011 年第 7 期，第 123—129 页。
⑤ 该文后改名为《新出唐百济移民祢氏家族墓志考略》，杜文玉主编：《唐史论丛》第十四辑，西安：陕西师范大学出版社，2012 年，第 52—66 页。

题名"三座唐代墓解大唐百济两国交往史","墓葬群的发现填补百济历史研究空白"两期节目,进一步将百济移民祢寔进家族墓发掘的消息公诸于世。① 对于这次重大的考古发现的作用及意义,上述张全民研究员做了初步的论述探讨。特别值得一提的是,在祢寔进的孙子《祢仁秀墓志》中有"洎子寔进,世官象贤也。有唐受命,东讨不庭。即引其王归义于高宗皇帝"记载,证明了笔者此前所做"文献史料中所见熊津方领祢植,就是祢寔进其人"的推断准确无误②,而王连龙先生认为祢军和祢植才是相同的一个人物,但显而易见的问题是,王先生撰写发表论文之前,并未看到西安新发现的祢寔进儿孙的墓志。关于这一问题,笔者将在下文中做具体说明。而三合墓志中涉及的祢氏祖先,祢寔进、祢军兄弟归唐具体事项,祢氏后裔入唐后生活状况等问题,还有待于进一步深入考察。相信随着三合墓志及其他遗物的公布,无疑将会推动学界对唐与百济关系关联问题、百济移民在唐生活等问题研究的深入③。

二、祢氏家族墓及其出土墓志研究

(一) 祢寔进、祢素士墓及墓志

2010年春,西安市文物保护考古所在西安市长安区发掘清理了三座唐代

---

① 西安电视台于2011年8月29日、30日分两次播放。29日主要是有关祢氏家族墓葬群考古发掘方面的内容,30日则是有关发掘出土的祢氏家族两方墓志研究等方面的内容。2011年9月8日,西安电视台《关注》栏目,以"唐代官墓背后的故事"为题,再次做了详细报道。
② 拜根兴:《百济遗民〈祢寔进墓志铭〉关联问题考释》,《东北史地》2008年第2期,第28—32页。
③ 2011年12月中旬,韩国济州大学金荣官教授来西安访学,他与笔者及张全民研究员见面,了解新发现的祢氏家族墓志情况,我们相互交换了有关这方墓志的研究心得;在2012年1月28日韩国新罗史学会举办的学术研讨会上,金荣官教授宣读了《中国发现百济遗民祢氏家族墓志铭检讨》论文,进而成为韩国第一篇有关新发现的祢氏家族墓志相关问题的研究论文;韩国古代史研究著名学者权悳永教授2月中旬专程来西安,随后在《史学研究》杂志上发表《百济祢氏家族墓志介绍》论文;韩国古代史学会会长李泳镐教授2月下旬率10余人的学术考察团也来西安,其目的均是了解最新发现的百济移民墓志研究状况。另外,因为祢军墓志有"日本"两字的缘故,日本学者东野治之继王连龙先生有关祢军墓志论文之后,发表有《百济人祢军墓志中的"日本"》(《图书》2012年第756号);正在日本做访问学者的郑州大学葛继勇博士也刊出《关于祢军墓志的备忘录》论文(日本专修大学《东亚世界史研究年报》2012年第6号);日本明治大学2012年2月25日举办"新发现百济人〈祢氏墓志〉与七世纪东亚及'日本'"国际学术研讨会,邀请张全民、王连龙两位中国学者出席会议并宣读论文,日本学者气贺泽保规、江川式部、田中俊明、金子修一、小林敏男等也宣读了论文;2012年3月初,日本早稻田大学文学部李成市教授一行也来西安,考察祢氏家族墓发掘情况,和西安相关学者交流切磋。可见,祢氏家族墓志的出土,在短短的时间内,已在中韩日学术界产生了相当大的影响。

大墓,据主持发掘清理的张全民研究员研究,这三座墓中东西两座墓相距34米,东南两座墓相距20米,其分别是唐左威卫大将军百济人祢寔进,以及祢寔进的儿子祢素士、孙子祢仁秀墓①。

关于祢素士的父亲祢寔进墓,依据西安市文物保护考古所公布的资料,该墓为长斜坡墓道的双室土洞墓(编号为M15),带四个天井,墓葬由墓道、过洞、天井、小龛、封门、甬道、前后墓室八部分构成,南北水平总长31.35米,处于三座墓中东边位置。考古人员在墓葬第二、第四天井上各发现一个盗洞,墓葬有大量现代被盗痕迹,盗扰严重。由于墓葬中未发现墓主的墓志,张全民研究员依据该墓与另外两座墓的位置,推定此墓的墓主应该是祢氏家族另外两位墓主的长辈;同时,根据该墓双室土洞形制的特点,以及出土唐太宗、高宗时期的典型器物陶罐、陶瓶器形等特征,推断出该墓大概为唐高宗时代的墓葬。而且,2000年前后被盗运至洛阳理工学院的《祢寔进墓志》,也是埋葬于长安区郭杜镇(高阳原),正好和另外两合墓志主人为同一家族,故而断定该墓为祢寔进墓。无疑,张先生的推断有理有据,应该是现有考古资料背景下最客观真实的解释。关于《祢寔进墓志》相关问题,上述赵振华、拜根兴发表有专门论文,涉及墓志的诸多方面,在此不赘!

祢素士墓位于三座墓中北边位置,为长斜坡墓道多天井单室土洞墓。墓葬中出土了一合墓志,志石青石质,盖为盝山顶形,顶边长38.5厘米,盝顶高9.8厘米,底边长60厘米,盖高13.3厘米;志石为方形,边长60厘米,高15厘米,通高28.3厘米。墓志盖盝顶中部以双阴线分格,共3行,行3字,篆书"大唐故祢府君墓志铭"。志石用细阴线分成小方格,共30行,行31字。墓志出土于墓道第三天井下,立放,错位较大,发掘清理者张全民研究员认为其应是从甬道盗扰搬动所致。

志石首题"大唐故云麾将军左武卫将军上柱国来远郡开国公祢府君墓志铭并序",称祢素士字素,楚国琅邪人。"七代祖嵩,自淮泗浮于辽阳,遂为熊川人也。曾祖真,带方州刺史。祖善,随(隋)任莱州刺史。父寔进,入朝为归德将军、东明州刺史、左威卫大将军,时称忠悫,家擅勋门。剖竹为符,昔时专寄。驰轩问瘼,是赖仁明。凿门申□(百)战之功,登坛应三军

---

① 关于新发掘的百济移民祢氏家族墓的考古信息,详见张全民:《新出唐百济移民祢氏家族墓志考略》,杜文玉主编:《唐史论丛》第十四辑,西安:陕西师范大学出版社,2012年,第52—66页。

之选。"祢素士因父亲祢寔进而荫官，年十五擢授游击将军，先后担当龙泉府右果毅、龙原府左果毅、临漳府折冲；又官拜左豹韬卫郎将、右鹰扬卫右郎将、左监门卫中郎将。神龙元年（705）授左武卫将军，景龙二年（708）六月奉使徐、兖等四十九州，安抚地方，当年八月病卒于徐州官所。景龙二年十一月二日葬埋于雍州高阳原。祢素士景龙二年去世，但墓志铭并没有记载其享寿几何，因而他的具体年岁难能知晓。然而与《祢素士墓志铭》同时出土的其长子《祢仁秀墓志铭》，称墓主仁秀开元十五年（727）去世，享年53岁，依此可以推算出祢仁秀的生年为公元675年。按照学界一般认为20年为一代人，且祢仁秀为祢素长子等资料，如果祢素士20岁时长子祢仁秀出生的话，他本人生年约为655年。如果这种推论没有问题的话，祢素士的出生地应当在百济。也就是说，年幼的祢素士和投诚唐朝的父亲祢寔进，也可能还有其他家人一起，在百济灭亡之后移住唐朝。如此，祢素士死亡时的年岁，约是50—60岁的年龄。

依据《祢素士墓志铭》记载，祢素士生有仁秀、仁徽、仁杰、仁彦、仁俊五个儿子，是否还有女儿，因未见记载不得而知。无疑，这些史料亦明晰地说明祢氏家族入唐后人丁旺盛的事实。这合墓志对于祢氏家族的世系繁衍，祢寔进入唐后官任，祢素士15岁就担当游击将军，以及随后的历官经历等均有详细记载，是一合不可多得的入唐第二代百济人生活的实录性史料，弥足珍贵！

（二）祢仁秀墓及墓志

祢仁秀墓位于其父亲祢素士墓西面，亦为长斜坡墓道多天井单室土洞墓。此墓的甬道南口出土青石墓志一合，摆放整齐。墓志盖盝山顶形状，顶边32厘米，盝顶高4厘米，底边长52厘米，盖高6.5厘米；志石为正方形，边长51厘米，高9.5厘米。通高16厘米。墓志盖盝顶中部以双阴线分格，共3行，行3字，篆书"大唐故祢府君墓志铭"。志石用细阴线分成小方格，共23行，满行23字，楷书。从志文记载看，似乎是祢仁秀的儿子祢适为父亲撰写了墓志铭，但文字表达并不清楚，亦不像其他墓志那样明确记载志石的撰写者。

首先，《祢仁秀墓志铭》出土的最大价值，在于澄清了百济灭亡时百济王扶余义慈投诚唐朝这一重大事件的来龙去脉。据史书记载，唐罗联军包围百济熊津城（今韩国忠清南道公州市）之后，百济"其大将祢植又将义慈来降，太子隆并与诸城主皆同送款。百济悉平，分其地为六州。俘义慈及隆、泰等献于东都。"① 笔者依据上述《祢寔进墓志铭》所及祢寔进入唐后担当正三品官职及所受的重视，以及祢植和祢寔进两个人名的韩语发音相接近等要素，推测文献资料中的祢植，就是入唐后担当左威卫大将军的祢寔进本人②。这种观点提出之后，引起中韩学术界的高度关注和重视，但作为一种观点，如果只是局限于客观论述和逻辑推证，缺乏实实在在过硬的史料支撑，无疑是颇为遗憾的事情。然而，这次公布的《祢仁秀墓志铭》，为笔者的观点提供了真实关键的史料依据。墓志称"隋末有莱州刺史祢善者，盖东汉平原处士之后也。知天厌随（隋）德，乘桴窬海，遂至百济国。王中其说，立为丞相，以国听之。洎子寔进，世官象贤也。有唐受命，东讨不庭，即引其王归义于高宗皇帝。由是拜左威卫大将军，封来远郡开国公。"就是说，《祢仁秀墓志》证实了祢寔进就是文献史料中的祢植，确实"将"或者"引"百济王扶余义慈到唐营投降，而不论是"将"还是"引"，都不过是对祢寔进临阵倒戈行为的一种中性或者美化的表述，丝毫掩盖不了祢寔进背叛百济投诚大唐行为的事实。但无论如何，《祢仁秀墓志》证明了文献史料中的祢植就是祢寔进墓的主人祢寔进。那么，为什么祢寔进、祢素士父子墓志中没有提及此事？有关祢寔进墓志为什么采取隐晦词句不明究竟的原因？笔者在上述论文中已有表述，在此不赘！对于《祢素士墓志》，笔者认为，如果景龙年间祢氏后人还有所顾忌的话，到天宝年间为祢仁秀撰写墓志时，上述所谓顾忌已不复存在了，因为此事发生已近百年，作为百济移民的祢氏家族已与唐人完全融合，他们不再以祖上的行为感到难堪或者尴尬，他们不仅对祖上的做法感到骄傲自豪，并觉得祢寔进的行为应该彪炳史册并得到表彰，故而在墓志中和盘托出，因为他们认为这是作为大唐子民引为荣耀的事情。至于《祢军墓志》中有"去显庆五年，官军平本蕃日，见机识变，仗剑知归，似由余之出戎，如金磾之入汉。圣上嘉叹，擢以荣班，授右武卫浐川府折冲都尉"记载，显然，这些

---

① 《旧唐书》卷八十三《苏定方传》，北京：中华书局，1975年标点本，第2779页。
② 见上述拜根兴发表于韩国《百济研究》，以及国内《东北史地》、《陕西师范大学学报》上的论文。

或许只能证明祢军也投诚唐军,更何况祢军入唐时的官职只是右武卫浐川府折冲都尉,而据祢素士、祢仁秀墓志记载,祢寔进入唐后先后担当明德将军、东明府刺史、左威卫大将军,均较祢军担当官职品级要高,如此即能说明祢军在"将"或"引"义慈王投降唐军行动中的从属地位。也就是说,认为祢军就是文献史料所载祢植的看法存在问题①。

其次,如上所述,祢仁秀父亲祢素士的墓志中没有明确记载其年岁多少,但祢仁秀的年龄,墓志中却有详细记载,我们依此可以推算出祢素士的年寿约在五十岁到六十岁之间。

再次,墓志记载祢仁秀也是因为父祖的荫庇跻身行伍,累官明威将军、右骁卫郎将,后因受到行军主帅的连累,左迁秦州三度府果毅,又历任汝州梁川府果毅,虢州金门府折冲。即长期在唐朝军营中担任职务。

最后,祢仁秀在开元十五年(727)病终于临洮军官舍,享年53岁。祢仁秀夫人"河南囗(若)干氏,绥州刺史祁陁之女也",就是说,祢仁秀和鲜卑族人后裔"囗(若)干氏"姑娘婚配,应该也是此一时期唐朝民族融合发展的缩影,标志着祢氏家族人士历经数代,渐渐融合至唐人共同体之中。另外,祢仁秀夫妇生有一男两女,祢氏夫人在祢仁秀过世后与其长女一家在幽(幽)州宜禄县共同生活,直至天宝九载(750)61岁时去世。祢仁秀的儿子名祢适,未见现存文献史料提及,墓志记载简略,故对其难能做进一步考论。

(三)祢军墓及墓志文

关于祢军其人,韩国史书《三国史记》卷六、卷七中有三处提及,具体时间为咸亨元年(670)、三年(672)。特别是在《文武王与薛仁贵书》中提及熊津都督府司马祢军,谈及祢军其人在百济熊津都督府时期的事迹。王连龙依据日本史书《日本书纪》、《海外国记》、《善邻国宝记》等记载,认为祢军于麟德元年(664)、二年(665)两次随同唐使出使倭国。是否可以这样表

---

① 王连龙先生论文中运用《周礼·地官·大司马》、《左传·宣公二年》两书中涉及的"植"与"军"两字的关系,"植谓军植,'植'与'军'意义关联,故为祢军改名所用",说明祢军就是祢植。但笔者认为上述论据并不能说明祢军就是祢植,而恰恰可以证明祢军、祢植两人的兄弟关系,即祢军和祢寔进的兄弟关系。因为从名称上讲,兄弟两人名讳用相似或相近意义的文字是比较常见的事情。另外,王连龙文中对笔者认为祢寔进就是祢植的看法并未做任何指正,只是笼统地予以否认,故而不利于树立自己的学术观点。

述，即祢军其人除军事行伍之事外，可能更擅长于对外交涉。从文献记载看，祢军其人事迹就是如此。但是，新发现的《祢军墓志》，不仅印证了文献记载的真实性，而且在某些方面有所延伸，其史料价值值得重视。

关于祢军墓，从现在可以了解的情况看，很可能和上述祢寔进墓一样，遭受过盗墓者盗掘之毒手，墓志或许已被盗运到西安之外的地方。祢寔进墓经过西安文物保护考古所清理发掘，其具体状况如前文所及。祢军墓的具体地点，王连龙文中只是笼统认为"近出陕西西安"，未见做进一步说明①。对于《祢军墓志》，王连龙文中谈到其具体情况，即"墓志一合，志盖阴刻篆书4行，行4字：'大唐故右威卫将军上柱国祢公墓志铭'，四杀饰以几何纹样。志石高广59厘米，厚10厘米，四侧竖面阴刻蔓草纹。志文凡31行，行满30字，共计884字，记载了唐代百济人祢军的家族世系及宦绩功业，间涉初唐重大政治事件，具有极为重要的史料价值"。笔者认为该墓志有以下几点值得关注。

首先，志文确定了祢军与祢寔进为同胞兄弟，祢军长祢寔进两岁。由此说明百济灭亡之际，作为百济八大姓之外的祢氏，其在军界具有非同一般的实力。从史料记载看，除过祢军、祢植之外，可能还有其他人士参与其中，如此才有祢氏兄弟以祢寔进领头，祢军等军将参与的阵前倒戈，加速了百济灭亡的步伐。祢寔进因在唐罗联军对百济战斗中的特别贡献，入唐后先后担当明德将军（四品）、东明府刺史，以及正三品的左威卫大将军；或许祢军因为在百济时实际任职的局限，只是参与祢寔进的倒戈行动，故而入唐后唐廷授予其右武卫浐川府折冲都尉（五品）。至于祢军或者祢寔进兄弟由谁继承其父祢善佐平官职之事，两方墓志均未明确记载，文献史料中曾提及祢军为"百济佐平"，对此，王连龙文结论应该没有问题。

其次，与上文相联系，志文印证了现存《三国史记》、《日本书纪》等史书的记载，确认了唐高宗麟德年间（664—665）祢军参与了白江口之战后唐朝与倭国间的交涉：这就是祢军担当使命前往倭国，此后又于咸亨元年

---

① 据西安文物保护考古所张全民研究员所言，发掘清理祢氏家族墓时，在祢寔进墓北侧70米处还有一破坏十分严重的砖室墓，其时代和南侧呈品字形状的祢氏家族墓相同，他推测该墓很可能就是被盗的祢军墓，但具体情况还有待于进一步核实认定。问题是兄弟两人埋葬时间相隔只有6年，身为左威卫大将军祢寔进的墓制为双室土洞墓，而右威卫将军祢军的墓则为砖室墓，其中也有难于解释的问题。

第四章　入唐百济移民墓志研究

(670)身处百济故地担当熊津都督府司马，直接负责与新罗间的交涉，但不幸羁留新罗，并于咸亨三年（672）被送还唐朝。唐朝选择祢军出使倭国，他是否熟谙倭国语言？百济灭亡之前他是否参与过百济与倭国的交涉？这些都是应当了解的事情。再从文献记载看，祢军和新罗交涉很有手段，可能是他对新罗朝野较为了解的缘故，但限于唐朝与新罗关系的起伏，以及熊津都督府实力之故，祢军最终成为新罗的阶下囚，但这些似乎并不影响对祢军交涉能力的评价。当然，随着百济熊津都督府的回撤，唐朝与新罗战事的结束①，祢军就只有赋闲长安颐养天年了。只是祢军出使倭国，而百济灭亡之前和倭国关系紧密，或许是百济镇将想利用祢氏家族的固有影响，希望在对日交涉中占有先机，故而打出时任熊津都督府司马，曾是百济佐平的祢军这张牌。事实上在百济灭亡前夕，担任"佐平"官职者已相当多，据史书记载，义慈王十七年（657）一次就拜"王庶子四十一人为佐平，各赐食邑"②，远非百济初期担当"佐平"官职者所具有的权力和影响。

再次，笔者同意王连龙论文中认为迄今为止《祢军墓志》中所及的"日本"，是现存文献史料乃至墓志石刻文中最早出现者的观点。志文中出现"于时日本余噍，据扶桑以逋诛；风谷遗甿，负盘桃而阻固。万骑亘野，与盖马以惊尘；千艘横波，援原虵而纵泝。以公格谟海左，龟镜瀛东，特在简帝，往尸招慰"记载，即仪凤三年（678）撰写的墓志中出现"日本"两字，可以修正学界认为《杜嗣先墓志》、《井真成墓志》③中所及"日本"两字为文献所见最早日本国名的看法。当然，海内外学界对志文中的"日本"两字还有多种不同的解释，相信随着新资料的不断公布，这些问题或许能够得到最终解决。除此之外，志文明确记载祢军仪凤三年二月十九病逝于京师长安延寿里第，就是说，祢军在长安的宅第位于西市东的延寿坊；同年十月埋葬祢军

---

① 关于唐罗战争，可参阅拜根兴：《论罗唐战争的性质及其双方的交往》，《中国边疆史地研究》2005年第1期，第43—50页；拜根兴：《"唐罗战争"关联问题的再探索》，荣新江主编：《唐研究》第十六卷，北京：北京大学出版社，2010年，第91—116页。

② （高丽）金富轼：《三国史记》卷二十八《百济本纪·义慈王》，首尔：乙酉文化社，1997年。

③ 有关此两合墓志，台湾学者叶国良教授，大陆学者王维坤、贾麦明、韩昇、荣新江、王勇等教授，日本学者伊藤宏明、金子修一、铃木靖民、气贺泽保规等先生均有论文发表，具体综述见拜根兴：《杜嗣先、井真成墓志与唐代中日关系研究》，成建正主编：《陕西历史博物馆馆刊》第十八辑，西安：三秦出版社，2011年，第204—211页。

于雍州乾封县之高阳里，进而证明祢氏家族墓地所在就是唐长安城南的高阳原（今西安市长安区郭杜镇）。

三、祢氏家族墓志涉及的其他问题

（一）祢氏家族墓志的价值

祢氏家族墓出土的四合墓志，特别是最新公布的祢素士、祢仁秀、祢军三合墓志，其中涉及的问题应该引起学术界的关注，而墓志中的一些具体问题及其史料价值，亦应实事求是地解读。

首先，三合墓志铭均提到祢氏先祖，对其中的一些史料信息应慎重对待。其中《祢素士墓志》提到"祢素士字素，楚国琅邪人。自鲸鱼陨彗，龙马浮江，拓拔（跋）以劲骑南侵，宋公以强兵北讨。乾坤惨黩，君子灭迹于屯蒙；海酕内崩离，贤达违邦而远逝。"如何理解其中"楚国琅邪人"，以及上述追述先祖的墓志语言，作为学术研究，笔者认为应批判对待，不能全信。因为《祢寔进墓志》记载祢寔进为"百济熊川人也"，《祢军墓志》则载其为"熊津嵎夷人也"，就是说，祢氏兄弟两人墓志均记载其为百济熊津地方人。换句话说，至少在祢氏兄弟入唐之初，到他们去世之时，在他们的出自问题上并没有更多延伸空间。同时，相信祢氏兄弟的两合墓志均是出自唐朝官方权威部门之手，他们在颂扬死者功绩的基调下所做的结论，肯定没有必要对死者的出身等具体问题，做故意隐晦或者言不由衷的表示，因为这和墓志涉及的其他敏感问题还是有区别的。

其次，墓志中有的部分记载跳跃性大，有的部分令人难以解释，有的部分则令人心生疑惑，如何理解需认真探讨。墓志中提到"七代祖嵩，自淮泗浮于辽阳，遂为熊川人也。曾祖真，带方州刺史。祖善，随（隋）任莱州刺史。父寔进，入朝为归德将军、东明州刺史、左威卫大将军，时称忠谠，家擅勋门。剖竹为符，昔时专寄。驰轩问瘼，是赖仁明。凿门申□（百）战之功，登坛应三军之选"。众所周知，辽阳和熊川相距千里，祢嵩如何先到辽阳，然后经过高丽辖境，辗转到达百济熊川，其间发生了哪些不为人知的事情？这些都是需要仔细探讨的问题，只是墓志中并没有提供翔实的答案。曾祖祢真①，担当百济带方州刺史，对比三合墓志，祢氏先祖除过名字有一定差异外，其他并没有过多的不同。而祢素士的祖父祢善，或称祢思善，也就是祢军、祢寔进的父亲，《祢寔进墓志》称其担当过百济佐平，没有谈及另外的事情，《祢军墓志》中也是如此。但是，在祢素士、祢仁秀父子的两合墓志中却记载祢善曾任隋朝莱州刺史，因隋末战乱东渡朝鲜半岛西南的百济国，并获得了百济王的信任，即所谓"王中其说，立为丞相，以国听之"。

到底如何理解从祢真（誉多）到祢善（思善）父子纵横捭阖，往返于中原与朝鲜半岛之间？依据《祢仁秀墓志铭》记载，祢寔进的父亲祢善亦曾担当隋朝的莱州刺史，"知天厌随（隋）德，乘桴窜海，遂至百济国"。对此，本文姑且予以认定并试做探讨。查阅现存《隋书》、《资治通鉴》，以及《光州刺史宇文公碑》等史料，知隋文帝开皇五年（585）改光州为莱州，而此时担任刺史者为著名建筑学家宇文恺。另据记载，大业末年担当莱州刺史或者东莱郡守者有麦铁杖、牛方裕、淳于□三人②，其余数年间担当莱州刺史者无从知晓，故作为"莱州刺史"的祢善任官时间，以及到底具体什么时间出走百济，现在看来仍然是一个谜。另外，从"莱州刺史"官职的出现及史书记载情况看，应当是开皇、仁寿年间的事情，因为隋炀帝大业之后，改州为郡，州刺史改为郡守，莱州刺史应该称为东莱郡守，但开皇、仁寿年间出现州刺史离开岗位，前往朝鲜半岛的可能性不大；而隋炀帝大业末年由于农民暴动，各地纷乱，出现地方官出走谋求生路有其可能性，只是这里不能称为莱州刺史，而应该称作东莱郡守。为什么如此？可能是撰写墓志者对隋唐之际州郡几经变迁的史实不甚了解的缘故，此为其一。如墓志及其他史料所载，祢寔进的父亲祢善出走百济的时间当在大业末年，即公元611—618年，在此之前出走的可能性不大。这是因为此一时期为百济武王执政初期，百济与隋朝间保持相对友好关系，具体表现在607年、608年、611年这三年间，百济与隋朝双方互派使者，商讨攻打高丽事宜。隋朝出兵高丽之后，百济却"严兵于

---

① 祢寔进墓志中称为祢誉多，是一个人的不同名字，还是"名"与"字"之间的关系，对此，还有待于进一步探讨。

② 史料分别见于《隋书》卷六十四《麦铁杖传》，北京：中华书局，1973年标点本；（宋）司马光：《资治通鉴》卷一百九十二《唐纪八》"太宗贞观二年七月"条，北京：中华书局，1956年标点本，第6054页；（清）陆心源编：《唐文续拾》卷十四，（清）董诰等：《全唐文》，北京：中华书局，1983年，第11321—11334页。

境,声言助隋,实持两端"①,并趁机进攻新罗,而此时隋朝内部变乱已经星火燎原不可收拾,此为其二。至于祢善出走百济获得百济武王的信赖,进而升官晋爵的原因,笔者认为可能有以下几点:第一,如墓志所云,祢善给百济带去了颇有价值的信息,促使百济在隋朝与高丽两强相争过程中获得实利,结果取得"王中其说,立为丞相,以国听之"效果。第二,祢善其人可能对百济朝野实情有所了解,加之能言善辩,故而颇得百济王信赖。第三,祢善在与百济王臣们接触过程中,不仅能言善辩,而且显露出强悍干练的能力,促使百济王通过任用祢善,达到平衡驾驭百济朝野不同势力的功效。对比上述推论,笔者认为第一、三点有其合理成分,但具体情况到底如何,还有待于查找新的史料,做进一步探讨。当然,祢善的父亲祢真如何从担当百济带方郡刺史,到祢善官任隋朝莱州刺史,两者之间如何衔接,这些似乎很难得出令人信服的解释。是祢真担当百济带方郡刺史后归化隋朝,还是祢善自己来到隋朝获得官任?如果是后者的话,再结合此后祢寔进兄弟临阵倒戈,将百济义慈王交与唐朝将领,祢氏家族祖孙三代的事迹,简直就是中原王朝与朝鲜半岛百济国之间人文交流——那个时代的一部活喜剧!

再次,《祢仁秀墓志》中的一些记载是否有攀附之嫌?咸亨三年(672)镌刻的《祢寔进墓志》,以及景龙二年(708)《祢素士墓志》均只字未提,而天宝九载(750)制作的《祢仁秀墓志》中,竟将祢氏家族的祖先与东汉时代名士祢衡联系起来,称其为祢衡后人,其中是否有攀附名人的趋向?当然,《祢素士墓志》中称其为"楚国琅邪人",《祢军墓志》中也有阐述,并且备述祢氏先祖辗转奔波的艰难历程,这些是否就是当时作为内附的少数民族人士墓志中常见的攀附问题?笔者认为应当慎重探讨,不应做过度诠释。

最后,祢氏家族墓的发掘清理,是作为唐朝都城西安第一次发现归化唐朝的朝鲜半岛百济人的家族墓地,说明此一时期虽然很多官僚贵族将死后葬埋洛阳北邙作为一种人生理想,但仍有一些人或因长期居住都城长安,或因家族墓在此的缘故并未效尤,长安周边依然是唐人及归化的周边少数民族理想的归葬地之一。

---

① (高丽)金富轼:《三国史记》卷二十七《百济本纪·武王》,首尔:乙酉文化社,1997年。

（二）三合墓志中存在的一些疑问及其解释

《祢军墓志》，以及祢素士、祢仁秀父子墓志的公布，为唐代历史研究、入唐百济移民在唐生活状况及唐代民族史的研究提供了新的史料，但是对三合墓志的释读还存在一些问题，这主要表现在对墓志中一些字词等的解释所产生的疑惑。

其一，《祢素士墓志》中有"公以父资入侍，贵族推贤。谈笑而坐得军谟，指挥而暗成行陈。年十五，授游击将军，长上父宿卫近侍。改授龙泉府右果毅，又改龙原府左果毅、临漳府折冲。加三品，左豹韬卫郎将，又授右鹰扬卫右郎将、左监门中郎"记载，其中"长上父宿卫近侍"中的"父"该做何解？不得而知。笔者对照上下文，觉得此字在志文中并没有更多的用途，故而认为"父"字可能是衍文。对此，笔者还曾请教台湾大学著名唐代法制史专家高明士教授，高教授来信认为："'长上父'之父，或即其父。依据《唐律疏议》卷七《卫禁律·无著籍入宫殿》条载'诸应入宫殿，未著门籍而入；虽有长籍，但当下直而辄入者：各减阑入五等。'则祢素士或即转任在其父'长上'（指长期番上）。"高先生的看法值得重视。至于到底如何解释，还有待于进一步探讨。

其二，《祢仁秀墓志铭》中提到祢仁秀"夫人河南'若'干氏，绥州刺史祁陁之女也。"此"若"字一多半已经埋没难辨，下半段只存三分之一多一点，张全民研究员将其释为"若"字，笔者查看碑石及拓片，其为"若"字没有问题。另外，查阅姚薇元教授所著《北朝胡姓考》一书①，了解到"若干氏出自代北，以国为氏"，著名人物有西魏恭帝拓跋廓的皇后若干惠等，但据《魏书·官氏志》记载，若干氏已经改姓为"苟"，而从唐代仍然有人沿用"若干"复姓看，北魏改汉姓之后，似乎苟氏与若干氏两姓同时流传，为什么如此？还需查找史料做进一步了解。另外，祢仁秀曾任职于秦州三度府、汝州梁川府、虢州金门府②，分别担当果毅、折冲都尉官职，此三地都和都城

---

① 姚薇元：《北朝胡姓考》，北京：中华书局，2007年，第62—63页。
② 张沛在《唐折冲府汇考》中对上述三个兵府均有考释，其中秦州三度府具体地点无从查考，而汝州梁川府在今河南省临汝县辖内，虢州金门府具体地点亦难以知晓。详见张沛：《唐折冲府汇考》，西安：三秦出版社，2003年。

长安相距不远;而开元十五年(727)病终于临洮军官舍,墓志没有记载此时祢仁秀在临洮军担当何种军职,也没有其他可资查阅的史料,故在此存疑。

其三,笔者在上述《百济遗民祢寔进墓志铭关联问题考释》一文中,对于祢寔进为什么"行薨"于山东莱州黄县提出了自己的见解。对此,王连龙先生论文中也有论述。王文认为:"关于祢寔进为何薨于莱州,学者有所争论。但因混淆祢军、祢寔进关系,多为误解",进而做出了一个大胆的推测,这就是祢寔进前往莱州黄县,是为了迎接他从新罗返回的哥哥祢军,而且是至少提前4个月到达,但不幸的是猝死于莱州黄县当地。作为一种推测,无疑也是对祢寔进前往莱州的一种解释,但这种解释有以下几点值得注意。首先,咸亨三年(672)正好是唐朝与新罗战争最为激烈关键的年份①,对于唐军来说,战场形势由于各种不确定因素的存在并不乐观。作为担当重任的正三品左威卫大将军祢寔进,竟然有闲暇提前数月到达莱州,等待他不知何时,至少不能准确预测何时才能返回的哥哥祢军,这似乎有点不可思议。其次,祢军投诚唐朝后不久就出使倭国,随后又返回百济故地,官拜熊津都督府司马。他在唐朝、百济熊津都督府与新罗对峙过程中滞留新罗,对当时唐朝、熊津都督府势力,以及高丽灭亡之后新罗的作为当有更深入的了解。新罗人释放他们,即史料记载的送还"郎将钳耳大侯、莱州司马王艺、本列州长史王益、熊津都督府司马弥军,曾山司马法聪,以及军兵一百七十人",并"进贡银三万三千五百分,铜三万三千分,针四百枚,牛黄百二十分,金百二十分,四十升布六匹,三十升布六十匹"②,很明显就是权宜之计,但有新罗级湌原川、奈麻边山携带谢罪表书一同前来,当然沿途不可能发生如劫杀等危险。如果左威卫大将军祢寔进小题大做,在唐朝与新罗交战的关键时刻,竟然带领军队提前数月等待迎接他远道而归的哥哥,这不能不使人怀疑祢寔进的军人素质,不仅唐朝军事当局不容许这样,相信祢军本人也不会同意他这样做的。再次,咸亨三年(672),作为左武卫大将军的祢寔进到达莱州黄县,是唐朝与新罗处于战争关键时刻现实的需要。面对瞬息万变的军情,祢寔进急需关注的事情一定不少。如果身为前线总指挥或者主要军事指挥之一,在

---

① 拜根兴:《"唐罗战争"关联问题的再探讨》,荣新江主编:《唐研究》第十六卷,北京:北京大学出版社,2010年,第91—116页。

② (高丽)金富轼:《三国史记》卷七《新罗本纪·文武王》,首尔:乙酉文化社,1997年。

第四章 入唐百济移民墓志研究

彤云密布的战争岁月,从京师长安不远千里到达莱州,提前数月悠闲逍遥,只是为了等待迎接他的哥哥祢军归来,从当时状况来看是不可能的。总之,认为祢寔进行薨于莱州黄县源于前往迎接他的哥哥,此看法无疑是对祢寔进"行薨"莱州黄县所蕴含的历史事实简单化处理的结果,也无法解释在当时唐朝与新罗诡秘关系背景下,山东半岛一带聚结兵力的原因。笔者认为:了解中韩日三国现有史书记载,关注自 20 世纪 80 年代后期新出土公布的金石墓志史料,是解决这一问题的重要途径之一。

到目前为止,涉及祢氏家族的四合墓志①资料均已公布,相信随着时间的推移,这些墓志蕴含的学术价值会不断彰显,并为学界所珍重。同时,如何评价祢氏家族在唐朝与百济战争过程中的作用?作为学术研究,相信也是仁者见仁、智者见智。但无论论者所持立场如何,祢氏家族的倒戈行为,对于减少双方人员伤亡,尽快结束战争,均起到了重要的作用。在唐朝开放包容的大背景之下,祢氏家族移居唐朝,受到重用也是可以预见得到的事情。历史就是历史,发现最新的史料,回归历史,历史学家责无旁贷!

第二节 百济移民陈法子墓志

迄今为止,在西安、洛阳两地出土发现的入唐百济移民墓志石刻,计有扶余隆、黑齿常之、黑齿俊父子,难元庆,勿部珣,扶余王妃,祢寔进、祢素士、祢仁秀、祢军,一文郎将妻扶余氏等共 11 件。对此,中韩考古、历史学者做过许多有益地探索②,笔者此前亦曾做过一定的考察③,基本厘清了入唐百济移民关联诸多问题。然而,随着西安、洛阳城市建设的不断推进,新

---

① 《祢寔进墓志》录文,见上引赵振华、董延寿先生论文;《祢军墓志》录文,见上引王连龙先生论文;《祢素士墓志铭》、《祢仁秀墓志铭》录文及两座墓葬考古发掘资料,均见张全民:《新出唐百济移民祢氏家族墓志考略》,杜文玉主编:《唐史论丛》第十四辑,西安:陕西师范大学出版社,2012年,第 52—66 页。

② 董延寿、赵振华:《洛阳、鲁山、西安出土的唐代百济人墓志探索》,《东北史地》2007 年第 2 期,第 2—11 页;姜清波:《入唐三韩人研究》,广州:暨南大学出版社,2010 年;葛继勇:《关于祢军墓志的备忘录》,《东亚世界史研究年报》2012 年第 6 号;韩国学者李文基、金荣官等也撰写了黑齿常之、扶余王妃、祢氏家族墓志等方面的论文,刊载于韩国《韩国学报》、《新罗史学报》、《韩国古代史研究》等学术杂志上。

③ 拜根兴:《唐代高丽百济移民研究:以西安洛阳出土墓志为中心》,北京:中国社会科学出版社,2012 年。

的百济移民墓志仍不时面世。胡戟、荣新江主编的《大唐西市博物馆藏墓志》一书中，收录公布的《大周故明威将军守右卫龙亭府折冲都尉陈府君墓志铭并序》就是一例。这方墓志的公诸于世，为学术界提供了入唐百济移民新的人物样本，弥足珍贵。特别是墓志涉及的几个百济地名，百济灭亡前的职官等问题，值得探讨。

一、入唐百济移民《陈法子墓志》

首先，依据胡戟、荣新江主编《大唐西市博物馆藏墓志》所言，《陈法子墓志》（图 4-1、图 4-2）在 2007 年入藏大唐西市博物馆，但墓志何时出土、出土于何地则无从知晓。不过，从志文提供的信息获知，陈法子于唐载初元年（690）二月十三日死于洛阳县毓财里①自宅，武周天授二年（691）三月二十六日葬于洛阳邙山之原。就是说，《陈法子墓志》出土地应该是在洛阳；至于墓志何时出土，按照墓志入藏博物馆时间界限，当然应在 2007 年之前。另外，墓志是以何种形式出土，亦是一个谜！因并非正规的考古发掘，极可能是在洛阳当地城市基本建设过程中发现，也不排除盗墓者盗掘后流入文物市场或者为私人收藏。无论如何，《陈法子墓志》能为大唐西市博物馆收藏，应该是一个不错的归宿。同时，查阅现存中外史书记载，有关入唐百济移民史料中还未见有陈法子其人的任何信息，也就是说，陈法子应是入唐百济移民新的人物样本。墓志中显示的有关信息，无疑为入唐百济移民关联研究提供了新的资料。

其次，百济移民除过唐雍王扶余王妃、祢氏家族祢素士、祢仁秀的墓志是经过正规考古发掘清理，《大唐勿部珣功德碑》、《一文郎将妻扶余氏石刻》本身就是地上石刻文物之外，现存其他百济移民墓志，均是被盗掘后才得以面世。入唐高丽移民墓志的出土也存在同样的问题，而相关唐人墓志的出土亦不容乐观。从这一点看，作为蕴藏丰富地下文物的古都西安、洛阳，伴随着高回报、低风险盗掘古墓风潮的持续，两地的文物考古部门，乃至公安机

---

① 东都洛阳毓财里，位于洛阳东城之东第五南北街，从南数第一坊。坊内有大云寺，又有秘书监常山县公马怀素宅第。李健超教授依据现存唐代墓志，补全增订了坊内大量的私人住宅。参阅李健超：《增订唐两京城坊考》，西安：三秦出版社，2006 年，第 427—428 页。而百济移民陈法子入唐后即定居洛阳，成为洛阳人，毓财里私第应该就是陈法子入唐后三十余年的住宅。

关的责任意识，全社会对文物古迹的关注重视，以及对盗掘古墓的打击力度，均应提高到相应的高度。

再次，依据陈法子墓志解题，墓志"高45厘米，宽45厘米，厚10厘米，铭文24行，行25字，楷书，四侧十二生肖。篆顶盖，盖高44厘米，宽44厘米，厚11厘米，铭文3行，行3字，阴刻篆书，四周云纹，四杀四神纹饰。"墓主陈法子于载初元年（690）二月去世，时年76岁，以此推算，其出生年当为615年，即隋炀帝大业十一年。

同时，志文对陈法子入唐后的经历，也有较为详细的记载，不妨摘录如下：

> 显庆五年，担当百济禀达郡司军、恩率，投诚唐军，时年46岁。
> 显庆六年二月十六日，制授游击将军，右骁卫政教府右果毅都尉。
> 乾封二年，除右卫大平府右果毅都尉。
> 总章二年，改授宁远将军，右卫龙亭府折冲都尉。
> 咸亨元年，加阶定远将军。
> 文明元年，又加明威将军，职事依旧。
> 唐载初元年二月十三日，终于洛阳县毓财里之私第，春秋七十有六。
> 大周天授二年岁次辛卯三月壬申朔廿六日丁酉，卜宅于邙山之原，礼也。

墓志铭没有提及志文的作者，从陈法子最终所任官职，即"明威将军、右卫龙亭府折冲都尉"，以及"嗣子神山府果毅龙英，痛风枝之不驻，顾烟隧而长怀。爰托微衷，式旌幽壤"来看，似乎志文为陈法子的儿子陈龙英延请有关人士所撰。至于志文撰写者和作为百济移民的陈法子生前是否认识，在当时的影响如何？因没有资料说明，故无从探讨。

二、墓志涉及地名关联问题考释

（一）陈法子的先祖问题

依据《大周故明威将军守右卫龙亭府折冲都尉陈府君墓志铭并序》记载，

陈法子其人：

> 字士平，熊津西部人也。昔者承天握镜，箫韶闻仪凤之功；列地分珪，卜兆盛鸣凤之鯀。其后连横纵辩，念旧本于思秦；韫智标奇，谋新工于事楚。瓌姿伟望，代有其人。远祖以衰汉末年，越鲸津而避地；胤绪以依韩导日，托熊浦而为家。虹玉移居，仍存于重价；骊珍从握，不昧于殊辉。

可以看出，陈法子出自百济熊津西部，与现存入唐百济人祢寔进、祢军家族人士①出自同一地域。而黑齿常之父子志文中言及黑齿氏出自"百济西部"，应该是另有所指。另外，百济灭亡之前，熊津曾作为百济的都城，成为百济历史发展中的一个重要阶段；而百济灭亡之后，唐朝在百济故地设立熊津、马韩、东明、金连、德安五个都督府，管辖境内三十七州，志文中所及"熊津西部"当是熊津都督府辖下位于西方之地域。当然，也有一种可能，就是唐朝虽然设立上述五个都督府，但其实只是一种形式，其行政组织除了都督府建置之外，地方上仍沿袭之前百济的组织形式，即在都督府下仍按照"左右中上下"五方或五部排列，陈法子家族正好处于熊津都督府西方或西部而已。为什么如此？因为依据现存中韩日三国文献及考古资料记载，事实上熊津都督府存在时间并不长，治所迁转及位置也存在疑问②，而且都督府成立之后一直处于与百济复兴军的包围和反包围之中，其内部建置除了都督府之外，下辖机构及基层组织或许实际上只是一种规划或者想法而已，实际运行可能还是依托原百济已有的组织框架和形式。

其次，经过无数的日日夜夜和长路漫漫的颠簸流离，陈法子家族最终定居百济熊津邻江海之地方。志文载曰："远祖以衰汉末年，越鲸津而避地；胤绪以依韩导日，托熊浦而为家。"就是说，陈法子的祖先并非百济当地土著，而是来自于百济之外的中原大陆，其时间在东汉末年③。众所周知，东汉末

---

① 《祢寔进墓志》称其为"百济熊川人"，《祢军墓志》记其为"熊津嵎夷人"。
② （韩）金周成：《熊津都督府的地理位置及其性质》，《百济研究》2012年第56辑。
③ 陈法子墓志撰成于7世纪末，而志文中谈及公元2世纪的事情，其中是否有攀附或者伪托情况出现，在此存疑。因为从现存墓志资料看，周边民族国家出身人士中确实有伪托出身、攀附名人者。

年天下大乱,百姓四处逃窜以躲避战争戕害,一些人特别是和辽东、朝鲜半岛毗邻地区的百姓,纷纷越海前往,形成中国历史上大陆百姓一个移民高潮。这一时期濒海地域乃至中原百姓移居辽东及朝鲜半岛者,中国史书多有记载:

> 魏管宁,年十六丧父,中表愍其孤贫,咸共赙赠,悉辞不受。汉末避地辽东,中国少安,客人皆还,惟宁晏然若将终焉。黄初四年,诏公卿举独行君子,司徒华歆荐宁。文帝徵宁,遂将家属浮海还郡,公孙恭送之南郊,加赠服物。自宁之东也,公孙度、康、恭前后所资,皆受而藏诸。既已西渡,尽封还之①。

同时,管宁在辽东期间,还做了许多有利于当地经济文化发展的好事。

> 民化其德,左右无斗讼之声,礼让移于海表。与人子言教以孝,与人弟言训以悌,言及人臣诲以忠,貌甚顺,观其行逸然若不可及。即之熙熙然甚柔而温,因其事,而宁之于善,是以渐之者无不化焉。宁之亡天下,知与不知,闻之无不嗟叹,醇德之所感若此,不亦至乎。后诏书徵,不起而卒②。

当然,这一时期前往辽东和朝鲜半岛的绝不止管宁一家或一族,韩国史书《三国史记》中也有一些记载,对此,韩昇教授在发表的论文中有较为详细的探讨③,在此不赘。另据史料记载:"桓、灵之末,韩濊强盛,郡县不能制,民多流入韩国。建安中,公孙康分屯有县以南荒地为带方郡,遣公孙模、张敞等收集遗民,兴兵伐韩濊,旧民稍出,是后倭韩遂属带方。"④ 学者们认为这里主要是说乐浪郡的百姓逃离乐浪,前往朝鲜半岛南部的事情,这种看

---

① (宋)王钦若等编:《册府元龟》卷八百五《总录部·高洁》,北京:中华书局,1960年。
② (宋)王钦岩等编:《册府元龟》卷七百八十七《总录部·德行》,北京:中华书局,1960年。
③ 韩昇:《魏晋动乱与朝鲜的中国移民》,北京大学韩国学研究中心编:《韩国学论文集》第八辑,北京:民族出版社,2000年,第33—41页。
④ 《三国志》卷三十《乌桓鲜卑东夷传》,北京:中华书局,1959年标点本,第851页。

法确实道出了事情的原委①。

至于陈法子的先祖是从何路径到达百济？途中有过停留，还是直接到达百济辖境？因没有具体史料说明，不得而知！另外，史载百济"五方各有方领一人，方佐贰之。方有十郡，郡有将。其人杂有新罗、高丽、倭等，亦有中国人"②，可见，不同时期移居百济的中国人可能并不少。但不管怎么说，东汉末年天下大乱之时陈氏家族逃亡朝鲜半岛，并定居于当地已是事实，这不仅开启了陈氏家族在朝鲜半岛百济的生活历程，而且见证了中原或朝鲜半岛周边地区汉人移居朝鲜半岛的事实。无疑，经过数百年时间的推移，陈法子家族入乡随俗，成为百济化的汉人。志文中"胤绪以依韩导日，托熊浦而为家。虹玉移居，仍存于重价；骊珍从握，不昧于殊辉"亦可说明这一点。另据笔者考察，7世纪中叶入唐的高丽移民中，秦汉时代从中原迁入辽东或朝鲜半岛，但数百年过后，这些已高丽化的汉人再次迁移至中原，此情况似并不少见③。显然，陈法子家族也应归入移居中原的百济化汉人之列。

（二）陈法子及其先辈所任的官职

有关陈法子及其祖辈在百济担当的官职，上述志文载云：

> 曾祖春，本邦太学正，恩率。祖德止，麻连大郡将，达率。父微之，马徒郡参司军，德率。并英灵杰出，雄略该通。麾管一方，绩宣于字育；抚绥五部，业劭于盯谣。君清识迈于髫年，雅道彰于卯日。析薪流誉，良冶传芳。解褐，除既母郡佐官，历禀达郡将，俄转司军，恩率。

从转引志文可以看出，陈法子曾祖名陈春，祖父名陈德止，父亲称作陈微之。为更深入探讨《陈法子墓志》涉及的问题，有必要对其先辈担当的百济官职予以考察。

其一，陈法子的曾祖父陈春担任百济"太学正"，至少说明7世纪中叶百

---

① 林坚：《朝鲜半岛的中国移民历史考察》，《延边大学学报》（社会科学版）2009年第2期，第31—38页。
② 《隋书》卷八十一《东夷·百济》，北京：中华书局，1975年标点本。
③ 拜根兴：《入唐高丽移民墓志及其史料价值》，《陕西师范大学学报》（哲学社会科学版）2013年第2期，第159—164页。

济中央已设置有太学。陈法子死于690年,享年76岁。一般来说,古人计算年龄多为虚岁,如此推算陈法子应出生于615年,即隋大业十一年。另外,依据20年一代人的通常算例,陈法子的曾祖大概出生于6世纪中期。也就是说,在公元6世纪中叶上下,百济已经设立太学。事实上,据《日本书纪》记载,5世纪初百济官方曾派遣博士王仁,携带《论语》、《千字文》前往倭国①。有学者结合《三国史记》的记载,认为百济设立学校当在4世纪中后期,即百济近肖古王时代②。至于百济中央何时设立太学,未见史书明确记载。陈春担当"太学正",证明至少在6世纪中叶百济已经设置有太学,培养贵族子弟。当然,和中原王朝的国子学系统相比,可能百济乃至朝鲜半岛其他政权的同类设置还有待于提高,因为出于国家发展的需要,贞观年间百济、新罗亦曾派遣贵族子弟入唐国子学学习。不管怎么说,陈春出任"太学正",可能与他的祖先出自中原移民并素有学养有关,也可能和其本人的其他品质有关。

其二,陈法子的先辈均曾担当百济地方重要官职。陈春官拜恩率;陈德止为麻连大郡将,二品达率;陈微之为马徒郡参司马,四品德率;陈法子本人亦曾任既母郡佐官、禀达郡郡将。关于百济的职官制度,现存史料有较详细记载。据《北史》卷九十四载:"百济官有十六品:左平五人,一品;达率三十人,二品;恩率,三品;德率,四品;扞率,五品;奈率,六品。以上冠饰银华。将德,七品,紫带。施率,八品,皂带……"《隋书》卷八十一有相类似的记载,《三国史记》转述上述两书的记录③,阐述百济中央及地方行政建制及职官制度的真实情况。百济移民著名人物黑齿常之就曾"为百济达率,兼风达郡将,犹唐刺史云"④。可见,从6世纪中叶,陈法子的先祖就担当百济地方行政主要官职,属于世代官宦家庭出身的百济化汉族人士。

(三)陈法子入唐后担当官职

《陈法子墓志》录文载其"六年二月十六日,制授游击将军,右骁卫政教

---

① (日)舍人亲王:《日本书纪》,(韩)田溶新译,首尔:一志社,1997年。
② 高明士:《天下秩序与文化圈的探索:以东亚古代的政治与教育为中心》,上海:上海古籍出版社,2008年,第230—231页。
③ (高丽)金富轼:《三国史记》卷四十《杂志·职官下》,首尔:乙酉文化社,1997年。
④ (高丽)金富轼:《三国史记》卷四十四《黑齿常之传》,首尔:乙酉文化社,1997年。

府右果毅都尉。乾封二年（667），除右卫大平府右果毅都尉。总章二年（669），改授宁远将军，右卫龙亭府折冲都尉。咸亨元年（670），加阶定远将军。文明元年，又加明威将军，职事依旧。"首先，上述"六年二月十六日"当为显庆六年（661）。依据史料记载，高宗显庆六年"二月，乙未晦，改元"①，查阅王双怀、贾云主编《二十五史干支通检》，知显庆六年二月晦日即三十日②，唐高宗在这一天改元龙朔，故二月十六日仍在显庆年号之内，故应记为显庆六年。其次，"政教府"，张沛先生将其划为河南道河南府，应该没有什么问题，只是未见征引出土墓志或其他文献史料，而且其所在具体位置并不清楚③。除过《陈法子墓志》之外，2012年出版的《洛阳出土鸳鸯志辑录》一书中，亦收录《唐故宣节校尉守右骁卫河南府政教府折冲都尉张府君（质）墓铭并序》，可见政教府在当时还是有相当的影响。"大平府"，位于唐河东道绛州辖内，即今山西省襄汾县西北古城。"龙亭府"，张沛先生将其划为河东道河中府④，只是限于资料没有界定具体地点，亦未见征引出土墓志。墓主陈法子的嗣子陈龙英，任神山府果毅都尉，而"神山府"则有两种说法：其一在河东道晋州辖内，属左卫管辖；其二在今山西省浮山县南东郭，属于左金吾卫管辖。再次，从志文看，陈法子入唐后，先后在右骁卫、右卫辖区内任中层武官，即五品或六品果毅都尉⑤，同时还官拜游击将军、宁远将军、定远将军、明威将军等武散官。最后，和黑齿常之、扶余隆，以及祢寔进等入唐百济上层人物相比，陈法子只是担当一般中层武官，并驻守京师以外地域，其重要性显然不能和上述诸人同日而语。

三、百济麻连大郡、马徒郡、既母郡、禀达郡郡名考

《陈法子墓志》撰写于7世纪末，并且从此深埋地下，无人知晓。在武周

---

① （宋）司马光：《资治通鉴》卷二百《唐纪十六》"高宗显庆六年二月"条，北京：中华书局，1956年标点本，第6323页。
② 王双怀、贾云主编：《二十五史干支通检》上册，西安：三秦出版社，2011年。
③ 张沛：《唐折冲府汇考》，西安：三秦出版社，2003年。
④ 郭茂育、赵水森编：《洛阳出土鸳鸯志辑录》，北京：国家图书馆出版社，2012年。
⑤ 据史料记载，"诸府，折冲都尉各一人……左、右果毅都尉各一人"，其中左右果毅都尉"上府从五品下，中府正六品上，下府从六品下。"参（唐）李林甫等撰：《唐六典》卷二十五，陈仲夫点校，北京：中华书局，1992年。

政权改朝换代的特殊时期，陈法子的儿子陈龙英，如果仕途没有更大的发展，其家族事迹、祖先任官地点等能够流传下来，应该说是一件非常不容易的事情。

考虑到新罗景德王在位期间（743—765），曾对统一新罗地方州郡名称和辖区做过大的变动，高丽初期也有相应的措施，朝鲜半岛千余年来行政区划亦多有变迁，再加上朝鲜半岛语言和汉字语音转换①、汉字传抄过程中也可能出现差异，因此，高丽时期金富轼编撰的《三国史记》卷三十六《杂志·地理三》中记载的百济故地熊州所在的十三郡、全州所在的十郡，武州所在的十五郡的沿革变迁、所辖地域等，未见提及《陈法子墓志》所及的四郡名称亦不奇怪。而几乎同时期出现的《翰苑》一书，现在可以看到辑佚本②，只是有关百济的记述没有涉及地方行政区划名称，特别是没有出现《陈法子墓志》中出现的四郡名称；稍晚出现的《日本书纪》在叙述百济与倭国往来事件中，也间有百济音译地名出现，但并未查阅到和上述四郡名称发音相近或相似的地名；日本学者此前所做研究中亦未见提及③。

查阅朝鲜初郑麟趾等编撰《高丽史》卷五十六《地理志》、卢思慎等编《新增东国舆地胜览》等书，亦未见任何收获。事实上，高丽、朝鲜时代编撰的史书，由于各种原因没有记载，或者以其他方式反映此前已有相关郡名也是可能的事情。如此，作为百济地方存在过的四郡名称，如果排除特别意想不到的原因致使其毁灭不存之外，其蛛丝马迹或许还能找到一些。爬梳现存史料，是我们试图解决这一问题的重要途径之一。

（一）麻连大郡

陈法子的祖父曾担当麻连大郡郡将，时间约在 6 世纪 80 年代。然而，查阅现存中韩日史料，未见百济有"麻连大郡"的任何记载，亦未见与

---

① 北宋崇宁二年（1103）"奉使高丽国信书状官"孙穆撰写《鸡林类事》一书，该书现存一卷，其中用汉字记载了高丽当时人的语言，其中大多和今天的韩语发音相似或相同，当然也有不同之处。虽然该书记载的是 11 世纪朝鲜半岛的语言，但在相对封闭的环境下，朝鲜半岛语言的变化应该不会太大，见（元）陶宗仪：《说郛》卷五十五，转引自杨渭生等编著：《十至十四世纪中韩关系史料汇编》，北京：学苑出版社，1999 年。

② （唐）张楚金撰、雍公睿注、（日）竹内理三校订：《翰苑》，东京：吉川弘文馆，1977 年影印版。

③ （日）鲇贝房之进：《〈日本书纪〉朝鲜地名考》，东京：国书刊行会，1972 年。

"麻连大郡"相同或发音相近的古地名。是百济后期废弃或合并了这一地方建置?还是新罗吞并百济故地之后"麻连大郡"建置就不复存在?似乎难以找到更为满意的答案。但无论如何,墓志为学界提供了百济地方行政区划中的一个新的州郡名称,是进一步探讨百济地方行政建置的最新史料。期待有更多的文献或墓志石刻史料出现,使这一问题得到更加令人信服的解释。

(二) 马徒郡

按:《三国史记》卷三十六《杂志·地理三》载:"任实郡,本百济郡。景德王改州郡名,及今并因之。领县二,马灵县,本百济马突县,景德王改名,今因之。青雄县,本百济居斯勿县,景德王改名,今巨宁县。"上述任实郡为百济末期所设郡①,依据上述推证,陈法子的父亲陈微之担当官职时,当在六世纪末,此时百济或许曾设立马徒郡,后合并至任实郡内,成为任实郡辖内一县;又由于汉字传写过程中对同音字的不同理解和传写差异,可能将"马徒"写为"马突"。如果这种推论可以成立的话,《陈法子墓志》对于进一步探讨百济地方郡县的变迁可提供重要依据。

(三) 既母郡

《三国史记》卷三十七《杂志·地理四》载百济"鲁山州六县",其中有"支牟县",这里的"支牟县",是否就是《陈法子墓志》中所及曾经出任的"既母郡"佐官所在郡?因没有更确切的史料比证,在此只好存疑。不过,从韩语发音看,其语音有相通之处。

(四) 禀达郡

《新唐书》卷一百一十《黑齿常之传》载黑齿常之"为百济达率兼风达郡将,犹唐刺史云";《三国史记》卷三十六《杂志·地理》亦载有"风达郡"。笔者认为这里的"风达"应该是"禀达"转音传写之误。为什么如此?其一,韩国语(朝鲜语)中没有F、V音节,虽然古朝鲜语和今天的朝鲜语存在一

---

① (韩)权相老:《韩国地名沿革事典》,首尔:梨花文化出版社,1994年,第230页。

定的差异，但在基本音节上变化应该不大，可能在韩、汉语转音传写过程中，就将"禀达"写为"风达"。其二，无论是欧阳修编纂《新唐书》涉及黑齿常之的生平事迹，还是金富轼修撰《三国史记》追述百济地方行政机构名称，其时间均晚于《陈法子墓志》录文数百年，《陈法子墓志》中的写法应该比较接近事实真相。可以看出，陈法子和黑齿常之均担当过禀达郡或者风达郡郡将。黑齿常之于永昌元年（689）含冤而死，享年60岁，其出生当是公元630年；如上文所述，陈法子于载初元年（690）二月去世，时年76岁，以此推算，其出生年当为615年。也就是说，陈法子长黑齿常之15岁，如此推算，陈法子担当禀达郡或风达郡郡将的时间应在黑齿常之之前。有学者认为百济"伐首只县"即为"夫首只县"，如果急读的话就是"风达"，现位于今韩国忠清南道唐津①，此无疑可作为一家之言，但作为坚实的历史研究，其仍需要查找史料予以进一步论证。

四、百济灭亡与陈法子的入唐经纬

公元660年，位于朝鲜半岛西南部的百济，与唐朝及同处半岛的新罗、高丽错综复杂的较量之中，成为新罗联合唐朝进攻的对象②。而就在唐罗联军包围百济都城泗沘城之后，百济军队连战连败，百济王扶余义慈看大势已去，"遂与太子孝走北鄙"③；王次子扶余泰自立为王，结果引起更大的变故，百济防线全面崩溃，王子泰、隆等纷纷投降。百济王扶余义慈的随从大将祢植（祢寔进）更是临阵倒戈，将百济王献于唐朝统帅苏定方将军④，百济战事随之结束。

这一阶段，由于百济内部矛盾重重，面对唐罗联军的强力进攻，其权力机关内部分化严重。除了力战捐躯的阶伯将军之外，王室人员"率先垂范"

---

① 赵智滨：《唐朝在百济故地初设行政建置考略》，《中国历史地理论丛》2012年第1期，第110—122页。
② 拜根兴：《七世纪中叶唐与新罗关系研究》，北京：中国社会科学出版社，2003年。
③ （高丽）金富轼：《三国史记》卷二十八《百济本纪·义慈王》，首尔：乙酉文化社，1997年。
④ 拜根兴：《百济遗民〈祢寔进墓志铭〉关联问题考释》，《东北史地》2008年第2期，第28—32页；拜根兴：《唐代百济移民祢氏家族墓志相关问题研究》，《当代韩国》2012年第2期，第94—107页。

出城投降唐军，国王禁卫军倒戈，一般军将投诚唐罗联军者当不在少数。现在了解到的就有黑齿常之、沙吒忠义，祢军、祢寔进家族等。处于百济权力中心之外，"解褐，除既母郡佐官，历稟达郡将，俄转司军，恩率。居检察之务，洁拟壶冰；当藻鉴之司，明逾镜水"，即担当中层地方官的陈法子，相信也和同样官任百济地方的黑齿常之一样，"因机一变，请吏明时"，"达变因机，革心回面"，选择投诚唐罗联军的道路，只是没有像黑齿常之那样反复而已。

据《三国史记》卷二十八载，"定方以王及太子孝，王子泰、隆、演及大臣将士八十八人，百姓一万二千八百七人送京师"；《大唐平百济国碑铭》载，"其王扶余义慈及太子隆，自外王余孝一十三人，并大首领大佐平沙吒千福、国辩成以下七百余人，既入重闱，并就擒获，舍之马革，载以牛车，仵荐司勋，式献清庙，仍变斯犷俗"①。至于上述史料中提及的 88 人，或者 700 人中是否包括陈法子其人，因没有史料记载，难以做出明确的判定，但从陈法子所任官职，以及入唐后"恩奖稠迭，仍加赏慰。从其所好，隶此神州"看，其应该是在灭亡百济过程中建有一定的功勋，故而和被俘的其他人还是有一定差别的。当然，与祢氏家族诸人受到唐朝大力推崇相比，饱经风霜、熟谙人生流离的陈法子并没有受到特别重视，因为在入唐半年多之后，他才被制授游击将军、右骁卫政教府右果毅都尉，随后一直担当军队中层武官，直到年老离世。

尽管如此，在百济灭亡前夕，已年满 46 岁的百济地方长官陈法子，偏离了他已经厌烦或者失去信心的生活轨迹，选择了一条陌生但却崭新的求生之路，进而使得此后的生活出现了翻天覆地的变化。至于他的选择是否正确，相信对他的这种行为来说，不管是正面还是负面，任何评价都显得无足轻重、自以为是。而摆在我们面前的这篇感情充沛、记载翔实的墓志文字，反映的就是历史，刻画出陈氏家族数百年乱世中挣扎奋斗的轨迹，以及墓主陈法子

---

① （韩）许兴植编：《韩国金石全文》，首尔：亚细亚文化社，1984 年；拜根兴：《〈大唐平百济国碑铭〉关联问题考释》，杜文玉主编：《唐史论丛》第八辑，西安：三秦出版社，2006 年，第 133—150 页；（韩）金荣官：《〈大唐平百济国碑铭〉的考察》，《历史和议论》2013 年第 66 辑，第 1—33 页。

第四章　入唐百济移民墓志研究

本人逆境中求生，一生一世的荣辱和牵挂①。

志文中除过追溯陈法子父祖官任及生活轨迹之外，对陈法子入唐后家族繁衍并没有过多的着墨。如同祢寔进家族入唐一样，可能陈法子也是扶老携幼入唐，只是限于墓志撰写，或者因一些不可言传的缘由，志文中并没有对其家族人员做过多的涉及，这是可以理解的。志文中只是提及陈法子嗣子，此时已官任五品武官神山府果毅都尉的陈龙英，按照当时的情况，如果没有在战场中建立重大功勋的话，比照一般武官任职年限，其年龄当在 30 岁以上。假如这种推定可以成立，陈龙英有可能出生于百济。也就是说，当时入唐的百济中层以上官员，特别是在战争中做出一定贡献的军将，他们可能获得唐朝将帅的首肯，允许携带家眷入唐，这当然是一种优待，也可看做是一种奖赏和勉励。

陈法子于载初元年（690）去世，享年 76 岁，在现在已知的入唐百济移民群体中，应该是最长寿的一位。而就在一年之前，叱咤风云、享誉海内外的入唐百济移民，官拜三品的右武威卫大将军、神武道经略大使黑齿常之将军，死于酷吏无端罗织陷害的淫威之下②。这宗家喻户晓、声震洛阳的大事件，相信已不久于人世的陈法子应该了解。在酷吏罗织罪名、血雨腥风的日子里，陈法子的寿终正寝，无疑也是一件值得庆幸的事情。

本节依据新公布的百济移民《陈法子墓志》录文，结合现存中韩文献史料，首先，对墓志的出土收藏地点、志文作者等问题做了探讨。其次，对墓志铭涉及的陈法子先祖籍贯的出自及其流动、其先祖担当的官职、陈法子入唐后的任官等，笔者均给予了自圆其说的解释。再次，对墓志中出现的 4 个百济地方行政机关郡名，笔者依据现有史料，也做了相应的比正考释。最后，探讨了墓主陈法子入唐时间经纬，入唐后的为官经历。相信随着时间的推移，以及洛阳、西安两地更多和朝鲜半岛关联的唐代墓志的不断出土，有关入唐百济移民涉及的诸多问题，一定会得到圆满的解决，推动古代中韩关系史研究走向深入。

为了说明问题，摘抄墓志录文如下：

---

① 《陈法子墓志铭》文中有"久客无归，异邦有寓。瞻言孤陇，恒凄苦雾"字样，可见年老的陈法子还时常回忆起在百济的生活场景，并期待能够回到遥远的故乡。

② 拜根兴：《入乡随俗：墓志所见入唐百济遗民的生活轨迹——兼论百济遗民遗迹》，《陕西师范大学学报》（哲学社会科学版）2009 年第 4 期，第 72—80 页。

97

大周故明威将军守右卫龙亭府折冲都尉陈府君墓志铭并序

君讳法子，字士平，熊津西部人也。昔者承天握镜，箫韶闻仪凤之功；列地分珪，卜兆盛鸣凰之繇。其后连横纵辩，念旧本于思秦；韫智标奇，谋新工于事楚。瑰姿伟望，代有其人。远祖以衰汉末年，越鲸津而避地；胤绪以依韩导日，讬熊浦而为家。虹玉移居，仍存于重价；骊珍从握，不昧于殊辉。曾祖春，本邦太学正，恩率。祖德止，麻连大郡将，达率。父微之，马徒郡参司军，德率。並英灵杰出，雄略该通。麾管一方，绩宣于字育；抚绥五部，业劭于盱谣。君清识迈于髫年，雅道彰于丱日。析薪流誉，良冶传芳。解褐，除既母郡佐官，历禀达郡将，俄转司军，恩率。居检察之务，洁拟壶冰；当藻鉴之司，明逾镜水。官兵以显庆五祀，吊人辽浿。府君因机一变，请吏明时。恩奖稠叠，仍加赏慰。从其所好，隶此神州，今为洛阳人也。六年二月十六日，制授游击将军，右骁卫政教府右果毅都尉。乾封二年，除右卫大平府右果毅都尉。总章二年，改授宁远将军，右卫龙亭府折冲都尉。咸亨元年，加阶定远将军。文明元年，又加明威将军，职事依旧。然以大耋贻观，恒思鼓缶；通人告老，固请悬车。云路垂津，日门回鉴。特听致仕，以弘止足。岂谓辅仁无验，梁木云摧。唐载初元年二月十三日，终于洛阳县毓财里之私第，春秋七十有六。呜呼哀哉！大周天授二年岁次辛卯三月壬申朔廿六日丁酉，卜宅于邙山之原，礼也。嗣子神山府果毅龙英，痛风枝之不驻，顾烟隧而长怀。爰讬微衷，式旌幽壤。其铭曰：

妫川命氏，辽海为乡。三韩挺懿，五部驰芳。其一。
猗欤哲士，寔惟英彦。达变因机，革心回面。其二。
隆班屡徙，促漏方催。长辞日辔，永去泉台。其三。
久客无归，异邦有寓。瞻言孤陇，恒悽苦雾。其四。

第三节　百济移民祢氏家族墓志的研究现状

公元 660 年，唐高宗任命左武卫大将军苏定方为神丘道大总管，率领 10 余万唐军从山东半岛成山角出发，穿越黄海，联合朝鲜半岛另一势力新罗，一举灭亡位于半岛西南端的百济。接着，苏定方率军押解百济王扶余义慈及王室成员、官僚贵族等返回唐朝。20世纪二三十年代,随着洛阳北邙盗墓风潮的兴起,百济移民扶余隆墓志,黑齿常之、黑齿俊父子墓志,以及山西太原天龙山石窟寺勿部珣功德记相继为人们知晓。世纪之交的10余年来,百济移民难元庆、扶余王妃,以及大唐西市博物馆藏百济移民陈法子墓志先后公布。而西安出土的入唐百济移民祢氏家族人士祢寔进、祢军、祢素士、祢仁秀四合墓志,由于志文涉及问题广博,引起中日韩三国学界的共同关注。本节即对中国学界现有研究试做综述,并对一些问题提出自己的看法。

一、西安南郊高阳原祢氏家族墓葬的发现

西安南郊郭杜镇周边地区,是唐长安高阳原所在,是唐朝著名的官僚贵族死后埋葬地之一。2007年3月,洛阳考古文物专家赵振华研究员和时任洛阳大学(今洛阳理工学院)校长的董延寿先生联合发表论文①,公布了被盗掘出土于西安南郊高阳原,随后盗运至洛阳市文物坊肆,最终由洛阳大学(今洛阳理工学院)收藏的百济移民《祢寔进墓志》。这方墓志公布之后,韩国学者金荣官、李道学等人很快就发表《百济遗民祢寔进墓志介绍》、《通过"祢寔进墓志铭"看百济祢氏家族》论文②。中国学者拜根兴在2007年11月韩国国立忠南大学百济研究所举办的国际学术研讨会上发表《唐朝与百济关系研究二题:以熊津都督王文度死亡与祢寔进墓志铭为中心》论文,韩国《首尔新闻》报纸刊登专题报道③,其他电子媒体也将此消息刊载于显著位置。2008年韩国中央放送KBS制作的"降服义慈王的冲击——祢寔进墓志铭"专题片④,更是提高了人们对它的关注度。正在学界对《祢寔进墓志铭》关注逐渐降温之时,颇受学界关注的《社会科学战线》杂志于2011年第7期发表了王连龙先生《百济人〈祢军墓志〉考论》一文⑤,稍后的2011年8月

---

① 董延寿、赵振华:《洛阳、鲁山、西安出土的唐代百济人墓志探索》,《东北史地》2007年第2期,第2—12页。
② (韩)金荣官:《百济遗民祢寔进墓志介绍》,金宪镛译,西安碑林博物馆编:《碑林集刊》第十三辑,西安:陕西人民美术出版社,2007年,第38—44页;(韩)李道学:《通过"祢寔进墓志铭"看百济祢氏家族》,《传统文化论丛》2007年第5辑。
③ 韩国《首尔新闻》2007年11月8日。
④ 韩国中央放送KBS制作的《历史追踪》专题片,于2008年12月18日首次播放。
⑤ 王连龙:《百济人〈祢军墓志〉考论》,《社会科学战线》2011年第7期,第123—129页。

26日，由韩国驻西安领事馆、西安市文物局、韩国独立纪念馆、西安博物院等单位联合举办了"西安地区中韩历史文化交流学术研讨会"，西安文物保护考古院的张全民研究员在会上发表了他主持发掘清理的百济移民祢氏家族墓葬论文①，首次公开了西安市长安区郭杜镇高阳原发掘清理祢氏家族墓消息。显然，上述两次不约而同的史料公布，对于唐代百济移民史研究具有重要的学术价值。日本明治大学2012年举办有关《祢军墓志》的专题国际学术研讨会，引起重大反响。事实上，和日韩两国学界相比，中国学界涉猎这一问题的学者并不多，产出的成果也很有限，但一些日韩学者并不关注的问题却被提了出来。

二、祢素士、祢仁秀、祢军墓志涉及的祢氏先祖

应该说赵振华先生是探讨祢氏家族人士墓志的第一人，他与洛阳大学教授董延寿2007年就合作发表论文，公布了鲜为人知的《祢寔进墓志》，并对志文中"百济熊川"、"百济祢姓"等问题仔细考证，认为熊川在韩国文献《三国史记》中多称熊津，是百济国都，新罗末崔致远、崔彦撝撰写的和尚塔碑文中则称为熊川州，原因是新罗神文王时期改其为熊川州，景德王十六年（757）改名置熊州，具体位置为今韩国忠清南道公州市。百济国的八大姓中并不包含祢姓，《元和姓纂》有祢姓，但仅有东汉祢衡一人而已；《三国史记》中记载祢姓只有祢植、祢军二人，而祢植其人除了上述文献史料记载外，再未见其他资料载录②。而现公布的祢氏家族四合墓志中，涉及其先祖具体事例者有祢素士、祢仁秀父子墓志，对此，主持祢氏家族墓葬发掘的张全民研究员，详细解读了祢素士、祢仁秀父子墓志涉及内容。张氏根据墓志铭文，首先考察了祢氏七代祖祢嵩自淮泗渡海的原因及到达辽阳的时间，其次考证

---

① 张全民：《新出唐百济移民祢氏家族墓志考略》，杜文玉主编：《唐史论丛》第十四辑，西安：陕西师范大学出版社，2012年，第52—68页。
② 董延寿、赵振华：《洛阳、鲁山、西安出土的唐代百济人墓志探索》，《东北史地》2007年第2期，第8—9页。

出祢氏曾祖祢真担任带方州刺史时间约在北朝晚期至隋初。 王连龙则考察了祢军墓志中有关祢氏先祖的记载，并根据《祢寔进墓志》、《祢军墓志》，排列出祢氏家族世系表，进而断定"百济祢氏为中原移民后裔，出自山东祢氏"②。对于祢素士、祢仁秀、祢军志文中有关祢氏先祖的记载，以及上述王、张两位的论述，笔者有保留意见，即"追述先祖的墓志语言，作为学术研究，笔者认为应批判对待，不能全信"，笔者还分析了隋末祢真（誉多）、祢善（思善）父子纵横捭阖，往返于中原与朝鲜半岛之间的可能性和疑惑点，"祢善的父亲祢真如何从担当百济带方郡刺史，到祢善官任隋朝莱州刺史，两者间如何衔接，这些似均很难得出令人信服的解释。是祢真担当百济带方郡刺史后归化隋朝，还是祢善自己来到隋朝获得官任？"笔者认为《祢仁秀墓志》中对先祖的记述，可能有攀附之嫌疑③。总之，对于百济移民祢氏家族墓志涉及其先祖问题，我们不能完全信从志文的单一记载，应该援引同一时期的其他史料，对墓志的撰写过程及墓主家族出自涉及问题做综合分析，进而得出较为客观可信的结论。

三、祢寔进、祢军与文献资料中的祢植

祢寔进、祢军兄弟与文献史料中的祢植到底是何种关系？这一问题一度成为争论的热点。《祢寔进墓志》载"公讳寔进，百济熊川人也。祖左平誉多，父左平思善，并蕃官正一品，雄毅为姿，忠厚成性，驰声沧海，效节青丘"。《祢军墓志》亦载"曾祖福，祖誉，父善，皆是本藩一品，官号佐平"。对此，王连龙先生考证认为："二志记载志主世系相同，辈分又一致，是祢军、祢寔进当为兄弟关系。"而且从两志文看，祢军死于仪凤三年（678），享年66岁，其生年当为隋炀帝大业九年，即公元613年；祢寔进卒于咸亨三年

---

① 张全民：《新出唐百济移民祢氏家族墓志考略》，杜文玉主编：《唐史论丛》第十四辑，西安：陕西师范大学出版社，2012年，第56—63页。
② 《大唐故右威卫将军上柱国祢公墓志铭并序》载曰："公讳军，字温，熊津嵎夷人。其先与华同祖，永嘉末，避乱适东，因遂家焉，若夫巍巍鲸山，跨青丘以东峙；森森熊水，临丹渚以南流……"见上述王连龙论文中的录文，第123—124页。
③ 拜根兴：《唐代高丽百济移民研究：以西安洛阳出土墓志为中心》，北京：中国社会科学出版社，2012年，第133—134页。

(672)，享年58岁，推算其生年当为大业十一年，是为公元615年，如此看来祢军当为祢寔进的兄长；王氏还引用日本史书《海外国记》史料，确认祢军继承了父祖的左平官爵①，这些无疑都是可以肯定的。问题是咸亨三年（672）去世的祢寔进，其生前已担当唐朝正三品的左威卫大将军，而其兄祢军仪凤三年（678）别世前最高官职则是从三品的右威卫将军，这一任命竟然和祢寔进下葬为同一日，足见唐廷的任命有抚慰的意味。对此，拜根兴根据《三国史记》卷五记载，对文献史料中抓获百济王扶余义慈献给唐朝将领的祢植与《祢寔进墓志》的墓主祢寔进的关系做了比对。首先，排查入唐百济移民能担当唐朝正三品官职者，认为祢寔进的经历和文献史料中的祢植存在诸多令人惊奇的相似点，推证文献史料中的祢植或许就是新发现的《祢寔进墓志》中的主人公祢寔进。其次，比对祢植与祢寔进姓名的朝鲜语发音，判断出两者竟出奇的相似。再次，认为阵前倒戈将百济王献给唐朝的百济大将祢植，入唐后改名祢寔进，在当时环境下也是一种自我保护。进而认为文献史料中的祢植，可能就是墓志史料中的祢寔进②。无疑，这种推证在没有新的史料佐证的前提下，必然会存在诸多疑问。王连龙对此就提出质疑，但他只是论述《祢军墓志》"献款夙彰，隆恩无替"句，并未对拜根兴的比对提出具体指责；同时他注意到百济义慈王投降唐朝过程中的祢植其人，认为祢植临阵倒戈，胁迫义慈王投诚，并在整个归降过程中起到关键作用，认定祢植、祢军系同一人③。这样，就出现了要么祢植与祢寔进为同一人物，要么祢植与祢军为同一人的两种看法。只是2011年新公布的祢寔进孙子《祢仁秀墓志》中有"隋末有莱州刺史祢善者，盖东汉平原处士之后也。知天厌随（隋）德，乘桴窜海，遂至百济国。王中其说，立为丞相，以国听之。洎子寔进，世官象贤也。有唐受命，东讨不庭，即引其王归义于高宗皇帝。由是拜左威卫大将军，封来远郡开国公"记载；也就是说，《祢仁秀墓志》证实了祢寔进就是文献史料中的祢植，他确实"将"，或者"引"百济王扶余义慈到唐营投降，而不论是"将"还是"引"，都不过是对祢寔进（祢植）临阵倒戈行为的

---

① 王连龙：《百济人〈祢军墓志〉考论》，《社会科学战线》2011年第7期，第125页。
② 拜根兴：《百济遗民〈祢寔进墓志铭〉关联问题考释》，《东北史地》2008年第2期，第30页。
③ 王连龙：《百济人〈祢军墓志〉考论》，《社会科学战线》2011年第7期，第126页。

一种中性或者美化的表述,丝毫掩盖不了祢寔进背叛百济投诚大唐行为的事实。拜氏还分析了为什么《祢素士墓志》中未能记载相同事件的原因:祢仁秀所处时代,作为百济移民的祢氏家族已与唐人完全融合,他们不再以祖上的行为感到难堪或者尴尬,甚至毫不夸张地对祖上的做法感到自豪,并觉得祢寔进的行为应该彪炳史册并得到表彰,故而在墓志中和盘托出,正是作为大唐子民引为荣耀的事情。拜氏还辩驳王连龙氏引用《周礼》、《左传》史料,认为其列举的论据不仅不能说明祢军就是祢植其人,而恰恰可以证明祢军、祢植两人的兄弟关系,即祢军、祢寔进的兄弟关系。因为从名称上讲,兄弟两人名讳用相似或相近意义的文字是比较常见的事情①。张全民的论文中也肯定拜氏的观点。综上所述,拜、王两人对这一问题显然有不同见解,但可以肯定的是,王连龙发表论文之前,并未知晓和看到《祢仁秀墓志》录文。

四、祢寔进"行薨"莱州黄县的原因

《祢寔进墓志》载祢寔进"咸亨三年五月廿五日,行薨于来州黄县,春秋五十有八。"对此,赵振华引用《旧唐书》卷五《高宗纪下》史料,提出"朝廷是否派遣祢寔进赴莱州参与安抚内入的高丽移民呢?还是承担临时差遣呢?因何身亡?引人猜想,难发其覆。"拜根兴列举史料,认为祢寔进前往莱州安抚高丽移民的说法不可能成立。拜氏依据咸亨三年(672)正是"唐罗战争"关键时刻,作为正三品的左威卫大将军祢寔进出现在莱州,要么可能是刚从百济前线渡海返回,要么可能"行"至莱州黄县,准备率兵前往朝鲜半岛。因为咸亨三年唐朝曾有集结军队前往新罗的记载,即派遣大将高侃、李谨行率军从辽东出发,屯兵平壤周边地区,故后者的可能性很大。对此,王连龙依据祢军墓志及《三国史记》卷六记载,推测祢寔进于咸亨元年(670)得知兄长被(新罗)拘留,隔年九月被遣返长安,他一定会提前前往迎接的结论。也就是说,祢寔进之所以"行薨"于莱州黄县,是前往迎接其兄祢军的缘故。对此,拜根兴已有所辩驳,认为应该将此事件放在当时唐朝与新罗诡秘关系,唐朝在山东半岛集结兵力的大背景下考察,才能得出较为客观的结论。

---

① 拜根兴:《唐代百济移民祢氏家族墓志相关问题研究》,《当代韩国》2012年第2期,第99页。

五、《祢军墓志》中的"日本"国号

众所周知,由于《杜嗣先墓志》、《井真成墓志》的先后公布,近年来有关日本国号问题成为中日学界讨论的热点话题。《祢军墓志》文中亦提到"日本"两字,从墓志文公布到现在三年多时间内,该墓志一直受到海内外学界的关注。王连龙作为发现《祢军墓志》录文的首位研究者,指出,2004年发现的《井真成墓志》有"国号日本"句,为"日本"国号出现时间提供了实物新证;相比之下,《祢军墓志》镌刻于仪凤三年(678),早于《井真成墓志》,为目前所见最早的将日本国号镌刻在石质上的实物资料。王氏认为志文中的"扶桑"代指日本国土;他还就志文中出现的"余噍"、"逋诔"、"遗氓"、"盘桃"等词做了说明,认为墓志以逃避诛罚的日本余噍,并列以朝贡仙桃的"风谷遗氓",涉及祢军出使日本的背景和原因问题[①]。随后,王氏再以《〈祢军墓志〉与"日本"国号问题》为题,应邀出席2012年2月在日本明治大学举办的国际学术会议,论述自己的观点。该文先依据中国史籍,认为"日本"国号的出现,应该在咸亨元年至仪凤三年之间,着重分析咸亨元年倭国遣使河内直鲸入唐祝贺讨平高丽并奏改"倭"为"日本"事件;接着考察了日本史书《善邻国宝记》卷上提到的天智天皇十年、天武天皇元年国书史料,指出堀敏一先生认为其记载混乱,出现两件国书的结论还有进一步探讨的必要。作者还认为《日本书纪》记载唐人郭务悰出使日本事件发生于河内直鲸入唐的次年,应该是对河内直鲸使唐的回访,进而论述咸亨二年(671)唐王朝致日本的国书中出现"日本"字样,恰与咸亨元年(670)河内直鲸等奏改"日本"国号事件相吻合。另外,王氏对韩国史书《三国史记》卷六《新罗本纪·文武王》记载"倭"改"日本"的信凭合理性表示赞赏。如此,新发现的《祢军墓志》中提供的信息,很大程度上还原了"日本"国号出现前后中日两国交往的大致情况[②]。台湾大学高明士教授亦对祢军墓志中出现的"日本"字样做了探讨,认为"日本"国号取代倭国名称,在本国

---

① 王连龙:《百济人〈祢军墓志〉考论》,《社会科学战线》2011年第7期,第127—128页。
② 王连龙:《〈祢军墓志〉与"日本"国号问题》,(日)气贺泽保规主编:《唐代百济高句丽移民的动向》,东京:勉城出版社,2015年。

第四章 入唐百济移民墓志研究

当始于670年稍前，或定于天智天皇即位后所颁的《近江令》(668)；在中国的定位，则确立于高宗咸亨元年（670）武则天皇后干政之际。《祢军墓志》所见的"日本"国号，以仪凤三年（678）计，仍为今存金石文中最接近咸亨元年由"倭"改为"日本"国号的志石，实可强化咸亨元年说，弥足珍贵①。笔者赞同上述王、高两人认为《祢军墓志》中的"日本"为日本国号的说法。首先，从祢军、祢寔进志文看，墓志铭的撰写者均是唐朝官方指定的专业人士，他们对祢军兄弟的生平活动当是非常了解的。同时，对于祢军生前最主要的事迹，例如，出使日本、滞留新罗等更应了如指掌。特别是作为门下省著作局的官员，他们撰写当时纵横来往于东亚著名人物的墓志，应该明白唐朝和东亚各国的交涉大事，对如"倭"改名"日本"，日本的俗称等当不会陌生或胡言乱语，故而墓志中出现"日本"两字应该是专指改名后的日本国号，不可能是指其他地域。其次，从现存同一时期唐人墓志、入唐朝鲜半岛人士墓志中可以看出，当谈到百济、新罗时，多用"夫余"或"鸡林"，以及"三韩"、"九种"、"鲲鲸"、"鳌浦"、"盖马"、"汴鼊"等词汇，使用如同《祢军墓志》所见词汇并不多见。再次，作为《祢军墓志》，因为祢军曾出使日本的独特经历，故其墓志铭中出现和日本列岛关联的词汇，并记载新的国号也不奇怪。郑州大学葛继勇先生从墓志中出现的"扶桑"、"风谷"、"盘桃"、"瀛东"、"日本"等词语，考证其在中日古籍中的含义及表现场合，探讨祢军墓志中"日本"是否与日本国号相关联，认为墓志中的"日本"应是指朝鲜半岛的百济、高丽，和"日本"国号无关②。总之，对《祢军墓志》中有关"日本"两字的记载，应该拓宽思路进一步考察，以便使该问题获得客观圆满的解决。

---

① 高明士：《"日本"国号与"天皇"制的起源——以最近发现的墓志、木简为据》，杜文玉主编：《唐史论丛》第十七辑，2013年，第160、163页。
② 葛继勇先生近年来在日本早稻田大学从事学术合作研究，2013年在日本《国史学》第209号、《东洋学报》第95卷第2号、《早稻田大学日本古典籍研究所年报》第6号等杂志，发表了针对《祢军墓志》录文中"日本"的三篇日语论文，其中的论证论点颇有见地且值得重视。其实，葛继勇在此前联名发表的《"日本"国号东亚登场时间考——对中国实物资料及中日文献的比较》论文中，依据《大宝律令》条文，就得出"日本"国号是在八世纪之后的对外交往中才使用的结论。详见王剑敏、葛继勇：《"日本"国号东亚登场时间考——对中国实物资料及中日文献的比较》，《郑州大学学报》（哲学社会科学版）2011年第6期，第130—133页。

小　结

本章对西安南郊出土百济移民祢氏家族的墓志、洛阳出土的《陈法子墓志》，以及中国学界有关入唐百济移民祢氏家族墓志关联问题均做了相应的考述，其中笔者对墓主祢寔进与文献资料所及的祢植的比对探讨，得到出土的《祢仁秀墓志》的证实，实为一大快事。《陈法子墓志》中涉及的百济早期的四郡名称，不见于现有文献资料之中，对四郡名称的考释，可补《三国史记》、《高丽史》等书的记载，无疑也是值得庆幸的事情。至于海内外学界对祢氏家族的研究，虽然至今发表的论文并不多，但论文中涉及的问题却不少，故文稿中挂一漏万在所难免，敬请上计专家学者多多批评。另外，有关《祢军墓志》中"日本"两字的解释，日本著名学者东野治之先生认为其并非"日本"国号，日本学界大多数学者也认同他的看法，现在似已成为一般通说，笔者不赞成这种说法，在文中也提出自己的解释。学术研究贵在求实创新，相信随着新的史料的不断公布，有关《祢军墓志》中"日本"两字的解释会更加客观信实，入唐百济移民祢氏家族墓志涉及的诸多问题的研究会更加深入，进而推动古代东亚史研究更上一层楼！

说明：本章第一节原名《唐代百济移民祢氏家族关联问题研究》，发表于《当代韩国》2012 年第 3 期；韩文本刊登于韩国古代史学会编辑《韩国古代史研究》2012 年第 66 辑。第二节原名《新公布的入唐百济移民陈法子墓志关联问题考释》，《史学集刊》2014 年第 3 期，收入李天石主编《唐代江南社会研究》，上海：上海古籍出版社，2015 年。第三节原名《中国学界对入唐百济移民祢氏家族墓志的研究》，发表于北京大学国际汉学家研修基地编：《国际汉学研究通讯》第 8 辑，北京：北京大学出版社，2013 年；韩语翻译文刊登于韩国史研究会编辑《韩国史研究》杂志 2014 年第 165 辑。

第五章 入唐高丽移民墓志的史料价值

第一节 新见入唐高丽移民墓志

有关七世纪中叶朝鲜半岛入唐移民涉及诸问题,中韩学者涉足者不多①,虽然前些年有相关几部研究专著问世②,但发表论文数量仍相当有限③。不过,因为百济、高丽灭亡之后,大量的移民因各种原因到达并定居唐京师长安和东都洛阳,其死后亦葬身于此,故自20世纪90年代以来,随着西安、洛阳两地城市建设的高速发展,有关高丽移民墓志频繁出土。鉴于此,笔者此前曾以《唐代高丽百济移民研究:以西安洛阳出土墓志为中心》为题,结集出版专著,在海内外学界引起了一定的反响④。

---

① 中国学界自罗振玉 1937 年编撰《唐代海东藩阀志存》之后,20 世纪 90 年代涉足这一领域的研究者逐渐增多,但以此作为主要研究方向的学者很少。韩国学界 20 世纪 60 年代以来,先有李丙焘、卢泰暾等学者振臂一呼,后有李道学、李文基、郑炳俊等接踵响应,近年来金贤淑、金荣官、权惠永等人为了解新出土墓志资料,频繁往来于中韩之间,发表有多篇探讨高丽、百济移民的关联论文,代表了韩国学界研究的最高水准。

② 现在可以看到的著作有姜清波:《入唐三韩人研究》,广州:暨南大学出版社,2010 年;苗威:《高句丽遗民研究》,长春:吉林大学出版社,2011 年;拜根兴:《唐代高丽百济移民研究:以西安洛阳出土墓志为中心》,北京:中国社会科学出版社,2012 年。韩国虽然出版有类似的专题论文集,但以高丽、百济遗民(移民)为题的个人专著至今还未见到。

③ 韩国学者金荣官有多篇有关高丽、百济遗民的研究论文,发表于韩国《韩国史研究》、《新罗史学报》、《百济文化》、《白山学报》等学术刊物上。中国学界赵振华、拜根兴、王其祎、楼正豪等亦有多篇论文发表。

④ 葛继勇:《古代中韩关系研究的新的视角:拜根兴〈唐代高丽百济移民研究〉评介》,《史滴》2012 年第 34 号;张维慎:《研究古代中韩关系的一部力作——拜根兴〈唐代高丽百济移民研究〉评介》,《当代韩国》2014 年第 1 期,第 125—128 页。

据笔者统计，自罗振玉先生编撰出版《唐代海东藩阀志存》一书之后，西安洛阳及其周边地区出土的高丽移民墓志共有 21 件①，其中可分为四类：其一，属于高丽族类的第一代移民，如泉男生、泉男产、泉献诚、泉毖、高足酉、高玄、高慈、高性文、高木卢、李他仁、高铙苗等。其二，入唐前居住辽东高丽统治区内高丽化的其他族类人士及其后裔，如李怀、豆善富、王景曜等。其三，高丽第三代及其后裔，如高德、高钦德、高远望、高震、高震的女儿等。其四，唐代之前已经到达中原的高丽移民后裔，如似先义逸、李仁德等。

近年来出土的高丽移民高牟、高提昔、南单德、李隐之墓志，也受到相关学者的重视②。这些墓志均为 2012 年以后发现或者出土并收藏于公共博物馆之中。本节力图在现有研究的基础上，对未能涉及或者已经涉及但仍有可资讨论者予以补遗。

一、《南单德墓志》

2010 年初，南单德墓志（图 5-1）出土于西安市东灞桥区红旗乡浐河东岸，墓志 2012 年入藏西安碑林博物馆，依据赵力光《西安碑林博物馆藏墓志续编》，以及王菁、王其祎合著《平壤城南氏：入唐高丽移民新史料——西安碑林新藏唐大历十一年〈南单德墓志〉》等文献，南单德墓志志文作者为中大夫行秘书省著作佐郎薛夔，书者、刻者未见。志文共 24 行，满行 25 字，楷

---

① 笔者在《入唐高丽移民墓葬及其墓志的史料价值》一文中统计为 21 件，再加上文中所述的南单德、李隐之墓志及 2015 年新发现的高乙德墓志，其应为 24 件，见金键人主编：《韩国研究》第十二辑，杭州：浙江大学出版社，2014 年。
② 高牟墓志见楼正豪：《新见唐高句丽遗民〈高牟墓志铭〉考释》，杜文玉主编：《唐史论丛》第十八辑，西安：陕西师范大学出版社，2014 年，第 258—264 页；《高提昔墓志》见王其祎、周晓薇：《国内城高氏：最早入唐的高句丽移民——新发现唐上元元年〈泉府君夫人高提昔墓志〉释读》，《陕西师范大学学报》（哲学社会科学版）2013 年第 3 期，第 54—64 页；（韩）金荣官：《高句丽遗民高提昔墓志铭研究》，西安碑林博物馆编：《碑林集刊》第十九辑，西安：三秦出版社，2013 年，第 85—94 页。《南单德墓志》见楼正豪：《新见唐高句丽遗民〈南单德墓志铭〉考释》，文化遗产研究与保护技术教育部重点实验室等编：《西部考古》第 8 辑，北京：科学出版社，2015 年，第 185—193 页；王菁、王其祎《平壤城南氏：入唐高句丽移民新史料——西安碑林新藏唐大历十一年〈南单德墓志〉》，《北方论丛》2015 年第 1 期，第 80—85 页。李隐之墓志见楼正豪：《唐高句丽移民李隐之、李怀父子墓志铭考释》，《韩国古代史探究》2015 年第 21 辑；拜根兴：《入唐高丽移民墓葬及其墓志的史料价值》，金键人主编：《韩国研究》第十二辑，杭州：浙江大学出版社，2014 年。

第五章 入唐高丽移民墓志的史料价值

书。志石高 43.5 厘米，宽 44.2 厘米，厚 7.5 厘米，无墓志盖。墓志录文如下：

大唐故饶阳郡王南公墓志铭并序
中大夫行秘书省著作佐郎薛夔撰

夫人之在生，皆有定分。至于修短，互各等差。况行年八旬，足比上寿。故饶阳郡王讳单德，字单德，昔鲁大夫蒯之后，容之裔也。公生居平壤，长隶辽东。自随室已来，其国屡阻王命，累岁征伐。历至于唐，太宗怒戎，亲幸问罪，军师太震，瓦石俱焚。时夔曾祖行军大惣管平阳公擐甲先驱，骧拔城邑，生擒其王莫丽支，斩首获俘，不可胜计。因此分隶辽东，子弟郡县散居。公之家，子弟首也，配住安东。祖狄，皇磨米州都督。父子，皇归州刺史。昆弟四人，单德元子也。

累在边鄙，忠勤日闻。开元初，上知素有艺能，兼闲武略，留内供奉射生。后属两蕃乱离，诏付夔祖汾阴公驱使，频立功郊，授折冲果毅，次至中郎将军。旋以禄山背恩，傲扰华夏，公在麾管，常怀本朝。复遇燕郊妖氛，再犯河洛，元首奔窜，公独领众归降。上念勋高，特锡茅土，封饶阳郡王，开府仪同三司、左金吾卫大将军，食邑三千户。每思报主，愿竭恳诚。于戏！上天不假永寿，以大历十一年三月廿七日寝疾，薨于永宁里私第，春秋七十有八。夫人兰陵萧氏。嗣子琛贡，正议大夫、试太常卿、兼顺州录事参军。夫人□女，长未初笄，居公之丧，哀毁过礼，闷瓣初咽，绝浆七朝，耳目所闻，吁而洒泣。上佳忠义，赐之束帛，并给□部，葬加殊等。恩深霈泽，存殁光荣。以其年四月廿八日葬于万年县崇义乡胡村白鹿之西原，礼也。其词曰：

懿乎纯碻，立操坚贞。少习流矢，攻战成名。其一。
□心上荅，静难边陲。未□丹恳，二竖交驰。其二。
□□孤坟，□对原野。魂散□□，千年永谢。其三。

据上引《南单德墓志》，南单德在唐大历十一年（776）三月二十七日死于京师长安永宁里私第，享年 78 岁。以年龄推算，南单德应出生于公元 699 年。如按一般惯例，20 年一代人的话，南单德应是高丽移民的第三代或者第四代。同年四月二十八日，也就是南单德死亡一个月后，被埋葬于唐京师"万年县崇义乡胡村白鹿之西原"。万年县崇义乡位于今西安市东郊十里铺一带，从《唐代墓志汇编》、《唐代墓志汇编续集》两书收集的墓志资料看，多处出现死者葬地为"万年县崇义乡南姚村"、"万年县崇义乡白鹿原"、"万年县崇义坊"等表述①，而崇义乡南姚村为中唐时代著名藩镇何弘靖及其子孙墓地所在，上述墓志可以证明这一点。但是，如《南单德墓志》提到"万年县崇义乡胡村白鹿之西原"字样还是第一次。就是说，《南单德墓志》给学界提供了唐代京师万年县崇义乡辖区的一个新的村名，为探讨唐长安基层行政组织提供了新的史料。

（一）"子弟"与"城傍子弟"

关于"子弟"、"城傍"，以及"城傍子弟"，《陈子昂文集》卷十《为建安王与辽东书》云："营州士（土）人及城傍子弟近送密款，唯待官军"；《唐六典》卷五《兵部郎中》载："秦、成、岷、渭、河、兰六州有高丽、羌兵。（皆令当州上佐一人专知统押，每年两度教练，使知部伍。如有警急，即令赴援。诸州城傍子弟，亦常令教习，每年秋集本军，春则放散。）"高丽移民《高玄墓志铭》载曰：永昌元年（689）"奉敕差令诸州简高丽兵士，其年七月，又奉敕简洛州兵士，便充新平道左三军总管征行"；《南单德墓志》载："时夔曾祖行军大总管平阳公擐甲先驱，隳拔城邑，生擒其王莫丽支，斩首获俘，不可胜计。因此分隶辽东，子弟郡县散居。公之家，子弟首也，配住安东。"

志文两次提到"子弟"，其中后者有"公之家，子弟首也，配住安东"语句。对此，上述王菁、王其祎，楼正豪论文中均未做进一步诠释。其实，笔者认为这里的"子弟"应当是"城傍子弟"的简称。"子弟首也"，可解释为唐朝将南氏家族配置于安东都护府辖内，并赋予重任，也就是说，承担某个城傍兵民的管理任务。关于唐代"城傍"，此前日本学者日野开三郎，国内方

---

① 笔者查阅周绍良主编《唐代墓志汇编》和周绍良、赵超主编《唐代墓志汇编续集》两书，录出死后葬于万年县崇义乡者共18人，其中8人葬地在万年县崇义乡南姚村，还有崇义乡白鹿原、崇义乡之原、崇义乡□水东原等，而明确题名"万年县崇义乡胡村白鹿之西原"者则仅此一例。

积六、李锦绣①、王义康②等学者均有论文发表,特别是李锦绣先生的论述颇为全面深入。同时,上述学者虽对一些问题还有不同的看法,但"城傍"作为唐朝安置入唐边疆民族的措施,"城傍"子弟作为一种蕃兵组织,他们的看法却是较为一致的。依据上引《唐六典》、《高玄墓志铭》,唐朝乃至武周政权对于分散各地的高丽等蕃族兵士,有定期点检制度,每年两次练兵,以备边疆不时之需③。特别提到各个州县城傍子弟,秋天农闲时集中练兵,到春天则放散从事农耕生产。墓志作者在唐秘书省著作局任职,对7世纪中叶高丽及其他民族人士入唐后,唐朝在东北等地的安置措施的了解必然清楚,加之他本人和南单德家族固有的关系,故而用"子弟"称呼南单德先祖,显示出当时"城傍"安置高丽等民族入唐人士的措置,以及"城傍子弟"普遍存在的史实。

南单德家族在高丽灭亡之后,作为城傍子弟被唐朝分散安置,并作为城傍子弟首领,居住于安东辖下城傍。不仅如此,当时在收复的辽东高丽旧地,城傍成为安置归附的高丽军兵百姓的主要行政单元,和唐朝的郡县组织富有同样的职能,并在此后的岁月里,起到了为唐朝乃至武周王朝捍御东北边疆的作用。唐玄宗时代的重要大将王思礼,即"营州城傍高丽人也。父虔威,为朔方军将,以习战闻。思礼少习戎旅,随节度使王忠嗣至河西,与哥舒翰对为押牙"④。南单德的祖父南狄、父亲南于两代,应该是先被安置于安东都护府辖下城傍,并担任一定的职务,后任职于安东都护府管辖的磨米州、归州两地,为唐朝东北边疆的安宁建立功勋。

(二)南狄担当磨米州都督

南单德的祖父南狄曾担当磨米州都督之职,从志文"皇唐",以及依南单德年龄推算其祖父的年龄看,南狄担当磨米州都督的时间,应该在唐与武周政权轮替之后。就是说,若上述推论南单德的祖父南狄出生于659年左右没

---

① 李锦绣:《"城傍"与大唐帝国》,陈平原等主编:《学人》第8辑,南京:江苏文艺出版社,1995年。
② 王义康:《唐代城傍辨析》,《中国边疆史地研究》2002年第1期,第38—43页。
③ 拜根兴:《唐代高丽百济移民研究:以西安洛阳出土墓志为中心》,北京:中国社会科学出版社,2012年。
④ 《旧唐书》卷一百一十《王思礼传》,北京:中华书局,1975年标点本。

有疑问的话,高丽灭亡时其年仅十余岁,应该是随其父亲被安置于安东城傍,等到其七世纪中后期担任唐朝磨米州都督,应该是二三十年后的事情了。有关辽东磨米城,史书记载并不相同。笔者曾据《旧唐书》卷三十九《地理志》的记载,认为磨米州为安东都护府辖下的十四州府之一,而随着时间的推移,磨米州治所所在地逐渐形成行政军事中心,磨米城由此出现。南狄担任磨米州都督,应该就在武周政权收复磨米城之后。至于磨米城的位置,笔者在此前的论文中亦有所考察,即认同王绵厚先生的观点,"今从新、旧唐书记载看,本溪县下堡山城更符合其地望"①。另外,作为高丽移民的高性文、高慈父子,曾在武周时期率领当地军民,坚守磨米城,奋力抵抗契丹叛军的进攻,磨米城战斗中高性文、高慈父子壮烈牺牲。现存《高性文墓志铭》记载了磨米城战斗的惨烈和高氏父子的英勇顽强,云:"众寡力殊,安危势倍。城孤地绝,兵尽矢穷。日夜攻围,卒从陷没。为虏所执,词色懔然。不屈凶威,遂被屠害";墓志铭还转述武则天诏敕云:"高性文既能脱衣,招携远藩,宜内出衣一副,并赐物一百段。又,性文下高丽妇女三人,固守城隍,与贼苦战,各赐衣服一具,并赍物卅段。"② 磨米城战斗发生于公元697年,武周军队和当地军民几乎全军覆没。至于南狄担任磨米州都督的具体时间,因没有史料说明,难以定论。但从南狄的年龄和当时情况分析,南狄担当磨米州都督的时间可能在此之后。

(三) 唐朝开放包容与民族融合

《南单德墓志铭》的作者为薛夔,依据王菁、王其祎的研究,薛夔为唐初著名将领薛仁贵的后裔,薛仁贵直接参与645年唐太宗亲征高丽的战斗,并且屡建奇功。此后他奉诏多次出征朝鲜半岛,并在灭亡高丽的战斗中表现突出,此后又参与指挥征伐新罗的战役,成为7世纪中叶唐朝名实相副的战将之一。墓志铭文亦明确记载薛夔时任"中大夫行秘书省著作佐郎",并指出"时夔曾祖行军大惚管平阳公摆甲先駈,隳拔城邑,生擒其王莫丽支,斩首获俘,不可胜计"。而南单德的先祖正好是在这次战斗之后从平壤迁居辽东一

---

① 拜根兴:《唐代高丽百济移民研究:以西安洛阳出土墓志为中心》,北京:中国社会科学出版社,2012年,第220—221页。

② 吴钢主编:《全唐文补遗》第六辑,西安:三秦出版社,2005年。

第五章　入唐高丽移民墓志的史料价值

带。问题是为南单德撰写墓志的任务竟然由薛仁贵的后孙承担，这使人不得不叹服天地造化的奇特。为什么如此？墓志记载南单德本人先在京师长安做"内供奉射生"，随后在薛夔的爷爷汾阴公薛某麾下为官，官至中郎将。安史之乱爆发后，南单德被裹挟参与叛乱，但"公在麾管，常怀本朝"，故最终"领众归降"，如此才被唐廷封为饶阳郡王、开府仪同三司、右金吾卫大将军，食邑三千户。对此，楼正豪以"两蕃乱离"、"燕郊妖氛"两节予以解释，颇为详备，故不再赘言。因为南单德与薛夔家族的渊源关系，虽然南单德可能年长薛夔很多，但两人应该很早就认识，薛夔对于南氏家族入唐后繁衍任官情况也十分了解；再加之薛夔在秘书省著作局担任佐郎，故给正三品级别官员南单德撰写墓志铭的任务就落到他的头上。

另外，南单德娶兰陵萧氏为妻，著籍长安并最终安葬于此，正如王菁、王其祎所言：南单德墓志的出土"为研讨入唐高丽移民的归属意识与民族认同问题，以及渐趋融入唐人共同体的历程又增添了一例新史料，并进而为站在以中国为核心视域的角度探索中国古代王朝与周边关系的'朝贡体制'问题下的唐朝与朝鲜半岛的宗藩关系提供了一例典型个案。"就是说，中唐以后，南单德家庭作为高丽移民的主体意识已不复存在，其出自只是表示其先祖的来源所在，并和其他入唐民族，如突厥、回纥等民族人士一样，与唐人生活在同一地域、具有共同心理希求，成为唐人共同体的一分子。

与南单德相同经历的高丽移民后裔，现在可以看到的还有泉惎、高德、高钦德、高远望、高震、高震女儿，以及文献史料中出现的高仙芝、王思礼、李正己、王毛仲等人。这些人的墓志铭或相关文献史料均表明其出自朝鲜半岛的事实，但因为已经是移民的第三代或第四代，其生活区域除了个别人之外，一般均在唐朝两京及其周边地区；其中担当唐朝武将者居多；结婚对象大多为唐朝汉人或入唐其他民族女子，很少见到与本民族女子结婚的例子。也就是说，入唐高丽移民后裔到第三代以后，原来生活于辽东地域者，其后裔大多移入两京地区，进而加速了民族融合进程，其生活习俗、家庭构成、行为规范，几乎和唐人没有更多的差别，显示出当时民族融合发展的空前景象。

---

① 楼正豪认为这里的"汾阴公"有可能是薛讷或者薛楚玉。见上引楼正豪的论文。

至于墓志中涉及中古中原南氏迁变历程，以及家族如何为躲避战乱迁徙辽东平壤，唐代出现的南氏人物是否还有与入唐高丽移民身份的南单德家族相似的经历，上述王菁、王其祎论文中已有所论述，在此不再赘言。

二、《高提昔墓志铭》

王其祎、周晓薇发表于《陕西师范大学学报》（哲学社会科学版）2013年第3期的论文，公布了高丽移民高提昔的墓志铭信息。即2012年初在西安东郊龙首原上，出土了一方初唐高丽人墓志，这就是上元元年（674）《高提昔墓志》（图5-2）。墓志高、宽皆38厘米，志文20行，满行19字，楷书，有方界格。墓志盖呈覆斗形，志盖拓片高、宽皆38厘米，盝顶高、宽皆27厘米，盖题"大唐泉府君故夫人高氏墓志"12字，4行，行3字，阴文篆书，无界格。盖题四周及志盖四杀皆线刻卷草纹。墓志录文如下：

大唐右骁卫永宁府果毅都尉泉府君故夫人高氏墓志

夫人讳提昔，本国内城人也。原夫蝉冕擿华，叠清晖于往躅；潢漪湛态，挺芳烈于兰闱。曾祖伏仁，大相、水镜城道使、辽东城大首领。祖支于，唐易州刺史、长岑县开国伯、上柱国。父文协，宣威将军、右卫高陵府长上折冲都尉、上柱国。往以贞观年中，天临问罪，祖乃归诚款塞，率旅宾庭。爰赏忠规，载班清级，因兹胤裔，族茂京都。夫人即长上折冲之元女也，德芬兰苑，声冠礼闱，博综情田，遵母仪之雅训；洞包灵府，宪女史之弘规。然而结聘泉门，才盈晦朔，未谐归展，俄事沦亡，惟其所生，悲攉玉掌。粤以咸亨五年六月四日卒于来庭里之私第，春秋廿有六。莫不璧沦朝彩，婺黯霄晖，风碎瑶柯，霜凋玉树。秦镜悲其鸾戢，孔匣咏其龙沉。遂使闾阎宿交，望素车而下泣；里閈亲好，辍朱弦以表哀。以上元元年八月廿五日窆于万年县浐川之原礼也。将恐秋阳递序，陵谷迁迴，所以图撰芳猷，树旌幽壤。其词曰：

弈叶崇构，蝉冕代晖。外谐懿范，内穆兰闱。如何景落，泉帐孤栖。幽扃永闷，寒陇凄凄。

114

第五章　入唐高丽移民墓志的史料价值

　　王其祎、周晓薇的论文主要探讨了高提昔的祖父高支于、父亲高文协入唐时间，墓主高提昔的婚姻及其丈夫泉氏，高提昔的卒所及葬地，高提昔的墓志所见官名地名考说，出土墓志所见入唐高丽移民高氏一族等五方面的问题。可以说，论文已全面涵盖墓志铭涉及的各个方面，如对高提昔祖父高支于和贞观十九年（645）投诚唐朝的高丽萨褥高惠真的比对，墓志出现的高丽地名、官名，如国内城、大相、水镜城、道使等的考述，以及对高提昔26岁才出嫁泉氏原因的推论，均可见作者宽阔的视野和非凡老道的考释功力。也许是印刷或者校对的缘故，论文中引用罗末丽初著名留唐宾贡进士崔彦㧑，也就是崔仁滚①之时，竟将崔仁滚误写为"崔仁流"，这是应特别指出的事情。

　　韩国学者金荣官也发表有关高提昔墓志的论文②。文中根据墓志录文"天临问罪，祖乃归诚款塞，率旅宾庭"，证明高提昔的祖父高支于归降唐朝，应在贞观十九年（645）唐太宗亲征高丽之时，又据当时战争进展情况，认为高支于投诚唐朝具体应在唐军辽东城、驻跸山两次战役之间，此结论和上述王其祎、周晓薇论文所述相同。另外，金荣官认为高提昔的曾祖父高伏仁正好为唐太宗征伐辽东城时的辽东城大首领，并可能此时投诚唐朝。对此，笔者认为疑点太多，似乎并不能得出如此结论。作为高文协的长女，高提昔咸亨五年六月去世，即公元674年，时26岁，如此其出生时间当为公元649年。依据学界一般以20年为一代推算惯例，高提昔的父亲高文协生年应为629年，祖父高支于生年为609年，其曾祖高伏仁生年应在公元589年左右。高伏仁曾担当辽东城大首领，如果是40岁上下的话，其应在629年左右。至于高支于是否继承其父辽东城大首领职位，我们不能因为有一个人曾经继承过父亲的职位，就推论其他任何人都可以或者一定继承其父担当的职位，这是应该慎重考虑的问题。金荣官还通过志文"莫不璧沦朝彩，婺黯霄晖，风碎瑶柯，霜凋玉树。秦镜悲其鸾戢，孔匣咏其龙沉。遂使闾阎宿交，望素车而下泣；里闬亲好，辍朱弦以表哀"中的"秦镜"、"孔匣"等，得出"朝廷

---

　　① 拜根兴：《崔彦㧑与罗末丽初僧侣塔碑撰述——兼论求法巡礼僧侣的往返线路问题》，《社会科学战线》2014年第9期，第82—88页。

　　② （韩）金荣官：《高句丽遗民高提昔墓志铭研究》，西安碑林博物馆编：《碑林集刊》第十九辑，西安：三秦出版社，2013年，第85—94页。

不知道高提昔的葬礼一事的惆怅之感,也有表达高提昔(家族)和婆家泉氏家族都是没有办法屈服于唐的意思",以及"都包含着对皇帝暴政和昏聩的嘲弄以及对高丽的思念和热爱"。无论是泉男生、泉献诚父子迫于时势向唐投诚,还是泉男产、泉男建兄弟投降或被俘到达唐朝,这是当时唐与高丽关系发展的必然,泉氏兄弟接受频繁遣派出征边疆,虽然说是一种无奈的选择,但无疑也是心甘情愿的。至于生于唐、长于唐的高提昔,其祖、父两人投诚唐朝后担当唐朝地方中层官员,在开放包容的大背景下,和其他入唐民族一样,高提昔的童年生活状况理应不会太差,引文提到高支于父子入唐后,"爱赏忠规,载班清级,因兹胤裔,族茂京都",就可说明问题。作为最早入唐的高丽移民,高提昔和泉氏家族成员结婚,是否真正有什么对唐朝的不满和愤慨,似乎上引志文并不能准确说明他们对唐朝的满腹愤恨和不共戴天。

从志文"然而结聘泉门,才盈晦朔,未谐归展,俄事沦亡,惟其所生,悲摧玉掌。粤以咸亨五年六月四日卒于来庭里之私第,春秋廿有六"看,高提昔长到26岁才出嫁,和泉氏结婚月余后就不幸逝世,故上引史料只是表达高提昔不幸夭亡,亲友乡间的惋惜沉痛之情,并非金先生所说的不屈服唐朝,嘲弄皇帝暴政和昏聩等。当然,第一代高丽移民通婚对象多为同类的高丽人,只能说明入唐的高丽人融入唐人共同体还有待时日,等到第二、三代时,随着各种情况的改变,他们和唐人通婚就成为十分普通的事情了。

高提昔病亡于京师长安来庭里私第,这里位于长安城东北,是这一时期入唐高丽贵族军将们散居的主要区域。从志文上下文判断,来庭里应该是高提昔夫家的住所。

总之,《高提昔墓志》的出土,对于了解高丽入唐第一代移民的生活状况提供了重要史料,特别是高提昔和泉氏家族人士结婚,显示出作为高丽第一家族的泉氏兄弟,他们入唐后家族婚姻趋向选择的无奈。

三、李隐之、高牟墓志

(一)《李隐之墓志》

《李隐之墓志》(图5-3、图5-4)为最近几年新见的一方入唐高丽移民墓

第五章 入唐高丽移民墓志的史料价值

志。据楼正豪论文所示①，墓志收藏于洛阳瀍河区马坡所在的洛阳九朝刻石文字博物馆，是此前学界未见提及的高丽移民墓志史料。志石长48.5厘米，宽53厘米，22行，正书，志盖篆书"大唐故李府君墓志铭"，四杀饰鸳鸯及卷草纹。墓志文如下：

> 唐故赠泉州司马李公墓志铭并序
> 　　公讳隐之，字大取，其先辽东人也，晋尚书令胤即其枝类。祖敬父直，或孝德动天，驰名于乐浪，或忠勤济物，誉表于扶余。公厌海壖之风，慕洛汭之化，重译纳贡，随牒受官，勇武既自于天然，果断宁由于学得。异夫子之入梦，且叹山颓，殊仙客之延龄，还嗟海变，呜呼哀哉！春秋五十有一，以大唐神龙元年正月廿五日寝瘵终于上林里之私第。朝野痛惜，亲故哀伤。帝皇悼怀，赠泉州司马以成送终之义。迁殡于河南府河南县平乐乡之原。
> 　　夫人河间县君刘氏，贞节孤高，孀居荏苒，在家慕克己之德，训子从择邻之规。风树不停，隙驹难驻，琴亡鹤去，镜破鸾沉，呜呼哀哉！春秋八十有六，以大唐开元廿七年四月五日寝疾终于道政里之私第。粤以其年五月壬辰朔五日景申合葬于公之旧茔西南一里半，礼也。前临清洛，川声夜杂于松风，却背崇邙，岚气晓凝于薤露。嗣子初有，左领军卫翊府右郎将，仲子怀德，左骁卫翊府右郎将，季子怀敏，代州阳武镇将等。类高柴之泣血，哀慕充穷，若顾悌之绝浆，攀号崩迫。畏桑田之改易，虑高岸之沦移，旁求斯文，以作尔志。其词曰：
> 　　司马令德，来从异域，人之云亡，天子赠职，志不惑兮。夫人道终，合葬顺理，二龙次丧，两凤伦死，情难已兮。三子至孝，七日绝浆，思亲勒石，地久天长，不朽芳兮。

其实，李隐之儿子李怀的墓志已于1928年出土于洛阳北十六里南陈庄村，志石收藏于千唐志斋博物馆。笔者2002年发表的《中国所见韩国古代史关联金石文的现状与展望》文中曾提到《李怀墓志》（图5-5），随后在2009

---

① 楼正豪：《唐高句丽移民李隐之、李怀父子墓志铭考释》，《韩国古代史探究》2015年第21辑。

年刊出的《唐高句丽移民遗址遗物的现状及分布》论文①中也有专门探讨，故对于李怀的墓志所涉及的问题，不再赘言。

《李隐之墓志》载："其先辽东人也，晋尚书令胤即其枝类。祖敬，父直，或孝德动天，驰名于乐浪，或忠勤济物，誉表于扶余。公厌海壖之风，慕洛汭之化，重译纳贡，随牒受官，勇武既自于天然，果断宁由于学得"。

《李怀墓志》载曰："昔晋氏乘乾，辽川尘起，帝欲亲伐，实要□□。公十二叶祖敏为河内太守，预其选也。克灭之后，遂留拓镇，俗赖其利，因为辽东人。至孙胤，举孝廉，仕至河南尹，加特进，迁尚书令，晋之崇也。曾祖敬，随襄平郡从事。太宗东幸海关，访晋尚书令李公之后，佥曰：末孙敬在。帝许大用，尽室公行，爰至长安，未贵而没。悲夫！其子曰直，直生隐之，赠清源郡司马，公则清源府君之冢子也。"

楼正豪依据上引史料，以及《三国志》、《晋书》、《北史》、《新唐书》等史书，对李隐之、李怀先祖做了很好的考证，如此可列出李氏家族世系表，见表5-1。

表5-1　李氏家族母系表

李敏——李信——李胤——□□——□□——□□——□□——
□□——□□——李敬——李直——李隐之——李怀——李智通

李隐之的祖父李敬定居长安不久就别世，其父李直因此没有过多地享受入唐后家族的荣光。李隐之本人亦官位不显，唐中宗神龙元年（705）去世，享年51岁，其出生时间应为唐永徽六年（655），而其祖父李敬在唐太宗亲征高丽之后的645年到达长安，就是说，李隐之应该出生于长安或者洛阳，并成为入唐的第二代高丽化的汉人移民。即便如此，李隐之的结婚对象为河间县君刘氏，刘氏的汉人身份不容置疑，但是否同样是入唐高丽化的汉人则难能知晓。李怀天宝四载（745）病逝，享年68岁，可推算其出生时间为678年，作为长子的李怀出生于其父李隐之23岁之时。显然，入唐的高丽化汉人和纯粹高丽人还是有一定的差异，表现在婚姻对象的选取，对唐朝认同度的深厚与否，以及入唐后任官途径和性质上。

---

① 拜根兴：《中国所见韩国古代史关联金石文的现状与展望》，韩国庆州新罗文化宣扬会编：《新罗文化祭学术论文集》第23辑，韩国庆州，2002年，第171—202页；拜根兴：《唐高句的移民遗址遗物的现状及分布》，《中国历史地理论丛》2009年第1期，第87—97页。

还有,楼正豪论文没有提及李隐之墓志出土地点。李隐之志文载其"大唐神龙元年正月廿五日寝瘵终于上林里之私第",而其夫人刘氏"大唐开元廿七年四月五日寝疾终于道政里之私第",李怀也是病终于"道政坊(里)"。就是说,李隐之、李怀家族可能从上林里移住道政里,也可能拥有两处宅地。另外,李隐之先"迁殡于河南府河南县平乐乡之原",开元二十七年(739)五月与妻子刘氏合葬,新墓距离"公之旧茔西南一里半"。李怀天宝四载(745)四月二十二日与其妻王氏合葬于"洛阳县平乐乡之原,从周礼也"。也就是说,李隐之、李怀父子的坟墓应该在一个区域之内,这也符合唐人家族父子具有共同墓地的惯例。不过,如上所述,李怀墓志1928年出土,但并没有提及出土周边其他墓葬①,而李隐之墓志的出土时间、地点不详,其出土很可能和最近数十年的盗墓风潮有关,但其出土地点应该就在原出土李怀墓的周边地区。

无疑,李隐之、李怀父子作为入唐高丽化汉人后裔,他们的生活轨迹与纯粹入唐的高丽人还有相当的区别,特别是墓志记载李怀在唐玄宗平定"韦氏之乱"中建立奇功,使得李氏家族迎来入唐数十年后又一次重要机遇,这不能不使人感叹"时势造英雄"的诡谲。

(二)《高牟墓志》

据2012年在洛阳发现高牟墓志拓片(图5-6),并撰写论文的楼正豪所述,《高牟墓志》的出土地点、时间不详,志石亦不知去向,仅存志文拓片,现收藏于洛阳私家。墓志为正方形,边长45.5厘米,四侧有线刻卷叶文。志文楷书,19行,满行19字,共282字,有人、授、地、年、月、日、载、圣、等武则天所造汉字,撰书者不详。墓志录文如下:

大周故左豹韬卫将军高君墓志铭并序
　　君讳牟,字仇,安东人也。族茂辰韩,雄门誉偃,传芳秽陌,声高马邑。忠勇之操,侍楛矢之标奇;鞬师之能,跨沧波而逞骏。是以早资权略,夙禀枢机,候青律以输诚,依白囊而献款。授云麾将军,行左领

---

① 郭培育、郭培智主编:《洛阳出土石刻时地记》,郑州:大象出版社,2005年,第277页。

军卫翊府中郎将。任隆韬禁,俯兰锜以申谋;位列爪牙,仰熏风而饮化。转冠军将军,行左豹韬卫大将军。既而疴瘵,旋及隙景,爰驰西山之药,不追北地之魂,永逝以去。延载元年腊月卅日薨于时邕之第。三韩流涕,十部分哀,悲缠东海之东,痛结外荒之外。以圣历二年八月四日窆于洛州合宫县界北邙山,之礼也。春秋五十有五。悲菰切逈,灵旗飘/空,恐懿迹之遽沉,怆嘉名之不纪,式凭琰石,以表芳声。其词曰:

辰韩辽夐,秽陌苍忙。怀忠效节,仰化归皇。趋驰武卫,出入鹰扬。荣分列棨,誉满遐方。将申茂绩,遽奄颓光。悲深阋水,恸切韩乡。小山落秀,大树沉/芳。坟茔阒寂,松槚凄凉。庶斯铭之无泯,与悬象以恒彰。

高牟其人在现存文献史料中未见有记载,只是清人编撰的《全唐文》中收录的唐人判文中提到他。楼正豪的论文从高牟的出身及入唐背景、入唐活动两方面,探讨墓志铭涉及的诸多问题。特别是对墓志录文句读的诠释,堪称完备,为读者了解高牟生平事迹提供了很好的帮助。笔者爬梳现存入唐高丽第一代移民墓志,排除战场殉国,被陷害冤屈而死,以及志文中未有表现者,其中提到墓主死亡后其子弟后人的哀悼及影响,似乎《高牟墓志》较为独特,不妨抄录予以对比:

《泉男生墓志》载:"以仪凤四年正月廿九日遘疾,薨于安东府之官舍,春秋卌有六。震辰伤辇,台衡怨笛,四郡由之而罢市,九种因之以辍耕。"

《泉男产墓志》载:"邙山有阡,长没钟仪之恨;辽水无极,讵闻庄舃之吟。故国途遥,精车何日。鹤飞自远,令威之城郭永乖;马鬣空存,滕公之居室长掩。"

《高玄墓志》载:"泉台杳杳,终无再见之期,蒿里[绵绵],永绝□言之会。叹桑田之有革,惧陵谷之将移,勒石纪功"。

《高足酉墓志》载:"驷马悲鸣,三军饮泣,春人辍相,工妇□□。"

《高提昔墓志》载:"秦镜悲其鸾戢,孔匣咏其龙沉。遂使闾阎宿交,望素车而下泣;里閈亲好,辍朱弦以表哀。"

第五章 入唐高丽移民墓志的史料价值

《高牟墓志》载:"三韩流涕,十部分哀,悲缠东海之东,痛结外荒之外。"

高牟于武周延载元年(694)腊月三十日,死于神都洛阳时邕坊私第,此时的官职为"冠军将军,行左豹韬卫大将军",为正三品。虽则如此,志文中没有涉及他的死亡对于武周政权等的影响,而是直接提及"三韩"、"十部"、"东海"、"外荒"等高牟入唐前的故乡名讳。上引《泉男生墓志》虽提到"四郡"、"九种",泉男产墓志文亦有"辽水"、"故国"字样,但像《高牟墓志》文中如此多的提到朝鲜半岛部族和地域,或许是在突出高牟的高丽移民身份的同时,强调他生前所领部伍可能有来自朝鲜半岛者。当然,高牟入唐后拜云麾将军,担当正四品下的左领军卫翊府中郎将,掌管"其府校尉、旅帅、翊卫之属以宿卫,而总其府事"①,后升职为正三品的左豹韬卫大将军,"职掌如左、右卫。其异者,大朝会则率其属被黑质鍪、甲、铠,执黑弓箭、黑刀、黑韬,建青麾、黑麾、黄龙负图旗、黄鹿旗、驺牙旗、苍乌旗,为左、右厢之仪仗,次立武卫之下。翊府翊卫、外府羽林番上者,则分配之。在正殿前,则以诸队立于阶下;在长乐、永安门内,则以挟门队列于两廊。凡分兵主守,则知皇城东、西面之助铺。"② 如果上述比定可以成立的话,是否可以推定唐朝乃至武周宫廷警卫部队,或者宫廷仪仗队中可能也有高丽军兵。如其不然,墓志文中提到高牟死亡后,三韩、十部等哀伤就无从谈起。

除此之外,高牟武周延载元年(694)去世,圣历二年(699)年埋葬,其间经过五年时间,同样,这在入唐高丽移民,特别是在唐担当重要职务者中是很少见的事情。是什么原因导致高牟尸身迟迟不能入土为安?是其影响不大?显然不是,担当正三品的左豹韬卫大将军,应该是显赫的人物;是酷吏政治所致?从最终的正面评价,以及酷吏们的消亡退场时间,看不出有什么问题;是其高丽人身份?好像也没有此方面的因素;抑或是其触犯了武周政权某种禁忌?等等。因史料缺少,这些都难找到答案,故在此只能存疑。

---

① (唐)李林甫等撰:《唐六典》卷二十四《诸卫》,陈仲夫点校,北京:中华书局,1992年,第623—624页。

② (唐)李林甫等撰:《唐六典》卷二十四《诸卫》,陈仲夫点校,北京:中华书局,1992年,第621页。

本节在已有研究的基础上，对新公布的四方入唐高丽移民墓志研究中未能涉及的问题做了补充探讨。感谢王其祎、周晓薇、王菁、金荣官、楼正豪等人，是他们率先探讨这些新出史料，提出宝贵的见解，进而启发笔者在此基础上进行补充研究，他们的开山之功不可磨灭。可以预见，洛阳、西安两地新的入唐高丽移民墓志可能还会陆续出土面世，2015年出现在洛阳的高丽移民《高乙德墓志》（图5-7、图5-8）就是明证。相信随着新的史料的不断出现，再加上学者们的潜心探索，有关入唐高丽移民问题的研究一定会更加深入，步入新的台阶。

第二节　入唐高丽移民墓葬及其史料价值

古代移民有战争、经济、实边、灾荒、屯田移民等多种情况，入唐高丽移民应属战争移民的范畴。自1937年罗振玉编撰《唐代海东藩阀志存》一书以来，随着洛阳、西安两地新的朝鲜半岛移民墓志的不断发现，以及韩国、日本研究者的加入，有关入唐高丽移民的研究呈现相对繁荣局面。据笔者不完全统计，海内外已经出版的相关专著和资料集就有多部，如姜清波：《入唐三韩人研究》（暨南大学出版社2010年版）；苗威：《高句丽移民研究》（吉林大学出版社2011年版），拜根兴：《唐代高丽百济移民研究：以西安洛阳出土墓志为中心》（中国社会科学出版社2012年版），韩国高句丽研究财团编辑《中国所在高句丽关联金石文资料集》（2004），以及各种论文近百篇。然而，虽然有针对新出土入唐高丽移民墓志的专著和论文出现，但还未见对现存入唐高丽人墓志涉及问题的总体探讨。本节力图在现有研究的基础上，对出土于洛阳、西安的入唐高丽人墓志做整体探讨，并对其史料价值予以评价。

一、入唐高丽人墓葬及墓志的总体分析

（一）墓葬分布于唐两京地区

长安与洛阳，是唐朝京师和东都所在地。洛阳北邙自汉魏以来，成为当时达官贵族及一般百姓死后理想的埋葬地，唐代也不例外。而作为都城的长

第五章 入唐高丽移民墓志的史料价值

安,除过在其北部渭北高原上长达 150 千米所在的唐十八陵及其陪葬墓群外,长安的东、西、南三个方向周边地带,也有大量的唐人墓葬存在。有学者探讨现有考古发掘及其他文献史料,总结出长安周边唐代墓葬分布的三个原则,这就是靠近交通干道、多处于高敞地带、靠近居民居住区等。而外国或周边民族移民的墓葬分布,则是"东来的葬在东边,西来的葬在西边"①。相信洛阳北邙唐代墓葬可能也存在共同之处。已经发现的入唐高丽移民墓葬,均处于长安城周边,以及洛阳北邙及其周边地区,还没有形成集团性的高丽移民墓地。为什么如此?笔者依据现存墓志资料及其他文献记载,认为可能有以下几个原因:其一,入唐高丽移民病逝于长安或洛阳,其入唐后的住宅也在长安或洛阳,因而就近找寻墓地埋葬。其二,有的人虽然在长安和洛阳均有住宅,但入唐不久恰逢唐朝与武周交替,乃至武周统治时期,国家政治经济文化中心东移,他们大部分时间在洛阳居住,因此死后就埋葬于洛阳,现存入唐高丽第一代移民,如泉男生兄弟,泉献诚,高性文、高慈父子,高足酉、高玄等均属这种情况。其三,属于入唐第二代或第三代,时间也到了唐玄宗开元、天宝时期,此时要么祖坟就在洛阳,要么死后迁葬于洛阳,如泉毖虽然籍贯记为京兆万年人,但因为祖墓在洛阳,因而也就迁葬洛阳。无论如何,到现在为止,唐朝两京之外还没有发现入唐高丽人墓葬。这种情况固然和葬于两京及其周边地区的多为高丽达官贵族,他们入唐后担当唐朝重要官职,为唐朝边境的安宁建功立业,故而死后也享受哀荣待遇,建造与其官位品级相对应的墓室相关。而远在河西、陇右等地安置的中下级高丽军将,以及一般百姓,一方面限于当地的自然环境,经济、政治氛围,生活习俗;另一方面唐朝丧葬有严格的等级规定,这些人死后的葬埋方式和规模,以及享受的礼遇,就不能和在京师长安、东都洛阳所在的高位官僚同日而语了,可能大部分人死后根本不可能有墓志铭等文字性记录。因而,在长安、洛阳之外至今没有发现高丽人墓葬也是可以理解的事情。当然,也有可能在未来的时间内,在唐两京之外发现入唐高丽移民墓志,因为七世纪中叶及其之后唐朝廷的边疆战争中,遣派入唐高丽军将及其后裔的情况很多,或许有人战死

---

① 程义:《关中地区唐代墓葬研究》,北京:文物出版社,2012 年。

疆场后，限于窘迫情势，立简单的标志碑石，就安葬于当地也不是没有可能①。

(二) 墓葬多未经正规考古发掘

上述罗振玉编撰《唐代海东藩阀志存》一书，涉及入唐高丽人泉男生、泉男产、泉毖、高玄、高慈、高震6人，其墓志均来自于已遭盗掘墓葬，有的是几经辗转才收集而来，如现收藏于河南博物院的《泉男生墓志》，就是几易其手，最终得以收藏保全。致力于唐人墓志收藏的著名金石专家李根源记载泉氏墓志云："民国十一年十一月在洛阳出土，为陶北溟所得，转卖日人，已捆绑登车矣。张省长凤台截回，出资千元，交馆收藏。"② 一般来说，因为盗掘，这些墓葬出土状况并不为人所知，但个别墓葬出土文物情况还可略知一二，如郭玉堂编《千唐志斋藏石目录》三集中，就记载了高玄墓出土当时的情况，其于民国"二十五年十月，后李村出土。三彩凤壶一，盘子一，束腰人一对，十大件一全份，其余小器二十件，马上人十件"③。当然，按照唐人的埋葬礼仪，作为正三品的冠军大将军行左豹韬卫翊府中郎将的高玄，其陪葬品绝不止这些，其中也许郭氏见到的并非盗掘者发现高玄墓陪葬物的全部，也许当时人对于一些我们现在看来重要的东西并没有记载，但无论如何，在当时特殊状况下能够记载高玄墓发掘出土情况还是值得肯定的。另外，近20年来新发现的入唐高丽人墓，如高足酉墓、高震女儿墓④，高性文墓⑤，高铙苗墓⑥等，有的是收集民间收藏的墓志，其出土于何处，何时出土并不

---

① 钱伯泉先生有《隋唐时期西域的朝鲜族人》论文，其中提到出土于吐鲁番哈剌和卓村东的《大唐伊西庭支度营田副使银青光禄大夫试卫尉卿上柱国渤海高公墓志铭》，墓主高耀祖居唐朝西州，历代作为军将生活于西州。钱氏推证高耀家族可能是唐太宗晚年安置于西州的高丽人，此虽可备一说，但仍需查找关联史料予以进一步论证，详见钱伯泉：《隋唐时期西域的朝鲜族人》《新疆大学学报》（哲学·人文社会科学版）2006年第4期，第60—64页。

② 李根源、何日章编：《河南图书馆藏石目》，开封：河南官印刷局，1925年铅印本。

③ 张钫编：《千唐志斋藏志目录》，北京：万顺德印刷局，1953年石印本，转引自张福有、赵振华：《洛阳、西安出土北魏与唐高丽人墓志及泉氏墓地》，《东北史地》2005年第4期。

④ 李献奇、郭引强编：《洛阳新获墓志》，北京：文物出版社，1996年。

⑤ 王化昆：《读武周〈高质墓志〉》，王双怀、郭绍林主编：《武则天与神都洛阳》，北京：中国文史出版社，2008年。

⑥ (韩) 金荣官：《高句丽遗民高铙苗墓志检讨》，《韩国古代史研究》2009年第56辑，第367—397页；张彦：《唐高丽遗民〈高铙苗墓志〉考略》，《文博》2010年第5期，第46—49页。

知道。有的虽然有出土时间和地点，但从现在公布的资料看，并没有具体的发掘记录，只是简单提及何时出土，出土于何地，未言及或公布与墓志同时出土的其他文物，这些情况至少可以说明上述墓葬并非经过科学完整的考古发掘，极可能是清理盗掘中，或者清理城市扩张建设过程中被破坏的墓葬。正因如此，现有研究只是通过出土墓志，探讨墓主的生平、入唐之际的表现，以及入唐之后在唐朝的建功立业等。而通过墓葬的葬式规格，陪葬品的多少及其品质，墓室壁画等要素，探讨墓主关联问题，即墓葬是否完全按照唐人陪葬排设明器？在第一代入唐高丽人墓葬中，墓室中是否残留有或者说表现有墓主在故乡高丽生活的素材？这些现在都成为不可能再现的东西。作为学术研究，上述至关重要的考古信息，均因为盗掘，或者非正式的出土面世而荡然无存，确实令人痛惜。当然，为数众多被盗掘的唐墓出土文物现状也是如此。

（三）墓志出土数量不断增多

入唐高丽移民墓志数目，不同时期、地域、理念的统计，也呈现出不同的统计结果，如韩国首尔大学国史学科宋基豪教授在探讨高玄墓志时，就认为当时所见入唐高丽人墓志共有 7 方①。笔者此前撰写的论文中提到 9 方入唐高丽人墓志，也涉及当时了解到的这一领域研究状况②。赵振华先生的论文中也提到高丽人墓志数目。当然，因为对现存史料的不同理解，亦造成统计数字出现差异，如笔者在《唐代高丽百济移民研究》一书中，收录入唐高丽人墓志 21 方，如果去掉李仁德、似先义逸两方唐之前其先祖进入中原者，实际上有 19 方。不过，2012 年年初有研究者在洛阳发现入唐高丽移民高牟墓志拓片，只是其志石已不知去向③，王其祎、周晓薇也刊出入唐高丽人《高提昔墓志》的考释论文④。这样，现在可以看到的入唐高丽移民墓志就有

---

① （韩）宋基豪：《高句丽遗民高玄墓志铭》，《首尔大学校博物馆年报》1998 年第 10 辑。
② 拜根兴：《高句丽遗民高足酉墓志考释》，西安碑林博物馆编：《碑林集刊》第九辑，西安：三秦出版社，2003 年，第 27—35 页。
③ 楼正豪：《新发现高句丽移民高牟墓志考释》，杜文玉主编：《唐史论丛》第十八辑，西安：陕西师范大学出版社，2014 年，第 258—264 页。
④ 周晓薇、王其祎：《国内城高氏：最早入唐的高句丽移民——新发现唐上元元年〈泉府君夫人高提昔墓志〉释读》，《陕西师范大学学报》（哲学社会科学版）2013 年第 3 期，第 54—64 页。

24方。事实上,这些墓志可分为入唐高丽移民,入唐高丽化的汉人移民墓志两类。虽则如此,韩国学者权悳永教授并不认同将已高丽化的入唐移民划入高丽移民之列①。也就是说,如果将高丽化的入唐汉人排除于入唐高丽移民之外,那么最终统计入唐高丽人墓志数目就不同。还有一种情况,如笔者2007年赴洛阳出席武则天国际学术会议,会上就听闻《泉男建墓志》流传民间的消息,但该墓志藏于何处却无从查证。可以预测,随着西安、洛阳两地城市建设的不断拓展,新的入唐高丽人墓志的发现当是可以预见的事情。

(四)墓葬呈现家族式埋葬特点

家族式共同墓地秦汉时代已经出现,此后普遍存在于各个朝代。从现在可以看到的21方入唐高丽人墓志看,其中就有泉氏家族泉男生、泉男产、泉献诚、泉毖祖孙三代四人,高性文、高慈父子,高震、高震女儿父女,高钦德、高远望父子等,他们或者父子,或者祖孙三代,其墓葬均在同一区域相依相伴,形成家族式墓地,其数目接近发现的入唐高丽人墓总数的一半。而随着洛阳、西安两地考古工作者的不断努力,以及零星盗掘的一再出现,发现新的入唐高丽家族式墓葬并非不可能。这些家族式墓葬,除过泉氏家族中泉男产墓地与其兄泉男生祖孙三代墓不在同一地方之外,其余三个家族墓志均出土于同一地点。为什么如此?此是否与唐人死后同一家族共有相同墓地的习俗有关②?不仅如此,入唐高丽人墓葬及其出土墓志,也具有和唐人葬埋乃至书写方式相同的特点,此亦可证实入唐高丽移民逐渐融合于唐人共同体的历史史实。当然,由于并非正规的、有计划的考古发掘,加之盗掘的隐秘性和不可告人的性质,上述家族父子墓志的出土时间各异,而出土地点则是出奇的相同。例如,《高慈墓志》出土于1917年,而其父亲《高性文墓志》则出土于21世纪初;因父子两人同时为维护大唐边疆的安宁捐躯生命,武周朝廷将其葬埋一处,形成高性文父子家族墓地;至于高氏家族是否还有其他人士葬埋于此,因没有确切的史料,难于做论。《高震墓志》出土于1926年,现存史料只是说出土于洛阳,并未载明具体地点,高震女儿墓志则出土于洛

---

① (韩)权悳永:《韩国古代史关联的中国金石文调查研究》,《史学研究》2010年第97辑。
② 参阅江波:《唐代墓志撰书人及相关文化问题研究》,博士学位论文,吉林大学历史学院,2010年。

阳市伊川县白元乡土门村，时间为1990年。高钦德的墓志出土于洛阳，亦未说明具体时间和地点，其子高远望的墓志1997年出土于洛阳市孟津县，但从两方墓志文本身看，其埋葬地点应该在一处，当然其出土地也应当是同一地点。总之，从家族人士集中埋葬同一区域的事实，可以看出入唐高丽移民入乡随俗，死后葬埋形式已和唐人没有什么两样了。

二、入唐高丽移民墓志涉及的问题

如上所述，入唐高丽移民在唐朝生活，并逐渐融入唐人共同体之中，成为中华民族中的一份子，他们死后的墓葬形式、墓志铭文的构成，均趋同于唐人，进而成为唐人墓志的重要组成部分。虽则如此，现在看到的入唐高丽人墓志，也可找出一些足以成为特点的要素，彰显高丽移民入唐后的心路历程。

首先，从墓志记述墓主籍贯看，入唐高丽移民多来自辽东和朝鲜半岛，但在表述中则各不相同。众所周知，高丽民族发源于我国东北，后来执行所谓的南进政策，其势力达到朝鲜半岛中北部。公元668年高丽灭亡前后，大量的高丽高官和富户以各种方式迁至长安和洛阳，并从此开始了移居唐朝的生活历程。对此，可从现存墓志及其他史料得其端倪，见表5-2。

表5-2　入唐高丽移民籍贯统计表

墓志名称	墓主	籍贯	死亡时间	代次	出土地点
《高提昔墓志》	高提昔	国内城人	咸亨五年（674）	第一代	西安市东郊
《泉男生墓志》	泉男生	辽东郡平壤城人	仪凤四年（679）	第一代	洛阳孟津县东山岭头村
《泉献诚墓志》	泉献诚	其先高丽人	天授二年（691）	第一代	洛阳孟津县东山岭头村
《泉男产墓志》	泉男产	辽东朝鲜人	大足元年（701）	第一代	洛阳孟津县刘坡村
《高玄墓志》	高玄	辽东三韩人	天授元年（690）	第一代	河南孟津县后李村
《高性文墓志》	高性文	辽东朝鲜人	万岁通天二年（697）	第一代	洛阳北邙山
《高慈墓志》	高慈	朝鲜人	万岁通天二年	第一代	洛阳北邙山
《高足西墓志》	高足西	辽东平壤人	天册万岁元年（695）	第一代	伊川县平等乡楼子沟村
《李他仁墓志》	李他仁	辽东栅州人	上元二年（675）	第一代	西安城东白鹿原
《高牟墓志》	高牟	安东人	延载元年（694）	第一代	洛阳北邙山
《泉毖墓志》	泉毖	京兆万年人	开元十七年（729）	第二代	洛阳洛阳孟津县东山岭头村
《高木卢墓志》	高木卢	渤海人	开元十八年（730）	第一代	陕西西安东郊郭家滩
《高震墓志》	高震	渤海人	大历八年（773）	第三代	洛阳
《高震女儿墓志》	高氏	渤海人	大历七年（772）	第四代	洛阳市伊川县白元乡土门村
《高钦德墓志》	高钦德	渤海人	开元二十一年（733）	第三代	洛阳
《高远望墓志》	高远望	渤海人	开元二十八年（740）	第四代	洛阳
《高德墓志》	高德	渤海人	天宝元年（742）	第三代	洛阳

从表 5-2 可以看出，入唐高丽移民除过高木卢死亡时年龄 81 岁，籍贯写为渤海人之外，其余第一代移民的籍贯均与辽东及朝鲜半岛密切相关。第二代以后的高丽移民，包括上述死于开元中的高木卢，以及作为高丽王室的直系继承人高震，他们的籍贯整齐划一地记为渤海人，为什么会出现这种情况？如何解释？对此，有学者认为：这"说明高丽旧日权贵已经在主动放弃其原有的即客观的种族出自，转而攀附中原正统了"，"反映了高震自我身份认同的矛盾心理。从现实的处境看，由于其祖高藏及叔伯男建与唐朝对抗的历史记录，唐朝对于王室后裔必定会多加注意，多加防范。相信较之于其他身份的高丽移民，高震一族在唐朝的生活都将在唐朝廷的掌控之中，必定会少些自由，多加一份小心。因此，向中原大姓认祖归宗、趋同，可以减轻一些压力，带给他们一些现实的方便甚至利益。但他们毕竟有着高丽王族血统，这一点又决定了他会有意识地捍卫其种族身份。这种进退两难的种族自认，在高震的下一代得以终结。在高震女儿的墓志中，对曾祖高藏和高祖高连的身份，特别是朝鲜郡王的介绍闪烁其词。"① 同时，"高丽人附会渤海高氏，是因为这些高丽人以出身东夷在中原备受轻视，所以冒充渤海高氏以抬高身价。高震自号渤海人一事，恐怕也是出于同样的原因。"② 在唐初门阀、华夷观念仍然存在的现实状况下，包括王室贵族及上层官僚军将在内的入唐高丽移民，他们对出自及籍贯的重视和选择，充满了矛盾和无奈。至于泉毖将籍贯写为京兆万年人，当是与泉毖出生于长安，以及其父辈在长安居住有关。总之，无论是高丽移民第一代，墓志直接记载其辽东及朝鲜半岛籍贯，还是第二代之后或者对籍贯的闪烁其词，或者攀附中原大姓，这些都不能改变他们出自辽东或朝鲜半岛的事实。当然，入唐第二代，特别是中唐之后，这些人已经融入唐人共同体之中，现有碑刻史料中，再也看不到有关高丽移民标榜出自辽东和朝鲜半岛的记载。

其次，《泉男产墓志》中明确有思念故乡的记载，反映出入唐第一代高丽人有别于一般人的矛盾心情。《泉南产墓志》录文载：

---

① 马一虹：《从唐墓志看高句丽遗民归属意识的变化——以高句丽末代王孙高震一族及权势贵族为中心》，《北方文物》2006 年第 1 期，第 29—37 页。
② 马一虹：《靺鞨、渤海与周边国家、部族关系史研究》，北京：中国社会科学出版社，2011 年，第 195 页。

第五章 入唐高丽移民墓志的史料价值

年六十三,大足元年三月廿七日遘疾薨于私第,以其年四月廿三日葬于洛阳县平阴乡某所。邙山有阡,长没钟仪之恨;辽水无极,讵闻庄舄之吟。故国途遥,輤车何日?鹤飞自远,令威之城郭永乖;马鬣空存,滕公之居室长掩。虽黄肠题凑,与天壤而无穷;而玄石纪勋,变陵谷而犹识。……勋懋象骨,宠均龙离;遽开青社,山河周绝。辽阳何许,故国伤心,钟仪永恨,庄舄悲吟。旌旆荣戟,佩玉腰金,鼓钟忧眩,逾忆长林。留秦独思,济洹为咎,声明长毕,佳城永久。托体邙山,游魂辽阜,勒铭幽石,庶传不朽。

墓志的撰写者为泉男产的儿子泉光富,虽然从年龄上看,其很可能是泉男产入唐后和唐人女子所生,但父子连心,泉男产临终前对故乡刻骨铭心的留恋思念,泉光富是最有发言权。应该说明的是,泉男产与其兄泉男生、侄子泉献诚的境况还有所不同。泉男生、泉献诚父子率先投诚,而且在高丽灭亡战争中建有功勋,入唐后又频繁带兵出征,并受到最高统治者的褒奖。而泉南产则是最后随宝藏王一起投诚,加之他与兄长泉男生固有的心结,或许在投诚唐朝之初的日子并不好过。而随着泉男生、泉献诚父子的先后离世,作为泉氏家族健在的掌门人①,他与入唐其他家族,包括高丽王族高氏保持怎样的关系,7世纪末叶唐朝对高丽故地采取的一系列措施,他对此持有什么样的态度,因史料所限,无从知晓。同时,泉男产"圣历二年,授上护军。万岁天授三年,封辽阳郡开国公,又迁营缮监大匠,员外置同正员。"② 从墓志记载看,在开放包容旗帜下,武周统治时期泉男产似乎亦没有受到任何冲击。总之,泉男产弥留之际思念故乡,可能是思念故乡朝鲜半岛的山川平原,也可能怀念年轻时代的荣华富贵,无论如何,这是人之常情,反映出入唐第一代移民的共同心声,其他人肯定也有这种情怀,只是现存文献资料及墓志文中没有表达而已。作为学术研究,对此不必过分诠释,也不能视而不见,应该予以客观真实、恰如其分的评价。

---

① 依据《新唐书》卷二百二十《东夷·高丽传》记载,泉男产的弟弟泉男建在高丽灭亡之时被唐军俘虏,之后被流放于岭南。经过30余年时间,史料记载泉男建死于流放所黔州,但没有说明死亡的具体时间。估计此时泉男建很可能已不在人世。因而,作为泉氏家族来说,泉男产在家族中的辈分应该是无人超越的。

② 周绍良主编:《唐代墓志汇编》上册,长安008,上海:上海古籍出版社,1992年。

再次，入唐高丽移民志文作者关联问题。现存21方高丽移民墓志中，只有泉男生、泉献诚父子，泉毖，高性文（其子高慈）①，高钦德、高远望父子，高震，李怀等人的墓志题有志文作者，其他墓志未见标出。

对于未能标出志文撰写者的墓志，一般来说，有的是唐朝廷有关部门例行公事，即官方差人撰写，有的可能是得到官方认可，让熟悉死者生前事迹，和死者生前有过交往，并为死者家属认可的人士撰写。这两种情况中，前者撰写素材一方面由官方提供，同时参照死者家属提供的家庭谱系材料，当然，是否有一定的墓志撰写书仪②类东西，至少从这20余方墓志文中很难认定。具体到入唐高丽人士如高足酉、高铙苗、高牟三人，他们入唐后事迹志文中比较详细列出，但入唐前在高丽的行迹却很少记载，其中是否有故意隐晦不写的可能？对此，笔者曾对《高足酉墓志》做过详细的探讨，分析志文中人为隐去入唐前事迹的几种可能性③。而高铙苗、高牟两人志文简略隐晦，可能和两人在唐与新罗联合进攻高丽都城平壤过程中所担当的角色有关。作为小将的高铙苗受主持平壤城防的僧信诚差遣，和已投诚唐朝、受前线总指挥李勣统领的泉男生秘密接触，最终打开平壤城门④，招引唐军入城，为唐朝组织的围攻平壤战役画上了圆满的句号。对于唐朝来说，高铙苗所建功勋无疑是值得重重嘉奖，但对于高丽而言，高铙苗的行为无疑是一种背叛。有研究者认为高铙苗志文之所以隐晦不提在高丽事迹，是害怕招致入唐高丽不同派别移民人士的追杀之故⑤，而从当时人数众多的入唐高丽移民，以及他们

---

① 引王化昆论文从父子两人同时为国捐躯，两方墓志的行文用典极其相似等方面，分析高性文与其子高慈两方墓志，推定其很可能出自同一人之手。也就是说，《高慈墓志》和其父《高性文墓志》一样，应该同为时任凤阁舍人的韦承庆撰写，这种观点值得肯定。参阅王化昆：《读武周〈高质墓志〉》，王双怀、郭绍林主编：《武则天与神都洛阳》，北京：中国文史出版社，2008年。

② 有关唐人书仪关联问题，参阅赵和平：《敦煌写本书仪研究》，台北：新文丰出版公司，1993年；吴丽娱：《唐礼摭遗——中古书仪研究》，北京：商务印书馆，2002年。

③ 拜根兴：《高句丽遗民高足酉墓志考释》，西安碑林博物馆编：《碑林集刊》第九辑，西安：陕西人民美术出版社，2003年，第27—35页。

④ 据韩国史书记载："契苾何力先引兵至平壤城下，勣军继之，围平壤城月余。王藏遣泉男产帅首领九十八人，持白幡诣勣降，勣以礼接之。泉男建犹闭门守，频遣兵出战皆败。男建以军事委浮图信诚，信诚与小将乌沙、铙苗等，密遣人诣勣，请为内应。后五日，信诚开门，勣纵兵登城，鼓噪焚城，男建自刺不死，执王及男建等。"详见（高丽）金富轼：《三国史记》卷二十二《高句丽本纪·宝藏王》，首尔：乙酉文化社，1997年。

⑤ （韩）金荣官：《高句丽遗民高铙苗墓志检讨》，《韩国古代史研究》2009年第56辑，第367—397页。

不时出现有组织的破坏活动来看,当然有可能发生上述所谓的追杀报复事件。另据《高牟墓志》,其"早资权略,夙禀枢机,候青律以输诚,依白囊而献款",入唐后被授予云麾将军,左领军卫翊府中郎将,转冠军将军行左豹韬卫大将军。高牟延载元年(694)去世,享年55岁,其出生当在公元640年。而投诚献款的时间为668年高丽灭亡前后,此时高牟还不到30岁,唐朝授予其云麾将军、中郎将均为正四品官,应该是高牟在投诚唐军时建有重大功勋的缘故。第二种情况在《李他仁墓志》中可以得到验证。据笔者考察,《李他仁墓志》的作者可能是曾为李他仁部下,熟悉李他仁生平事迹,随从李他仁一起投诚唐朝,并且获得唐朝廷许可的高丽化汉人①。

至于泉男生、泉献诚,高性文父子,高震诸人墓志撰写者均为当时著名人士或者和死者有一定交往的朝廷官员,书丹者亦是享誉后世的著名书法家。应该说,这与他们为国家所建功名,以及所处地位息息相关。除过倒戈帮助唐朝灭亡高丽之外,泉男生入唐后屡次受命出征,并在安抚辽东高丽移民等问题上建有奇功,因而被封为特进、右卫大将军、卞国公,故泉男生死后唐廷颇为重视,其墓志文出自中书侍郎兼检校相王府司马王德真之手,书丹者则是朝议大夫行司勋郎中上骑都尉渤海县开国男欧阳通,即初唐书法四杰之一的欧阳询之子。不仅如此,泉男生墓前碑文则是奉敕兼职国史事刘应道所撰,书丹者为膳部员外郎值宏文馆王知敬。依据墓志,唐朝廷对待泉男生的丧事,几乎和同时代的其他重要有功将领没有差别,是所谓"宠赠之厚,存殁增华,哀送之盛,古今斯绝"②。泉献诚蒙冤死于酷吏的淫威之下,后昭雪平反,武则天为安抚当时受迫害而死的泉氏家族,在葬仪等方面也是极尽优

---

① 考察墓志行文语气,如"繁文缛礼,籍宠于登坛者,于李大将军斯见之矣。君讳他仁,本辽东栅州人也",以及李他仁两个儿子分别名乙孙、遵武,担当右威卫平皋府果毅、右骁卫安信府果毅官职,似可排除墓志是李他仁后代撰写的可能性。李他仁生前的最高官阶为右领军将军,从三品,死后追赠右骁卫大将军,属于唐朝高级将领。志文没有说明撰者为谁,但撰者应为熟知李他仁生平、死者家属属意、获得朝廷认可者。鉴于志文中对墓主死亡、埋葬时间干支记载错乱,一些具体问题笔误频现,以及志文有"本朝"(指高丽)字样,志文作者似可推定为同样投诚唐朝,熟悉李他仁生平事迹,或许曾是李他仁手下的高丽化汉人所为。墓志中出现"朱蒙遗孽、青丘诞命"句,也可理解为志文撰者的一种潜意识自保行为。拜根兴:《唐李他仁墓志研究中的几个问题》,《陕西师范大学学报》(哲学社会科学版)2010年第1期,第41—48页。

② 据《泉男生墓志》载:除了追赠官职之外,唐廷诏令"凶事葬事所须,并宜官给,务从优厚。赐东园秘器,差京官四品一人,摄鸿胪少卿监护,仪仗鼓吹,送至墓所往还。五品一人持节赍玺书吊祭,三日不视事,灵柩到日,仍令五品已上赴宅。"

厚之能事。泉献诚志文为朝议大夫行文昌膳部员外郎护军梁惟忠所撰，书丹者不明。其碑立于开元十五年（727），两个儿子泉隐、泉逸分别参与撰写碑文、书丹，而铭词的撰写、书丹则是邀请苏晋、彭杲两位著名人士①。也就是说，泉献诚的碑铭撰写、书丹为四人协作而成，其中有死者子嗣参与，这种由四人参与撰铭书丹者，在现存唐人碑铭撰书成例中并不多见。高性文、高震父子为国捐躯，武周朝廷差遣朝散大夫凤阁舍人韦承庆撰作他们的墓志。高丽末代王孙高震的墓志，则是献书待制杨憼所撰。而上述泉男产的墓志为其子泉光富所作，《泉毖墓志铭》的撰者则是他的父亲泉隐，高钦德、高远望父子两方墓志，均出自于高远望的女婿徐察之手。单从高丽移民墓志的撰写书丹情况看，虽然处于不同的年代，但其墓志撰作等事项，已经融入唐人朝野丧葬礼仪、风俗习惯之中，丝毫看不出有什么明显的不同。

最后，从现存24方志文看，入唐高丽上层移民似乎可分为四个类型：第一，以高丽宝藏王高藏为首的原高丽王族成员。他们被迫在唐居留，时刻都想恢复在高丽的王权地位，故一有机会就想反唐叛乱。对此，唐朝极力打击，毫不姑息；同时，基于统治唐东北地域的需要，唐朝又不得不利用他们。第二，泉男生家族及迫于形势投降唐朝廷者。这些人来到唐朝后，为唐廷屡建功勋，受到相当的重用，但因其在高丽时享有极高的地位及权力，而此时却频繁接受派遣东征西讨，或许仍时常想念在高丽时的特权及荣华富贵，故可能私下里心情郁闷，难于自已。上述《泉男产墓志》中有思念故乡的言辞也可证明这一点。第三，高足酉，高性文、高慈父子，高铙苗，高牟等人，他们经过多方考虑，最后自觉或不自觉地投诚归款唐朝，入唐后也颇受重用。因他们在高丽时的情况和第一、二类型诸人不同，这样就减轻了因地域、民族、执政者等差异所形成的心理包袱，故可能很少回忆此前的生活，或者根本回避、不想触及他们在高丽的生命历程，全身心投入新生活。在当时唐朝开放包容的大背景下，他们和其他在唐少数民族将领一样，很快地适应了唐朝的朝野环境，并通过自己的努力，为唐朝建立了不朽的功勋，得到唐及此后武周政权最高统治者的认可和嘉奖。第四，高丽化的汉人群体。当然，因这一时期唐朝、武周政权轮替及其他原因，一些

---

① （宋）赵明诚《金石录》卷六《目录》条有："唐卫尉正卿泉君碑，长子隐奉敕撰，仲子伯逸正书，苏晋撰铭，彭杲正书，开元十五年三月。"

在唐朝鲜半岛移民人士死于非命，进而使得移民社会增加了特有的悲剧色彩。

三、高丽移民墓志的史料价值及其评价

上述 24 方高丽移民上层墓志的出土，对于唐代东北民族史、唐朝与周边民族融合发展的研究，均具有重要的意义，其史料价值弥足珍贵。对此，碑刻金石大家罗振玉先生 80 余年前就有过论述。

针对《泉男生墓志》，罗氏总结出可以"补正前史者八事"；另外，可根据泉男产其人在高丽期间的官位升迁历程，对高丽十三等官爵排列有明确的认识，足见泉男产的墓志史料价值之高。罗振玉还通过泉男生、泉献诚、泉男产、泉毖的墓志，对泉氏家族入唐后的生息繁衍做了探讨[①]。除此之外，对于《高慈墓志》、《高震墓志》涉及的问题及其价值，罗氏也条分缕析仔细考察，对于后世进一步探讨这些墓志的史料价值提供了重要的依据。

那么，除过上述罗振玉提到者之外，这 24 方墓志还有哪些值得我们认真探讨的东西？笔者检讨相关史料，认为应该注意以下几点。

第一，中古史涉及的各类史料中，石刻墓志史料的价值近年来得到学界的广泛认同，并为学者们频繁引用和追捧，促进了以唐史为代表的各个研究区段、方向的飞速发展[②]。高丽移民墓志作为石刻墓志的一个方面，彰显现存唐史史料的多样性，并可引证、补充现有文献史料的不足，对探讨唐朝多民族统一国家民族融合和发展，提供了鲜活真实的史料，丰富了我们对 7—8 世纪唐朝统治区内民族融合繁盛局面的看法。

第二，墓志中出现了文献史料中没有涉及的一些入唐高丽朝野人物，为探讨唐代东北民族史，唐与高丽关系史提供了第一手材料。且不说高性文、

---

① 罗振玉：《唐代海东藩阀志存》，《石刻史料新编》第 1 辑，台北：新文丰出版公司，第 15 册，1987 年。

② 追索探讨唐代墓志，将其作为唐史研究重要的资料，是世纪之交乃至当前唐史研究的重要特点之一。具体表现为大量的唐代墓志图版、录文集的大量刊出，《唐研究》、《唐史论丛》等集刊出版唐代墓志研究专号，日本学者气贺泽保规编集《唐代墓志所在综合目录》（2004、2009），以及众多研究者的著作、论文中频繁利用唐代墓志文等。应该说，在掌握现有唐代文献资料的同时，唐代墓志已经成为继敦煌吐鲁番文书，考古发现的唐墓壁画等实物资料之外唐史研究不可或缺的史料来源。

高慈父子为捍卫武周边疆安宁浴血奋战,喋血磨米城,他们在高丽时节的官任,高丽灭亡之际迫于时势归服唐朝,以及入唐后频繁出征边方,进而成为入唐高丽移民融入唐人共同体的代表人物,而高足酉、高玄两人入唐后,不仅出征远方,而且受到唐与武周朝廷的信任,逐渐熟悉朝野情势,驾轻就熟,显示出超乎寻常的适应力。高丽王族后裔高震及高震女儿墓志的出土,上溯下延,对了解高丽王室入唐后繁衍生息状况提供了翔实的史料。李他仁祖孙三代担当高丽地方行政首脑,高丽灭亡前夕迫于时势投诚李勣所率唐军,随后参与镇压辽东高丽移民反叛的军事行动,上元二年(675)病逝于长安。这些在文献中不曾出现的人物,展现出高丽王国由于兄弟阋墙大厦将倾,导致国家灭亡的惨烈情况,为进一步探讨高丽灭亡前夕为求生存的芸芸众生的所思所想提供了依据。同时,归降唐朝之后,这些人在唐朝实行开放包容政策的大背景下,很快融入唐朝体制之内,成为捍卫唐朝边疆安宁的忠诚卫士。无论是唐朝还是武周王朝,在这些人死后,政府均追溯他们为国家所建的功勋,给予如同其他民族将领一样的褒奖和追赠,显示出多民族统一国家应有的气魄,以及唐太宗之后执行爱之如一、开放包容政策的持续。

第三,对于文献中已经出现的人物,这些墓志则增添了此前学界并不知晓的内容,丰富、拓宽了研究视野,有利于相关问题的深入探讨。例如,泉男生、泉献诚父子墓志中,透露了泉男生逃往国内城后寻求与唐朝取得联系的具体情况,即泉男生先遣大兄弗德"奉表入朝",后遣大兄冉有"重申诚效",再派儿子泉献诚入朝说明,最终才和唐朝廷达成谅解,促成泉男生及其随从将领的归服。笔者曾查阅《全唐文》卷一百九十六收录的《左武卫将军成安子崔献行状》一文,了解到唐朝接纳泉男生遣派使者后的反应,两者结合,对于洞察这一重大事件的全貌,提供了强力的史料支撑①。又如,唐罗联军攻陷平壤城,俘获泉男建与高丽王高藏;昭陵献捷之后,按照相关规定,泉男建将被斩首,但泉男生"内切天伦,请重阁而蔡蔡叔,上感皇眷,就轻典而流共工。友悌之极,朝野斯尚。"即向唐高宗求情,才使得泉男建得以减轻处罚,被流放至贵州,这些都是文献史料中没有提起的事情。再如,高丽末代王高藏接受唐朝廷封赐,前往辽东安抚高丽移民,"还辽东以安余民,先

---

① 拜根兴:《激荡五十年:高句丽与唐朝关系研究》,《高句丽研究》2002年第14辑。

第五章　入唐高丽移民墓志的史料价值

编侨内州者皆原遣"①，可见唐朝对高藏还是委以重任并有所期待的。但高藏到达辽东后，迫不及待地利用自己的影响，企图联合靺鞨发动针对唐朝的叛乱，只是未及行动就泄露行踪。唐朝召还高藏，将其流放至剑南道辖下的邛州。关于高藏联合靺鞨阴谋败露问题，一种观点认为是泉男生向唐朝报告了高藏反叛动向，而牛致功先生引用仪凤二年（677）泉男生"奉敕存抚辽东，改置州县，求瘼恤隐，襁负如归；划野疏疆，莫川知正"史料，证明事件发生于泉男生入辽东之前，即高藏反叛事件出现后，作为唐朝处理这一事件的措施之一，敕令泉男生前往辽东安抚②。可见，《泉男生墓志》确实为探讨此问题提供了新的依据。《泉男产墓志》记录了泉男产入唐后担当的官职、死后备受哀荣的事实，这些在文献史料中都是看不到的。近年来公布的高铙苗、高牟的墓志也可说明这一问题。高铙苗其人在《三国史记》卷二十二《高句丽本纪·宝藏王》提到其名字，以及作为内应协助唐军攻入平壤之事，墓志虽然采取隐晦的手法，也只有100余字，但可以了解高铙苗其人关联信息，如高铙苗入唐后的官职，以及咸亨四年（673）死亡等。高牟其人《全唐文》中载有关联判词云：

中郎高牟，率家僮出畋，晚归。滋水长因醉使酒呵止，云违敕出畋。牟云："今既断酒，岂宜带酒。"怼竟诣金吾。

高牟早承亭育，夙效款诚，背牛加之绝壤，奉鹰扬之峻秩。属以叶下黄山，草腓丹浦，历飞熊之旧径，徇逐兔之荒游。既而获已多乎，言指灞陵之路；日云暮矣，果逢醉尉之呵。类宽饶之发狂，焉知去就；同季布之饮酒，岂辨尊卑。既蚌鹬而相持，乃齐楚之俱失。则猎虽有禁，文不系于蕃官；酒乃停沽，限未拘于自饮。若其因酒入罪，岂非酿具招刑？以猎为违，则是移辕戾彼。此俱无本罪，论告皆失正途，既诣金吾之司，须置玉条之典。但告虽不当，状匪构虚，不可从勒反科，宜以不应置罪，待知官荫，方定刑名。③

---

① 《新唐书》卷二百二十《东夷传·高丽》，北京：中华书局，1975年标点本。
② 牛致功《有关泉男生降唐问题——读〈泉男生墓志铭〉和〈泉献诚墓志铭〉》，西安博物馆编：《碑林集刊》第十一辑，西安：陕西人民美术出版社，2005年，第149—154页。
③ （清）董诰等：《全唐文》卷九百七十六《对中郎率家僮出畋判》，北京：中华书局，1983年，第10119页。

判词也提到高牟当时的官职为中郎将,而墓志涉及高牟入唐后历任官职,即"授云麾将军,行左领军卫翊府中郎将。任隆韬禁,俯兰锜以申谋;位列爪牙,仰熏风而饮化。转冠军将军,行左豹韬卫大将军",同时也记录了高牟死亡的时间及埋葬地点等。

第四,24方高丽移民墓志为高丽移民家族史、入唐移民个案研究提供了翔实的史料。例如,从20世纪初发现高丽移民泉男生、泉男产、泉献诚、泉毖的墓志以来,高丽权臣泉氏家族的研究引起学界广泛关注。众所周知,文献中涉及的泉氏家族史料相当有限,出土的四方墓志则对泉氏的先祖,泉盖苏文生平,泉氏兄弟决裂,唐朝征伐高丽战争的胜利,泉氏家族人士入唐后的东征西讨,泉男生兄弟家族祖孙四代在唐的繁衍生息,以及移民唐朝后成为唐人一份子的历程①,都有较为详细的记载,成为学术界探讨相关问题不可或缺的史料。与此相联系的还有高性文、高慈家族史,高丽王室高藏入唐后100余年家族繁衍发展史。这些不仅成为探讨高丽灭亡之际移民最为珍贵的实录式记载,而且丰富了唐代东北民族史、唐朝与周边民族融合发展的内容,成为中韩日学界研究这一段历史最基本的材料。与此同时,这些高丽移民墓志的发现,有利于从个案论述到普遍探讨,为学界探讨此前并不知晓的历史史实提供了重要的证据,如文献史料中记载了唐太宗征伐高丽之前,指出征伐战取胜的五大理由,并且直接关注辽东所在人口和辽东的归属问题。新发现的《李怀墓志》、《豆善富墓志》、《王景曜墓志》,阐述了其先祖因各种原因迁移辽东,唐朝灭亡高丽战争期间上述三人父祖携家人移居中原,并为唐朝建功立业的历史。当然,有类似移居中原经历的人一定不会少,上述三个家族只是其中的代表而已。因为这些人从两晋或者南北朝时期移居辽东,臣服于辽东兴起的高丽政权统治之下,到唐朝征伐高丽之时,数百年飞逝而过,故将他们定性为高丽化的汉人,应该说是恰如其分的事情②。而对这些家族的个案研究,既能明了两晋南北朝时期少数民族入主中原,国内民族因

---

① 杜文玉:《唐代泉氏家族研究》,《渭南师范学院学报》2002年第3期,第34—40页;纪宗安、姜清波:《论武则天与原高丽王室和权臣泉氏家族》,《陕西师范大学学报》(哲学社会科学版)2004年第6期,第71—75页;祝立业:《从贵族交替执政到泉氏家族专柄国政——试析高句丽后期国内政治局面的形成》,《东北史地》2007年第6期,第25—28页。

② 上述墓志见拜根兴:《唐代高丽百济移民研究——以西安洛阳出土墓志为中心》,北京:中国社会科学出版社,2012年。

第五章 入唐高丽移民墓志的史料价值

此迁徙边地，形成融合发展的时代特征，又可阐明在大唐统一王朝向心力的感召下，不仅周边少数民族，而且流落边地已被同化的汉人重新回归中原的史实。当然，流落高丽，急切盼望回到中原的原隋朝俘虏当是另一方面的问题。总之，出土的入唐高丽移民墓志，弥补了现有文献史料的不足，并可通过某些家族史、个案研究，对于深化整体研究起到重要的作用。

另外，从更宽阔的国际化视野，以及学术研究的客观性，或者说从史源学诸方面，评价、检讨上述入唐高丽移民墓志史料，可能还应该注意以下几点。

首先，探讨唐代高丽移民问题，现在看到的史料，不管是文献史料还是墓志石刻史料，很大部分出自于唐人或宋人撰述。虽然朝鲜半岛方面有12—13世纪出现的《三国史记》、《三国遗事》两部史书存在，但其要么大多来自中国方面的记录，要么对需要探讨的问题缺少撰述，这样，至少说在史料来源和分布上是不平衡的。这是一种历史现实，可能再过若干年仍是如此。但我们在对一些问题的具体论述中应该阐明这一点，进而增强相关研究的可信度和说服力。

其次，毋庸讳言，中国史书记载周边地区民族国家史实时，不仅"详内略外"，而且在某些方面不可避免的站在中原王朝的立场，这在当时是无可厚非的事情，但从学术研究的客观角度看，应特别注重史料的整体全面，以及客观针对性，如此才能得出比较客观确实的观点。对此，著名民族史专家李鸿宾教授曾有所论述[①]，在此不赘。

再次，学界最近流行所谓的"从周边看中国"研究思潮，这种探讨方式方法应该说是值得推崇的。也就是说，在注重出土的入唐高丽移民墓志史料的同时，还应从中发掘移民入唐后内心的感受和可能的期待。虽然由于史料缺乏，从事这方面的探索注定相当困难，但在具体操作中不应放过任何一点可能有用的信息。

最后，进一步加强国际学术交流，发掘搜集朝鲜半岛、日本两地出现的各种史料，遴选和入唐高丽移民关联的史料，和现有出自唐人之手的史料相比较，进而得出可以自圆其说的结论。

---

① 参见李鸿宾教授：《唐代高丽百济移民研究——以西安洛阳出土墓志为中心》跋，北京：中国社会科学出版社，2012年。

石刻墓志与唐代东亚交流研究

小　结

　　本章在已有研究的基础上，首先，对 2012 年之后新出现的四方高丽移民墓志做了补遗探讨，其中或有不能自圆其说之处，还请上述几位专家多多批评。其次，对现存入唐高丽移民墓葬及关联墓志做了整体探讨分析，涉及这些墓葬、墓志出土的地区、数量，指出这些墓志多系出自盗掘或非正式发掘，并有家族式特点。对于墓志的作者、墓主的出自、死者对故乡的思念也做了相应的探讨。同时还对这些墓志的史料价值，以及如何评价也提出了自己的看法。相信随着时间的推移，新的入唐高丽移民墓志史料还会有更多的发现，对石刻墓志史料做客观翔实、全面认真地探讨，必将对唐代东北民族史、唐朝与周边民族融合发展研究提供新的依据和见解。

　　说明：本章第一节原名《新见入唐高丽移民墓志的新探索》，刊登于《陕西历史博物馆馆刊》第二十二辑，西安：三秦出版社，2015 年。第二节原名《入唐高丽移民墓志及其史料价值》，刊登于《陕西师范大学学报》（哲学社会科学版）2013 年第 2 期；修改稿收入浙江大学韩国研究所编：《韩国研究》第十二辑，杭州：浙江大学出版社，2014 年。其内容有所修正！

下编　唐都长安与东亚交流

第六章　唐高宗时代：朝鲜半岛剧变与高丽的应对

唐高宗在位的 7 世纪 60 年代，朝鲜半岛剧变频仍，令人目不暇接。660 年，唐朝为实现南北夹击高丽的战略意图，与新罗联合灭亡百济；663 年，唐朝百济留守军联合新罗，以少胜多，在白江口打败有倭国军队参战的百济复兴军，号称古代东亚的世界大战宣告结束。668 年，经过数年激战，唐朝利用高丽内讧，再度与新罗联合，最终灭亡高丽。那么，从唐朝联合新罗灭亡百济，到高丽自己灭亡的近 10 年间，高丽对朝鲜半岛的剧变采取了什么样的补救措施？这些措施产生了哪些效果？对于高丽的灭亡是否具有催化或者渐进作用？这些问题在以往的研究中要么一带而过，要么未做深入的探讨，进而对进一步探讨高丽灭亡原因等问题的解决造成障碍。本章即在学界现有研究基础上，对上述问题试做探讨。

第一节　百济灭亡与高丽应对的乏力

公元 659 年末，唐朝积极筹划准备征伐百济的军事行动，新罗则派出使节多方配合唐朝的行动。具体表现为，显庆五年（660）末，唐高宗任命左武卫大将军苏定方为持节神丘、嵎夷、马韩、熊津等一十四道大总管[①]，率水

[①]　对此，《资治通鉴》卷二百引《考异》有考辨，后依《唐高宗实录》的记载，即苏定方此时所任官职为"神丘道行军大总管"，但《大唐平百济国碑铭》则详载苏定方官职为"使持节神丘、嵎夷、马韩、熊津等一十四道大总管"。笔者以为应该重视当时当地出现的石刻资料。

陆军十三万①，联合新罗征伐百济。作为一次横跨大陆、穿越黄海的远征，军将的选派、兵员的调配、后勤补给的筹措，以及和新罗军的联络约定、出发点的选定等方面的准备必不可少。新罗使臣金仁问到达唐朝后并未返回，直接加入到唐朝的行军系列，对于唐罗军队的最终混编提供了可能②。对此，隔海而望的百济探查唐军的集结及进攻消息应该比较困难，而和唐朝数年间对峙、交战的高丽，它可能会方便探听到相关消息。人们或许还会想起12年前，当金春秋从唐朝返回新罗途经大海，高丽近海巡逻兵就曾采取截击行动，多亏金春秋的随从温君解"高冠大衣坐于船上，逻兵见以为春秋，捉而杀之"，金春秋本人则"乘小船至国"③。苏定方率领10余万军队集结山东半岛，进而出兵百济的大规模行动，高丽和唐朝接壤地带，以及沿海地区不可能充耳不闻，它采取了那些行动？这些都需要我们了解并仔细探查。

《三国史记》卷二十二"高丽宝藏王十八年"条载："秋九月，九虎一时入城食人，捕之不获。冬十一月，唐右领军中郎将薛仁贵等，与我将温沙门战于横山，破之。"《日本书纪》卷二十六载：日本齐明六年（660）正月，"高丽使人乙相贺取文等一百余，泊于筑紫"；夏五月"高丽使人乙相贺取文等到难波馆"；秋七月"高丽使人乙相贺取文等罢归。又觐眦罗人乾豆波斯达阿，欲归本土，求请送使曰'愿后朝于大国，所以留妻为表'，乃与数十人入于西海之路。"《日本书纪》同卷同年还记载了高丽僧人道显对唐朝与新罗联合灭亡百济战事的记载。就是说，当新罗频繁向唐朝遣使，控告百济与高丽联合压迫新罗，新罗王国危在旦夕，唐朝听信新罗所言，积极备战之时，高丽朝野并未因此有所警惕，而是陷入内部事务之中。其中温沙门击败薛仁贵的进攻，可能是唐朝设置的障眼法，以此迷惑高丽。日本史书记载高丽派遣乙相贺取文率100余人的使团出使倭国，但史书并未记载这次出使的具体目的，其中是否和唐朝与新罗的军事行动相关联，因没有具体史料说明，难以

---

① 中国史书如《资治通鉴》、《旧唐书》卷一百九十九上《东夷·新罗传》等记作"水陆十万"。韩国史书《三国史记》卷五《武烈王纪》、《三国史记》卷四十二《金庾信传》、《三国遗事》卷一等记为"十三万"；《三国遗事》又引古《乡记》云："军十二万二千七百十一人，舡一千九百只"。《日本书纪》无载。文中依韩国史书的记载。

② 《大唐平百济国碑铭》，许兴植主编：《韩国金石全文（古代）》，首尔：亚细亚文化社，1984年，第53—60页；拜根兴：《〈大唐平百济国碑铭〉关联问题考释》，杜文玉主编：《唐史论丛》第八辑，西安：三秦出版社，2006年。

③ （高丽）金富轼：《三国史记》卷五《新罗本纪·武烈王》，首尔：乙酉文化社，1997年。

第六章 唐高宗时代：朝鲜半岛剧变与高丽的应对

做论。

另外，高丽似对唐朝和新罗的行动并没有显出更多地关心，在当时的状况下，这种应对措施确实值得关注。从现存史料看，其原因不外乎以下几个方面。其一，唐朝出兵百济的保密工作做得很好。《日本书纪》卷二十六引用《伊吉连博德书》曰：显庆四年（659）"十二月三日，韩智兴傔人西汉大麻吕，枉谗我客，客等获罪唐朝，已决流罪。前留智兴于三千里之外，客中有伊吉连博德奏，因即免罪。事了之后，勅旨：国家来年必有海东之功，汝等倭客，不得东归，遂匿西京，幽置别处，闭户防禁，不许东西。困苦经年"。就是说，唐朝在出兵百济之前，已采取各种措施，严防出兵百济的消息外漏，故而对企图返回倭国，为百济通风报信的倭国使节采取行动，取得了很好的效果。史料没有记载此时高丽是否窥探到唐朝军事行动动向，但如上所述，唐朝应该也采取了相应措施，如派遣少量军力，扰乱敌方视线，并在军事行动的前期做好保密工作。其二，高丽因其内政原因无暇顾及，此或许是没有采取行动的重要原因之一。唐太宗亲征高丽之后，将大规模的出兵改为小股兵力的频繁出击，实施"牵制策略"①，加之冰雹霜雪等自然灾害的侵袭，导致高丽粮食连年歉收，故7世纪50年代初期高丽境内出现百姓饥馑状况并不奇怪，而这种状况在百济灭亡前后并未有所改观，并直接影响高丽针对百济事件的决策。与此同时，由于泉盖苏文执行重道轻佛政策，凝结高丽国家精神的佛教受到挤压，对此，《三国遗事》记载了"盘龙寺普德和尚以国家奉道，不信佛法，南移完山孤大山"② 事件。显然，这种反应绝非普德和尚个案，应该是高丽整个佛教界不满情绪的直接反映，其影响亦非短时间可以消弭。上述《日本书纪》中提及的道显和尚，他何时并如何到达倭国？为什么要潜心撰写一部《日本世纪》？对高丽的盟国百济灭亡为何如此关心？重要的是他对高丽奉行道教，挤压佛教政策持有何种态度？因史料缺乏，这些问题

---

① 拜根兴：《唐代高丽百济移民研究——以西安洛阳出土墓志为中心》，北京：中国社会科学出版社，2012年，第19—24页。

② 《三国史记》卷二二《高句丽本纪·宝藏王》下。另外，《三国遗事》卷三《宝藏奉老·普德移庵》条载曰："《高丽本纪》云，丽季武德、贞观间，（高丽）国人争奉五斗米教，唐高祖闻之，遣道士送天尊像，来讲《道德经》，王与国人听之……明年遣使往唐，求学佛老，唐帝许之。及宝藏王即位，亦欲并兴三教。时宠相盖苏文说王以儒释并炽，而黄冠未盛，特使于唐求道教。时普德和尚住盘龙寺，悯左道匹正，国祚危矣，屡谏不听，乃以神力飞方丈，南移于完山州（今全州）孤大山而居焉！是永徽元年庚戌六月也。"

我们并不能给予圆满的解答,但道显和尚的行迹的确应引起学界的注意。也就是说,高丽为应付唐朝牵制政策,不但要消耗国家的物力、财力、人力,而且国内持续出现的饥荒更是雪上加霜,进而使得面对唐罗征伐百济的军事行动,难以采取行之有效的对策。其三,众所周知,唐高宗即位后,随着西北问题的解决,进而将目光转向东方,由于百济与唐朝的关系渐行渐远,唐朝逐渐形成了灭亡百济、构筑南北夹击高丽的战略态势,对此,笔者在此前的论文中曾有所论述,在此不赘①。唐朝大规模进军百济,高丽并未施以援手。从唐朝解决百济问题之后迅速出兵高丽的形势看,此亦和唐朝有所戒备,高丽似无机可乘有关。具体来说,显庆三年(658)六月,唐朝派遣营州都督兼东夷都护程名振、右领军中郎将薛仁贵占领高丽赤峰镇,高丽大将豆方娄率3万军兵应战,唐军大胜;显庆四年(659)十一月,薛仁贵又与大将梁建方、契苾何力率兵,与高丽大将温沙门大战于辽东。对于这次战斗,《资治通鉴》卷二百、《旧唐书》卷八十三《薛仁贵传》均记载唐军获胜,《三国史记》卷二十二《高句丽本纪》则记载高丽击破唐军进攻,具体情况不明。无论如何,唐军的频繁进攻,不仅给高丽边境纵深地带的城乡造成损害,而且牵动高丽敏感的神经,影响其兵力调配,并不得不紧盯辽东一带唐军的动向②。这大概是面对唐军南方战线的大规模军事行动,高丽不敢有所动作的主要原因之一。当然,唐军随时都有可能陷入两面作战的境地。就是说,此时高丽的决策者,年老且多病的莫离支泉盖苏文将军,和贞观年间亲征高丽的唐太宗一样,或许已失去早年的锐气,不敢冒险出击救援百济;此亦显示出由于连年备战,高丽国力消耗严重,这一时期的高丽显然已处于守势状态。

无疑,唐朝与新罗针对丽济同盟的一方百济采取军事行动,作为同盟的另一方至少应该有一定的反应和动作,但从现存史料记载看,高丽并没有这方面的任何信息。作为高丽王高藏,或者实权掌控者泉盖苏文,他们的任何政策趋向,应该都是当时高丽国内实际状况的反映。

---

① 拜根兴:《七世纪中叶唐与新罗关系研究》,北京:中国社会科学出版社,2003年,第207—209页。

② 黄约瑟先生对薛仁贵参与的这两次对高丽战斗有详细的分析,其中的一些分析颇有参考价值,参阅黄约瑟:《薛仁贵》,西安:西北大学出版社,1995年。

第二节 百济复兴军救援作壁上观

一、百济复兴军前期高丽的两次行动

众所周知,百济灭亡后,大将军苏定方率军返回唐朝,唐朝将领刘仁愿与新罗王子金仁泰率领17000名唐罗军兵组成唐朝百济留守军,驻屯于原百济都城一带。但是,百济地方势力迅速集结,组成百济复兴军,对唐朝百济留守军形成合围之势①,情况万分危急。对于这种情况,此前并未有所动作的高丽似也跃跃欲试。

显庆五年(660)十一月,高丽派遣军队进攻七重城。《三国史记》卷四十七《匹夫》载:

> 太宗大王以百济高句丽靺鞨转相亲比为唇齿,同谋侵夺,求忠勇材堪采御者,以匹夫七重城下县令。其明年庚申秋七月,王与唐师灭百济,于是高句丽疾我,以冬十月发兵来围七重城。匹夫守且战二十余日,贼将见我士卒尽城斗不内顾,谓不可猝拔,便欲引还。逆臣大奈麻比歃密遣人告贼,以城内食尽力穷,若攻之必降,贼遂复战。匹夫知之,拔剑斩比歃首,投袷城外;乃告军士曰:"忠臣义士,死且不屈,勉哉努力,城之存亡在此一战。"乃奋拳一呼,病者皆起,争先登。而士气疲乏,死伤过半。贼乘风纵火,攻城突入。匹夫与上干本宿、谋支、美齐等向贼对射,飞矢如雨,支体穿破,血流至踵,乃仆而死。大王闻之哭甚痛,追赠级飡。

从上引史料可以看出,高丽对于唐罗联合灭亡百济怀恨在心,即史料中所云"疾",故而在唐朝大军撤离后,发动对新罗七重城的攻伐;因为新罗大奈麻比歃投诚高丽,故而使这次攻防战颇具曲折性。虽然新罗七重城守军在匹夫将军率领下英勇抵抗,但城池最终还是被高丽人攻陷。

《三国史记》卷二十二《高句丽本纪·宝藏王下》条载:

---

① (韩)卢重国:《百济复兴运动史》,首尔:一潮阁,2003年,第106—116页。

（龙朔元年）秋五月，王遣将军恼音信领靺鞨众，围新罗北汉山城，浃旬不解，新罗饷道绝，城中危惧。忽有大星落于我营，又雷雨震击，恼音信等疑骇引退。

对此，《三国史记》卷五《新罗本纪·武烈王》条①有相类似的记载。从整体看，显庆五年（660）十一月、龙朔元年（661）五月初高丽的两次攻战，其攻击的对象均为新罗边地城池，进攻的时机也选择在百济复兴军从各地出发，逐渐对唐罗留守军形成包围，唐罗留守军处于极其困难之时。高丽此时发动攻击，不仅是对新罗联合唐朝事件的嫉恨、报复，龙朔元年（661）五月还联合靺鞨人，进而想在战争间歇获得新的城池和人口，取得意想不到的结果，而且也是对唐朝实施两面夹攻高丽策略的反击。从现在掌握的史料看，这种攻击似并不具备全局普遍性特点，显示出高丽整体实力已今非昔比，似已很难发动大规模的南下进攻。对于显庆五年（660）十一月的攻击，史书没有明确说明，而龙朔元年（661）的进攻的命令则确实来自于高丽统帅部。同时，由于高丽的主动攻击，必然给新罗上下造成一定的冲击。至于对百济复兴军到底有多少帮助，确实还很难具体界定。也就是说，唐朝与新罗联合灭亡百济，高丽指导者只是采取较为温和的对应措施，仅有的两次攻击也只是在战争之后局部的战斗而已。

另外，苏定方于显庆五年（660）十一月回到洛阳，十二月又接到唐高宗诏令，准备实施针对高丽的征伐行动，龙朔元年（661）四月正式出征。这次征伐行动前后经过8个多月，唐朝出动水陆路军队35军，除过左武卫大将军苏定方之外，先后带兵参战的将军有任雅相、契苾何力、萧嗣业、庞孝泰等人，唐军突破浿江防线，攻占马邑山，包围平壤城，但由于气候寒冷及其他诸种原因，唐高宗最终下诏撤军。对唐朝来说，没有取得预期的一举灭亡高

---

① 《三国史记》卷五《新罗本纪·武烈王》载曰：龙朔元年（661）五月初"高丽将军恼音信与靺鞨将军生偕，合军来攻述川城，不克；移攻北汉山城，列抛车飞石，所当陴屋辄坏。城主大舍冬陁川，使人掷铁蒺藜于城外，人马不能行，又破安养寺廪廥，输其材，随城坏处，即构为楼橹，结絙纲，悬牛马皮绵衣，内设弩炮以守。时城内只有男女两千八百人，城主冬陁川能激励少弱，以敌强大之贼，凡二十余日；然粮尽力疲，至诚告天，忽有大星落于贼营，又雷雨以震，贼疑惧，解围而去。……"

第六章 唐高宗时代：朝鲜半岛剧变与高丽的应对

丽的战略目的，还损兵折将，作为主将的苏定方亦从此一蹶不振①；唐军的临场怯战也在高丽迅速传开，并直接影响到两年后的白江口之战倭国将领的判断②。高丽虽然经受住了唐军的大举进攻，但从北方鸭绿江一带，到平壤周边地区，都饱受战火的洗礼，民生凋敝，百姓的生活更加困苦，进而也为数年之后的亡国埋下伏笔。

唐朝从平壤撤军，在百济的唐罗留守军也陷入从各地聚集的百济复兴军重重包围之中，这些或使高丽似看到了新的希望，但高丽并未采取持续有效的军事行动，去直接面对唐朝与新罗联合实施的两面夹击战略。

二、白江口之战前后高丽的无所作为

从龙朔元年（661）三月到麟德三年（666），唐朝与新罗留守百济军队与百济复兴军展开了旷日持久的鏖战，其中从显庆五年（660）九月苏定方大军回撤之后，到龙朔元年（661）三月刘仁轨到达百济泗沘城解围，这半年多时间内，是唐罗留守军最艰难的时期。高丽曾有间歇的军事行动，但没有形成规模，故对唐朝和新罗的影响也只是局部而已。刘仁轨到达百济后，由于采取行之有效的措施，唐罗留守军的境况逐渐开始好转③。伴随着百济复兴军内讧的出现，以及唐朝派遣援军的到来，唐罗留守军开始走出低谷。此外，百济复兴军指导者向高丽、倭国求援。依据现存记载，高丽似乎对百济的求援并未有积极的回应，而倭国由于在朝鲜半岛南部利益的缘故，遣派军队援救百济复兴军，一场东亚世界大战即将开场④。

白江口战斗交战双方对阵的形势，显示出当时东亚政治势力的分布版图。无疑，唐朝和新罗，以及唐朝扶植的百济熊津都督府势力为交战的一方。从人员构成和战斗力看，唐朝留守军虽经几年的战争消耗有所减员，但唐高宗

---

① 拜根兴：《苏定方事迹考疑试论稿》，（韩）《中国史研究》2000年第9辑。
② 《日本书纪》卷二十七载："高丽言：惟十二月，于高丽国寒极浿冻，故唐军云车冲栅，鼓钲吼然；高丽士卒胆勇雄壮，故更取唐二垒，唯有二塞，亦备夜取之计。唐兵抱膝而哭，锐钝力竭而不能拔。噬脐之耻，非此而何。"
③ 拜根兴：《刘仁愿事迹考述试论稿——以与新罗关系为中心》，（韩）《中国史研究》2002年第18辑，第91—120页。
④ 拜根兴：《唐朝与新罗关系史论》，北京：中国社会科学出版社，2009年。

派遣孙仁师援军的到来，使得唐罗军实力有所增强；新罗文武王率领的新罗军，百济原太子、唐朝熊津都督扶余隆率领的都督府百济军队，显然掌握地利之优势，故在随后战斗中较好地完成任务。交战的另一方为各地蜂拥而起的百济复兴军，以及对战争胜利抱有很大期望的倭国军队。单从兵员构成及人数看，百济复兴军与倭军的兵员数占有明显的优势，但百济复兴军的人员构成有明显的瑕疵，倭国远征军队也缺少以逸待劳的天赐良机。唐孙仁师、刘仁愿及新罗王金法敏率陆军，刘仁轨及别帅杜爽、扶余隆率水军及粮船从熊津江进发白江（今锦江），与陆军汇合。唐罗军在白江口遇见倭军及百济复兴军，双方展开激战。史料记载：

　　八月戊戌（17日），贼将至于州柔城，绕其王城。大唐军将率战船170艘，阵列于白江村。戊申（27日），日本船师初至者，与大唐船师合战，日本不利而退，大唐坚阵而守。己酉（28日），日本诸将与百济王不观气象，而相谓之曰：我等争先，彼应自退；更率日本乱伍中军之卒，进打大唐坚阵之军；大唐便自左右夹船绕战。须臾之际，官军败绩，赴水溺死者众，舻舳不得回旋。朴市田来津仰天而誓，切齿而嗔杀数十人，于焉战死，是时，百济王丰璋与数人乘船逃去高丽。①

　　初，刘仁愿、刘仁轨既克真岘城，诏孙仁师将兵浮海助之。百济王丰南引倭人以拒唐兵。仁师与仁愿、仁轨合兵，势大振。诸将以加林城水陆之冲，欲先攻之，仁轨曰："加林险固，急攻则伤士卒，缓之则旷日持久。周留城，虏之巢穴，群凶所聚，除恶务本，宜先攻之，若克周留，诸城自下。"于是仁师、仁愿与新罗王法敏将陆军以进，仁轨与别将杜爽、扶余隆将水军及粮船自熊津入白江，以会陆军，同趣周留城。遇倭兵于白江口，四战皆捷，焚其舟四百艘，烟炎灼天，海水皆赤。百济王丰脱身奔高丽，王子忠胜、忠志等帅众降，百济尽平，唯别帅迟受信据任存城，不下。……遂给其（黑齿常之）粮仗，分兵随之，攻拔任存城，迟受信弃妻子，奔高丽。②

---

① （日）舍人亲王：《完译日本书纪》卷二十六，（韩）田溶新译，首尔：一志社，1997年。
② （宋）司马光：《资治通鉴》卷二百一"唐高宗龙朔三年"条，北京：中华书局，1956年标点本。

第六章 唐高宗时代：朝鲜半岛剧变与高丽的应对

  从上引核心史料可以看出，白江口之战过程中，唐朝和新罗一方取得了最后的胜利，百济复兴军和前来增援的倭国远征军失败。可以说，高丽应是这场战争的隐形参加者，它当然应该站在百济复兴军和倭国一方，只是高丽没有采取任何措施。至少从现存中日韩三国史书中，似很难找到这方面的记载。那么，为什么高丽作壁上观，对百济复兴军未能施以援手？笔者认为可能有以下几方面的原因：首先，从龙朔元年（661）四月到二年唐朝对高丽的攻击战，虽然唐军黯然撤离，但给高丽造成的创伤应当是特别深重的；已处于守势的高丽如对百济复兴军施予援手，是否会招致唐朝新的更猛烈的进攻？从现存资料看，高丽忌惮唐朝应该是其中重要的原因之一。其次，百济复兴军内讧不断，特别是有倭国背景扶余丰的排除异己，葬送了百济复兴军美好前程，高丽领导层或许对其并不看好，故高丽没有答应百济复兴军出兵援助的要求，当然，高丽也失去了将战争拖长或者扭转战争结果的可能性。再次，高丽此时已经没有足够能力南下，即就是勉强出兵，既要防备北边唐朝随时可能的进攻，又想获得理想的战争成效也是一件很难的事情。总之，从现在可以了解到的史料看，白江口之战，高丽没有采取行之有效的措施，可能有这样或那样的考虑，虽然历史不能假设，但高丽确实错过了一次大显身手的机会。

  尽管如此，白江口之战结束后，高丽成为百济复兴军流亡人士理想的乐园。先是唐朝采取火攻，倭军全线崩溃，百济复兴军领导者"扶余丰脱身而走，不知所在，或云奔高句丽，获其宝剑……"① 查阅《新唐书》卷二百二十，高丽灭亡后，唐朝"以（高）藏素胁制，赦为司平太常伯，男产司宰少卿；投男建黔州，百济王扶余隆（应该是扶余丰）岭外；以献诚为司卫卿……"② 就是说，扶余丰逃亡到高丽之后，羁旅高丽五年，高丽灭亡，他也被俘至唐朝，之后被流放到岭南地区。除此之外，流亡到高丽的还有百济任存城守将迟受信，他抛妻舍子逃往高丽；高丽灭亡后，未见涉及迟受信的记载。至于百济复兴军中是否还有其他人逃亡高丽？笔者认为，无论是首领还是随从兵士一定还有，只是史书未予记载而已，在此不赘！

---

① （高丽）金富轼：《三国史记》卷二十八《百济本纪·扶余义慈》，首尔：乙酉文化社，1997年。
② 《新唐书》卷二百二十《东夷·高丽传》，北京：中华书局，1975年标点本。

7世纪60年代中期，朝鲜半岛西南部的百济已经灭亡，各地蜂起的百济复兴军虽然有倭国军队的支持，但也在唐朝与新罗的打击下不复存在。此时此刻，朝鲜半岛只剩下已经千疮百孔孤独的高丽和受到唐朝支持的新罗，而唐朝与新罗伺机打败高丽的计划仍在一步步地实施。

第三节　高丽灭亡原因再探索

公元668年，唐朝联合新罗最终攻破高丽都城平壤，俘虏高丽王高藏，高丽王国灭亡。对于高丽灭亡的原因，从唐朝开始，历来研究者就提出了各种各样的看法，显示出对这一问题的关注，如唐高宗派遣贾言忠到达高丽前线了解情况，贾氏返回后上奏曰：

> 昔先帝问罪，所以不得志者，虏未有衅也。……今男生兄弟阋很为我向导，虏之情伪，我尽知之，将忠士力，臣故曰必克。且《高句丽秘记》曰："不及九百年，当有八十大将灭之。"高氏自汉有国，今九百年，勣年八十矣。虏仍荐饥，人相掠卖，地震裂，狼狐入城，蚡穴于门，人心危骇，是行不再举矣。①

贾言忠依据他了解到的情况，认为唐军必胜，高丽必亡。具体来说，其一，高丽内讧，泉男生投诚唐朝，高丽防卫及其内部已没有什么秘密可言。其二，唐朝将士奋力拼杀，抱着必胜的信念。其三，《高句丽秘记》预言高丽必亡。其四，高丽国内天灾人祸不断，人心惶惶，统治阶层无力扭转人心向背。当然，唐朝数十年持续不断的压力，以及频繁地攻击措施，使得高丽疲于应付，这也应是高丽最终灭亡的重要原因之一。②

与此同时，有学者认为高丽灭亡和唐朝的开放包容的开明政策有关③，也有学者指出是高丽内部的原因，导致高丽最终灭亡。无论如何，高丽灭亡

---

① （高丽）金富轼：《三国史记》卷二十二《高句丽本纪·宝藏王》，首尔：乙酉文化社，1997年。
② 拜根兴：《激荡五十年：高句丽与唐关系研究》，《高句丽研究》2002年第14辑，第417—443页。
③ 刘炬、马彦：《论唐朝的开明政策与高句丽灭亡之关系》，《社会科学战线》2000年第5期，第174—180页。

第六章 唐高宗时代：朝鲜半岛剧变与高丽的应对

是7世纪中叶东亚世界的一个大事件，其产生的影响巨大，故探讨高丽灭亡的原因至关重要。

除过笔者上文提到的唐人贾言忠在高丽前线的直接观感外，下面几个方面的原因也应引起学界的注意。首先，高丽能和唐朝周旋数十年，其中胜负间有，虽则如此，敢以小抗大，这种精神非常珍贵。只是唐太宗亲征高丽之后，实施牵制高丽策略，派遣小股军队多次出击，给高丽民生造成很大的危害。唐朝这种长期持续的攻击态势，对于实力相对弱小的高丽来说，随着时间的推移，引发更加严重的危机，导致百姓生计困窘，人心涣散。其次，相权与王权的角力，导致王权不振，在危急关头难以实现全面掌控，致使灭亡。泉盖苏文集权末期，对唐政策前后矛盾，部分显示出王权的恢复，但只是昙花一现，如乾封元年（666），高丽王遣派太子福男前往唐境，参加唐高宗主持的泰山封禅活动。据史料记载，这是自龙朔二年（662）唐军进攻平壤之后高丽首次派高规格的使团赴唐。而就在同一年，集权20余年的泉盖苏文病逝，是否在泉盖苏文病重弥留之际，高丽宝藏王掌握了一定的权力，并独立行使掌控对唐交涉事务？唐朝接受高丽使节，是否表示此时对高丽政策有所缓和？因没有史料说明，难以论证。无论如何，自永徽末中断的高丽与唐的官方交涉得以再开。只是高丽内部沉疴深重，长期处于弱势的王权并不能阻止内讧的出现与蔓延。泉氏兄弟内讧，高丽王的作用根本无从体现即可说明这一问题。再次，泉盖苏文家族实行集权统治，因与唐朝交恶，又南下染指新罗、百济事务，国家长期处于战争状态，百姓生活苦不堪言，灾异凸显，导致民心涣散进而思变。

> 永徽五年（654），"夏四月，人或言，于马岭上见神人，曰'汝君臣奢侈无度，败亡五日'"。
>
> 显庆四年（659），"秋九月，九虎一时入城食人，捕之不获。"
>
> 显庆五年（660），"平壤河水血色，凡三日。"
>
> 总章元年（668），春正月，贾言忠言曰"……房仍荐饥，人常掠卖。地震裂，狼狐入城，蚡穴于门，人心危骇。"
>
> 总章元年，"夏四月，彗星见于毕昴之间。唐许敬宗曰'彗见东北，

高句丽灭亡之兆也'"。

最后，泉氏兄弟阋墙内讧，是高丽灭亡的导火线。泉盖苏文集权的 20 余年中，泉氏家族内部矛盾也逐渐公开化。泉盖苏文病重弥留之际似乎对自己身后事就忧心忡忡。他曾给几个儿子留有遗言，《日本书纪》载：

> 是月，高丽大臣盖金（即泉盖苏文）终于其国，遗言与儿等曰：汝等兄弟，和如鱼水，勿争爵位。若不如是，必为邻咲。①

显然，泉盖苏文的儿子并没有牢记父亲的临终教诲。长子泉男生继承其父莫离支职位，但两位兄弟泉男产、泉男建心有不服，故而寻找时机企图有所行动。史书记载：

> 盖苏文死，长子男生代为莫离支，初知国政，出巡诸城，使其弟男建、男产留知后事。或谓二弟曰：男生恶二弟之逼，意欲除之，不如先为计，二弟初未之信；又有告男生者，曰：二弟恐兄还夺其权，欲拒兄不纳。男生潜遣所亲，往平壤伺之，二弟收按得之，乃以王命招男生，男生不敢归。男建自为莫离支，发兵讨之。男生走据国内城，使其子献诚诣唐求哀……②

泉氏兄弟内讧，泉盖苏文的弟弟渊净土"以城十二，户七百六十三，口三千五百四十三来投"新罗，新罗对"净土及从官二十四人，给衣物、粮料、家舍，安置王都及州府。其八城完，并遣士卒镇守"。③ 渊净土后来随新罗使者入唐，竟逗留唐朝不归。与此同时，高丽内部因泉氏兄弟的内讧，泉男生

---

① （日）舍又亲王：《完译日本书纪》卷二十七《天智天皇纪》，（韩）田溶新译，首尔：一志社，1997 年。
② （高丽）金富轼：《三国史记》卷二十二《高句丽本纪·宝藏王》，首尔：乙酉文化社，1997 年。《日本书纪》卷二十七载曰："高丽大兄男生，出国巡城。于是城内二弟，闻侧助士大夫之恶言，拒而勿入。由是男生奔入大唐，谋灭其国。"
③ （高丽）金富轼：《三国史记》卷六《新罗本纪·文武王》，首尔：乙酉文化社，1997 年。

第六章 唐高宗时代：朝鲜半岛剧变与高丽的应对

出走投诚唐朝，人心惶惶，军心涣散。① 有关唐朝派遣大将军李勣如何联合新罗，出兵高丽，高丽泉氏兄弟内讧过程中所谓的"不纯势力"诸问题，笔者在其他相关论著中已有论述②，在此不赘！无论如何，如果没有泉氏兄弟阋墙，高丽内讧出现，唐朝与新罗灭亡高丽可能还有待时日。当然，高丽灭亡的原因可能不止上述所论几点，各种原因亦非孤立存在，而是相互作用的结果。总之，7世纪60年代末，存在700余年的高丽王国走到了穷途末路，它的灭亡应该说是这一时期东亚世界大变革、大整合时代特征的体现。

小　　结

本章在学界现有研究的基础上，对于7世纪60年代朝鲜半岛剧变发生之时，作为半岛一员的高丽做何应对？应对措施是否及时或给力？笔者对从唐罗联合灭亡百济，到百济复兴军兴起，以及白江口战斗前后高丽的应对做了相应的探讨。认为由于唐朝的持续高效压力，高丽民生受到了很大的影响，内部各种势力的反弹也相当厉害，北部边境地区唐朝军队仍虎视眈眈，故而派遣军队救援百济并非高丽所能所愿。而高丽指导层对百济复兴军扶余丰排除异己后的前景并不看好，所以在号称东亚世界大战中默默缺席。战后高丽成为收留百济复兴军流亡人士的唯一所在。可能正因如此，唐朝在完成南北夹攻高丽战略态势之后，利用高丽内讧的天赐良机，联合新罗最终灭亡高丽。关于高丽灭亡的原因，学界探讨者颇多。笔者认为，面对处于上升期的唐朝，作为相对弱小的高丽，在唐朝持续的压力下国内形势发生变化，加之高丽内

---

① 《高性文墓志》载曰："属祲起辽滨，衅萌韩壤，妖星夕堕，毒雾晨蒸。公在乱不居，见几而作。矫然择木，望北林而有归；翙矣搏扶，指南溟而独运。乃携率昆季，归款圣朝。并沐隆恩，俱霑美秩。"《高玄墓志》云："昔唐家驭历，并吞天下，四方合应，启颡来降，而东夷不宾，据青海而成国。公志怀雅略，有先见之明。弃其遗氓，〔从〕男生而仰化，慕斯圣教，自东徙而来王，因而家贯西京，编名赤县。"《高足酉墓志》载曰："若夫见机而作，存乎君子；妙曰通人，前载著之，不轻予代，述而尤重。然而越沧波、归赤县，渐大化，列王臣，颙颙焉即高将军辊之矣！公讳足酉，字足酉，辽东平壤人也。乃效款而住，遂家于洛州永昌县焉。"上引史料均见拜根兴：《唐代高丽百济移民研究——以西安洛阳出土墓志为中心》，北京：中国社会科学出版社，2012年，第268—292页。另外，《高牟墓志》、《高饶苗墓志》中也有相类似的记载，可见由于泉氏兄弟内讧，高丽军心涣散无所适从，加之唐军凌厉地进攻，致使临阵倒戈、投诚易主者比比皆是，这种情况的出现在当时并不奇怪，显示出高丽政权将倾各阶层的人生百态。

② 拜根兴：《唐代高丽百济移民研究——以西安洛阳出土墓志为中心》，北京：中国社会科学出版社，2012年。

部诸多问题的发酵出现内讧,进而加速了灭亡的进程,这些应该是高丽灭亡的重要原因。学术研究贵在创新,只是有关高丽这一时期的记载并不多,很多问题需要做更深入的考察,文中的论述可能还有值得商榷之处,敬请师友方家批评指正。

说明:本章原名《唐高宗时代朝鲜半岛剧变与高丽的应对——兼论高丽灭亡的原因》,刊登于《陕西师范大学学报》(哲学社会科学版)2014年第4期;日文收入日本明治大学石刻研究所气贺泽保规教授主编:《百济人祢军墓志关联问题论集》,东京:勉城出版社,2015年。

第七章 "唐罗战争"始末及涉及问题

7世纪中叶爆发的唐朝与新罗之间的冲突和战争,是唐朝与朝鲜半岛国家关系中十分重要的事件。新罗作为朝鲜半岛的新主人,经过短时间的调整,加之东亚国际关系新情况的出现,继续维持并深化与唐朝的关系,成为唐朝与周边民族政权友好往来的典范。迄今为止,对于"唐罗战争"[①]及其战后东亚政局的演变,中韩日学术界均做过一定的探讨,取得了显著的成果[②]。笔者此前也曾针对"唐罗战争"涉及的史料问题,战争期间双方的交往,以

[①] 关于唐朝与新罗之间发生的这场所谓战争命名问题,学术界有不同的表述。韩国学界一般都命名为"罗唐战争",这从20世纪80年代以来的研究论著标题即可看到,笔者在此前的论著中也沿用韩国学界的观点;但最近出现了新的称呼,如首尔大学国史学科卢泰敦教授在其著作《三国统一战争史》中就以"新唐战争"命名。鉴于本章是以唐朝为主讨论这场战争中涉及的问题,故文中就以"唐罗战争"命名开题。

[②] 中国学界:黄约瑟:《武则天与朝鲜半岛政局》,刘健明编:《黄约瑟隋唐史论集》,北京:中华书局,1997年;韩昇:《论新罗的独立》,余太山主编:《欧亚学刊》第一辑,北京:中华书局,1999年,第46—64页;熊义民:《四至七世纪东北亚政治关系史研究》,博士学位论文,暨南大学历史系,2002年;韩昇:《上元年间的政局与武则天逼宫》,《史林》2003年第6期,第40—52页;王小甫主编:《盛唐时代与东北亚政局》,上海:上海辞书出版社,2003年;金锦子:《五至七世纪中叶朝鲜半岛三国纷争与东北亚政局》,博士学位论文,延边大学历史系,2007年;高明士:《天下秩序与文化圈的探索》,上海:上海古籍出版社,2008年。韩国学界:闵德植:《关于罗唐战争的考察——以买肖城战斗为中心》,《史学研究》1989年第40辑;徐仁汉:《罗唐战争史》,首尔:韩国国防军史研究所,1999年;李昊荣:《新罗三国统合与丽济败亡原因研究》,首尔:西京文化社,2001年;安国承:《买肖城研究》,《京畿乡土史研究》1997年第2辑;徐荣教:《罗唐战争史研究》,博士学位论文,韩国东国大学,2000年;李相勋:《通过唐的军事战略看罗唐战争期间的买肖城战斗》,《新罗文化》2006年第29辑;李相勋:《罗唐战争期伐浦战斗和薛仁贵》,《大丘史学》2008年第90辑;卢泰敦:《三国统一战争史》,首尔:首尔大学出版部,2009年。日本学界:古畑彻:《七世纪末から八世纪初たかけの新罗・唐关系:新罗外交史の一试论》,《朝鲜学报》1982年第107辑;池内宏:《高句丽灭亡后の遗民の叛乱及び唐と新罗との关系》、《百济灭亡后の动乱及び唐・罗・日三国の关系》,《满鲜史研究》上世第二册,东京:吉川弘文馆,1979年。

及中外学者对战争的论议等议题发表过专题论文①。尽管如此,由于中韩现存有关"唐罗战争"的史料特别稀少,加之学者们自身所持立场及学术素养各异,对某些史料解读也出现差异,致使一些重要问题至今仍然众说纷纭、难能接近。除此之外,其中某些问题还需要发掘新的史料才能得到更合理、可信的解释。本章即在现有研究的基础上,对此前学界没有涉及,以及虽有涉及但还有必要考察的几个问题试做爬梳。

第一节 "唐罗战争"爆发的原因及时间界定

关于"唐罗战争"爆发的原因,中韩史书记载存在差异。《新唐书》卷二百二十载:新罗"纳高丽叛众,略百济地守之",故唐朝兴师问罪,但没有提及此前双方间的对峙及战和关系。《旧唐书》没有这方面的记载。《三国史记》卷七涉及唐罗双方具体的争执,以及摩擦升级直接诱发的冲突事件。对此,由于所持立场的差异,中韩学界也有不同的解读。韩国学者闵德植的论文探讨相对全面:首先,解释了出现新罗"纳高丽叛众,略百济地守之"的原因,这就是唐朝在白江口战后,任命百济太子扶余隆为熊津都督,并直接促成新罗与百济熊津都督府之间的两次会盟,进而通过百济熊津都督府牵制新罗,以免高丽灭亡之后朝鲜半岛出现新威胁,并指出这是唐朝一贯实施的"以夷制夷"策略在朝鲜半岛的体现。而新罗并不热心与熊津都督府会盟,而且害怕已经灭亡的累世冤仇百济重新崛起,给子孙后代遗留后患,这样就出现攻略蚕食百济故地的事件。而支持高丽叛众,特别是将高丽遗民安置于原百济三京之一的金马渚,目的是利用这股势力,牵制熊津都督府向南发展。其次,从新罗的立场看,闵氏引用《三国史记》卷五中提到所谓的"罗唐密约",认为百济、高丽灭亡之后,唐朝没有兑现密约中的承诺。同时,在平定百济、高丽势力过程中,新罗不遗余力的支持唐朝,不仅没有获得应有的补偿,而且还受到不公平的对待,即"两国未定平,蒙指踪之驱驰。野兽今尽,反见烹宰之侵逼;贼残百济,反蒙雍齿之赏,徇汉新罗,已见丁公之诛"。另外,闵氏还提到爆发冲突的间接原因,这就是新罗与百济累代不和,以及熊津都

---

① 拜根兴:《罗唐战争研究中的几个问题》(韩)《中国学报》2002年第47辑,第245—268页;拜根兴:《论罗唐战争的性质及其双方的交往》,《中国边疆史地研究》2005年第1期,第43—50页。

第七章 "唐罗战争"始末及涉及问题

督府策反新罗官吏,导致新罗上下人心惶惶等。其实,尽管中韩史书中对这场战争有过这样那样的记载,现代学者也从不同的侧面探讨此一问题,并提出自己的观点,但如果将此事件放在当时东亚历史的大场景中考察,透过表面现象,探索本质的东西,笔者认为这场所谓战争爆发的主要原因是,在当时唐罗宗藩关系下,作为实质上盟友关系的唐朝与新罗,在共同的敌人百济、高丽灭亡之后,对朝鲜半岛未来走向处置方式的不同,从而导致的一场冲突。就是说,唐朝按照自己对周边地域民族国家采取的固有的羁縻府州体制,在百济故地设立熊津州等五大都督府,在高丽都城平壤建立安东都护府,而且也将新罗纳入这种体制之内,设立了鸡林州大都督府,这是唐朝当时处理周边关系惯性使然。然而,新罗在百济、高丽灭亡之后,一举成为朝鲜半岛唯一政权,新罗王臣们则希望在唐罗藩属体制下,获得独立支配朝鲜半岛未来走向的权力,这从文武王给薛仁贵的回信中即可得到证明。需要说明的是,现有的研究很大程度上忽视了唐罗之间固有的藩属关系,而恰恰在"唐罗战争"中这种关系却无时无刻地不彰显存在,并决定着战争是否升级或者一段落的结束及另一高潮的来临。有的学者认为"唐罗战争"首先是两个国家之间的战争,因而应该考虑唐朝和新罗分属于两个不同国家。这样表述当然没有错,但显而易见忽视了唐罗之间藩属关系的存在。而且,新罗在战争期间采取的一些行动也处处受到这种关系的限制,众所周知的唐高宗削夺新罗王金法敏王爵,任命在唐新罗质子、金法敏弟弟金仁问为新罗王,并回国履行职务就能说明这一点。与此相联系,唐朝也是囿于这种关系,加之其他方面的原因①,对新罗的某些行为抱容忍或者默许态度,进而形成战争期间打打停停,既朝贡又开战的独特现象②。双方关系的改善也是以宗藩关系的发展脉络展开的。这些都是需要学界在以后的研究中认真对待的问题。

关于"唐罗战争"的起止时间,学界也有不同的看法。韩国多数学者认

---

① 中国学界很早就有学者提出7世纪70年代(671—676)唐朝的东西两面作战问题,似乎对唐朝处理与新罗的关系造成一定的困惑,至于如何评价此一时期唐朝对东西两面边境地域采取的政策,还有待于进一步探讨,参阅拜根兴:《七世纪中叶唐与新罗关系研究》,北京:中国社会科学出版社,2003年,第124—125页。

② 有些学者将其归纳为新罗文武王出色的应变和交涉能力,但这只是问题的一个方面,而唐罗之间固有的宗藩关系存在,才为新罗采取一定的缓和交涉措施提供了可能,这应当是新罗在战争期间获得某种实利的根本原因,也是"唐罗战争"最终落幕的主要原因之一。如不其然,文武王金法敏遣使朝贡、请罪、谢罪等手段就缺乏一定的管道,唐高宗也不会一次次下达所谓"赦免"罪责的诏令。

为"唐罗战争"起点应从咸亨元年（670）算起，676年结束，如闵德植认为"唐罗战争"的起点应从670年李谨行、高侃率领的唐军和高丽移民军及新罗军战斗算起，其下限应为676年，"唐罗战争"就是在这6年间出现的①。徐仁汉、徐荣教基本也采用这个时间划分②。卢泰暾氏则指出，这场战争应该从总章二年（669）算起，理由是新罗当年已经开始进军百济，而次年鸭绿江北岸军事冲突也正在准备之中③。李相勋虽认同上述卢氏的时间界定，但认为战争正式开始当是以670年新罗军和高丽移民联军万人渡过鸭绿江，进军辽东为起点④。中国学者韩昇认为"唐罗战争"开端应从669年算起，他排比了当年新罗派使前往倭国交涉，唐罗间磁石、木弩事件，以及新罗进攻熊津都督府辖区事件，故而将发生的这些事件纳入论述战争开端的理由⑤。民间学者赵智滨在网络上发表《罗唐战争初探》论文，认为"唐罗战争"应该界定在公元670—675年，难能可贵地提出了自己的界定理由，可以看作一家之言⑥。

笔者赞同卢泰暾、韩昇的观点，即唐罗战争的开端应该从总章二年（669）年算起，此不仅有上述卢、韩两位学者所论作为依据，而且在1300余年前的古代，当时意义上的战争开端，并不具备如现代意义战争那样猝然爆发的条件，但双方对战争的投入已悄然展开，战争的多种因素其实早就存在，因而只是就事论事的将670年新罗与高丽移民联军进军辽东作为战争的开端，显然存在一定的问题。同时，尽管676年所谓所夫里州伎伐浦水战规模受到质疑，但随后唐罗间的直接冲突确实不见史载，唐朝亦将安东都护府治所迁移到辽东，故将此年作为这场战争的结束年份，应当说是符合历史史实的。

---

① （韩）闵德植：《关于罗唐战争的考察——以买肖城战斗为中心》，《史学研究》1989年第40辑，第331页。
② （韩）徐仁汉：《罗唐战争史》，首尔：韩国国防军史研究所，1999年，第114—115页；（韩）徐荣教：《罗唐战争史研究》，博士学位论文，韩国东国大学，2000年，第14页。
③ （韩）卢泰暾：《三国统一战争史》，首尔：首尔大学校出版部，2009年，第238—239页。
④ （韩）李相勋：《通过唐的军事战略看罗唐战争期间的买肖城战斗》，《新罗文化》2006年第29辑，第85—199页。
⑤ 韩昇：《论新罗的独立》，余太山主编：《欧亚学刊》第一辑，北京：中华书局，1999年，第46—64页。
⑥ 参见赵智滨发表于网络上的文章。

第二节 《夏州都督太原王方翼碑》与上元元年唐朝出兵新罗

唐高宗上元元年（674）是"唐罗战争"关键的一年。此年正月，唐朝廷发布诏令任命刘仁轨为鸡林道大总管，发兵征伐新罗。然而，直到次年二月，刘仁轨才现身朝鲜半岛，在七重城战中三战三捷，取得重要的胜利。这一年刘仁轨统帅部及唐朝征伐大军的行踪如何？是走陆路还是走海路？何时到达朝鲜半岛？中韩史书均未见记载，此前学者对此亦未予以重视，往往是一带而过。但是，一些未被研究者注意的史料却值得注意和深究。对此，笔者不揣浅陋，试做爬梳，希冀能有一个自圆其说的解释。

一、刘仁轨与征伐新罗问题

《旧唐书》卷八十四《刘仁轨传》载：

> 咸亨五年（即上元元年），为鸡林道大总管，东伐新罗。

《资治通鉴》卷二百零二记载：

> 上元元年春正月，以左庶子、同中书门下三品刘仁轨为鸡林道大总管，卫尉卿李弼、右领军大将军李谨行副之，发兵讨新罗。时新罗王法敏既纳高丽叛众，又据百济故地，使人守之。上大怒，诏削法敏官爵，其弟右骁卫员外大将军、临海郡公仁问在京师，立以为新罗王，使归国。

《三国史记》卷七记载：

> 春正月，王纳高句丽叛众，又据百济故地，使人守之。唐高宗大怒，诏削王官爵，王弟右骁卫员外大将军临海郡公仁问在京师，立以为新罗王。以左庶子同中书门下三品刘仁轨为鸡林道大总管，卫尉卿李弼、右领军大将军李谨行副之，发兵征讨。

除此之外,《唐会要》卷九十五《东夷·新罗》、《新唐书》卷一百八《刘仁轨传》,《册府元龟》卷九百八十五《外臣部·征讨五》,《新唐书》卷二百二十《东夷·新罗》亦有相同或相似的记载。而上述《三国史记》卷七也不过是转换行文的顺序,将唐高宗削夺新罗王金法敏官爵等事情提前而已。按照一般的情况,诏书发布之后,刘仁轨、李弼、李谨行等人就应该率领军队,即刻动身前往朝鲜半岛,完成使命。但是,从现存《旧唐书》、《新唐书》、《册府元龟》、《资治通鉴》、《三国史记》等书记载看,整个上元元年,再没有发现有关刘仁轨出兵征伐新罗的任何记载。恰恰相反,有史料可以证明刘仁轨接受诏命之后并未即刻出兵,而是在当年后半期才挥戈东进的。首先,依据史书记载,刘仁轨率兵在新罗出现要等到第二年的二月,如果是前一年二月就出兵的话,不可能就此一点动静都没有。试想一下,唐朝皇帝如此高调下诏组建征伐大总管行营,但随后就销声匿迹,这确实有点耐人寻味。如何解释这一点?有学者认为刘仁轨"的任命只是给朝鲜派去一位新统帅,让他基本依靠现有武装作战,则此役的规模仍然是有限的,不过是要遏制新罗的攻势罢了,其余的措施乃虚声恫吓","到前线后,慎重组织部署,直到翌年春才发起攻势……"① 就是说,刘仁轨出兵征伐新罗并未带多少人马,只是依仗已经在朝鲜半岛的李谨行、高侃的军队;在近一年的时间内,刘仁轨在朝鲜半岛前沿阵地所做的工作就是悄无声息的调查研究。不过,如果没有强大的兵力作为后盾②,也很难达到"虚声恫吓"的效果。同时,在当时情况下,如此洒脱的从长计议有点解释不通。显然,这种推论似存在一定的问题。而实际情况就是刘仁轨在唐高宗诏令下达后,因为组建征伐军的需要,以及现在看来难以明了的一些事情,当然,还要了解遥远前线的战况,这些因素致使唐朝征伐军到该年后半期才得以动身。其次,作为副大总管的李弼,在该年九月唐高宗举办的大型宴会上竟非正常死亡,如果唐朝征伐军已经出动到达朝鲜半岛,李弼其人不可能还身在长安,如此悠闲自在地参加大型宴会,

---

① 韩昇:《论新罗的独立》,余太山主编:《欧亚学刊》第一辑,北京:中华书局,1999年,第60页。

② 《资治通鉴》卷二百二记载刘仁轨"引兵还"。《三国史记》卷七亦记载刘仁轨"引兵还"。这些都说明刘仁轨确实带兵去了朝鲜半岛,而且带的兵可能还不会少。因为经过激战,军队必然有死伤,减员,但刘仁轨返回时还带回一些部队。认为刘仁轨只是利用已经驻屯朝鲜半岛的唐军,只是带一些随从前往,这与唐朝当时对朝鲜半岛采取的政策似存在矛盾。

第七章 "唐罗战争"始末及涉及问题

他此时应该伴随刘仁轨左右,做适合他副大总管身份的事情,此亦可以作为证据。

那么,将近一年时间内,作为征伐军统帅的刘仁轨都具体做了哪些事情呢?令人遗憾的是,现存中韩日关联史料中,看不到直接的或者说明确的记载,进而为探讨这一问题造成困难。要探明这一问题,只有结合当时唐廷内部的情况、唐罗双方战争态势,以及现存的一些间接史料,进而得出和基本事实接近的结论。

其一,如上所述,唐朝廷发布征伐新罗诏令,除过皇帝任命的两位副大总管之外,作为大总管的刘仁轨,他要招揽、奏请随从将领,这是唐朝历次出兵征伐首先必须要做的事情。对此,笔者在《刘仁愿事迹考述试论稿》一文中曾论及唐初国家任命行军大总管出征,作为主将有奏请随从出征将领的义务和权利,并利用墓志史料,探讨著名将领苏定方显庆五年(660)作为行军大总管出征百济前选任奏请随从将领的情况①,而一般兵士则是通过招募募兵组成行军的主要基层力量。刘仁轨此次出征当然也属于行军出征,故选任随从将领也不例外。除过唐朝廷任命右领军大将军李谨行、卫尉卿李弼为副大总管之外,随从刘仁轨出征的主要将领就在这种选任的范围。史载曾任朔州尚德府果毅的王方翼其人,"乐成公东讨新罗,荐为将帅,诏公持节鸡林道总管"②,看来,王方翼就是刘仁轨选任奏请随从重要将领之一。同时,《三国史记》卷七"文武王十四年(上元元年)"条目中,除了转引中国史书记载之外,只有"八月,大阅于西兄山下。九月,封安胜为报德王。幸灵庙

---

① 孙继民提到行军大总管的职任及其迁变流程,为了解唐朝行军出征关联事宜提供了依据。但是,孙氏的研究没有涉及行军大总管在特定条件下,特别是唐高宗时代征伐朝鲜半岛政权之前,行军大总管有对随行将领(包括行军总管)奏请选任之职能,此大概是适应征伐战争的需要,并有利于行军大总管命令顺畅执行而采取的措施之一。孙继民:《唐代行军制度研究》,台北:文津出版社,1995年,第141—147页。而一些唐人墓志史料也为我们提供了论据,参阅拜根兴:《刘仁愿事迹考述试论稿:以与新罗关系为中心》,(韩)《中国史研究》2002年第18辑,第95页,第91—120页。
② (宋)李昉等:《文苑英华》卷九百一十三《碑·神道碑三一》,北京:中华书局,1966年;(清)董诰等:《全唐文》卷二百二十八《唐故夏州都督太原王公神道碑》,上海:上海古籍出版社,1990年;(唐)张说:《张燕公集》卷十五,北京:商务印书馆,1936年。另外,《旧唐书》卷一百八十五《王方翼传》、《新唐书》卷一百一十一《王方翼传》均一笔带过,即"五迁肃州刺史"、"再迁肃州刺史",没有提及被选任鸡林道总管事。《旧唐书》卷一百八十五《王方翼传》,北京:中华书局,1975年标点本,4802页;《新唐书》卷一百一十一《王方翼传》,北京:中华书局,1975年标点本,第4134页。

寺前路阅兵,观阿飡薛秀真六阵兵法"关联记载。总体来看,这一年新罗国内十分平静,没有如其他年份频繁的军队调动或者战争的硝烟弥漫。唐朝征伐军此年后半期出动也可从上述记载得到证明。

其二,《王方翼墓志》中还有如下记载,即"……诏公持节鸡林道总管,军停不行,授沙州刺史。未至,改授肃州,以为慢防启寇非重闭也。"史料的前半部分,上文已经涉及,此不赘述,而其中又有"……军停不行,授沙州刺史"字句,笔者认为这应当引起研究者的重视。首先,从刘仁轨上元二年(675)二月才出现在朝鲜战场,以及李弼上元元年(674)九月死于唐都长安的实际情况来看,似乎从唐朝廷发布讨伐新罗诏令到刘仁轨率兵出征的多半年时间内,唐朝廷曾经因一定的缘由下令暂缓或者临时停止征伐新罗,如此才有"军停不行"状况的出现。其次,按照一般的理解,刘仁轨推荐王方翼为鸡林道总管,而且得到皇帝的首肯,并以诏令的形式予以任命,随后出征也是可以想象的事情了。但是,是什么事情使得"军停不行"?是王方翼本人的问题?从上引墓志及王方翼的传记看,似乎这种可能不大,因为作为受到任命的鸡林道总管,他个人的偶发事件不可能影响到整个出征,而且检讨上引史料,"军停不行"后,王方翼才被授予沙州刺史,赴任途中可能因紧急情况出现,改任肃州刺史的。显然,王方翼个人的原因是可以排除的。可问题是,是什么事件或者变故导致唐朝廷对已经发布的饬令进行急刹车呢?同样,因没有具体史料,难以进一步考察。

根据现有史料,现在可以推定的不外乎以下几种情况:第一,朝廷内部存在的某些因素,造成出征迁延或者临时终止?黄约瑟曾认为因长期的边境战争,此时朝廷内部有所谓"厌战"思潮出现,而刘仁轨本人的任命也是和已经掌握大权的武则天有关①。笔者本人亦曾论述大将苏定方667年去世之后,掌握朝廷中枢大权的刘仁轨、戴至德、张文瓘、赵仁本、杨弘武等人因各种原因保持沉默,致使苏定方事迹不显于世的情况;数年后,刘仁轨、郝处俊奉敕改修许敬宗编撰的国史,也出现矫枉过正的苗头②。可见,当时唐朝廷内部确实出现或明或暗的厌战情绪。但是,唐朝廷以皇帝诏令形式宣布

---

① 黄约瑟:《武则天与朝鲜半岛》,刘健明编:《黄约瑟隋唐史论集》,北京:中华书局,1997年,第65页。

② 拜根兴:《苏定方事迹考疑试论稿》,(韩)《中国史研究》2000年第9辑,第113页。

第七章 "唐罗战争"始末及涉及问题

出兵新罗,这种厌战情绪或许可以对出征过程起到一定的阻挠作用,至于直接造成"停军不行"似乎还相当勉强。第二,唐朝廷内部突发事件出现,直接影响到出兵新罗?查阅《旧唐书》卷三《高宗纪》,《新唐书》卷三《高宗纪》,关联人物传记,以及《资治通鉴》、《唐会要》、《册府元龟》、《三国史记》等文献史书,上元元年(674)二月至九月,唐朝除过三月出现日食现象①,随后武则天"祀先蚕",八月"壬辰,皇帝称天皇,皇后称天后"外,似乎没有其他足以撼动征伐军出征之事。就在这一年,皇后武则天建言十二事,其中第三条就是"息兵,以道德化天下"②。如果确因武则天的建言致使唐朝停止对新罗的征伐,不能说没有可能,但似乎也有点解释不通,因为正月已经发布诏令,假若出兵的话早就出兵了,不可能等到八月。还有,刘仁轨此时已75岁高龄,作为主帅,他的身体如有痒疾,倒是会影响征伐军的行军进程,而史料却没有这方面的记载。第三,唐高宗任命金仁问为新罗王回国代替其兄金法敏,金仁问推辞拖延时间的缘故?上引《资治通鉴》卷二百二记载唐朝在任命刘仁轨等人的同时,还"诏削法敏官爵,其弟右骁卫员外大将军、临海郡公仁问在京师,立以为新罗王,使归国。"而金仁问其人对于唐朝安排其回国替代其兄的处置措施,以及返回新罗赴任可能出现的问题还存在疑虑,即"仁问肯辞,不得命,遂上道"③。就是说,因为金仁问个人对回国后前途的担忧,当然也可能是忧虑代替其兄担任新罗王对新罗国内的冲击,故诚恳地向唐朝廷说明情况,想推辞不去,但没有获得唐朝廷的批准,故而硬着头皮踏上回国的征程。因为史料记载的简略,我们难能了解其中具体情况。假若金仁问推辞行程不获批准,于本年三月出发,行程无论怎么缓慢,也无论是走海路还是陆路,半年总该会到达新罗;当然,是否金仁问无

---

① 《新唐书》卷三十二《天文志》,北京:中华书局,1975年标点本,第828页,载:"(咸亨)五年三月辛亥朔,日有食之,在娄十三度。占为大臣忧。"此处咸亨五年即上元元年。因为出现日食现象,就停止出兵新罗,这种可能性也不大。
② 《新唐书》卷七十六《后妃传·武则天》,北京:中华书局,1975年标点本。韩昇全面分析了唐高宗上元年间唐朝内部不同势力间的斗争及其势力消长,涉及上元年间发生的所有事件,值得参考,参见韩昇:《上元年间的政局与武则天逼宫》,《史林》2003年第6期,第40—52页。
③ (高丽)金富轼:《三国史记》卷四十四《金仁问传》,首尔:乙酉文化社,1997年,第400—401页。

休止的推辞,九月以后才无奈上路?这种可能几乎不存在①。然而,实际情况却是到次年二月刘仁轨在朝鲜半岛七重城获得大捷,新罗文武王"遣使入贡,且请罪",唐高宗赦免金法敏罪责,恢复其新罗王爵位的同时,金仁问收到唐高宗敕命"中路而还,改封临海郡公"。这里似乎可以排除下面两种可能性:其一,金仁问到达边境地区后一直等待;其二,金仁问一行走海路。若走海路,"中路而还"就无法解释②。显然,此种可能也难以成立。第四,兵不厌诈!唐朝因集结军队、征调粮秣,以及运输等问题繁琐复杂需要时间,故在一定范围内宣布停止军事行动,而实际上却是积极准备,并密切关注新罗的动向?这种推想有一定的合理性,但仍难于自圆其说。这就是王方翼被任命为鸡林道行军总管,他是因为"军停不行"才改任的,而且刘仁轨推荐的将领都改任他职,只能说明确实有某些事件出现,进而导致唐朝改变策略,短时间内停止了征伐新罗的行动。第五,一些非正常但却值得注意的事件是否对唐朝的出兵造成影响?据《旧唐书》卷一百五十二《高固传》、《新唐书》卷一百七十《高固传》,以及岑仲勉《唐史余沈》卷一《补高侃传》等,得知高侃其人咸亨、上元年间就任安东都护,但我们并不知晓何人担当安东副都护。《唐代墓志汇编》中收有一方《□永墓志铭》,而墓主□永其人:

> 属海风未静,以荒大东,爰(缺)凶丑有□命征辽,还拜游击将军、左金吾卫周扬府左果毅,又迁定远将军□□卫华池府折冲、上柱国,检校安东副都护。大臣忧国,□□未□志士徇名,马援当逞。以上元元年二月一日寝疾,薨于安东府之官舍也,春秋五十有八。③

就是说,曾驻扎关内道同州,担当华池府(今陕西韩城市西南)④ 折冲都尉的姓□名永的将军,此时官至检校安东副都护,并驻屯于平壤所在的安

---

① 在当时情况下,唐朝培植各藩属国在唐宿卫、质子等亲唐势力,其目的就是给藩属国当权者形成一定的压力,并在一定的时期或者特殊情况下为唐朝所用,参阅姜清波:《新罗对唐纳质宿卫述论》,《中国边疆史地研究》2004年第1期,第88—95页。
② 拜根兴:《金仁问研究中的几个问题》,《海交史研究》2003年第2期,第72—77页。
③ 周绍良主编:《唐代墓志汇编》天宝082,上海:上海古籍出版社,1992年,第1589—1590页。
④ 张沛:《唐折冲府汇考》,西安:三秦出版社,2003年,第67页。

第七章 "唐罗战争"始末及涉及问题

东都护府衙,但他却在唐朝廷发布征伐新罗命令的关键时刻罹患疾病,不治而亡。无疑,这对唐朝日益吃紧的朝鲜半岛局势无异于雪上加霜,是否也对刘仁轨统辖的征伐军出征造成影响,无从知道!还有,原为高丽"栅州都督兼总兵马,管一十二州高丽,统三十七部靺鞨"的李他仁,在乾封、总章之际投诚李勣,成为李勣麾下的一员猛将,在攻伐高丽平壤城战斗中建立奇功,并直接参与咸亨年间(670—673)平定高丽移民叛乱战斗。墓志记载李他仁"上元二年岁次丁巳二十三日,遇疾薨于长安之私第,春秋六十有七。"笔者认为唐"朝廷中枢由于人员的变动,对长期战争造成的一系列问题有了新的认识;此一时期唐朝与朝鲜半岛关系错综复杂,而李他仁投唐后奔波于唐与高丽故地之间,史书记载唐朝派遣李谨行、高侃征伐高丽移民叛乱并不顺利。同时,上元二年(675)正是'唐罗战争'最关键时刻,唐廷是对已经故去的李他仁评价乃至嘉奖追赠还有不同看法?抑或李他仁的死因另有玄机不便明示,并非志文所记'遇疾薨于长安之私第'?否则就很难解释为什么要将他的尸骨存放两年余后才埋葬的事实。"①就是说,时任右领军将军的李他仁死于上元二年(675),但其"患病"时间可能还应提前,当然也不排除引文中所示,李他仁死于不便明说的其他情况。但无论如何,这些均可对唐朝的这次军事行动造成一定影响。

综合上述各种情况,在确认《王方翼墓志》记载真实的前提下②,可能由于一些现在不能了解的原因(是否西域方面形势紧张?牵制了唐朝的行动,

---

① 拜根兴:《唐李他仁墓志研究中的几个问题》,《陕西师范大学学报》(哲学社会科学版)2010年第1期,第41—48页。

② 开元年间著名宰相、文章大家张说(667—730)何时撰写这篇碑文?有研究者认为应在神龙初年(705)(南京师范大学王颖玉,2004年硕士论文),也有学者认为应作于开元十六年(728)(四川大学周睿,2004年博士论文),但未见具体论证。王方翼嗣圣元年(684)被诬陷流放崖州,途经衡山患病死亡,终年63岁;垂拱三年(687)闰正月二十九日安葬于咸阳原。神龙初年平反昭雪。碑铭中有"子故光禄少卿玙、今秘书监珣皆笃行纯孝,慎终追远。说少也蒙会友升堂,今老矣岂能文旌墓,……"又《旧唐书》卷一百二载开元五年,王方翼之子王珣官任秘书少监;张说开元十六年62岁,当然应划入老年范围,而神龙年间(705—707),张说才40出头,不能说已经年老。由此可知该神道碑作于开元十六年(728)似乎可能性更大一些。按照一般常识,张说受委托为已故王方翼撰写碑铭,当依据官方及墓主家属提供的信息,对于墓主的官任及一生经历的重大事件的记载应当是不会出现差错的,更何况张说与墓主都有被陷害流放的经历,均是神龙初年获得昭雪,碑文中有"君子者,斯才也,斯望也,难乎免于斯之代也。周公乏而谤,屈平贤而放,贾谊才而谪,李广劳而丧。彼天命之糺纷,此人情之惆怅!"也道出了碑文作者自身的人生体验。张说与王方翼有相同的被贬流经历,可能对此更加用心。因而对于墓主受命出征新罗,后因故改任的记载是可以信赖的。另外,陈祖言:《张说年谱》,香港:香港中文大学出版社,1984年,惜未能找到拜读。

不得而知),使得唐朝在出兵新罗诏令下达之后,又不得不停止军事行动,一直等到这一年的后半期重新出征,这样才有上元二年(675)二月刘仁轨率军出现于朝鲜半岛,并在七重城打败新罗军队事件的出现。期待发掘新的史料,使此问题能够得到圆满解决。

二、李弼暴死京城长安及其影响

李弼暴死长安,虽然没有直接史料说明对唐朝征伐新罗的具体影响,但很显然,它关系到唐廷出兵朝鲜半岛的最终成效。如上所述,李勣在唐朝与高丽20余年的战和历程中,曾经在666年三次率军出征,并以年逾古稀的高龄担当统帅,联合新罗最终灭亡高丽。而李弼其人在其兄李勣死亡之前,出任晋州刺史,担任地方官,李勣患病之后,唐朝廷召其为司卫卿,前来京师长安侍疾;李勣弥留之际,向胞弟李弼托付后事:"一旦,忽谓其弟司卫少卿弼曰:'吾今日少愈,可共置酒为乐。'于是子孙悉集,酒阑,谓弼曰:'吾自度必不起,故欲与汝曹为别耳。汝曹勿悲泣,听我约束。我见房、杜平生勤苦,仅能立门户,遭不肖子荡覆无余。吾有此子孙,今悉付汝。葬毕,汝即迁入我堂,抚养孤幼,谨察视之。其有志气不伦,交游非类者,皆先挝杀,然后以闻。'"① 就是说,鉴于房、杜英明一世,而其后嗣不肖,前功尽弃;李勣为杜绝这种事情在他身后出现,告诫子孙勿重蹈覆辙。同时,从此也可看出他对胞弟李弼的器重,故而才委托后事,代替自己执掌家法。也就是说,李弼成为李勣死后李氏(徐氏)家族的法定代言人。6年之后,唐高宗勅令刘仁轨征伐新罗之时,想起威震辽海的已故大将李勣,因而任命时为从三品卫尉卿的李弼为征伐军副大总管。相信唐朝廷之所以任命李勣之弟李弼为将,可能就是想利用李勣在高丽故地的声威,收到出乎意外的效果。此时李弼的年龄保守估算亦应在70岁以上。

如上所述,咸亨五年(674)八月十五日,唐廷宣布改元,是为上元元年。九月初,唐高宗在京师长安大明宫含元殿举办宴会,与臣僚们共乐,任

---

① (宋)司马光:《资治通鉴》卷二百一"唐高宗总章二年十一月"条,北京:中华书局,1956年标点本,第6360页。

第七章 "唐罗战争"始末及涉及问题

命已半年有余，因故并未前往的鸡林道行军副大总管卫尉卿李弼也在邀请之列①。但很不幸，这位年迈的"将军"竟然暴死于宴会场所。尽管李弼可能是年老体衰、饮食过量，抑或兴奋过度、乐极生悲，但不管怎么说，他是名扬四海、使唐朝对手们闻风丧胆②的常胜将军李勣之胞弟，又担当唐朝捍御边疆的重任，对于他的突然离世，唐高宗表现出极大的震惊，下令"废酺一日"以示哀悼。

李弼的非正常死亡，打乱了唐朝的原有计划。本来原高丽故地，由于李勣历次征战声名远扬，打着李勣的旗号，利用李勣其人的威名，派遣他的弟弟李弼前往征伐招抚，可能会产生超乎寻常、无法估量的效果。但是，随着李弼的死亡，这些都无从谈起。显然，唐朝廷的如意算盘因此落空。

第三节 李谨行与"鸡林道经略使之印"

一、李谨行在朝鲜半岛的活动

如上所述，唐朝在任命刘仁轨为鸡林道大总管的同时，任命右领军大将军李谨行为副大总管，奉命出征新罗。事实上，据《三国史记》卷七记载，早在咸亨三年（672）七月，李谨行已率兵三万，驻屯于平壤周边地区，并与新罗军队激战。"八月，功（攻）韩始城、马邑城，克之。进兵，距白水城五百许步作营，我兵与高丽兵逆战，斩首数千级，高保（侃）等退，追至石门，战之，我兵败绩。大阿湌晓川，沙湌义文，阿湌能申、豆善，一吉湌安那含、良臣等死……"显然，这次唐军与新罗及高丽移民联军作战经过三个阶段：第一阶段为韩始城、马邑城战斗，唐军获胜；第二阶段为白水城战斗，新罗、

---

① 当然，不能排除一种可能，这就是李弼已经前往朝鲜半岛，但因军务或者其他事情中途返回，其间正好遇到唐高宗宴请众臣。相关部门得知李弼将军返回京师，故而他也在邀请之列？很明显，这只是一种推测。就算如此，唐朝廷高调处理此事，好像唯恐中外人等不知的架势，这不符合唐罗交战特别时期应有的处事准则。

② 开耀元年（681），年登古稀、威震代北的老将薛仁贵复出，官拜右领军卫将军、检校代州都督，出兵北疆，"贼闻仁贵复起为将，素惮其名，皆奔散，不敢当之。"可见，在特定的人文环境下，唐朝利用久经战阵、威名远扬的著名军将，在其曾经建功立业区域，还是能够起到一定的威慑作用的，《旧唐书》卷八十三《薛仁贵传》，北京：中华书局，1975年标点本，第2783页。

高丽联军获胜，唐军退兵，损失数千人；第三阶段为石门战斗，唐军稳住阵脚，新罗、高丽联军败绩，损兵折将，并直接迫使新罗王遣使到唐京师长安请罪。另外，史料中没有提及李谨行所率军队，但很明显，唐军的主力就是李谨行率领的靺鞨军团。

新发现的墓志史料，可以证明唐朝对这次战斗的重视。就是说，战斗的结果不仅给新罗造成一定的创伤，而且从声威和战略态势上也给新罗形成压迫，致使新罗王在吞食失败苦果之后，不得不遣使朝贡请罪。就在这一年，曾经临阵倒戈、拘捕百济义慈王献给唐军统帅苏定方，入唐后官拜左威卫大将军百济人祢寔进①，"以咸亨三年五月廿五日因行薨于来州黄县，春秋五十有八"。官拜三品的左威卫大将军此时有何重要公干，到达临近朝鲜半岛前沿的山东黄县，并殒身于此？是否唐朝在此集结军队，充实熊津都督府所在唐朝及百济人联合力量，进而策应从陆路南下进攻的高侃、李谨行部唐军？是否因为祢寔进其人出身百济，熟悉当地情况，故而担当如此重任？这些都在正史中缺乏记载，但却是能够获得一定答案的重要史料。杨福延其人也在这一年"有诏以公为鸡林道行军长史。遄装首路，美疢弥留。优诏追还，俄缠大慭。以其年十一月十三日，归终于华阴县之私第，春秋六十有四。"② 因为现存此一时期唐朝与新罗关联史料很少，单从《三国史记》卷七的表述似乎很难解释咸亨三年（672）唐罗石门战斗之后，新罗王匆忙遣使入唐祈罪的缘由③。如此，唐朝在正面战场取得胜利的同时，还在山东沿海一带屯兵待发，某种程度上给新罗造成相当大的压力，加之这一年新罗年景不好，是所谓"谷贵人饥"，进而促使新罗王廷采取虚与委蛇策略，第二次向唐朝遣派使节谢罪，以便缓和唐军的进攻④，赢得喘息的机会，重整旗鼓获得实际利益。

---

① 董延寿、赵振华：《洛阳、鲁山、西安出土的唐代百济人墓志探索》，《东北史地》2007年第2期，第2—12页；拜根兴：《百济遗民〈祢寔进墓志铭〉关联问题考释》，《东北史地》2008年第2期，第28—32页。
② 吴钢等主编：《全唐文补遗》，西安：三秦出版社，2006年千唐志斋新藏专辑本，第36页。
③ 《三国史记》卷七载："王以向者百济往诉于唐，请兵侵我，事势急迫，不获申奏，出兵讨之，由是获罪大朝。遂遣级飡原川、奈麻边山及所留兵船郎将钳耳大侯、莱州司马王艺、本烈州长史王益、熊州都督府司马祢军、曾山司马法聪，军士一百七十人，上表祈罪……"（高丽）金富轼：《三国史记》卷七，首尔：乙酉文化社，1997年，第195页。
④ （高丽）金富轼：《三国史记》卷七《新罗本纪·文武王》，首尔：乙酉文化社，1997年，第196页；（韩）卢泰敦《三国统一战争史》，首尔：首尔大学出版部，2009年，第256页。

如上所述,上元元年(674)唐朝发布征伐新罗诏令,但由于其他原因,其中曾有停顿,直到当年后半期唐朝才出兵。而此期间李谨行的行迹史料缺乏明确的记载,但有迹象证明李谨行仍然奋战在朝鲜半岛,唐高宗任命他为鸡林道副大总管时,李谨行就在当地。上元二年(675)二月,刘仁轨率领的唐军在七重城取得重大胜利,但随即率兵返回①。与此同时,唐高宗任命李谨行为安东镇抚大使,即"诏以李谨行为安东镇抚大使,屯新罗之买肖城以经略之",全权负责朝鲜半岛事务。这样,清代学人津津乐道的"鸡林道经略使之印"就应运出现了。

二、"鸡林道经略使之印"的发现及研究

对于"鸡林道经略使之印",笔者检索现存明清时代学人文集及著述成果,似嘉庆以前还没有学者提及,也未见有何种金石印谱中著录,因而对于这方印章自唐代以后的流传收藏情况难能知晓。现在知道最早收藏这方印章的是乾嘉学派代表人物之一的阮元。

此印章收藏于阮元的积古斋。据载:"'鸡林道经略使之印'凡八言,背有文,为活碧所化不能辨,今藏中丞先生积古斋。"

瞿中溶所写跋文记载:"何君梦华示予铜印文一方,云'鸡林道经略使之印',予意此为唐印,质之外舅钱少詹先生,亦以为然。"可以看出,首先拿出这方印章的是何梦华。何梦华,字符赐,浙江钱塘人,清乾嘉时期著名的藏书家。何氏拿出一方铜印,请瞿中溶观赏鉴定,瞿氏根据其铭文断定为唐印;瞿氏又拿去询问其岳父,著名经史大家钱大昕,结果得出了相同的意见。就是说,钱大昕、瞿中溶翁婿均认为何梦华所示印章为唐印。另外,许宗彦

---

① 《资治通鉴》卷二百二载:"二月,刘仁轨大破新罗之众于七重城;又使靺鞨浮海,略新罗之南境,斩获甚众。仁轨引兵还。"(宋)司马光:《资治通鉴》卷二百二"高宗上元二年二月"条,北京:中华书局,1956年标点本,第6375页。《新唐书》卷二百二十载:"上元二年二月,仁轨破其众于七重城,以靺鞨兵浮海略南境,斩首甚众",《新唐书》卷二百二十《刘仁轨传》,北京:中华书局,1975年标点本,第6204页。可以看出,两书记载并无大的差异。而且,刘仁轨率军取得胜利不容质疑,据《旧唐书》卷八十四载,"……以功晋爵为公,并子侄三人并授上柱国,州党荣之,号其所居为乐城乡三柱里",《旧唐书》卷八十四《刘仁轨传》,北京:中华书局,1975年标点本,第2795页;《新唐书》卷一百八载,"晋爵为公,子及兄子授上柱国者三人,州党荣之,号所居为'乐城乡三柱里'",《新唐书》卷二百二十《刘仁轨传》,北京:中华书局,1975年标点本,第4084页。就是说,刘仁轨因在朝鲜半岛建立的功勋,获得唐朝廷的嘉奖。

记云:"中丞师得旧铜印,方二寸许,文曰'鸡林道经略使之印',以示门下士许宗彦。"① 也就是说,阮元后来得到这方铜印,收藏于自己的积古斋;阮氏还将这方印章拿出来,请学生许宗彦等人观赏品评。

除过上述瞿中溶、许彦宗两位写过跋文、印记外,曾为浙江学正积古斋主人阮元随从的陈文述②,也在许彦宗研究的基础上,撰有《唐鸡林道经略使之印考》文,以及长篇叙事诗记其事。清人许珩亦有"诗并序",探讨推证鸡林道经略使及李谨行关联问题。

如此看来,阮元在"都门"得到这方印章前后,先后经过何梦华、瞿中溶、钱大昕、许彦宗、陈文述、许珩等学者把玩鉴赏,其中有人提出自己的看法,有人专门着文研究考证,使人们对这方印章及其印章主人的来龙去脉有了较为清晰的认识。今人罗福颐的《古玺印概论》、曹锦炎的《古代玺印》、陈根远的《印章鉴藏》等书中,也收录介绍此印,使人们对存世稀少的唐印有了一定的认识。

三、"鸡林道经略使之印"涉及问题

7世纪80年代到清朝嘉庆年间(1796—1820),在长达1000余年的历史中,这方和唐朝将领李谨行关联的铜印埋没于历史的尘埃之中,不为人们所知。著名学者阮元于嘉庆年间收藏这方印章之后,它的历史和价值才为更多的人所知晓。首先,依据上述清代阮元、瞿中溶、许中彦、陈文述等学者研究,这方铜印出自7世纪70年代唐朝与朝鲜半岛新主人新罗冲突交战之时。笔者赞同这种观点。咸亨二年(671),鉴于新罗侵占百济故地、支援高丽移民叛乱,唐高宗组建鸡林道行军总管行营,任命薛仁贵为行军总管。墓志所载郭志该其人,正是此时担当鸡林道判官兼知子营总管,负

---

① 上文引文中未注出者,均见(清)张燕昌《金石契》上,台北:文史哲出版社,1971年影印光绪丙申本。在此,特别感谢高明士教授、文史哲出版社沈经理。2005年10月末,笔者应台湾唐代学会邀请,前往台北市所在的台北大学出席"第七届唐代文化学术研讨会"。会议间隙,托著名学者台湾大学高明士教授的福,我们还应邀到台湾学生书局、文史哲出版社,选购了一些在中国大陆难能见到的专业书籍,而文史哲出版社的沈老板慷慨赠予文史哲版书籍,令人感动。笔者挑选的影印清人张燕昌所集《金石契》(上下册)一书,成为此后常常翻阅参考的重要书籍之一。

② 钟慧玲:《陈文述年谱》上,《东海中文学报》2004年第16期,第345—408页。

责押运粮草事宜①，但不幸船遇风浪倾覆溺亡。就是说，鸡林道在咸亨二年（671）已经出现，并非上元元年（674）才有。只是上元元年组建的鸡林道和本文讨论的"鸡林道经略使之印"时间更为接近，人物事件关联更为直接。上元元年（674）正月，唐高宗任命刘仁轨为鸡林道大总管，李谨行、李弼为副大总管，发兵征伐新罗。可见，鸡林道是"唐罗战争"时唐朝为征伐新罗所创设的临时行军机构，伴随着"唐罗战争"的结束，鸡林道行军建制亦不复存在。检索现有文献史料，8世纪之后就更没有鸡林道的设置，而此铜印也只有"唐罗战争"时期才有，此一时期前后根本就没有鸡林道的提法。其次，李谨行担当"镇抚使"与"经略使"问题。据史料记载，经略使之初设，起自唐贞观二年（628），主要是在征战周边区域过程中临时设置，目的是"式遏四夷"②，战争结束后随即撤销这种使职。依据现有史料，唐朝在8世纪之前在各边境地带设置经略使、经略大使见表7-1。

表7-1 八世纪前唐朝在边境地带设立的经略使统计表

设立时间	官名	地区	姓名	备注
贞观二年（619）	经略使（唐贞观二年，边州别置经略使，此盖使名之起）			《文献通考》卷六十二
上元二年（675）	鸡林道镇抚使（经略使）	鸡林道	李谨行	铜印
时间不详	积石道经略大使	积石道	李谨行	《新唐书》卷《靺鞨传》
时间不详	柏海道经略使	柏海道	契苾明	《全唐文》卷一百八十七
时间不详	怀远军经略大使	怀远军	契苾明	《全唐文》卷一百八十七
仪凤二年（677）	河源军经略大使	河源军	黑齿常之	
开耀年间（681）	桂管经略使	桂州	不详	《新唐书》卷六十九
永淳元年（682）	河源军经略副使	河源军	娄师德	
时间不详	凉甘肃瓜沙五州经略使	朔方道	契苾明	《全唐文》卷一百八十七
武周时期	安东道经略使	安东道	薛纳	《新唐书》卷一百一十一
长安年间	四镇经略使	安西四镇		《新唐书》卷二百二十一
景龙年中	四镇经略使	安西四镇	郭元振	《全唐文》卷二百三十三

---

① 吴钢等主编：《全唐文补遗》第五辑收有《（上阙）县令郭君（志该）墓志铭并序》，载："君讳□□，□志该，太原人也……属青丘背命，玄菟炽炎，军将等以公早习戎昭，凤娴韬略，遂表公为鸡林道判官兼知子营总管，又奏公为押运使。于是扬舲巨海，鼓楫辽川，风起涛惊，船坏而溺，形沉水府，神往修文，其化迹之时，即唐咸亨二年之岁也，春秋四十一。"郭志该其人应该就是参与鸡林道行军总管薛仁贵行营，前往朝鲜半岛者。吴钢主编：《全唐文补遗》第五辑，西安：三秦出版社，1998年，第213页。

② 《旧唐书》卷三十八《地理志》，北京：中华书局，1975年标点本，第1385页。上引"式遏四夷"是说开元以后在边疆地区设立节度、经略使的目的，其实，贞观年间设立"经略使"之初，亦应该具备这种职能。

现在存在的问题是，文献史料记载李谨行在鸡林道大总管刘仁轨返回唐朝后，担当鸡林道镇抚使（安东镇抚大使），而非经略使，对此，清代学者许珩认为：

……刘仁轨破新罗，以李谨行为安东镇抚大使，不云为经略。惟《资治通鉴》云：为镇抚大使，以经略之。乃序事之辞，非书官也。又按《新唐书·百官志》有安抚使，无镇抚使，窃意此时法敏反侧，谨行本靺鞨名将，赐今姓名，史称其勇冠军中，故令为经略使，以镇抚之，温公书不知何缘倒置尔，抑或镇抚即安抚，而以经略为兼官，如景云以后节度使兼官之例，亦未可知……

可以看出，许珩的解释有一定的合理性，可视为一家之言！但是否如此，因为没有具体的史料佐证，很难有进一步的论证。然而，不管怎么说，作为一名蕃将，李谨行在鸡林道大总管刘仁轨返回后，作为副大总管全权承担针对新罗战场的决策使命，这样，无论唐高宗诏令他担当镇抚使，还是经略使，其担当的使命或所扮演的角色应该是相同的。回过头来再看文献史料载唐高宗任命李谨行"为安东镇抚大使，屯兵于新罗之买肖城以经略之"，很可能就像清人许珩所说那样，是史料记载前后倒置的缘故，李谨行担当的应该是鸡林道经略使，镇抚当地。而检索此一时期的其他记载，似乎再也没有什么人担当过"镇抚使"。再次，清代学者对"鸡林道经略使之印"的考证结果值得信赖。以金石学家阮元、钱大昕为首的乾嘉学派学者，构筑起一个时代的学术殿堂，同时也打造出过硬的学术功底。他们看到这方铜印后如获至宝，随即进行了缜密的考辨，得出一定的结论。他们对初唐历史、唐与新罗关系的熟谙，对金石印鉴非凡的鉴赏力，以及无与伦比的考证功底，不仅使这方长期以来不为人知的重要文物重见天日，而且使人了解到它的价值和功用，为探讨此一时期唐罗关系以及唐朝职官相关问题提供了重要史料。

第四节 "唐罗战争"的终结

一、买肖城之战关联问题

韩国学界根据《三国史记》的记载，认为买肖城之战中新罗军一举打

第七章 "唐罗战争"始末及涉及问题

败由唐将李谨行率领的唐军,是"唐罗战争"的转折点乃至终结点。但由于现存史料相当有限,有关买肖城之战的具体问题,学界还存在不同的观点。

首先,买肖城的具体位置问题。对此,现存史料没有具体表述,而韩国学界只是根据朝鲜时代出现的地方志,以及当时的战况分析、考古调查现有关联遗迹,如此就出现了仁者见仁、各持己见的局面,学者们对此有不同的推定。现在知道的具体地点就有李瑄根主张的京畿道扬州郡州内面古邑里;崔根泳、李昊荣、闵德植、安国承、李相勋主张的京畿道涟川郡大田1里1—1的大田里山城;还有依据《新增东国舆地胜览》确定的扬州山城(大母山城)等说法。而安国承氏对位于京畿道涟川郡大田里山城周边地区做了实地考察并有详细的论述,推定这里就是《三国史记》记载的买肖城①。20世纪90年代之后韩国学界基本认定这种说法。从安氏的论证推定看,至少现在还没有比这种推定更能自圆其说的看法,因而本文亦基本认同这种推定。

其次,买肖城之战中唐军参战的人数问题。对此,中国史书《新唐书》、《资治通鉴》等记载较为模糊笼统,将这一年发生的几件事情合并一起记述,使人难得究竟。韩国史书《三国史记》卷七则明确记载李谨行上元二年(675)九月二十九日,"李谨行率兵二十万,屯买肖城,我军击走之,得战马三万三百八十匹,其余兵杖称是。"而中国史书对此战役的结果记载正好相反。对此,韩国学者李昊荣氏曾怀疑《三国史记》载唐军二十万屯集买肖城的真实性,他统计从咸亨年间到上元年间赴朝鲜半岛唐军数量,认为李谨行所率唐军最大可能只有四万余,似不会再多。② 笔者认为,"有可能《三国史记》在雕刻板印过程中出现衍文,即在原来的'十万'前面多刻了'二'字,进而造成驻屯买肖城的唐军达二十万之多之错误。而十万唐军亦当是此时唐朝在朝鲜半岛的总兵力(应包括军队的后勤人员)。因为李谨行担当安东镇抚

---

① (韩)安国承:《买肖城研究》,《京畿乡土史研究》1994年第2辑,第261—289页。
② (韩)李昊荣:《新罗三国统合与丽、济败亡原因研究》,首尔:书景文化社,1997年,第255页。

大使（或鸡林道经略使），故说其率军十万也没有错，但在买肖城的唐军则不会有十万。"① 李相勋检讨上述李昊荣、拜根兴观点，认为"不管怎么说，从新罗获得的三万匹以上战马来看，可以判断李谨行在买肖城动员的兵力不会少于五万"②。参战唐军数量的多少，直接影响对这场战役胜败双方战果正确的估价。显然，由于史料记载孤立单一，学者们要么怀疑现存史料传写印刷过程中可能出现纰漏，要么根据现有史料所提供的信息推断而得出结论，因而到底李谨行所率唐军的人数是多少，现在只能说还是一个谜。不过，学者们的见解有一点是相同的，这就是《三国史记》夸大了买肖城之战中唐军的人数。另外，学者们均忽视了一个重要的问题，这就是新罗军队参战人数问题。众所周知，唐朝联合新罗攻打百济之时，新罗几乎倾巢出动五万精兵配合唐军的行动。如果李谨行唐军真的有二十万的话，在冷兵器时代，新罗需要动员数倍的兵力，才能完成所谓的包围或者歼灭战，这在当时几乎是不可能的事情。相信随着时间的推移，会发掘出更多新的史料，促使我们对这个问题有一个较为清晰的认识。

　　再次，这场战争是歼灭战？包围战？还是唐军主动撤退后新罗的追击战？李昊荣氏认为买肖城之战是新罗的"九军战前就秘密埋伏在买肖城周边地区，并诱导李谨行率领的唐军进屯买肖城一带，最终形成铁桶般的包围圈。随后唐军被大量杀伤。事实上，唐军已开始从朝鲜半岛败退，新罗的国境向北延伸至临津江、大同江一带。"③ 此后出版张学根编写的《罗唐战争史》④ 一书沿用李昊荣氏的包围战说。此看法没有注意到《三国史记》关于这场战斗已有的点滴记载，只是根据自己想象推定，因而得出的结论和事实还是有相当

---

① 拜根兴：《七世纪中叶唐与新罗关系研究》，北京：中国社会科学出版社，2003年，第106—132页。
② （韩）李相勋：《通过唐的军事战略看罗唐战争期间的买肖城战斗》，《新罗文化》2006年第29辑，第102页。
③ （韩）李昊荣：《反外势统一的君主文武王：对唐七年战争》，《月刊中央WIN》1996年第11号，第272页。
④ （韩）张学根：《罗唐战争史》，首尔：韩国国防军史研究所，1999年，第145—146页。

第七章 "唐罗战争"始末及涉及问题

距离的。闵德植论文中转述当地人传说唐罗买肖城之战的状况①,并依据当地的地形及众多山城间的关系推测新罗军是如何歼灭唐军、唐军是怎样狼狈逃窜的。这种没有史料佐证,采取预设结果、求证结果的做法不符合历史研究的一般规范。安国承认为买肖城战斗绝不是攻城战,而应是以买肖城为中心②,波及周围地区的战斗,这种看法有其合理性,但他的具体分析和上述闵德植的做法相同,因多有想象推定并已超出了史料本身应有的界限,进而降低了其结论的可信度。

最后,强调朝鲜半岛战场的重要性,要么认为"唐罗战争"的收场和西线唐朝与吐蕃战场没有关系,要么虽然不否认唐朝东西战场间关系密切,但认为其在时间上并没有什么直接关系③。另外,依然强调"罗唐战争"受唐朝西部边境吐蕃进攻的影响,唐朝从朝鲜半岛撤离,就是基于吐蕃的影响所做出的军事选择。徐荣教探讨上元年间唐朝与吐蕃关系,并援引史料,认为"唐罗战争"终结,与其说是新罗在战斗中取得最终胜利,倒不如说是唐军为了发动对吐蕃总攻势,将驻屯朝鲜半岛的靺鞨军队调防到西域的结果所致。也就是说,是当时国际形势发展的最终结果④。可以看出,徐氏很注重现存中韩双方史料,探讨问题不仅从唐朝与新罗双方角度,而且还将触角延伸到当时更广泛的中亚、东亚国际形势,故其视野更为宽广,得出的结论也相当客观平实。对此,笔者认为,没有文献史料佐证,现有的考古成果也没有过硬的有价值的支撑材料,过多的推论,而且是完全超出现有点滴史料范围之外的推论,这种做法不符合历史研究的规范,也不利于对"唐罗战争"的整体把握,其得出的结论更是似是而非、缺乏信凭性。同时,忽略已有的文献记载,将唐朝从朝鲜半岛撤离完全和西北紧张局势割裂开来,其亦难于自圆

---

① 这些传说很大程度上是朝鲜王朝以来的产物,其多大程度反映"唐罗战争"当时的情况,实在令人怀疑。因为高丽时代编撰的《三国史记》、《三国遗事》中多引用"乡传"等资料,但"唐罗战争"关联事件的口传史料却未见记载,如果有的话,金富轼、一然禅师是不会等闲视之的。此从另一侧面证明这些所谓的"传说",只能是14世纪之后或者更晚才出现的,其与我们要探讨的历史事件难以做到表里相符。(韩)闵德植:《关于罗唐战争的考察:以买肖城战斗为中心》,《史学研究》1989年第40辑。
② (韩)安国承:《买肖城研究》,《京畿乡土史研究》1997年第2辑,第261—289页。
③ (韩)李相勋:《通过唐的军事战略看罗唐战争期间的买肖城战斗》,《新罗文化》2006年第29辑,第85—199页。
④ (韩)徐荣教:《罗唐战争史研究》,博士学位论文,韩国东国大学,2000年,第105页。

其说。真的如此，就不能解释上元元年王方翼改任沙州途中又调任肃州，并在肃州加强城防设施的原因所在；不能解释"上元中"唐朝陇右道所辖叠州、岷州、芳州已经"陷于西蕃"，即吐蕃已经入侵陇右道的史实①；而上元三年（676）三月前，李谨行及其所辖军队已经到达西部前线，并取得一系列胜利的事实②似乎也无从谈起；《三国史记》所载李谨行在新罗买肖城如此"损兵折将"，但却依然"升官晋爵"的奇怪现象也无法解释。那么，如何认识这场发生在唐朝与新罗之间的战事呢？笔者在此前的论著中已有所涉及。认为所谓的买肖城之战，是由于吐蕃势力东侵，唐西北边境地域受到直接威胁，唐政府迫于形势，故而抽调远在朝鲜半岛的唐军西上，李谨行所领以靺鞨人为主的唐军即在勒令之列。在此状况下，驻屯买肖城唐军的战略大转移势在必行。可能是撤退勒令的紧迫，一些不必要的物资及不堪远行的战马不可避免的被遗弃。新罗与唐军断后部队的战斗，应该是买肖城战斗的主要内容。而《三国史记》中除过上引资料之外，再没有其他史料证明唐军如何大败或新罗军怎样大胜的。既然是唐军军事大转移，新罗军只是随后清理战场及尾随追踪，两军的战斗激烈程度、战斗的投入等，都不能以常规战役论列；《三国史记》卷七只记载新罗获得战马及兵器具等，并未记载唐军战死人数，亦未记录新罗军投入兵力及领军将领，此应该是相当正常的事情。③ 还有一种解释，

---

① 关于"上元中"，下文有详细解释。文中所引史料见（唐）李吉甫撰：《元和郡县图志》卷39《陇右道上》，贺次君点校，北京：中华书局，1983年，第995、999、1000页。《太平寰宇记》卷一百五十五载："叠州……永徽元年置都督府，上元元年（674），吐蕃入寇，密恭、丹岭二县杀掠并尽，于是废二县"，（宋）乐史撰：《太平寰宇记》卷一百五十五，王文楚等点校，北京：中华书局，2007年，第2985页；同书又引《贞元十道图》云："叠、宕、武、成四州，自分十道后，并属陇右道。自上元二年没入蕃，成、叠、宕、武四州并置在白江之侧"，（宋）乐史撰：《太平寰宇记》卷一百五十五，王文楚等点校，北京：中华书局，2007年，第2986页。显然，上元初吐蕃已开始攻击唐朝陇右道辖境，唐朝也开始筹划从其他地域调动军队维护西部边境安宁。论者均认为676年3月，唐朝鉴于吐蕃进攻才组织征伐大军，且不论上述史料所陈述的确凿事实，而《资治通鉴》卷二百二记载，上元二年（675）正月"吐蕃遣其大臣论吐浑祢来请和，并请与吐谷浑复修邻好，上不许"，（宋）司马光：《资治通鉴》卷二百二"高宗上元二年正月"条，北京：中华书局，1956年标点本，第6375页。按照一般常识，论吐浑祢返回吐蕃传达唐朝的信息，吐蕃开始集结兵马准备战事，其间经过半年左右的时间当也是可以接受的。对此，唐与吐蕃接壤州县不能不了解其中情况并上达，唐廷随后采取必要的应对措施如军队调动也是很正常的事情。如果按照现存《资治通鉴》的记载，好像676年3月唐军得到吐蕃大规模进攻消息之后，才开始组织军队迎战。显然，此与实际状况可能存在距离。还有，现有研究均没有注意到《元和郡县图志》、《太平寰宇记》两书的记载，而前者李吉甫的著作，后者引贾耽《贞元十道图》，均为唐代当时的记载，应该引起研究者重视。

② （韩）徐荣教：《罗唐战争史研究》，博士学位论文，韩国东国大学，2000年，第103—104页。

③ 拜根兴：《七世纪中叶唐与新罗关系研究》，北京：中国社会科学出版社，2008年，第112页。

第七章 "唐罗战争"始末及涉及问题

即认为"上元二年二月刘仁轨七重城大败新罗军后,金法敏为保持既得利益,避免覆灭厄运,即已派使入唐谢罪。在唐廷关于新罗请罪问题正式批复传达到前方部队及新罗政权前,唐军与新罗军出于各自利益最大化考虑,又进行了三场战斗,战争的结果是唐军获胜,也就是《资治通鉴》所载之'三战皆捷'"。① 对于《资治通鉴》的记载而言,这种解释有其合理性,但还应和《三国史记》等书的记载综合探讨,才能得出更加合理的结论。

二、伎伐浦水战关联问题

关于伎伐浦水战,中国史料没有记载,韩国《三国史记》卷七载,"冬十一月,沙湌施得领兵船,与薛仁贵战于所夫里伎伐浦,败绩,又进,大小二十二战,克之,斩首四千余级。"就是说,到现在为止,学界了解到的所夫里伎伐浦水战,文献记载就是上引所示。对此,笔者曾在上述论著中有所论及,提出了自己的看法。但随后有学者对此看法提出疑问,为了解答这些疑问,笔者现在将涉及的问题归纳如下。

其一,唐将薛仁贵是否到达新罗前线指挥唐军。依据《旧唐书》卷八十三《薛仁贵传》所载"上元中,坐事徙象州,会赦归"。对此,日本学者池内宏,以及黄约瑟主张现存《三国史记》有关薛仁贵参与指挥675—676年驻留新罗唐军,应当是《三国史记》将公元671年的纪事错排的结果;认为所谓指挥所夫里州海战的唐军将领薛仁贵,此时正在远离唐都长安近5000里的流配地象州过着贬谪生活,其根本没有机会和可能到朝鲜半岛指挥与新罗水军的战斗。当然,是什么原因导致薛仁贵被处罚流放象州?黄约瑟通过分析魏元忠所上封事,认为作为武将的薛仁贵,可能由于贪污军饷,或者爱财如命,加之在战场上战绩不佳,致使唐朝廷采取措施处罚他②。李相勋、金锦子认为薛仁贵被流放象州,就是因为其在新罗水战过程中失利所致③。现在能够说明问题,也为研究者常常引用的就是魏元忠所上封事,但这份封事具体何

---

① 孙炜冉:《浅谈唐罗战争中的"买肖城之战"》,《东北史地》2010年第1期,第44页。
② 黄约瑟:《薛仁贵》,西安:西北大学出版社,1995年,第152—155页。
③ 金锦子:《五至七世纪中叶朝鲜半岛三国纷争与东北亚政局》,博士学位论文,延边大学历史系,2007年,第163页。

时上奏？对一般封事、奏折中常常出现的言过其实、哗众取宠言辞如何评估？其与历史的真实到底有多大的距离？这些都是研究者必须正视的问题。首先，黄约瑟将魏元忠上奏时间界定在公元676—678年，即上元三年至仪凤三年，但上述《旧唐书》卷八十三《薛仁贵传》中明确记载是"上元中"，唐高宗上元年号共三年（实际上只有两年，即674年10月—676年11月），无论怎么说也不可能将676年末归入"上元中"范围内。果真如此，"上元初"、"上元末"就无法界定了。故魏元忠封事中所提薛仁贵贪污渎货罪责，应该认真分析，甄别其具体所指；至于认为薛仁贵就是因为在所夫里伎伐浦水战失败而被流徙象州，那更是和诸多时间产生矛盾，故很难令人信服。其次，李相勋认为薛仁贵是上元元年随刘仁轨出征新罗的唐军主要将领，其理由是薛氏贞观年间建有功勋，后又受到唐高宗的信任；上元元年当时唐朝可资选派的将领并不多，故而薛仁贵应该是被唐廷选任的主要将领，并到达新罗前线指挥水军作战。显然，关于薛仁贵因何故在上元年间到达朝鲜半岛，除过上述《三国史记》卷七记载之外，再没有发现其他任何史料。更何况薛仁贵已经是家喻户晓的人物，唐朝任命李谨行、李弼为副大总管，王方翼为鸡林道行军总管，但唯独就是没有任命大名鼎鼎的薛仁贵官职①，此亦不符合当时实际情况。即就是此前由炙手可热的中书令李义府操盘，让刘仁轨前往百济戴罪立功"白衣随军自效"②，史书也是详尽记载任命事宜。而没有史料记载，仅以上述推论作为论证薛仁贵到达新罗前线链条中的支撑论据，显然难能自圆其说。也就是说，认为676年11月薛仁贵到达新罗指挥唐军所夫里伎伐浦水战，从史料构成到逻辑推理均不能成立。

其二，所夫里伎伐浦水战战况如何？从现存史料看，只知道这次水战双方的指挥官、地点、战斗结果等，至于双方投入的兵力、战役目的、性质等

---

① 李相勋还两次引用《资治通鉴》卷二百二记载："（677）春正月，乙亥，上耕籍田。初，刘仁轨引兵自熊津还，夫余隆畏新罗之逼，不敢留，寻亦还朝。二月，丁巳，以工部尚书高藏为辽东州都督，封朝鲜郡王，遣归辽东，安辑高丽余众……又以司农卿夫余隆为熊津都督，封带方王，亦遣归安辑百济余众……时百济荒残，命隆寓居高丽之境。"首先对证《旧唐书·刘仁轨传》、《新唐书·刘仁轨传》记载，看出中国史书两相记载不同，进而得出《三国史记》较上述《旧唐书》、《新唐书》和《资治通鉴》更具信凭性。其次，认为677年初刘仁轨还曾从新罗返回。对此，笔者看不出这件纪事中中韩两国史书谁优谁劣，更不可能得出677年刘仁轨从新罗返回唐朝的结论。（韩）李相勋：《罗唐战争期伎伐浦战斗和薛仁贵》，《大丘史学》2008年第90辑，第45页。

② 《旧唐书》卷八十四《刘仁轨传》北京：中华书局，1975年标点本。

均未见提及。李相勋检讨《三国史记》关联记载,以及新罗水军将领施得本人的官品,推证新罗沙湌施得所领船队的数量,认为施得率领的各类船只数量不可能超过100艘。李钟学认为这次水战战败者应该是唐军的补给船队,徐荣教的论著中也多处提到唐军通过海路补给远征军所需的物资和马匹等问题。笔者认为所夫里伎伐浦水中战与"新罗水军作战的对象极可能是熊津都督府下辖的百济系统的残余军队,当然可能也有部分未能撤离的原留守唐军"。李相勋在上述研究的基础上,指出所夫里伎伐浦水战"是新罗水军攻击集结在所夫里伎伐浦一带回撤的唐驻屯军、百济故土残留军队,以及百济遗民及反新罗人士而发生的一次水战"。显然,李相勋部分完善拓展了笔者的观点,只是笔者依据现有研究及史书记载,主张唐军主力部队撤离朝鲜半岛即是从买肖城之战开始,而李相勋则认为唐军投入西北战场要等到买肖城之战结束之后,而所夫里伎伐浦水战才是唐军及亲唐百济人撤离之战①。总之,有关所夫里伎伐浦唐罗水战的具体情况,由于现存史料很少,特别是对于一些关键问题,此前学界进行了卓有成效的探讨,得出了相应的观点。但很显然,无论如何解释,均须在现有史料基础上探讨,任何超出史料范围之外的论述,都可能使研究走入歧途。我们期待新史料的不断出现,使学界对此问题的诠释更加具有说服力。

三、"唐罗战争"的结局

关于"唐罗战争"的结局,笔者在《论罗唐战争的性质及其双方的交往》文中对韩国学界有关论点,以及中国学界陈寅恪、岑仲勉、黄约瑟、高明士等学者的观点做了陈述,并探讨了中韩学界主要观点的差异,认为"中、韩学界对唐朝撤离朝鲜半岛,新罗完成三国统一,此一东亚古代关系史的重要事件,由于研究的视觉及研究者的主观意向的差异,其结论亦有若干的不同。笔者以为,无论刻意强调罗、唐战争最终结果的任何方面,都会对正确理解这一时期罗唐关系产生负面影响。战争的终结是在新罗积极的抵抗,唐朝军

---

① 上引李相勋关联论点未标注出处者,均见李相勋:《罗唐战争期伎伐浦战斗和薛仁贵》,《大丘史学》2008年第90辑,第64—67页。

事目标转移及罗、唐双方通过交涉前提下达成的一种妥协,应该说双方没有严格意义上的胜者或败者,但双方都达到了预期的目的。"① 对此,近来有学者也提出了不同看法,如金锦子认为笔者主张的"双方都达到了自己的目的"观点值得商榷。"新罗所追求的领土目标是'平壤以南,百济故地',因此可以说新罗基本实现了其目标。但唐朝在灭百济、高丽后设置都督府、都护府进行统治,而且此前在新罗也设置鸡林大都督府,其目标是把整个半岛置于其羁縻统治体系之下。但罗唐战争的结局是唐朝将在朝鲜半岛的最高统治机构安东都护府撤到辽东,而高丽南境和百济故地遂为新罗所有,从而粉碎了唐朝对朝鲜半岛的统治构想。因此,新罗实现了自己的目的,而唐朝更多地是为新罗做了嫁衣裳。"进而形成"唐朝放弃了唐太宗、唐高宗父子为灭高丽而苦心经营多年的成果,新罗成为了这场战争的最大赢家,不仅依靠唐朝的力量先后灭夙敌百济、高丽,最终还将唐朝势力排挤出朝鲜半岛,基本实现了对半岛的统一,不仅以崭新的国家形象出现在东北亚历史舞台,也改变了东北亚政治力量的分布格局。"② 很明显,从获得实际利益看,上述观点是毋庸置疑的。但是,笔者强调的是虽然新罗完成了期待的三国统一大业,但并未因此脱离唐朝构筑的天下秩序,"唐罗战争"之后不久,双方重新确立宗藩关系,并成为唐朝与周边民族国家宗藩友好关系的典范。从这一点上看,似乎"双方都达到了自己的目的"。当然,如何准确客观地评价"唐罗战争",这也是学界应当继续认真探讨的重要话题,相信随着基础研究的不断拓展深入,人们的认识也会更加客观并逐渐趋于接近。

小　　结

本章对于韩国学界已经有大量成果产出、而中国学界研究起步相对较晚的"唐罗战争",其中涉及的上元元年(674)出兵征伐新罗"军停不行"问题、清代乾嘉学派发现考证的"鸡林道经略使之印"关联问题,以及在中韩

---

① 拜根兴:《论罗唐战争的性质及其双方的交往》,《中国边疆史地研究》2005年第1期,第50页。

② 金锦子:《五至七世纪中叶朝鲜半岛三国纷争与东北亚政局》,博士学位论文,延边大学历史系,2007年,第165—166页。

学界引起广泛争论的"买肖城之战"、"所夫里伎伐浦水战",学界对"唐罗战争"结果的不同看法等做了相应的考述,其中有的问题是笔者第一次提出,有的问题虽然中韩学界已有相当多的探索,但其中仍有可资探讨的必要,笔者提出修正看法。学术研究贵在创新,历史学研究史料的收集探讨相当重要。相信通过海内外学界同仁的不懈努力,人们对"唐罗战争"的研究会进一步走向深入,推动7世纪中叶东北亚国际关系史研究更上一层楼!

说明:本章原名《"唐罗战争"关联问题的再探索》,发表于荣新江主编:《唐研究》第十六卷,北京:北京大学出版社,2010年;韩文本刊登于韩国庆州新罗文化遗产研究院编:《第四届新罗学国际学术研讨会论文集》,韩国庆州,2010年。

第八章 唐长安都市佛教文化的交融与传播

唐朝是中国封建社会最为繁盛的时期,唐都长安是闻名世界的国际大都市,吸引周边及遥远地域的人们来到这里。正因如此,长安也成为世界诸多文化的集散地与催化窖。诞生于印度,经过长途漫漫的丝绸之路到达长安的佛教文化,踏着唐朝开放包容、积极进取的时代步点,在汲取改进、交融勃发的序曲中,引领佛教发展的鳌头,演绎出佛教中国化的最新成果,并对周边国家和地区产生了深刻的影响。对此,20 余年前黄新亚先生就有专著出版①,随后佛教史研究专家王亚荣出版新著②,近年来西安文理学院成立专门的长安文化研究中心,陕西师范大学也成立了国际长安学研究院,其中涉及长安佛教文化的研究内容。本章在此前学者研究的基础上,主要阐述唐都长安作为 7—8 世纪享誉世界的中心都市,在佛教宗派、佛教理念、佛教文化交流等方面的交融发展及其特点,以及在佛教中国化历程中的贡献,并通过现有史料,探讨长安都市佛教文化在东亚国家的传播和影响。

第一节 都市佛教文化繁荣发展的国际舞台

公元 618 年,唐王朝建立了,历史翻开新的一页。自隋文帝以来兴盛的

---

① 黄新亚:《长安文化》,西安:陕西人民出版社,1989 年。
② 王亚荣:《长安佛教史论》,北京:宗教文化出版社,2005 年。

长安佛教，在唐朝得到了更大的发展。第一，作为都城，长安在中国佛教发展史上占有重要地位，佛教相关的许多重大事件都和长安相关联。当时佛教的九大宗派，即法相唯识宗、华严宗、净土宗、密宗、禅宗、律宗、天台宗、三论宗、三阶教宗，其中法相宗、华严宗、净土宗、密宗、律宗、三论宗、三阶教宗，七宗的祖庭都在长安，如密宗的祖庭就是大兴善寺，法相宗的祖庭为大慈恩寺等，只有禅宗、天台宗祖庭在长安之外的少林寺、天台山国清寺，显示出作为汉唐都城的长安在佛教传播中不可替代的作用。因为祖庭的缘故，无论佛教宗派如何发展，都和长安有着不可分割的关系。第二，自唐朝建立之初，因最高统治者皇帝的大力支持，特别是一些特殊时期，如武则天改唐为周，唐代宗、唐宣宗等皇帝在位期间，佛教得到了飞速的发展，佛教寺院大量增加，佛教信徒的数量也是惊人的发展。还有皇帝希望通过度僧、建寺、写经、供奉舍利等觊觎长生不老的缘故，因而大力提倡信奉佛教。这样，除过唐武宗灭佛引起佛教起落之外，唐朝其余皇帝或者大力支持，或者或明或暗的支持佛教，都促进了都城长安佛教整体的发展。第三，由于统治者的提倡，加之作为都城氛围的依托，当时名僧大德，如玄奘、道宣、义净等多驻锡于此，对外国求法巡礼僧侣来说，长安也是他们理想的终点。新罗僧侣慈藏、义湘、胜诠、圆测、慧超，日本僧侣空海、最澄、圆仁、圆载，印度僧侣善无畏、金刚智、菩提流志、不空等云集长安，长安极具国际化特点的都市文明喷薄而出。第四，自玄奘从印度返回后，长安成为中国佛教，或者说世界佛教的改造场和重新出发地，是佛教走向世界化、国际化的风向标，引领世界佛教朝着中国化方向发展。此表现在佛教经典的翻译和推广上。佛教经典翻译既有唐朝国家作为后盾，如玄奘主持的佛经翻译工作极具成就，从翻译经典的囤集、翻译人员的构成、译出佛经的传播地域及享受人群，以及佛教本身所具有的异域风情，均显示出强烈的国际化特点；又有如义净、善无畏、不空等名僧大德主持、唐朝廷大力支持的译经活动，当然也有其他僧侣个人召集的翻译佛经活动①，这些都显示出都城长安作为佛教文化传播中心应有的、不可替代的地位。第五，由唐朝廷支持，都城长安频繁举办的佛事活动，也使得长安弥漫着佛的智慧和荣光，具体表现在《涅槃》、《三

---

① 参见附录表格。

论》、《摄论》、《地论》、《法华》、《华严》义林、义学讲论①，衬托出都城长安不可替代的世界佛教文化中心地位。总之，由于大唐帝国的繁荣昌盛，唐朝在东亚乃至世界范围内的影响超乎寻常，唐都长安成为世界文化交融发展的中心。长安文化中绽放的佛教文化盛况空前，代表着当时佛教发展的最新成果，大量印度著名僧侣到达长安，中土大德也将印度传来的经典活学活用，以便更好地传播，进而促进了佛教的中国化历程。作为都城的长安，是唐朝的政治文化中心，作为世界佛教中心的长安，则是世界佛教中国化的试验场和重新出发点，引领佛教中国化，并成为佛教文化交融发展广阔的国际舞台。

第二节　佛经翻译中的文化交融

如上所述，唐都长安作为唐朝乃至世界文化的中心，佛教文化的发展传播也引领世界佛教发展潮流，其中重要的一点就是佛经的翻译。众所周知，中国佛经翻译经过三个阶段，其中前两次为后秦鸠摩罗什，以及南朝梁真谛主持的佛经翻译，而唐代玄奘、义净、不空、菩提流志等人在长安主持的佛经翻译，对于长安佛教国际化，以及佛教中国化产生了重大影响，扮演了佛教中国化的直接推手。当然，翻译佛经，不仅需要既懂梵文，又有扎实的汉文基础的专门人才，是两种语言的对译和碰撞，两种文化的交融，而且孕育着开放与创新的契机。因此，在唐都长安出现的由国家支持推动的译经活动，就很好地体现了文化交融的特点。

事实上，除过众所周知的鸠摩罗什等人翻译佛经之外，隋代著名僧侣释彦琮亦曾主持过隋炀帝设在洛阳上林园的翻经馆，并翻译出大量的经书。他在译经过程中，逐渐总结出一些对后世颇具指导性的心得和感悟。例如，他曾对翻译经书提出十条注意事项，即"粗开要例，则有十条，字声一，句韵二，问答三，名义四，经论五，歌颂六，咒功七，品题八，专业九，异本十。"

首先，释彦琮提出参与译经者必须具备以下八个条件，才能够胜任译经任务，即"所备者八：诚心爱法，志愿益人，不惮久时。其备一也。将践觉场，先劳戒足，不染讥恶。其备二也。荃晓三藏，义贯两乘，不苦暗滞。其

---

① 介永强：《隋唐长安佛教义林与义学风尚》，《陕西师范大学学报》（哲学社会科学版）2007年第2期，第25—31页。

第八章 唐长安都市佛教文化的交融与传播

备三也。旁涉坟史，工缀典词，不过鲁拙。其备四也。襟抱平恕，器量虚融，不好专执。其备五也。沉于道术，澹于名利，不欲高衔。其备六也。要识梵音，乃闲正译，不坠彼学。其备七也。博阅苍雅，粗谙篆隶，不昧此文。其备八也。八者备矣，方是得人。"① 从此后的译经实践看，上述八个条件确实是每个参与翻译佛经人士必须具备的先决条件。

其次，《宋高僧传》卷三《唐京师释满月传》② 所附作者释赞宁"论"，其中提到翻译佛经过程中涉及的译字译音、胡语梵言、重译直译、粗言细语、华言雅俗、直语密语等六个方面问题，对于佛经翻译过程中梵本的选定、人员的配备及分工、译场与译主的协调，以及遇到问题如何解决等，均给予解释和说明，可以说是当时翻译佛经的纲领性、指导性的东西，处处显示出文化交融的要素。

另外，宋人编纂的《佛祖统记》卷四十三中，详细记载了佛经翻译的工作流程、参与人员的分工，即对翻译流程及责任体制的记载。第一译主是统筹规划译经的直接责任者，负责选定经书，制定译经计划，具体指导、把握、解决译经过程中可能出现的问题。第二是坐在译主左边的证义，坐在译主右边证文，听译主高读梵文，检查是否有误，并且担当和译主评议考量梵文经书的任务。第三是精通梵文和汉语的僧侣，他审听梵文，并将梵文转换为汉字，但仍然是梵文的音韵。第四为笔受，即将已经转换为汉字的梵音改为汉文。第五为缀文，将转换的汉字连接成为完整的汉文句子。第六为参译，即对证原梵文经卷和翻译后的汉文，指出其中可能存在的错误。第七为刊定，其职责是修改删补译好的汉文，捋顺上下文意思。第八为润文，就是润色上述翻译的汉文经，最终改定成书。当然，以上只是译经院（场）具体责任者和担当者，一般还要有一个监护官（宰相），负责译经的后勤保障。可见，要将梵文经书翻译为汉文，是要经过一系列专门人才协同合作、政府全权支持方能毕其功，任何个人都只是译经群体中的一分子③。

从现有的史料记载看，译主在翻译过程中起着重要的、不可替代的作用，

---

① （唐）道宣：《续高僧传》卷二《隋东都上林园翻经馆沙门释彦琮传》，北京：中华书局，2014年。
② （宋）赞宁：《宋高僧传》卷三《唐京师释满月传》，北京：中华书局，1987年。
③ 拜根兴：《入唐求法：铸造新罗佛教僧侣佛教人生的辉煌》，《陕西师范大学学报》（哲学社会科学版）2008年第3期，第107—115页。

从玄奘、义净,到不空和菩提流志都能说明这一点。首先,上述数人获得唐朝最高统治者的膜拜和支持,玄奘得到了唐太宗、唐高宗父子无微不至的照顾,从慈恩寺、翠微宫,再到玉华宫译场的设置及人员的配备,处处都有皇帝垂顾的影子①;义净受到武则天的垂爱,不空深受极力奉佛的唐代宗的支持,此前菩提流志的译经也是如此。其次,这些人都具有渊博的知识、超常的领导能力,以及令人钦佩的求法传道经历,对各自的母语耳熟能详,又前往佛典所在的印度或者来到作为佛教集散地所在的长安、洛阳②,熟练掌握翻译佛经所必需的梵文、汉文,成为享誉佛界的高僧大德,对涉及的其他语言也达到灵活运用的程度。应该说,他们本身就是佛教文化交融的化身,身处长安主持佛教经典的翻译,也给长安佛教文化增添了靓丽的色彩。再次,参与佛经翻译的僧人,不管是途径漫漫沙海不远万里从印度、中亚等地,还是飘洋过海不惜身家性命来自朝鲜半岛,他们的佛学修养及语言天赋,均在当时堪称上乘,在佛教的某个方面都颇有建树,如贞观、永徽年间享誉长安的总持寺僧智通,与梵僧对译《千臂千眼经》二卷,智通本人"善其梵字,复究华言,敌对相翻,时皆推服"③。参与菩提流志在长安翻译《宝积经》、担当证义的循州僧侣释怀迪,"久探经论,多所该通,七略九流,粗加寻究。以海隅之地,津济之前,数有梵僧寓止于此,迪学其书语,自兹通利"④。祖籍印度、生在大唐的释慧智"本既梵人,善闲天竺书语,生于唐国,复练此土言音。三藏地婆诃罗、提云若那、宝思维等所有翻译,皆招智为证,兼令度语"⑤。最后,还有来自唐朝藩属国新罗的僧侣,如圆测、神昉等人,他们因各种原因,年龄很小就到达唐朝,首先学习汉语和梵文,然后在唐都长安著名寺院修行,提高佛教修养,最终在佛教教义或者其他某个方面做出成就,产

---

① (唐)慧立、彦琮:《大慈恩寺三藏法师传》,孙毓棠、谢方点校,北京:中华书局,2000年。
② 玄奘经从陆路19年往返印度自不必说,义净咸亨二年(671)乘海船从广州出发,历经艰难险阻到达印度,于武周证圣元年(695)夏返回,深谙梵文,熟悉佛典,并带回梵本经律论近400部,合50万颂。菩提流志、不空均熟悉、精通汉文。大兴善寺释潜真撰述的《文殊师利菩萨佛刹庄严经疏》中提到"又诏以文殊菩萨为上座,皆三藏所请。三藏学究瑜伽,解穷法印,身口意业,秘密修辞。戒定慧学,显通宣畅,唐梵文字,声韵具知。传译此经,善符圣旨。文质相兼,灿然可观。"此处的三藏,就是不空金刚。(宋)赞宁:《宋高僧传》卷五《唐京师兴善寺潜真传》,北京:中华书局,1987年。
③ (宋)赞宁:《宋高僧传》卷三《唐京师总持寺智通传》,北京:中华书局,1987年。
④ (宋)赞宁:《宋高僧传》卷三《唐罗浮山石楼寺怀迪传》,北京:中华书局,1987年。
⑤ (宋)赞宁:《宋高僧传》卷二《周洛京佛授记寺智慧传》,北京:中华书局,1987年。

生一定的影响,进而接受选择,参与唐朝国家组织的佛经翻译,担当重要的使命。可以说,在长安这片赋予佛教文化精神的炽热的土地上,这又是一种交融。

翻译经书过程中朝野臣僚参与,也使得这种交融更具实际效果。玄奘和尚在慈恩寺、玉华宫等处开设译经场,京中知名大臣,如于志宁、来济、许敬宗、薛元超、李义府、杜正伦等人参与润文自不必说①,而中宗景龙四年(710),义净在大荐福寺翻译《浴像功德经》、《毗奈耶杂事二众戒经》、《唯识宝生》、《所缘释观》等20部,除了众多的梵僧担当证梵本、证梵义、读梵本、证义、笔受、证译之外,当时著名文人官僚李峤、韦嗣立、卢藏用、张说等20余人次文润色,宰相韦巨源、苏瓌监护②。睿宗先天二年(713),菩提流志在长安北苑莲池、甘露亭译经场,翻译佛典120卷,梵、汉僧侣担当证文、证义、笔受等基础工序,朝臣卢粲、徐坚、苏瑨、崔璩、卢象先、郭元振、张说、魏知古等参与润文,呈现出"儒释二家,构成全美"③的交融和谐局面。如此场景在此后唐朝廷支持的译经场中成为习以为常的事情。

总之,通过佛经翻译,唐都长安不仅聚集一大批来自不同地域国家,掌握多种语言,潜心修行探究、学有所成的佛教专家,而且通过唐朝廷的大力支持,开设国家资助的译经馆,翻译通过多种途径从印度带回的佛教经典,这种在译经过程中产生的佛教文化碰撞交融,集中体现在最后定本的汉语化的佛经疏论上,引领佛教中国化风潮,体现出唐都长安作为国际化大都市的多元交融特点。

第三节 儒佛道等宗教间的相互批判与交融

一、儒佛道的争论及其相互交融

说到儒佛的争论,自唐初开始就一直存在,并在这种导论中加强了人们

---

① (唐)道宣撰:《续高僧传》卷四《唐京师大慈恩寺释玄奘传》,郭绍林点校,北京:中华书局,2014年;(唐)慧立、彦悰:《大慈恩寺三藏法师传》,孙毓棠、谢方点校,中华书局,2000年,第179页。

② (宋)赞宁:《宋高僧传》卷一《唐京兆大荐福寺义净传》,北京:中华书局,1987年。

③ (宋)赞宁:《宋高僧传》卷三《唐洛京长寿寺菩提流志传》,北京:中华书局,1987年。

对佛教的了解，对于佛教中国化产生了重要的作用。长安作为唐朝的都城，这种争论往往在长安朝野出现，因而赋予佛教文化交融诸多的特点。最著名的就是傅奕与萧瑀的争论。从史料记载看，傅奕上疏请除去佛教，历数佛教对唐初国家产生的一系列困惑。作为奏疏，而且是连上十一道，为了引起皇帝和世人的重视，其中不免有夸大的成分亦可想象。唐高祖让朝臣们对此发表看法，只有太常卿张道源认为所奏合理。由此可见武德年间佛教在长安朝野的影响程度，以至于出现诸如佛教与唐朝国家之间的隐性矛盾，此为其一。朝堂上只有太常卿张道源认同傅奕的奏文，其他众多的臣僚均持反对意见，足见统治上层，或者说唐都长安所在的官僚知识阶层已普遍接受佛教理念，此为其二。既然傅奕道高和寡，其除去佛教的想法当然遇到挫折，难能实现，此为其三。在这种情况下，傅奕与萧瑀的争论浮上台面。

> 中书令萧瑀与之争论曰："佛，圣人也。奕为此议，非圣人者无法，请置严刑。"奕曰："礼本于事亲，终于奉上，此则忠孝之理著，臣子之行成。而佛逾城出家，逃背其父，以匹夫而抗天子，以继体而悖所亲。萧瑀非出于空桑，乃遵无父之教。臣闻非孝者无亲，其瑀之谓矣！"瑀不能答，但合掌曰："地狱所设，正为是人。"高祖将从奕言，会传位而止。①

与傅奕相反，作为忠实的佛教信仰者，萧瑀②对傅奕的态度如上所述。唐高祖之所以"将从奕言"，是作为国家代言人对傅奕列举的佛教传播过程中引起的一系列问题所做的应急处理，但是，如果真按傅奕奏疏中的提议去除佛教，至少在唐政权刚刚建立的当时可能性不大，因为当时要解决的重大问题实在太多了。当然，傅奕与萧瑀争论的焦点是儒佛理念的交锋，两者在交锋中没有出现谁优谁劣的最终决断，而是在唐都长安开放包容的氛围中，这种争论最终朝着双方相互交融的方向迈进。和儒学一样，在治理国家统合百姓思想的众多方面，佛教的作用也逐渐展现出来。

唐高宗时代，针对和尚是否应拜俗、僧道是否应拜君亲，在朝廷中又引

---

① 《旧唐书》卷七十九《傅奕传》，北京：中华书局，1975年标点本。
② 萧瑀的哥哥、女儿，以及内侄均出家，成为当时佛教信仰世家，颇负盛名。

第八章 唐长安都市佛教文化的交融与传播

起广泛的讨论。龙朔二年（662）四月，高宗曾下诏书"勒僧道咸施俗拜"，此后集朝廷百官议论，改为不拜君而拜父母，不久又废止不行①。《全唐文》卷二百三至二百五、卷二百三十中，收录保存了数十位朝廷大臣及知名学者奏疏，主要议题就是关于僧尼是否拜俗等问题。其实，这些围绕儒家倡导的忠孝、礼义、人性论等展开的争论，使得佛教僧侣信徒在争论中自觉不自觉地吸收这方面的东西；而面对佛教传入的强烈冲击，不仅是统治者的治理理念，就是一般人也对佛教教义乐此不疲，双方的交融逐渐深化发展，并成为这一时期思想界引人注目的大事件。日本学者砺波护撰有专文，剖析此前道端良秀、藤善真澄、镰田茂雄等学者的观点，指出其中存在问题，认为隋唐初期僧侣不拜君亲。开元十八年（730），唐玄宗曾在兴庆宫花萼楼主持佛道讲论，结果，释道氤"雄论奋发，河倾海注"，而道士尹谦"对答失次，理屈辞殚，论宗乖舛"，玄宗"再三叹羡"，诏令赏赐道氤绢帛五百匹②。如此，儒、佛、道三教间的相互辩论交锋，促使三者在相互交融过程中磨合发展。开元二十一年（733），唐玄宗诏令僧尼必须礼拜君亲，但经过安史之乱，公元761年九月，唐代宗下诏称僧尼并不需称臣及礼拜，这种情形一直到延续到后代。砺波护还探讨了日本社会呈现的王法与佛法并重问题。③佛教正是在这种冲突、碰撞、相互吸收过程中，逐渐占据唐长安上流社会，并和本土儒家思想交融发展④，立足唐都长安并走向全国乃至东亚各地。

唐宪宗元和末年又有韩愈谏佛骨事件发生，从事件的前因后果看，既涉及韩愈本人对佛教理念的理解差异，又有唐宪宗本人在迎佛骨具体操作上的铺张及京城长安由于迎奉导致的浮躁喧嚣，从当时整个社会氛围看，韩愈被

---

① （宋）赞宁：《宋高僧传》卷十七《唐京师大庄严寺威秀传》，北京：中华书局，1987年。
② （宋）赞宁：《宋高僧传》卷五《唐长安青龙寺道氤传》，北京：中华书局，1987年。
③ （日）砺波护著、韩昇编：《隋唐佛教文化》，韩昇、刘建英译，上海：上海古籍出版社，2004年，第87—110页。
④ 扬州龙兴寺僧侣法慎来到长安，受到长安僧俗的礼拜敬仰。法慎"与人子言依于孝，与人臣言依于忠，与人上言依于仁，与人下言依于礼。佛教儒行，合而为一。学者流误，故亲校经论。延来者听受，故大起僧坊。将警群迷，故广图菩萨因地。善护诸命，故曲济众生寿量。以文字度人，故工于翰墨。以法皆佛法，故兼采儒流。"天宝七载圆寂。可以说，佛教传播过程中与传统儒学交融发展，法慎其人是一个最好的例证，他到达长安，受到朝野名士顶礼膜拜，显示出这种交融已经达到相当高的程度，佛教中国化已不是可遇而不可及的存在。（宋）赞宁：《宋高僧传》卷十四《唐扬州龙兴寺法慎传》，北京：中华书局，1987年。

贬潮州也是情理中的结果①。事实上，韩愈本人虽然以反佛著称于世，但他提出的道统说，有学者认为就是仿效佛教的祖统学说而建立起来的②。著名佛教史大家汤用彤罗列了韩愈之外的唐代反佛人士，并指出他们反佛言论四大方面，即言佛教造成政局不安，信奉佛教导致国祚短促；举出前代沙汰佛教的成功范例，指责佛教僧徒不受戒律、肆意乱行等③。不管怎样，在佛教与儒道交融的社会潮流面前，韩愈等反佛人士的举动虽然指出并校正了佛教传播过程中出现的一些杂音，而儒、佛、道合流发展的脚步，也正是在韩愈等硕儒大家不知不觉地推动中稳步向前。

到了唐末，不管是在唐都长安，还是在唐朝广大的其他区域，儒、佛、道三者之间的争论就很少有唐初那样激烈和火药味，佛教中国化的目标已经达成。应该说，如同佛教经典在长安集中翻译，然后传播唐朝辖境，再到朝鲜、日本一样，佛教和唐朝本土其他宗教的争论和交融，也是从唐都长安开始，经过激烈而漫长的相互碰撞和吸收，最后取得交融发展的结果。

二、佛教宗派间的争论和交融

唐都长安寺院林立，由于地处佛教发展的中心地带，以及京城独特的地位，七大佛教宗派的祖庭寺院也在这里长期存在，各宗派的振兴发展从这里开始，各种佛教活动也在这里广泛开展。

首先，宗派内部由于体系源流不同展开争论，并随着时间的推移和形势的变化，呈现交融发展状态。法相唯识宗内部玄奘、窥基、圆测对佛典的理解差异，以及私人关系的演变就能说明这一点。《宋高僧传》卷四《唐京师西明寺圆测传》，同卷《唐京师大慈恩寺窥基传》，记载圆测贿赂守门者，偷听玄奘法师讲新翻译的《唯识》，并利用玄奘法师罢讲，率先在西明寺鸣钟招众讲论。由此与玄奘门人窥基产生争执，进而演绎出玄奘慈恩系与圆测西明系之间的争执与矛盾。对此，汤用彤④、陈景富⑤等学者在其论著中均有阐述，

---

① 赵文润、拜根兴：《唐宪宗》，西安：三秦出版社，1992年。
② 张金兰：《隋唐儒佛融合略论》，《集宁师专学报》2008年第1期，第29—31页。
③ 汤用彤：《隋唐佛教史稿》，北京：北京大学出版社，2010年，第26—31页。
④ 汤用彤：《隋唐佛教史稿》，北京：北京大学出版社，2010年，第123—124页。
⑤ 陈景富：《圆测与玄奘、窥基关系小考》，《南亚研究》1994年第3期，第17—20页。

不仅考证出上述史料存在的问题,而且论述了玄奘、圆测两人的同学加同志关系,并探讨了圆测闲居终南山、窥基行化河东的原因。法相唯识宗内部不同派别矛盾斗争过程中的优胜劣败、融合发展,体现出佛教宗派发展过程中产生的问题,以及当时社会氛围下客观形势对这种交融发展的影响。受到武则天青睐的著名僧侣释法藏,也曾经参与玄奘主持的译经,"始预其间,后因笔受、证义、润文,见识不同而出译场。至天后朝,传译首登其数"。又参与义净主持的译场,与胜庄、大仪担当证义①。其他宗派的发展也是从内部交融提炼,外部的压力和推动,最后得到提升发展的机遇。这种内部改造,或者说内部统一过程,也是交融提升并不断演进的过程,促进佛教各宗派的稳步快速发展。

其次,唐都长安佛教宗派间的竞争碰撞,也是相互交融的一种形式,推动佛教中国化向前发展。

再次,唐都长安佛教与来自西域的祆教、摩尼教等宗教的交流融合。对此,王维坤、彭树智等学者有专文论述②,在此不赘。

第四节 长安都市佛教的东亚传播

一、唐都长安佛教与新罗佛教传播

唐朝建立之后,佛教成为治理国家的重要工具之一。由于最高统治者的提倡和支持,佛教发展传播异常迅速,其中和朝鲜半岛新罗的佛教文化交流更是如此。从现在掌握的史料看,来自新罗的僧侣有国家选派,也有大量自己前来求法巡礼的僧侣。有的人年龄很小就来到唐朝,而有的人在新罗已经有了一定的佛学修养,有的人在新罗已声名鹊起,来到唐朝只是镀金并有所希求而已。但无论如何,这些人来到唐都长安,或者跟随高僧大德领会翻译最新佛教经典,如修炼法相唯识宗的新罗僧侣就有圆测、胜庄、神昉、智仁、

---

① (宋)赞宁:《宋高僧传》卷五《周洛京佛授记寺法藏传》,北京:中华书局,1987年。
② 参彭树智:《唐代长安与祆教文化的交往》,《人文杂志》1999年第1期,第96—103页;王维坤:《唐代长安与西方宗教文化交流的研究》,《西北大学学报》(哲学社会科学版)2002年第4期,第25—30页。

玄范，学习密宗的惠日、慧超等人，从现存记载看，基于各种各样的原因，这些人最终都没有返回新罗，而是老死唐朝，但他们的学说和贡献，在唐朝与新罗频繁地来往前提下①，或多或少都影响到新罗佛教的发展②。

也有结伴前往印度取经者，只是这些人均未返回新罗，但他们坚强不屈的精神，感召着前来求法巡礼的新罗和尚。依据义净《大唐西域求法高僧传》卷上记载，贞观年间前往印度取经的新罗僧侣有：阿离耶跋摩从长安出发，前往印度取经，到达后"亲历圣踪。住那烂陀寺，多闲经论，抄写众经"。他很想返回，但还是老死于该寺；慧业和尚历经艰难险阻到达印度，六十多岁死于那烂陀寺；玄恪法师到达印度大觉寺，不惑之年染病而死；玄太法师永徽年间走吐蕃道，过尼泊尔到达中印度，数年后返回唐朝，不知所终；还有没有留下姓名的两位新罗和尚，他们从长安出发，走海路前往印度，但在中途患病身亡；慧轮法师麟德末奉敕随唐僧玄照前往印度，玄照后返回唐朝，慧轮"既善梵言，薄闲《俱舍》"，在当地生活。当然，新罗僧侣前往印度取经最著名、最有收获者当属慧超。16岁的少年慧超开元七年（719）与抵达广州的密教大师金刚智相见，他们乘海舶前往印度巡礼，开元十五年（727）抵达安西。返回长安后在大荐福寺金刚智门下学习，天宝元年（742）金刚智圆寂后跟随不空和尚习经。后慧超前往五台山，德宗建中年间（780—784）在乾元菩提寺圆寂。慧超之所以名传后世，不仅表现在他跟随金刚智、不空两位密宗大师，翻译《大乘瑜伽金刚性海曼殊室利千臂千钵大教王经》，而20世纪初在敦煌石窟发现传世《往五天竺国传》残卷，则是继东晋法显《佛国记》，玄奘《大唐西域记》后的又一部记载往返印度沿途所见所闻的著作，慧超往返印度取海道、陆路，又和上述法显、玄奘有所不同，显示出他的独特性。这一时期前往印度取经的还有无漏、元表、悟真等人。无论如何，上述新罗僧侣在风起云涌的求佛法活动中，敢为天下先，不惜身家性命誓死求法取经，不仅感动着一代代新罗僧侣，而且对佛教传入新罗的质和量，都有相当大的促进作用。

---

① 关于唐朝与新罗的关系，可参考拜根兴：《七世纪中叶唐与新罗关系研究》，北京：中国社会科学出版社，2003年；党银平：《唐朝与新罗文化关系研究》，北京：中华书局，2007年；拜根兴：《唐朝与新罗关系史论》，北京：中国社会科学出版社，2009年。

② 关于新罗僧侣参与唐朝译经场、馆翻译佛经，可参阅郭磊：《7—8世纪唐朝的佛经翻译和新罗学僧》，陈辉主编：《韩国研究》第十辑，北京：国际文化出版公司，2010年。

第八章 唐长安都市佛教文化的交融与传播

前来唐朝求法巡礼者更是多见于史载，学成回国的高僧大德，为新罗佛教传播发展做出了突出贡献。慈藏贞观十年（636）受新罗善德女王的派遣，前来唐朝修习律宗，慈藏先后在五台山、终南山修行，贞观十七年（643）要求返回新罗，回国前慈藏"以本国经像未充，乞斋藏经一部，并诸番幢花盖堪为福利者，赍还本国"①，唐太宗答应了他的请求。慈藏回国后，向善德女王建议建造皇龙寺九层塔，这座佛塔不仅是新罗都城最具象征的标志性建筑，而且作为新罗"护国三宝"，受到以佛教立国新罗朝野的遵奉和重视；慈藏还积极促成新罗改穿唐朝服饰，运用唐高宗永徽年号，使新罗与唐朝的官方关系进一步深化。义湘和尚龙朔二年（662）受新罗文武王派遣到达长安学习华严宗，咸亨二年（671）回到新罗。由于义湘对新罗华严信仰的贡献②，韩国佛教界将其奉为新罗华严初祖。除此之外，留学唐都长安的顺璟研习唯识宗③，胜诠学习华严宗，惠通、明朗学习密宗等④，元晓大师虽然因各种原因未能前来唐都长安求法⑤，但他的著述学说也可能受到唐朝本土佛教的影响。

唐中后期辗转唐朝各地及唐都长安的新罗僧侣，对于佛教传播、新罗九山宗派的形成具有决定性的作用。无相大师从都城长安到剑南四川，创净众宗，在成都保唐寺圆寂，因为无相的缘故，很多新罗僧侣均前往参禅，促使新罗境内禅宗兴盛。王室出身的金觉乔虽未到过唐都长安，入唐后就在九华山苦修，成为信众敬仰的地藏菩萨⑥。而由于禅宗的盛行，入唐新罗僧侣前来巡礼，直接促成新罗九山禅派的形成和发展，对此，笔者曾在《入唐求法：铸造新罗僧侣佛教人生的辉煌》一文中曾有论述，在此不赘！

上述入唐新罗僧侣的译经修禅、求法巡礼，他们对佛教经典的吸收和探索，在唐都长安感受到佛教文化的独特气息，以他们青春年华的亲身实践，在中华佛教圣地长安争得他们的一席之地，使得长安佛教文化在交融交流中

---

① （唐）道宣撰：《续高僧传》卷二五《唐新罗国大僧统释慈藏传》，郭绍林点校，北京：中华书局，2014年。
② （高丽）释一然：《三国遗事》卷四《义湘传教》，汉城：乙酉文化社，1997年。
③ （宋）赞宁：《宋高僧传》卷四《唐新罗国顺璟传》，北京：中华书局，1987年；（高丽）释一然：《三国遗事》卷四《胜诠骷髅》。
④ （高丽）释一然：《三国遗事》卷五《惠通降龙》，汉城：乙酉文化社，1997年；（高丽）释一然：《三国遗事》卷五《明朗神印》，汉城：乙酉文化社，1997年。
⑤ （宋）赞宁：《宋高僧传》卷四《唐新罗国黄龙寺元晓传》，北京：中华书局，1987年。
⑥ （宋）赞宁：《宋高僧传》卷二十《唐池州九华山化城寺地藏传》，北京：中华书局，1987年。

发展，并经过时间的洗礼，完成佛教中国化的历史进程。同时，他们从长安走出，将佛教最新的理论架构带回新罗，促进了佛教在新罗的进一步传播。他们成为长安佛教交融发展的催化剂和见证人，为唐都长安佛教文化的交融传播做出了突出贡献。

二、日本学问僧与长安佛教传播

早在遣隋使时代，长安就频现日本学问僧的身影。道慈和尚长安二年（702）随第 7 次遣唐使粟田真人使团入唐，在唐都长安学三论、法相二宗及密宗近 20 年，并以学业优异著称于世，曾被选入皇宫中讲《仁王》、《般若》二经。回到日本后积极传播佛教，居住于大安寺等寺院，天宝三载（744）以 70 多岁高龄圆寂。道慈和后来到达长安的玄昉，返回日本后参与日本东大寺等佛教寺院的设计建造，不仅吸收了唐朝寺院建筑的合理成分，而且依据日本的山地形势，形成日本佛教寺院的建筑风格。

荣睿、普照两位，开元初年来到长安，积极物色唐朝律宗大师前往日本，最终选定曾经在长安受戒的律学大师鉴真和尚。经过 6 次磨难，鉴真和尚终于到达日本，为日本佛教的发展做出了重要贡献。

空海、最澄两人 804 年到达唐长安，先后在青龙寺等寺院求法巡礼，806 年返回日本。

圆仁在唐朝 9 年间，一大半时间在长安寺院居住，他的不朽名著《入唐求法巡礼行记》记载了他求法巡礼的艰难历程，他对唐中后期长安佛教的记载，以及返回日本后的传播活动，奠定了他在日本佛教发展中的地位。

总之，长安佛教在日本的传播，既有日本学问僧不畏艰难险阻兢兢业业地求法学习，也有中国高僧大德舍生忘死地前往传播，经此两个或多个途径，促进了佛教文化在日本的传播，显示出长安佛教文化交融发展的强大的生命力。

小　　结

本章对唐都长安佛教文化交融发展的相关问题做了简略地探讨，指出作为 7—8 世纪世界佛教文化中心的长安，在佛教经典的翻译、佛教寺院的分布、佛教宗派的发展、佛教高僧大德云集等方面，说其是佛教文化的集散地和催化窖似也不为过。在长安佛教发展历程中，印度及中亚高僧来到长安，而中土著名僧侣不满已有佛教经典的现状，不远万里前往印度取经，新罗、日本僧侣则源源不断的前来求法巡礼，在长安的大街小巷，各种已有的文化成分及因文化汇集不断产生的新思想，在交融发展中催生佛教最前沿文化的诞生，长安不仅成为佛教中国化的选秀场和实践地，而且通过各种途径，经过众多人们的努力，将佛教文化的诸多精髓传播到朝鲜半岛及日本，促进了东亚佛教文化的发展升华。长安佛教文化的交融发展，是盛唐文化最具代表性的成果，浸透着开放包容发展的时代理念，散发出强烈的世界性和国际化气息。笔者认为，应该投入更多的人力，发掘整理长安佛教文化交融发展的成果，探讨佛教文化发展过程中的多样性特点，推动东亚都市佛教文化的进一步发展。

说明：本章原名《论唐代长安佛教文化的交融与传播》（韩文），发表于韩国东国大学庆州分校佛教文化研究院编：《佛教文化研究》2012 年第 12 辑。

第九章 唐都长安与新罗庆州

公元618年，李渊在隋朝都城基址上建立唐朝，改大兴城为长安城，开启了290年大唐王朝的辉煌基业。位于朝鲜半岛东南部的辰韩国家，经过22代数百年的发展，到智证麻立干在位时期，正式确立国号为新罗，在以庆州为中心的地域上励精图治，开拓发展，延续了千年基业。庆州与长安，一东一西，虽然间隔大海，陆上交通亦关山阻绝崎岖不便，但近300年间的相互往来，不仅见证了各自国家的兴衰，代表了东亚国家发展的方向，而且双方的各种交流亦如火如荼，成为当时东亚国家精诚团结、友好交往的典范。本章试从双方关系的开启、各自核心利益的维护、各类人员频繁地往来、物质文化传播与交流等方面，探讨唐朝与新罗友好交往的真谛，并请教于诸师友方家！

第一节 唐与新罗双边关系的缔结

7世纪初东亚发生的最大事件，应该就是隋朝的灭亡与唐朝的建立，而唐朝的建立在东亚国家间引起的骚动就能说明这一点。唐朝建立的次年，高丽即派使者到长安，随后的武德四年（621），高丽、百济、新罗三国均派使者前来，其中百济向唐朝献"果下马"，史书没有记载唐高祖李渊如何接待高丽、百济使臣，是否也派使者前往，但却有李渊对新罗使臣"亲劳问之，遣通值散骑侍郎庾文素往使焉，赐以玺书及屏风画，锦彩三百段，自此朝贡不绝"[①]的记载。就是说，在朝鲜半岛三国使臣纷纷来到长安之时，唐廷对新

[①] 《旧唐书》卷一百九十九上《东夷传·新罗》，北京：中华书局，1975年标点本，第5334页。

第九章　唐都长安与新罗庆州

罗使者的态度似乎明显有所差别，其中直接表现为唐皇帝不仅亲自接见新罗使者，多有照顾，而且派遣唐朝使者前往新罗回访，并赐予新罗玺书等其他物品。唐帝为什么采取如此动作？是否唐朝建立之初就确立了对朝鲜半岛三国的应对策略？

答案显然不是。笔者认为，这是唐朝依据三国的具体情况，以及此前与隋朝关系的基础上做出的决定，当然也是一种试探。也就是说，隋炀帝发动对高丽的征伐，直接导致隋朝的灭亡；唐朝建立之后，东北边境局势依然如此，如何与在隋丽战争中占上风的高丽建立正常的册封朝贡关系，刚刚建立的唐廷还要有所警惕和观察。同时，百济在对高丽战争前后首鼠两端的表现，唐廷相关部门理应有所了解，故如何和百济建立一种新型互利关系，也应该是随后交往中切实注意的问题①。而新罗位于半岛东南部，此前和隋朝的来往并非如高丽、百济多，唐朝向新罗展开双臂，是否因为新罗使臣的主动或者有新的想法而受到启发？因没有史料说明难以做出结论。最近西安南郊新发现的墓志史料，说明唐朝建立之初，随着新罗使臣的到来，唐朝就力图与新罗建立相对较为密切的关系。

近年西安新出土的《大随故司隶刺史李君墓志》中，志主李祯的经历，也为探讨这一问题提供了翔实的史料。据中国新华网 2013 年 11 月 15 日报道：

> 来中国古都西安的遣隋使与遣唐使已是和平交流的象征，那些隋唐中央政府派遣出使他国的使节如何呢？西安最近公布的考古资料显示，两座'由隋入唐'大墓的墓主人竟然是兄弟，二人在隋朝时曾经共同为官，其中一人唐初时还曾出使过朝鲜半岛的新罗国。据了解，西安市文物保护考古研究院今年夏季在南郊配合一处住宅小区的基建过程中发现了 18 座古墓，其中 9 座唐墓共出土 5 方纪年明确墓志，以及丰富的生活用品等相伴而出，为西安地区"由隋入唐"人士墓葬的考古学文化和制度史研究等提供了重要资料。据参与考古发掘的西安市文物保护考古研

---

① 武德七年（624），百济王遣大臣奉表朝贡，"高祖嘉其诚款，遣使就册为带方郡王百济王。自是岁遣朝贡，高祖抚劳甚厚。"《旧唐书》卷一百九十九上《东夷传·百济》，北京：中华书局，1975 年标点本，第 5329 页。

究院助理研究员刘汉兴介绍,保存相对完好的是李祯墓,虽为唐初墓葬但墓志显示为"大随故司隶刺史李君墓志之铭",墓主李祯在隋朝任司隶刺史,并在唐高祖"武德五年……散骑侍郎授以旌节为新罗国使……",出使朝鲜半岛上的新罗国的铭文十分清楚,至629年去世。

发掘者刘先生还介绍了李祯墓的一些情况:

大墓是李祯与妻子裴氏的合葬墓。从结构上看,它是斜坡墓道土洞墓,坐北朝南,平面呈"刀"形,由斜坡墓道(过洞、天井)甬道、墓室组成。在墓室西部发现了一张长方形砖棺床,上面有木棺,两具骨架仅剩腿骨。墓室四周墙壁上曾有的精美壁画,因年代久远加上墓室坍塌,只留有些许痕迹,已经分辨不出图像了。同时,大墓中还出土了各种陪葬俑,有骑马俑、天王俑、陶猪陶羊等,其中有10个保存较完好,色彩缤纷,都是当时流行的陪葬品。

在李祯夫妇墓旁,还发现其弟李宁墓。李宁于公元620年去世,由此可推测这里有可能是李祯家族的墓地。值得注意的是,李祯的墓志中明确记载了其入唐之后,曾受命出使新罗国的具体情况。无疑,这些为学界探讨唐初与朝鲜半岛三国关系,提供了非常重要的史料。

依据墓志铭,唐高祖之所以派遣李祯出使新罗,或许与志主李祯曾参与过隋炀帝征伐高丽战争有关。进入唐朝之后,以从三品通直散骑侍郎的职衔,李祯衔命出使新罗国。墓志录文载:

及文轨混同,天地交泰,言归初服,获庇旧庐于□。八狄来王,九译输贽。爰俾旧德,慰答款诚。武德五年,诏假通直散骑侍郎,授以旌节,为聘新罗国使。溯□碧海,踰越青丘,班(班)我正朔,易其冠带。复命天府,帝有嘉焉。①

---

① 笔者能够看到这方墓志,得力于西安文物保护考古研究院张全民研究员的帮助,非常感谢!墓志的具体情况,还有待于更详细的研究论作发表。

第九章 唐都长安与新罗庆州

　　从这方新出土的墓志，我们似可了解以下几点：其一，在武德三年（620）新罗和唐朝完成首次相互派使访问一年之后，唐朝再派使节到新罗，显示了双方关系的热络，而唐朝派使节到高丽、百济均在此之后。其二，无论是庾文素还是李祯，他们赴新罗时的官衔均为"通直散骑侍郎"。按：唐初"通直散骑侍郎"隶属门下省，是延续隋朝官职，后改为通直散骑常侍，其有左右之分，左通直散骑常侍编于门下省，右通直散骑常侍编到中书省，从三品，其"掌侍奉规讽，备顾问应对"①，为皇帝的智囊人物。可能因唐王朝新启，出使异域人员的选拔也较为随便，而贞观之后迎送及出使的官员则多为鸿胪寺官员担当。其三，李祯行使的主要任务是"斑（班）我正朔，易其冠带"，从此后唐罗关系发展来看，李祯到达新罗或许只是达成双方初步意向，起到必要的联络职责，因为新罗真正启用唐朝皇帝年号，改服唐朝服装，还要等到金春秋入唐交涉后的真德女王在位时期②。当然，也不排除唐初唐王朝就有结好新罗，逐步取得朝鲜半岛事务主动权的想法。其四，正是有了新罗使者的前来，唐朝两位使臣不远万里到达新罗，不仅使两者的关系空前接近，而且影响了唐朝对朝鲜半岛三国政策导向，如贞观元年（627）唐太宗对百济玺书可就明确看出，即"新罗王金真平，朕之藩臣，王之邻国，每闻遣师，征讨不息，阻兵安忍，殊乖所望。朕已对王侄福信及高丽、新罗使人，具敕通和，咸许辑睦。王必须忘彼前怨，识朕本怀，共笃邻情，即停兵革。"以往研究者均认为唐高祖武德年间，鉴于唐境干戈未靖，唐朝对半岛三国采取"不偏不倚的政治策略"，或者平行对待，不持立场的做法③，笔者此前也认为唐朝此时还未形成切实的针对朝鲜半岛策略④，但从上述墓志录文，以及其他关联记载看，至少唐朝在对新罗与百济关系上，明显表现出和新罗的亲近感，如此看来，认为武德年间唐朝对半岛三国采取同等对待的看法似还应进一步探讨。就是说，唐朝建立之初，由于新罗在朝鲜半岛独特的地理位置，以及高丽、百济一些令唐朝隐约不快的举动，新罗自身频繁的遣使来唐，

---

① （唐）李林甫等撰：《唐六典》，陈仲夫点校，北京：中华书局，1992年，第248页。
② 拜根兴：《新罗真德王时期的对唐外交》，《大陆杂志》2001年第2期。
③ 吴葆棠、文川：《唐与新罗关系研究》，《烟台大学学报》（哲学社会科学版）1990年第3期，第34页；韩昇：《唐平百济前后东亚的国际形势》，荣新江：《唐研究》第一辑，北京：北京大学出版社，1995年，第227—244页。
④ 拜根兴：《激荡五十年：高句丽与唐关系研究》，《高句丽研究》2002年第14辑。

期待与唐朝建立真正的宗藩关系,促使唐廷和新罗有了一种天然并无可替代的亲近,故派遣使臣前往密切关系,了解实际情况,并在此后唐与朝鲜半岛国家关系中起到重要的作用。

第二节　双方人员的频繁往来

从庆州到长安,或者从长安到庆州,近 300 年间,各种人员往来,构成唐朝与新罗友好交往靓丽的风景线,在东亚古代史发展长河中,留下了值得回味的句点。

一、双方使者的来往

关于唐与新罗双方人员的来往,以往研究者做过大量的工作。早在 20 世纪 60 年代,韩国学者申滢植教授、卞麟锡教授①就发表论文,阐述自己的见解,随后权悳永教授出版《古代韩中外交史:遣唐使研究》专著②。中国学者韩国磐、章群、李大龙、王小甫、姜清波等也有专题论文发表③,笔者此前亦曾有过爬梳探讨④。至于近 300 年间双方使者到底来往多少次,也有学者做过统计,即新罗入唐使者有 126 次,唐朝派去新罗的使者有 34 次。⑤ 当然,这个数字应该不是最终结论,因为随着中韩双方新史料的不断公布,其

---

①　(韩)申滢植:《关于罗唐间的朝贡》,《历史教育》1967 年第 10 辑,第 60—118 页;(韩)申滢植:《宿卫学生考》,《历史教育》1969 年第 11—12 合集,1969 年;(韩)卞麟锡:《中国唐代与新罗的关系》,《大陆杂志》1966 年第 9 期。

②　(韩)权悳永:《古代韩中外交史:遣唐使研究》,首尔:一潮阁,1997 年。

③　韩国磐:《南北朝隋唐与百济新罗的往来》,《历史研究》1994 年第 1 期,第 21—42 页;刘希为:《唐代新罗侨民在华社会活动的考述》,《中国史研究》1993 年第 3 期,第 140—150 页;章群:《论新罗入唐的宿卫与质子》,《唐代藩将研究(续篇)》,台北:联经出版事业公司,1990 年;李大龙:《唐王朝与新罗互使述论》,《黑龙江民族丛刊》1996 年第 2 期,第 57—65 页;王小甫:《统一新罗在东亚世界的地位——以八至九世纪唐朝与新罗关系论》,荣新江主编:《唐研究》第六辑,北京:北京大学出版社,2000 年;姜清波:《新罗对唐纳质宿卫述论》,《中国边疆史地研究》2004 年第 1 期,第 88—95 页。

④　拜根兴:《唐朝与新罗使者往来的新探索:以九世纪双方来往为中心》,《中国边疆史地研究》2008 年第 1 期,第 70—80 页。

⑤　赫治清:《历史悠久的中韩交往》,《韩国学论文集》第二辑,北京:北京大学出版社,1993 年。

第九章 唐都长安与新罗庆州

应呈增加态势。

第一，入唐新罗使者出使的名目很多，需要理清头绪。据申滢植先生统计，出使唐朝的使者记有朝贡使、告哀使、进贺使、谢恩使、文化请求使、请兵使、谢罪使、战捷报告使，以及贺正使、宿卫使、陈慰使等。权悳永先生在已有研究基础上，将这些入唐使节统称为"遣唐使"，虽然这种观点还没有被更大范围的学界接受，但笔者认为这种做法是值得肯定的事情，相信在不久的将来会被更多的学者所欣赏并采用。当然，唐朝到新罗使者的使命相对比较单一，这就是前往新罗册封吊唁等，其中也不乏文化传播者，如唐玄宗开元二十七年（739）派往新罗的册封使邢璹，不仅精通儒家经典，在唐朝野颇负盛名，而且也具备交涉能力；与此同时，同去的还有以善围棋著称的率府兵曹参军杨季鹰作为副使。在与新罗棋手的对阵中，杨季鹰不负众望获得胜利，受到新罗朝野的一致好评。唐中后期宦官担当赴新罗使者，如宦官武自和、吐突士昕长庆、宝历作为使者前往新罗取鹰鹞，则是为满足皇帝个人喜好；而选派在唐新罗人担当赴新罗正使或副使，完成出使册封等使命，此为唐廷迫不得已的选择。①

第二，各个时期往来两地的使者作用及做出的贡献不同。单从前来唐朝的新罗使者来说，不同时期他们担负的使命存在差异。如唐朝建立到668年高丽灭亡之前，入唐新罗使者除过朝贡唐朝之外，其中请兵占有很大的比重，如新罗名臣金春秋贞观二十二年（647）入唐，受到唐太宗君臣的热情招待，金春秋到国子学观释典并讲论，并获赠刚刚编集誊抄好的《晋书》，但他入唐的重要使命却是请兵。金春秋的长子金法敏651年入唐，他的使命则是告捷和举讼；此后，金春秋的次子，著名新罗外交家金仁问，他数次入唐也是与联合唐朝最终灭亡百济、高丽有关。当然，唐朝此时为了实施南北夹攻高丽的战略，联合新罗是实现战略的重要落脚点之一。总之，使者的互派往来，与当时朝鲜半岛三国争斗，唐朝奉行中国天下秩序的东亚各国大背景有关②。唐朝此一时期派往朝鲜半岛使者，开始是调和半岛三国的关系，如百济向唐朝告发高丽阻断朝贡之路，唐高祖即派遣朱子奢前往说和劝阻；高丽莫离支

---

① 拜根兴：《唐中后期赴新罗使者关联问题考辩》，《陕西师范大学学报》（哲学社会科学版）2004年第6期，第81—86页。

② 拜根兴：《七世纪中叶唐与新罗关系研究》，北京：中国社会科学出版社，2003年。

泉盖苏文派兵进攻新罗，新罗遣使告急，唐朝遣派司农丞相里玄奖前往高丽劝说。唐太宗在征伐高丽之前，派遣朝散大夫庄元表为正使、右卫勋旅帅段智君为副出使新罗，其使命为两军期会，共讨高丽；同时，唐廷还派遣名医蒋元昌前往百济，除过给百济王治病之外，还传达护送赴新罗的唐使者庄元表、段智君的敕令①。可见，唐朝在关键时刻派往新罗、百济的使者，其使命虽互有关联但确存在差异。而新罗统一朝鲜半岛后，特别是新罗圣德王、孝成王、景德王在位期间与唐保持紧密友好的关系，新罗入唐使者多为朝贡宿卫使者，其所起作用就是维护罗唐间宗藩友好关系，成为两者保持友好关系的桥梁。

第三，作为新罗入唐使者，宿卫质子的存在，是当时时代发展使然，反映了唐罗之间宗藩关系的实情。关于新罗在唐宿卫质子关联问题，章群、姜清波、魏郭辉等先生均曾有过探讨，基本上搞清楚了在唐新罗宿卫质子的身份界定、基本人数、性质判断、在唐生活状况，以及对唐罗友好关系产生的积极作用。在此，我们要明确以下几点：首先，宿卫应分为宿卫质子与宿卫学生两种，宿卫质子的身份多为王室人员或王族，名义上担任唐朝宫廷的防卫任务；而宿卫学生则是另外一种情况，即他们除了担当宫廷防卫任务之外，还可参加唐朝举办的科举考试，有些人因此宾贡及第。其次，唐与新罗并存近三百年间，新罗派往唐朝的宿卫质子最早入唐者，魏郭辉认为不是学界此前界定的金文王，而金文王则是文献具体明确记载新罗入唐宿卫之始；魏郭辉还将新罗入唐宿卫大致分为三个阶段，即缔结同盟、攻伐调适、归为藩属，即各个时期作为宿卫质子的作用和从事的任务并不相同。再次，新罗在唐宿卫质子的人数有多少？据有的研究者大概统计"明确记载有22次，人数如考虑到质子的伴当、陪侍，供质子们役使的服务和保卫人员，总数将在数千人之上"②，而章群先生则统计为383人，有名有姓者49人。显然，上述学者统计新罗宿卫质子人数存在差异，但他们统计的实体明显不同。最后，宿卫质子在唐的停留时间问题。据现有史料记载，在唐宿卫学生、宿卫质子一般

---

① "贞观年中抚慰百济王诏一首"，"贞观年中抚慰新罗王诏一首"，选自（唐）许敬宗编、罗国威整理：《日藏弘仁本文馆词林校证》卷664，中华书局，2004年，第250—252页。另参阅（韩）朱甫暾：《文馆词林所见韩国古代史关联外交文书》，《庆北史学》1992年第15辑。

② 魏郭辉、李强：《新罗质子侍唐刍议》，《北方文物》2006年第3期，第63—68页。

第九章　唐都长安与新罗庆州

来说有 10 年的限制，但根据不同情况，有的人居留时间远远超过 10 年，如史书记载的金允夫在唐居留 26 年；而唐文宗开成五年（840）鸿胪寺上奏："新罗国告哀，质子及年满合归国学生共 105 人，并放还。"① 可见，一次放还的人数众多，同时，其中也可能有到了年限逾期不归者。当然，也有宿卫质子最终老死唐朝者，如近年来在西安发现的新罗王子金日晟墓，墓主为新罗孝成王、景德王的堂兄，入唐后受到唐皇帝的宠爱，在长安娶妻生子，最终担任唐朝光禄卿，大历九年（774）死于京师长安②。而新罗人在唐京师为官者并老死唐土者，如在圆仁笔下出现的李元佐其人，他担当唐朝左神策军中尉押衙、银青光禄大夫、检校国子祭酒等职务③，其此前的身份可能就是宿卫学生。总之，唐与新罗之间宿卫质子的存在，是当时唐罗宗藩关系的集中反映，也是当时东亚国家关系发展的客观存在。

第四，双方使者历经艰难险阻，某些短暂的特定时期竟成为双方关系的牺牲品。金仁问是 7 世纪新罗著名的外交家，他前后 7 次往返唐与新罗之间，数十年间不仅成为唐罗间交流的桥梁，而且在罗唐联合对百济、高丽战争中起到了重要作用。但是，随着"唐罗战争"的爆发，金仁问的处境变得十分微妙，当新罗文武王不听唐朝敕令，唐罗双方公开决裂之时，唐高宗就任命金仁问为新罗王前往新罗，虽然最终因文武王谢罪，金仁问中途返回，但直至文武王死亡后若干年，作为亲唐的新罗使者金仁问始终无法回到新罗，最后老死唐东都洛阳。④ 贞元、永贞之际唐使元季方到达新罗，行使告哀、册封使命，但"新罗闻中国丧，不时遣，供馈乏，季方正色责之，闭户绝食待死，夷人悔谢，接欢乃还"⑤。与此相同的事例可能还有。另外，双方使者要经过茫茫大海和崎岖陆上征途，一些人葬身茫茫大海，一些人虽然到达目的地，但却因为水土不服，终亡命于异国他乡。对此，笔者此前的论述中有过

---

① 刘昫：《旧唐书》卷一百九十九上《东夷传·新罗》，北京：中华书局，1975 年标点本。
② 拜根兴：《新公布的在唐新罗人金日晟墓志考析》，杜文玉主编：《唐史论丛》第十七辑，西安：陕西师范大学出版社，2014 年，第 173—181 页。
③ （日）圆仁著、白化文等校注：《入唐求法巡礼行记校注》，石家庄：花山文艺出版社，1992 年。
④ （高丽）金富轼：《三国史记》卷四十四《金仁问传》，首尔：乙酉文化社，1997 年；参拜根兴：《金仁问研究中的几个问题》，《海交史研究》2003 年第 2 期，第 72—77 页。
⑤ 《新唐书》卷二百一《元季方传》，北京：中华书局，1975 年标点本。

专论①，故在此不赘！

第五，唐罗双方高层通过宿卫使者的桥梁，关注双方的核心利益，相互联合，获得双赢。且不说双方联合灭亡百济、高丽期间，唐罗使者穿梭往来于长安与庆州之间，而唐玄宗开元二十年（732）针对渤海问题，唐罗双方的共同应对也可说明问题，而共同应对借助的就是在长安的新罗宿卫使者。当时渤海国王大武艺派兵进攻唐与新罗交往必经地登州，杀害登州刺史韦俊②，造成局势的紧张；新罗宿卫金思让与唐宦官佝行成受命③，一同到新罗传达唐玄宗旨意，新罗圣德王心领神会，即刻派兵北向进攻渤海，与唐朝东向兵力形成合围之势。虽然因为天寒地冻，新罗军队并未与渤海交战，但唐罗同仇敌忾，共同采取行动，无疑给渤海大武艺形成压力，最终迫使渤海人屈服。

二、佛教、道教的传播与新罗僧侣的入唐求法

（一）佛教的传播

众所周知，佛教于公元 4 世纪传入朝鲜半岛，随后得到相当的发展，唐朝建立前后，新罗僧人前往大陆求法就大有人在，此后近 300 年，新罗僧人入唐求法经久不衰，对于形成新罗禅宗九山起到了重要的作用。而关于入唐新罗僧侣的研究，朝鲜末期著名学者李能和编写《韩国佛教通史》一书，反映了当时韩国佛教及中韩佛教交流研究的最高水准，随后各个时期的僧俗研究者，在许多方面均做出很大的成绩，如李智冠、金相铉、卞麟锡、金福顺等人的研究。中国学界陈景富教授、何劲松研究员的相关研究也颇具代表性。总的来说，长安是中国化佛教的发源地，在佛教的辐射传播中贡献颇大，如佛教的九大宗派，其中七个宗派的祖庭都在长安，正因如此，入唐新罗僧侣在长安留下了他们深深的足迹。不论是接受善德王之命，辗转五台山到达长

---

① 拜根兴：《唐与新罗使者往来关联问题的新探索——以九世纪双方交往为中心》，《中国边疆史地研究》2008 年第 1 期，第 70—80 页。

② 关于登州刺史韦俊被杀事件，参阅金毓黻《渤海国志长编》卷一《总略上》，哈尔滨：黑龙江人民出版社，1995 年，以及新发现的《大唐故中散大夫登州刺史韦君墓志铭并序》，毛阳光、余扶危主编：《洛阳流散唐代墓志汇编》，北京：国家图书馆出版社，2013 年，第 250—251 页。

③ （唐）张九龄著、熊飞校注：《张九龄集校注》卷八《敕新罗王金兴光书》，北京：中华书局，2008 年。

安学习律宗,后受到唐太宗父子接见,回到庆州的慈藏法师,还是不改其志、创建皇龙寺九层塔,直接促成罗唐关系进一步发展,路经登州到达长安修佛的义湘和尚,以及为创立法相宗不二的西明寺学派,最终圆寂于洛阳,灵骨埋葬于长安兴教寺的圆测,步玄奘、义净法师之后尘前往印度,从海路出发陆路返回,最终圆寂五台山慧超法师,还有中唐以后入唐的朗慧、真鉴、智证、利严、丽严、顺之、朗空等僧侣①,圆仁笔下长期在长安寺院修行的新罗僧侣,虽然在唐武宗毁佛过程中受到一定的冲击,但随后他们的身影又闪现在长安的寺院坊肆。同时,在求法巡礼返回新罗之后,这些僧侣不仅成为新罗王的座上客,挽救政权末期日益严重的危机,而且为新罗自身佛教的发展做出了重要贡献。

朗空禅师到达长安后,曾得到以喜佛著称的唐懿宗接见,这在以往新罗入唐僧侣中还是非常少见的。还有几位新罗僧侣或先到日本再入唐到达长安,如释智凤就是先航海到日本,702年与其他两位僧侣入唐。而新罗僧释审祥也是先到日本寻师求法,入唐后又从贤首国师学习华严经。另有先行入唐再到日本的情况,成为当时不可多得的国际佛教传播人物。曾经入唐求法的释慧济、慧先,武德五年(622)随新罗大使智洗尔到达倭国,成为既曾入唐又到倭国的首位佛教人士。此后又有贞观二十一年(647)的释慧隐等。②

入唐新罗僧侣参与唐朝玄奘法师、义净法师主持的译经活动,做出了重要贡献,对此,上述陈景富、刘素琴、卞麟锡,以及笔者均做过探讨。唐中后期入唐的新罗僧侣,不仅掌握佛教禅宗的精髓,并经过韩国化的解释,形成新罗禅宗九山佛教,为此后韩国佛教的发展起到重要的作用。③

(二) 道教

唐朝建立之初,就曾派遣道士携带天尊像及道法前往高丽,宣讲老子《道德经》,以至于高丽荣留王也遣使到唐朝"求学佛老教法"。有研究者认为正是因为高丽上层道教势力的加强,使得尊崇佛教者颇受轻视,故而成为高

---

① 拜根兴:《回归历史:罗末丽初金石碑刻的构成及其呈现的历史真实》,《陕西师范大学学报》(哲学社会科学版)2012年第2期,第145—151页。

② (日)《元亨释书》卷140,国史大系本,转引自(朝鲜)李能和:《朝鲜佛教通史》上册,首尔:民俗苑,2002年影印本,第205—210页。

③ 拜根兴:《入唐求法:铸造新罗僧侣佛教人生的辉煌》,《陕西师范大学学报》(哲学社会科学版)2008年第3期,第107—116页。

丽政权内讧的导火线。① 也有学者探讨朝鲜半岛道教及道教文化的发展②，只是道教何时传到新罗，未见史书明确记载，现有论著也很少论及。新罗孝成王继立之时，唐玄宗就遣派左赞善大夫邢璹前往册封，同时，"以老子《道德经》等文书献于王"。而就在同一年，唐玄宗还派遣赞善大夫魏曜到新罗吊祭册封，并赐御注《孝经》一部。

新近公布的《大唐故道门大德玄真观主皇甫尊师墓志铭并序》志文，墓主皇甫奉諴因"祥符发于尹真人故宅，声教遐布，有诏以童诵随三洞法主秘希一传经新罗。复于王庭，光锡羽珮，甫廿五岁矣。"③ 就是说，皇甫奉諴曾随三洞法主秘希一前往新罗传播道教经典。关于这方墓志，日本学者土屋昌明先生有专文探讨④，在此不赘！只是开元天宝年间位于长安的玄真观，以及皇甫奉諴到达新罗庆州的传道活动，对于新罗道教发展起到了何种作用，如何评价道教在新罗的发展，这些应引起学界的重视。与此相联系，唐宣宗大中年间宾贡及第的新罗人金可纪，也是一个道教修炼者，他曾返回新罗，是否在庆州有所作为，因没有史料佐证，难以论证，但他确实返回了长安子午谷，并最终坐化于此，成为唐与新罗道教传播发展的一段佳话。总之，由于新罗王室奉行佛教治国政策，故而道教在新罗的发展难以和佛教的突飞猛进相比，金可纪为什么又回到长安，他为何不在庆州寻求道教发展？笔者认为除了他已经习惯了唐都的修行生活之外，可能是源于庆州缺乏道教进一步发展土壤的缘故。

三、入唐新罗留学生

关于入唐新罗留学生问题，20世纪60年代末严耕望先生在《新罗留唐学生与僧徒》⑤ 文章中已做过探索，随后高明士、党银平⑥等先生也做过相应

---

① 拜根兴：《七世纪中叶唐与新罗关系研究》，北京：中国社会科学出版社，2003年。
② （韩）张寅成：《古代韩国的道教和道教文化》，《历史学报》2010年第39号。
③ 胡戟、荣新江主编：《大唐西市博物馆藏墓志》中册，北京：北京大学出版社，2012年，第637页。
④ 日本东京专修大学土屋昌明教授长期关注唐代道教的传播等问题，建树颇丰。皇甫奉諴墓志公布之后，他发表《唐代道教东传新罗与长安的道观：以皇甫奉諴墓志为中心》论文，探讨墓志涉及的问题，参阅日本《东方宗教》2013年第122号。
⑤ 严耕望：《新罗留唐学生与僧徒》，《唐史研究丛稿》，香港：新亚研究所，1969年。
⑥ 党银平：《唐与新罗文化关系研究》，北京：中华书局，2007年。

的研究，韩国的李基东①、金世润②、申滢植③等教授也有专文发表。其实最早到达唐朝的新罗留学生应该在贞观年间，《三国史记》卷五载：

> 善德王九年（640），王遣子弟入唐，请入国学。是时，太宗大徵天下名儒为学官，数至国子监，使之讲论，学生能明一大经以上，皆得补官，增筑学舍千二百间，增学生万三千二百六十员。于是四方学者云集京师，高句丽、百济、高昌、吐蕃，亦遣子弟入学。④

从记载看，此时入唐新罗留学生均为贵族子弟，和金春秋入唐后的宿卫学生还有所区别，即纯粹就是入唐学习制度文化。而永徽以后入唐留学生应该分为两部分，其一为新罗官方派遣的宿卫学生，他们不仅要在唐朝宫廷担当宿卫任务，而且有学习唐朝文化制度的职责。其二就是官派纯粹入唐留学者。当然，到唐中后期，也有新罗非官派即自费入唐的留学生，这些人也应占相当的比例，宾贡及第的崔致远就是其中的一员。故崔致远在《遣宿卫学生等首领入朝状》中提到唐朝在国子监专门修造"新罗马道"，就是鉴于入国子监的新罗学生众多，故专门修建特定道路以示区分。一般来说，留学生在唐居留时间为10年，但据现有记载看，能够如期返回者并不多，如此才有新罗王廷督促这些学生尽快回国事件的发生。而新罗对于入唐留学生回国采取多种优惠政策，以便使其学有所用，如下史料记载可做证明：

> 新罗元圣王五年（789）以子玉为杨根县小守，执事史毛肖驳言，子玉不以文籍出身，不可委分忧之职。侍中议云："虽不以文籍出身，曾入大唐为学生，不亦可以耶？王从之。"
>
> 哀庄王元年（800）八月授前入唐宿卫学生梁悦豆肹小守。初，德宗幸奉天，悦从难有功，帝授右赞善大夫还之，故王擢用之。⑤

---

① （韩）李基东：《新罗骨品制社会与花郎徒》，首尔：一潮阁，1984年。
② （韩）金世润：《对于新罗下代的渡唐留学生》，《韩国史研究》1982年第37辑。
③ （韩）申滢植：《统一新罗史研究》，首尔：三知院，1990年，第230—250页。
④ （高丽）金富轼：《三国史记》卷五《新罗本纪·善德王》，首尔：乙酉文化社，1997年。
⑤ （高丽）金富轼：《三国史记》卷十《新罗本纪》，首尔：乙酉文化社，1997年，第274—275页。

其中上述崔致远等人返回新罗，虽然新罗王权已经相当衰颓，但仍然委以重任。总之，新罗派遣入唐留学生，既是新罗国家社会发展的需要，也是当时以唐朝为中心的东亚社会文化交流的必然选择。

四、其他人士

1. 商人

作为唐朝与新罗交往的重要一环，商人的存在必不可少。只是作为都城的长安，前来朝贡或求法留学者应该是主流，而在大唐西市从事商业活动，在现有史书中还未见有新罗人的相关记载。虽则如此，这个阶层在偌大的长安，一定会有它的存在。

2. 奴婢

关于新罗在唐奴婢相关问题，李天石、姜清波等学者已有专文刊出，在此不赘。

3. 译语

因为新罗在唐代中日交往中的重要地位，新罗译语也成为往来长安或者居留长安新罗人士的一部分，虽然从人数上看，新罗译语人数并不多，但这些人的地位无疑也是十分重要的。对此，圆仁《入唐求法巡礼行记》中有所提及，已故东亚古代关系史研究专家马一虹女士也有论文发表①，相信对新罗译语的研究会有新的突破。

第三节　唐罗之间的物质文化交流

如上所述，唐罗间各类人员穿梭其间，往来频繁，成为当时东亚国家间宗藩友好关系的典范。不仅如此，双方的物质交流也相当兴盛，长安、庆州相得益彰，共同享有交流的喜悦和成果。

---

① 马一虹：《古代东亚汉文化圈各国交往中使用的语言与相关问题：以唐日本新罗和渤海为中心》，石源华、胡礼忠主编：《东亚汉文化圈与中国关系》，北京：中国社会科学出版社，2005年。

一、新罗使用唐朝年号和改穿唐朝服饰

贞观年间，朝鲜半岛三国间关系紧张，三方均以消灭对方作为最终的战略选择，这就迫使处于相对弱势的新罗采取远交近攻策略，积极靠近唐朝，而唐朝由于自身对辽东地域的心结，在边疆推行羁縻府州政策，以及维护中国天下秩序的现实考虑，也想在半岛寻找代言人和落脚点，这样，两者形成相对紧密的关系，并对此后朝鲜半岛的走向产生影响。

具体来说，贞观二十二年（648），金春秋入唐都长安请兵，以及此前慈藏法师携善德王使命，为解除面临孤立亡国之危险，最终与唐朝达成"改其章服，以从中华制"，同时又于永徽二年（651）新罗"始行中国年号"[1]，以及唐朝在半岛事务上与新罗联合应对关系。这样，唐朝永徽年号施行于新罗，同时，新罗官员亦开始改穿唐人服饰，以至于新罗使者穿唐官服出使倭国，导致倭国拒绝新罗使节登陆上岸事件的发生[2]。无论如何，唐朝服饰及年号的东传并使用，是双方在特定状况下交流的产物，也是关系深化的表现。而此后百济、高丽的灭亡，无疑是双方联合应对的产物。

二、唐朝书籍及其他物品的东传

《三国史记》记载了这方面的内容。每当新罗王去世，唐朝派遣吊唁册封使前往，除了册封新罗王之外，有时也包括王妃、王太妃，册封专门有"册书"或者"诰书"，新罗王廷对此十分看重。唐德宗曾派御史中丞韦丹前往新罗册封，但中途得知新罗昭圣王去世的消息后，韦丹只好返回长安；几年之后，到达长安的新罗使节仍向唐廷要回"册书"。就是说，在宗藩体制下，宗主国册封藩属国王位，在当时具有强烈的法律地位，约束藩属国秩序，限制或制约藩属国不同集团对王位的觊觎。

---

[1] （高丽）金富轼：《三国史记》卷五《新罗本纪》，首尔：乙酉文化社，1997年，第136—137页。

[2] （日）舍人亲王：《完译日本书纪》卷二十五《孝德天皇白雉二年》，（韩）田溶新译，首尔：一志社，1997年，第464页。

在不同时期，唐朝不时赐予新罗各种书籍，新罗也献上相关书籍文物，如武则天临朝称制的垂拱年间，新罗"奏请礼记等文章"，武则天诏令"所司写吉凶要礼，并于《文馆词林》采其词涉规诫者，勒成五十卷赐之"。另如上文所示，唐玄宗派左赞善大夫邢璹前往新罗，"以老子《道德经》等文书献于王"，次年，唐玄宗再派遣赞善大夫魏曜到新罗吊祭册封，并赐御注《孝经》一部。还有新罗使者从唐返回，带回书籍及其他文物的情况，如真德王派遣金春秋使团入唐，唐太宗赐金春秋"御制《温汤》及《晋祠》碑并新撰《晋书》"；新罗孝昭王元年（692），"高僧道证自唐回，上《天文图》"；圣德王三年（704），"入唐金思让回，献《最胜王经》"；圣德王十六年（717），"入唐大监守忠回，献文宣王、十哲、七十二弟子图，即置于太学"；文圣王十三年（851），"入唐使阿飡元弘赍佛经并佛牙来，王出，郊迎之"。而新罗使者入唐献上书籍的情况并不多。真德王金春秋长子遣金法敏入唐，向唐高宗献亲手制作的五言《太平颂》织锦；宪德王二年（810），新罗遣王子金宪章入唐，"献金银佛像及佛经，上言为顺宗祈福"。

而作为享誉东亚，在长安居住的诗人、书法家，他们的声名也传播到新罗，成为新罗知识层追逐向往的对象，如长庆年间赴新罗的使者源寂，在庆州看到当地文人"传写讽诵"唐朝书法家冯定的书法作品；著名诗人白居易的诗作也经过使者之手传到新罗，成为当地文人茶余饭后的重要谈资。

三、唐罗双方实物物品交流频繁，构成朝贡贸易的实体

（一）新罗使者入唐朝贡献方物，唐也不时赐予新罗各种物品

如上文言及的唐高祖派遣庾文素赴新罗，就赐予新罗玺书及画屏风，锦彩300段。唐太宗还赠送新罗王储金善德牡丹种子及牡丹图，以示优崇。真德王死后，唐太宗遣派太常丞张文收为吊唁册封使，赐新罗杂彩300段。到新罗圣德王在位时期，双方的朝贡贸易正常展开，表现为新罗使者入唐献方物，唐朝赐予新罗使者相应的物品。如圣德王二十二年（723）夏，新罗遣使入唐，献"果下马一匹，牛黄、人参、美髢、朝霞䌷、鱼牙䌷、海豹皮、金

银等。上表曰：臣乡居海曲，地处遐陬，元无泉客之珍，本乏宝人之货，敢将方产之物，尘渎天官，弩骞之才，滓秽龙厩，窃方燕豕，敢类楚鸡，深觉腼颜，弥增战汗。"① 这里提到的"方产之物"，就是我们常说的"方物"。圣德王二十九年（730），遣王族金志满朝贡，献上"小马五匹，狗一头，金两千两，头发八十两，海豹皮十张"。如此大宗的献上方物，并有具体数字记载者，《三国史记》还有如下几处：

圣德王三十二年（733），遣王侄金志满入唐谢恩，献方物。

孝成王三年（739），新罗王赐唐使者邢璹黄金三十两，布五十匹，人参百斤。

惠恭王九年（773），遣使唐朝贺正，献"金银、牛黄、鱼牙䌷、朝霞䌷"等方物。

景文王九年（869），遣使谢恩兼进奉。

此次新罗进奉唐朝物品数量、种类之多，此前未见。

（二）唐朝赐予新罗的物品

除了上面提及的文化方面的用品、书籍之外，还有赐予入唐宿卫质子唐朝官职及官服，住宅等其他物品，而丝绸物品占据很大的比重，如唐玄宗就先后赐予新罗王子金守忠宅第和绢帛；开元十二年（724），入唐贺正使金武勋回国，玄宗降敕曰："卿每承正朔，朝贡阙廷，言念所怀，深可嘉尚。又得所进杂物等，并逾越沧波，跋涉草莽，物既精丽，深表卿心。今赐卿锦袍、金带及彩素共二千匹，以答诚献。"上述金志满入唐贡方物，唐玄宗授其大仆卿官职，赐绢一百匹，紫袍、锦细带等物。开元十八年（730），新罗遣金志良入唐贺正，唐玄宗授予金志良大仆少卿外置，赐帛六十匹放还，并通过金志良传达唐朝诏令，赐新罗王绫彩五百匹，帛二千五百匹。开元二十一年（733），唐玄宗又赐新罗王"白鹦鹉雌雄各一只及紫罗绣袍、金银钿器物、瑞纹锦、五色罗彩共三百段"。开元二十二年（734），新罗遣大臣金端竭丹入唐

---

① （高丽）金富轼：《三国史记》卷八《新罗本纪·圣德王》，首尔：乙酉文化社，1997年，第224页。

贺正，唐玄宗在内殿设宴招待，授其卫尉少卿官职，赐其绯襕袍、平漫银带及绢六十匹①。总之，新罗圣德王在位期间，加强与唐朝的交往，唐罗间各种交流频繁，新罗遣使达42次之多②，唐玄宗多次接见新罗宿卫使者，并赏赐各种服饰丝织品，显示出双方关系的热络。唐朝赐予新罗的各种物资品，《三国史记》还有以下记载：

> 景德王二年（703），遣王弟入唐贺正，授左清道率府员外长史，赐绿袍银带，放还。
>
> 景德王二十四年（725），遣使入唐朝贡，帝授使者检校礼部尚书。
>
> 惠恭王八年（772），遣伊飡金标石朝唐贺正，代宗授卫尉员外少卿，放还。
>
> 元圣王二年（786），遣金元全入唐进奉方物，唐德宗下诏书慰问，并赐新罗王罗锦绫彩等三十匹、衣一副、银榼一口，至宜领之；妃锦彩绫罗等二十匹，押金线绣罗裙衣一副，银碗一；大宰相一人，衣一副，银榼一；次宰相二人，衣各一副，银碗各一。卿亦领受分配。
>
> 哀庄王七年（806），唐宪宗放宿卫王子金献忠归国，仍加试秘书监。
>
> 景文王五年（865），唐懿宗降使，太子右谕德御史中丞胡归厚，使副光禄主簿兼监察御史裴光等，吊祭先王，兼赙赠千匹，册立王为开府仪同三司检校太尉持节大都督鸡林州诸军事上柱国新罗王。仍赐王官诰一道，旌节一副，锦彩五百匹，衣两副，金银器七事；赐王妃锦彩五十匹，衣二副，银器二事；赐王太子锦彩四十匹，衣一副，银器一事；赐大宰相锦彩三十匹，衣一副，银器一事；赐次宰相锦彩二十匹，衣一副，银器一事③。

综上所述，唐朝与新罗文化及物品的空前交流，不仅促成朝鲜半岛统一国家的出现，而且为东亚国家和平发展奠定了基础。具体来说，其一，唐罗

---

① 以上史料均见（高丽）金富轼：《三国史记》卷八《新罗本纪》，首尔：乙酉文化社，1997年。
② 王霞、拜根兴：《新罗圣德王的亲唐政策始末》，《中国边疆史地研究》2014年第3期，第114—124页。
③ 以上史料均见（高丽）金富轼：《三国史记》卷十《新罗本纪》，首尔：乙酉文化社，1997年。

之间的书籍文化交流,对于当时处于后进一方的新罗影响颇大,新罗的佛学、儒学得到了长足发展,到 9 世纪末,一些经过新罗人诠释过的佛教经典回传至唐朝,显示出文化传播的特点。其二,唐罗之间的交流并非单向,双方互有特点的物品经济交流,是通过古代东亚特有的朝贡贸易展开,引领贵族上层消费时尚,对于双方经济发展起到了一定的作用;而伴随着朝贡贸易的私人贸易的存在,也是当时双方物品交流的重要方面之一,推动双方关系的进一步深化。其三,唐朝的制度文化对新罗的发展产生了重要影响。新罗景德王在位期间,实施多项汉化政策,如改变新罗职官、行政区划名称,加大和唐朝的交流等,在新罗发展史上具有里程碑作用;新罗入唐留学生学成返回新罗,他们将学到的先进理念运用到实际的生活中去,促进了新罗自身文化的勃发。总之,通过文化及经济的交流,唐罗关系更加密切,双方各行各业均从中受惠,显示出一个时代的最强音。

第四节 长安—庆州,唐罗友好交往与文化遗存

在长达近 300 年的岁月里,经过唐罗双方众多使者、僧侣、商人、留学生的共同努力,好似默默无声的涓涓细流浇灌,以及各种颇具特点物品的浸润,唐朝和新罗友好关系在庆州与长安土地上留下了深深的印痕。时光流逝,1000 余年飞速而过,今天的庆州与西安,仍然可依稀看到当时交流的痕迹。这不仅体现在流传下来的史书中,而且可从一些文物古迹遗存中得其点滴。

一、"国书"中所见的长安与庆州交流

如上文所述,中国《旧唐书》、《唐会要》、《新唐书》、《资治通鉴》、《册府元龟》等官方史书,韩国史书《三国史记》、《三国遗事》、《东国通鉴》、《东史纲目》等,以及日本史书《日本书纪》、《续日本纪》中记载着近 300 年间唐罗交往的史实,但由于史书体例的限制,现在了解到的只是一些大概,一些活生生的交流还要经过我们咀嚼品味才能得出。而一些当时人所写的唐

罗间的国书,则更显得原汁原味。开元年间张九龄代唐玄宗撰写的三篇①与新罗国王书似可以看出当时唐罗交往的具体状况。

关于张九龄撰写的与渤海、新罗国王书,也就是学界所说的"国书",已故香港著名学者黄约瑟先生曾有过专门研究②,探讨8世纪40年代唐朝、渤海、新罗,以及日本之间的交往事宜。日本学者堀敏一也在其论著中专列一章③仔细论述,得出了重要的结论。当然,上述专家所论议题涉及渤海、新罗与唐关系的诸多方面,笔者在此则以长安与庆州交流视角,对此三篇敕书做一考察。

(一)敕新罗王金兴光书

> 敕新罗王开府仪同三司使持节大都督雞林州诸军事上柱国金兴光:贺正使金碻丹等至,兼得所进物,省表具之。海路艰阻,朝贺不阙,岁亦忠谨,日以嗟称,所谓君子为邦,动必由礼。顷者渤海靺鞨,不识恩信,负恃荒远,且尔遘诛。卿嫉恶之情,常以奋励,故去年遣中使伺行成与金思兰同往,欲以叶谋。比闻此贼困穷,偷生海曲,唯以抄窃,作梗道路,卿当随近伺隙,掩袭取之。奇功若有所成,重赏更何所爱?适俗多有寄附,实虑此贼抄夺,不可不防,岂资穷寇?待荡灭之后,终无所惜。一昨金志廉等到,缘事绪未及还期,忽婴瘵疾,遽令救疗而不幸殂逝,相次数人,言念殊乡,载深轸悼,想卿闻此,良以增怀。然死者生之常,固其命也,固当理遣,无以累情。初秋尚热,卿及首领百姓已下并平安好,今有答信物及别寄少信物,并付金信忠往,至宣领取,遣书指不多及。

上引张九龄代唐玄宗起草的发给新罗圣德王金兴光的国书一道,据《张九龄集校注》校注者研究,其撰写于开元二十二年(734),因在此之前出现渤海派兵袭击登州,杀死登州刺史韦俊事件,唐罗之间基于共同利益的缘故,

---

① 三篇敕书见张九龄撰,熊飞校注:《张九龄集校注》卷八至卷九,北京:中华书局,2008年;另见(宋)李昉等:《文苑英华》卷四七一,北京:中华书局,1966年,第2404—2405页。
② 黄约瑟:《读〈曲江集〉所收唐与渤海和新罗敕书》,刘健明主编:《黄约瑟隋唐史论集》,北京:中华书局,1997年。
③ (日)堀敏一:《隋唐帝国与东亚》,韩昇、刘建英编译,昆明:云南人民出版社,2004年。

拉近了双方的关系。虽然在此之前新罗使者金思兰回国商议新罗出兵事宜，但最终出兵北上进攻并不顺利，故玄宗敦促新罗伺机行动，以取得预想的成果。国书中特别强调如果获得成效，唐朝必将重重犒赏新罗，显示出唐朝对渤海除之而后快的心情。同时，唐玄宗对刚到长安就突然病逝的金志廉心怀悲痛，并安慰圣德王明白死生为常的道理。关于新罗使者金志廉其人，《三国史记》记载其到达唐朝，但并未谈及因病死于长安之事，故此国书可纠正现存史书之误。国书最后以礼貌性语言问候新罗王及官员子民，并言及赐予新罗的"答"信物，以及特别寄上的信物之事。

（二）《敕新罗王金兴光书》

敕难林州大都督新罗王金兴光：贺正、谢恩两使续至，再省来表，深具雅怀。卿位总一方，道叡万里，托诚见于章奏，执礼存乎使臣，虽隔沧溟，亦如面会。卿既能副朕虚已，朕亦保卿一心。言念恳诚，每以嗟尚，况文章礼乐，粲焉可观，德义簪裾，浸以成俗，自非才包时杰，志合本朝，岂得物土异宜，而风流一变？乃比卿于鲁、卫，岂复同于蕃服？朕之此怀，想所知也。贺正使金义质及祖荣相次永逝，念其远劳，情以伤悯，虽有宠赠，犹不能忘，想卿乍闻，当甚轸悼。近又得思兰表称，知卿欲于浿江置戍，既当渤海冲要，又与禄山相望，仍有远图，固是长策。且蕞尔渤海，久已逋诛，重劳师徒，未能扑灭，卿每疾恶，深用嘉之，警寇安边，有何不可？处置讫因使以闻。今有少物，答卿厚意，至宜领取。春暮已暄，卿及首领百姓并安好，遣书指不多及。

这篇敕书撰写于开元二十三年（735），是唐玄宗鉴于新罗贺正、谢恩两拨使者先后到达长安，给新罗圣德王金兴光的回复。敕书高度赞扬新罗王金兴光所上表奏对唐朝表达的诚意，使臣的言行亦合乎礼仪，见到表奏就如同和圣德王见面一样。同时，敕书表达了唐玄宗对新罗王的推崇和赞赏，新罗与唐交流的顺畅从这篇国书中可以清楚地了解到。敕书还对新罗贺正使金义质及金祖荣先后不幸别世表示沉痛哀伤，认为虽然为二人追赠了唐朝的官职，但作为皇帝的唐玄宗仍然难以忘怀，更何况圣德王自己听到噩耗，一定会感到无限的悲痛。还有，新罗使臣金思兰表奏，新罗将在浿江一带设置镇戍，唐玄宗答应新罗的请求,并最终将浿江(朝鲜大同江)以南的土地赏赐予新罗。对此,《旧唐书》、《新唐书》、《三国史记》等史书均记载了这一事件,敕书可以补充印证上述史书的记载。另外,关于唐玄宗的这种措置,朝鲜编撰《朝鲜通史》中多有论述,但其观点与实际状况差距颇大;陈寅恪在《唐代政治史述论稿》一书中表达出惋惜之意,王小甫教授对此有专门辩驳论述①,在此不赘。可以说,在对付共同的对手渤海之时,唐朝与新罗并肩战斗,新罗也付出了很大的代价,唐玄宗为了奖赏安抚新罗,才将浿江以南土地赐予新罗的。唐朝还托新罗使者,给新罗王带去唐朝的物品,巩固与新罗业已形成的友好关系。

(三)《敕新罗王金兴光书》

> 敕鸡林州大都督新罗王金兴光:比岁使来,朝贡相继,虽隔沧海,无异诸华,礼乐衣冠,亦在此矣。皆是卿率心忠义,能此恭勤,朕每嘉之,常优等数,想卿在远,应体至怀。顷者彼处使来,累有物故,水土不习,饮食异宜,奄忽为灾,遂至不救。言念逝者,此其命乎!想卿乍闻,应以伤悼,所以表奏,皆依来请。夏初渐热,卿及吏人并平安好,今有少物,并付来使,至宜领取,遣书指不多及。

依据《张九龄集校注》校注者研究,这篇敕书完成于开元二十四年(736)夏四月。敕书中充满皇室少有的人情味,显示出唐罗宗藩关系的紧密。首先,玄宗对新罗不远万里频繁遣使入唐表示慰问,赞赏新罗深谙儒教礼仪,已可以和中华相媲美,这都是作为新罗王金兴光的功劳。其次,对于前来长安宿卫的新罗人频繁死亡表示惋惜和哀悼,认为这可能是长安与庆州间水土气候各异,使者们不服水土所致。另据校注者熊飞所论,前后三年间,新罗入唐宿卫使者死于长安者就有作于开元二十二年(734)《敕新罗王金兴光书》中提到的金志廉,其到达长安的次日就突发"婴瘵疾"死亡;还有开元二十三年(735)的贺正使金义质,贺正副使金祖荣,同年十一月死于路途的新罗王从弟金忠相。显然,作为宗藩友好关系的媒介,这些活跃于交流前沿人物

---

① 王小甫:《新罗北界与唐朝辽东》,《史学集刊》2005年第3期,第41—48页。

的不幸别世，无疑都是令人悲痛的事情。再次，新罗使者带来新罗王的表奏，其中有向唐朝请求的事情，唐玄宗均予以满足，而且还通过使者，带回唐朝赐予的物品，也请新罗王予以接受。整个敕书充满人情味，特别是"夏初渐热，卿及吏人并平安好"的问候语，犹如拉家常，同乐同悲，这应是当时唐罗关系的真实体现。

张九龄执笔撰写的三篇国书，真实反映了当时唐与新罗因渤海进袭唐朝登州事件，双方关系进一步拉近的事实。而国书区别于一般史书的叙事风格，亦真实反映了当时作为宗藩关系下的唐与新罗的深情厚谊。特别是此一时期往来于长安与庆州间的新罗使者，他们为了两国的友好交往奔波，但却因水土不服等原因死亡于异国他乡，不能不使人萌生悲痛并深感惋惜。

二、西安—庆州所在的唐罗交往文化遗存

1. 西安

西安作为中国著名的古都，有13个王朝在此建都，而唐朝则是最负盛名者。在西安及其周围地区，虽然经过了1000余年的岁月，但硕果犹存，至今仍依稀可见唐朝与新罗友好交往的历史遗存。主要有以下几处。

其一，兴教寺圆测法师塔。圆测法师少小离开新罗，来到唐朝，演习佛教法相宗，并以长安西明寺作为传播宣扬学说的阵地，参与长安官方组织的佛经翻译工作，为唯识法相宗的发扬光大做出了重要贡献。他晚年曾一度居住洛阳，武则天万岁通天元年（696）在洛阳圆寂，终年84岁。至北宋政和五年（1115）才将他的灵骨迁移至长安之南的兴教寺，埋骨建塔，形成今日之境况。

其二，宝鸡麟游县九成宫遗址《万年宫碑阴题名》。该碑阴题名中有"左领军卫将军臣金仁问"字样，是永徽五年（654）五月，唐高宗率领文武臣僚前往万年宫避暑时，亲自为《万年宫铭》书丹，并令随从的文武三品以上官员在碑阴题写自己官衔名称，而新罗宿卫使者金仁问因担当唐朝"左领军卫将军"缘故，亦得题名碑阴，显示出唐朝与新罗关系的紧密。关于此问题，

笔者已有文章发表①，在此不赘。

其三，昭陵博物馆藏新罗真德女王石像残躯及底座铭文。对此，宋人宋敏求《长安志》，元人骆天骧《长安志图》等书均有"昭陵十四蕃君长石像"的记载，其中就有新罗真德女王石像。陕西省考古研究所联合昭陵博物馆2002年曾对昭陵北坡献殿及司马门遗址做过考古发掘，取得了重要的成果。对此，笔者亦曾有专文发表②，在此不赘。

其四，乾陵六十一蕃臣像中的新罗使者石像。关于乾陵六十一蕃臣像，此前陈国灿、章群、马驰、樊英锋等专家均有过探讨，但并未指出其中的新罗使臣石像。此前笔者在《唐朝与新罗关系史论》一书中曾指出，神道东侧东南角的手握弓箭的无头石人，可能是新罗的使者。此后研究者张斌先生指出此石人为新罗文武王金法敏③。对此，笔者亦有辩驳文章④，在此不赘。

其五，周至县王子台慧超和尚祈雨处。有关慧超王子台祈雨，卞麟锡《唐长安的新罗史迹》、陈景富《西安与海东》两书均有详细论述；而慧超和尚还曾驻锡今西安南郊大兴善寺，此处也是新罗僧侣居住的主要寺院之一。

其六，长安区子午谷口金可纪摩崖石刻。此摩崖石刻由西北大学李之勤教授首先发现，此后韩国卞麟锡教授多次前往，也撰写专门论文；周伟洲教授亦曾延请拓工专程前往考察，并有专题论文发表⑤。摩崖石刻后被切割，可能因技术不精的原因，竟被切割成了碎片，实在令人痛心。今摩崖石刻碎片保存于长安区博物馆。

其七，史料记载的国子监"新罗马道"。其位于今西安城南门东南角所在地域，此处原为唐国子监遗址所在，而崔致远所云"新罗马道"正在其中。

其八，安康"新罗寺"。关于安康新罗寺，安康博物馆李启良先生有专文

---

① 拜根兴：《金仁问与〈万年宫碑阴题名〉》，宝鸡市九成宫文化研究会编：《第二届九成宫国际学术研讨会论文集》，西安：陕西人民出版社，2012年。
② 拜根兴：《试论新罗真德女王石像残躯及底座铭文的发现》，《新罗史学报》2006年第7辑。
③ 赵斌：《刍议乾陵六十一蕃臣像中的新罗人》，《丝绸之路》2010年第24期，第84—88页。
④ 拜根兴：《唐与新罗关系研究二题——以西安周边所在的石刻碑志为中心》，《当代韩国》2011年第2期，第39—53页。
⑤ 周伟洲：《长安子午谷金可纪摩崖石刻研究》，《中华文史论丛》2006年第1期，第287—302页。

发表①,韩国卞麟锡教授著作中也曾提及。

2. 庆州

庆州是新罗的千年古都,蕴藏着丰富的文化遗存。新罗灭亡之后,由于统治中心西移,高丽将庆州称为东京,终高丽、朝鲜时代,庆州仍然是重要的文化重心所在。现庆州市所在和唐朝与新罗关联的历史文化遗存有以下几个方面。

其一,王陵类历史遗存。现在可以看到的就有自朝鲜时代就推定的善德王陵、真德王陵、武烈王陵、文武王海中陵、神文王陵、圣德王陵、文圣王掛陵、兴德王陵等。其二,新罗时代王子贵族墓。著名的有金仁问墓、金旸墓等、金庾信墓。其三,和唐朝有关的著名寺院及寺院遗址,如芬皇寺、佛国寺、石窟庵、望德寺遗址、四天王寺遗址、感恩寺遗址、皇龙寺遗址、高阳寺遗址、圣德王神钟等。其四,和唐朝关联的著名人士居住遗址。崔致远住居遗址。其五,新罗王宫遗址。雁鸭池遗址、鲍石亭遗址、瞻星台遗址等。

小　结

本章探讨了唐都长安和新罗千年古都庆州,在近 300 年交往期间的人和事。涉及往来于长安与庆州的使者、商人、僧侣、留学生等,也牵涉双方文化交流、朝贡贸易的各个层面;特别是通过传世的"国书",探讨特定时代双方友好交往的历史。本章最后还对西安和庆州保存至今硕果仅存的历史文化遗迹做了介绍,便于我们重温历史、展望未来。历史是一面镜子,千年前长安和庆州之间无论是从海上丝绸之路,还是陆上丝路的延伸路线,经过唐罗无数人们的共同跋涉和努力,携手描绘出了友好交往的壮丽图卷。在新世纪的今天,西安与庆州,乃至中国与韩国,建立新型互利、和平友好、战略双赢的全面战略伙伴关系,是两市民众、两国人民的共同心愿。让我们携手共进,创造美好的未来。

---

① 李启良:《唐代金州新罗寺》,《考古与文物》2003 年第 6 期,第 72—74 页。

说明：本章原名《唐都长安与新罗庆州》（韩文），是笔者 2014 年 10 月 31 日应邀出席由西安市社科院与韩国庆州市新罗遗产研究院联合举办的"第八届新罗学国际学术研讨会"提交论文。中文稿刊登于杜文玉主编：《唐史论丛》第二十一辑，西安：三秦出版社，2015 年。

第十章　唐朝的宾礼仪式及其实施

关于唐代对外交涉中宾礼仪式及其实施情况，此前中外学界已做过十分有益的探索，取得了很好的成果。日本的石见清裕先生在其论著中明确解释《大唐开元礼》中宾礼的构成仪式及其用场①，古濑奈津子教授专对日本遣唐使涉及的宾礼礼仪仔细爬梳，并通过《延历式》等日本史书记载，对比当时日本宾礼和唐代宾礼的差异②。陈成国教授则以撰写通史的方式，对唐代对外交流涉及的宾礼做了相应的编排论述③，提出自己的看法。纵观《大唐开元礼》卷七十九—八十，《通典》卷七十四—七十五、卷一百三十一，《新唐书》卷十六中对宾礼的礼仪规定，以及其他史书记载的外交交涉实践，虽然上述专家对其中涉及的交涉事件做了深入地探讨，但针对朝鲜半岛政权新罗与唐朝的交涉却着墨不多。本章力求在学界现有研究的基础上，对唐与新罗交涉关联的宾礼实施问题试做论述。

第一节　郊迎宴饮，唐皇帝会见新罗使者

众所周知，唐朝与新罗间存在所谓的中国天下秩序下的宗藩关系④，并长期保持友好交流来往，成为当时东亚国家宗藩友好关系的典范。而藩属使

---

① （日）石见清裕：《唐代北方问题和国际秩序》，东京：汲古书院，1998年。
② （日）古濑奈津子：《遣唐使眼中的中国》，高泉益译，台北：商务印书馆，2005年。
③ 陈成国：《中国礼制史（隋唐五代卷）》，长沙：湖南教育出版社，2002年，第245—261页。
④ 高明士：《从天下秩序看古代的中韩关系》，《天下秩序与文化圈的探索：以东亚古代的政治与教育为中心》，上海：上海古籍出版社，2008年。

者从长安城东面进入城内之前,唐朝廷均须派员前往长乐驿迎接。对此,古濑奈津子教授依据《大唐开元礼》、《通典》及《日本书纪》、《续日本纪》等史书的记载,分析日本遣唐使天宝九载(750)、贞元二十一年(805)两次入唐,在长乐驿接受唐朝的郊迎礼仪,参与出席唐朝朝贺行使礼仪的规定和情况,并和日本朝野宾礼仪式相对比,得出自己的结论。但是,唐朝针对东方国家,特别是藩属新罗的宾礼仪式都有哪些?和日本有何不同?这些问题似还未见有学者专门探讨,故有必要做一定的梳理。

一、金春秋入唐请兵

现存韩国史书《三国史记》卷五,记载了六百四十八年十二月①,新罗真德王派遣大阿飡金春秋入唐事宜。金春秋一行渡过茫茫大海,然后从山东半岛登州上陆,舍舟马行,经东都洛阳,辗转到达唐都长安城东的长乐驿。长乐驿位于长乐坡上,而长乐坡又名浐坡,是进入长安前的最后一个官驿。金春秋一行到达长乐坡驿站,唐太宗闻讯派遣光禄卿柳亨②前往迎接,并在长乐驿设宴犒劳。有关"郊劳"③,在唐朝宾礼中有严格的规定,即作为藩属国藩主或使节,到达长安长乐驿之后,必须按照严格的宗藩礼仪,"到天子之境,先谒关人,关人报王,王使小行人逆劳于畿。又使大夫致积。及郊,使

---

① 韩国学者权悳永依据《金仁问残碑》石刻文,考证金春秋入唐并非文献史料所载的贞观二十二年(648),而是前一年的贞观二十一年(647),就是说,文献史料和石刻史料对此事的记载正好差一年,参阅权悳永:《古代韩中外交史:遣唐使研究》,首尔:一潮阁,1997年。

② 关于柳亨其人,《旧唐书》卷七十七有传,云:"未几,以谴出为邛州刺史,加散骑常侍,被代还,数年不调。因兄葬,遇太宗游于南山,召见与语,颇哀矜之。数日,北门引见,深加慰奖,拜银青光禄大夫,行光禄少卿。太宗每诫之曰:'与卿旧亲,情素兼宿,卿为人交游过多,今授此职,宜存简静。'亨性好射猎,有饕餮之名,此颇自昂励,在绝宾客,约身节俭,勤于职事,太宗亦以此称之。二十三年,以修太庙功,加金紫光禄大夫。久之,拜太常卿,从幸万年宫,检校岐州刺史。永徽六年卒,赠礼部尚书、幽州都督,谥曰敬。"从记载看,柳亨由光禄少卿升职为光禄卿,故才有贞观二十二年郊迎新罗使臣的记载。另外,唐中后期,由于宦官染指各种事务,担任"郊迎"宾礼任务的多为宦官,如有学者提到郊迎日本遣唐使的赵宝英、刘昂等人。(日)古濑奈津子:《遣唐使眼中的中国》,高泉益译,台北:商务印书馆,2005年,第82页。

③ 关于郊劳,杜佑《通典》亦有记载,云:"明年,(隋炀)帝遣文林郎裴清使于倭国。渡百济,东至一支国,又至竹斯国。又东至秦王国,其人同于华夏,以为夷洲,疑不能明也。又经十余国达于海岸。自竹斯以东,皆附庸于倭。清将至,王遣小德阿辈台,从数百人,设仪仗,鸣鼓角来迎。又遣大礼歌多毗从二百余骑郊劳。既至彼都,其王与清相见,设宴享以遣。复令使者随清来贡方物。"(唐)杜佑撰:《通典》卷一百八十五,王文锦等校,北京:中华书局,1988年。

第十章　唐朝的宾礼仪式及其实施

大行人服皮弁，用璧以劳授之。及国，天子赐舍，使司空致舍。"① 史载：

> 蕃国主来朝，遣使者迎劳。前一日，守宫设次于馆门之外道右，南向。其日，使者就次，蕃主服其国服，立于东阶下，西面。使者朝服出次，立于门西，东面；从者执束帛立于其南。有司出门，西面曰："敢请事。"使者曰："奉制劳某主。"称其国名。有司入告，蕃主迎于门外之东，西面再拜，俱入。使者先升，立于西阶上，执束帛者从升，立于其北，俱东向。蕃主乃升，立于东阶上，西面。使者执币曰："有制。"蕃主将下拜，使者曰："有后制，无下拜。"蕃主旋，北面再拜稽首。使者宣制，蕃主进受命，退复位，以币授左右，又再拜稽首。使者降，出立于门外之西，东面。蕃主送于门之外，西，止使者，揖以俱入，让升，蕃主先升阶上，西面；使者升西阶上，东面。蕃主以主物候使者，使者再拜受。蕃主再拜送物，使者降，出，蕃主从出门外，皆如初。蕃主再拜送使者，还。蕃主入，鸿胪迎引诣朝堂，依方北面立，所司奏闻，舍人承敕出，称"有敕。"蕃主再拜。宣劳，又再拜。乃就馆。②

虽然从唐朝建立，到有关礼仪的成熟制定需要一定的时间，但有些法定礼仪程式和此前朝代有延续性。如此，光禄卿柳亨迎接新罗使者金春秋一行，应该也是按照如上礼仪规定执行的。经过履行上述仪式之后，在光禄卿柳亨的带领下，新罗使者金春秋一行经长安城东面通化门，到达城东某个专门接待藩属使节馆驿居住，等待皇帝的接见。在此过程中，按照宾礼的规定，或许因为金春秋一行前来"请兵"特殊使命的急迫，他们等待唐太宗接见的时间应该不会太长。唐太宗会见金春秋一行，依据《通典》、《新唐书》等书的记载，应该是在太极宫之内。关于唐朝皇帝会见藩国使臣具体礼仪模式，上述两书均有具体礼仪程式的记述，唐太宗接见新罗使臣金春秋一行应该与其没有更多的差异，只是依据史书记载，金春秋和唐太宗之间还有交接互动和谈话，这在现有宾礼具体规定中似乎没有体现，而实际上唐皇帝应该和藩国使臣有谈话的可能和必要，并非《通典》等书机械程式化的记载。史书记载

---

① （唐）杜佑撰：《通典》，王文锦等校，北京：中华书局，1988年。
② 《新唐书》卷十六《礼仪》，北京：中华书局，1975年标点本。

因金春秋"美姿颜,善谈论"①,其言谈举止给唐太宗留下了很好的印象。至于双方到底谈了些什么,达成了怎样的谅解?是否如《三国史记》所记,以及韩国学者所云唐罗双方形成有针对百济的所谓"密约",因这并非本章论述的重点,而且笔者在此前的论作中已有涉及②,故在此不赘!与此同时,崔致远在其所作《有唐新罗国故两朝国师教谥大朗慧和尚白月葆光之塔碑铭并序》载:

> 则昔武烈大王为乙粲时,为屠獩貊乞师计,将真德女君命,陛觐昭陵皇帝,面陈愿奉正朔、易服章。天子嘉许,庭赐华装,受位特进。一日召诸番王子宴,大置酒、堆宝货,俾恣满所欲。王乃杯觞则礼以防乱,缯彩则智以获多。众辞出,文皇目送而叹曰国器。及其行也,以御制并书《温汤》《晋祠》二碑,暨御撰《晋书》一部赉之。时蓬阁写是书裁竟二本,上一赐储君,一为我赐。复命华资官祖道青门外,则宠之优,礼之厚,设聋盲乎智者,亦足骇耳目。自兹吾土一变至于鲁,八世之后,大师西学而东化,加一变至于道,则莫之与京。③

通过上引史料,我们可明白以下几点:其一,金春秋面见唐太宗,提出新罗愿意奉唐朝正朔,改穿唐人服饰的请求,因此唐太宗赐予金春秋官服,并授予其"特进"官位,成为唐朝建立之后授予新罗使者官职的第一人。其二,唐鸿胪寺或其他外事职能部门接到敕令,召集在长安的藩属国王子聚宴,金春秋亦在被邀请之列。唐太宗亲临宴会,置酒欢宴,并堆放器玩宝货,满足藩属国王子的欲望,金春秋知礼有度、鹤立鸡群,不被宝物所诱惑,得到唐太宗的高度赞赏。其三,新罗使者回国之前,唐太宗赐手书《温汤》、《晋祠》二碑予金春秋,并将刚刚编纂完成的一部《晋书》赐予新罗。其四,唐太宗还诏令三品以上官员,集聚青门外,设宴饯别金春秋一行,"优礼甚备"。上述四点中,第二、四两点可能和唐朝宾礼有关。如果排除贺正等大型有藩

---

① (日)舍人亲王:《完译日本书纪》卷二十五,(韩)田溶新译,首尔:一志社,1997年。
② 拜根兴:《七世纪中叶唐与新罗关系研究》,北京:中国社会科学出版社,2003年。
③ (高丽)崔致远:《有唐新罗国故两朝国师教谥大朗慧和尚白月葆光之塔碑铭并序》,(韩)许兴植编:《韩国金石全文》,首尔:亚细亚文化社,1985年。

属国使臣参与的礼仪宴会，唐朝现存宾礼礼仪规定中，皇帝专门设宴招待藩属国宿卫使者及王子，亦有具体的礼仪规定，即《通典》卷一百三十一《皇帝宴藩国使》载：

前一日，尚舍奉御设御幄于所御之殿北壁，南向。太官令具馔，守宫设使者次，太乐令展宫悬于殿庭，设举麾位于上下并如常仪。（若大蕃中使及中蕃大使以下，则不设乐及黄麾仗。）其日，尚舍奉御铺使者床座于御座西南，设不升殿者坐席于西廊下，俱东面北上。典仪设使者位于悬南，重行，北面东上。设典仪赞者位于悬之东北如常仪。诸卫各勒所部列黄麾半仗，皆与上仪同。

蕃使以下服其国服出次，通事舍人引立于閤外西厢，东面，从者立于使者之后，重行，东面北上。侍中版奏："外办。"皇帝服通天冠，绛纱袍，与上仪同。典仪一人升立东阶上，赞者二人立于阶下，俱西面。典仪引使者以下入就悬南位，使者初入门，舒和之乐作，至位乐止。立定，典仪曰："再拜。"赞者承传，使者以下皆再拜。舍人前承旨，降敕使者升座，使者以下皆再拜。通事舍人引应升殿者诣西阶，乐作止如常。通事舍人引升，立于座后；其不升殿者，分引诣廊下席后。上下立定，殿上典仪唱："就座。"阶下赞者承传，上下诸客皆就座，俯伏，坐。酒至阶，殿上典仪唱："酒至，兴。"阶下赞者承传，上下诸客皆俯伏，兴，立座后。太官行酒殿上，典仪唱："再拜。"阶下赞者承传，上下诸客皆再拜，搢笏，受觯。殿上典仪唱："就座。"阶下赞者承传，蕃使以下诸客皆就座，俯伏，坐饮。

觞行三周，食升阶，殿上典仪唱："食至，兴。"阶下赞者承传，上下诸客皆执笏，俯伏，兴，立座后。太官令行诸客案。设食讫，殿上典仪唱："就座。"阶下赞者承传，上下诸客皆就座，俯伏，坐。上下诸客皆饭。诸客食讫，太官令俱彻案。又行酒，遂设庶羞，二舞以次入作。若赐酒，舍人前承旨，诣受赐者前，蒙赐者执笏，俯伏，起，立座后。舍人称"赐酒"，蒙赐者再拜。馀与宴蕃国主礼同，皆仿上仪。

从上述记载看,皇帝设宴招待藩国使者,其礼仪主要分为三个阶段,即前一日宫廷相关部门的准备程序,当日藩国使者觐见唐皇帝的礼仪排设,以及礼仪规定的酒过三周之后的宴会等。具体到新罗使者,除过上述唐太宗设宴款待金春秋一行之外,《三国史记》还记载了6次唐皇帝设宴款待新罗使者或王族宿卫者[①],而近300年漫长的岁月中,入唐的新罗使者人数众多,可见一般使者获得这种待遇并不多见。同时,令文武三品以上官员饯别藩属国使臣回国,除贞观二十二年(648)饯别新罗使臣金春秋一行之外,终唐与新罗近300年交往史,似还未见有其他使者享受过这种礼遇。

二、唐懿宗会见朗空禅师

《续高僧传》卷二十四记载唐太宗父子曾在太极宫接见新罗僧侣慈藏,"赐绢一领、杂彩五百端,东宫亦赐二百端,又多礼贶。藏以本朝经像未充,乞斋藏经一部,泊诸番幢花盖,堪为福利者皆载之"[②]。因为会见的是异域而来并带有王命的新罗僧侣,故唐太宗父子对慈藏等人礼敬有加,直接促成此后新罗与唐关系进入一个新的发展阶段。

安史之乱爆发之后,唐玄宗慌忙逃往四川成都,期间也曾和驻锡成都的新罗著名僧侣无相见面,并将其留在住处供养,对此,《历代法宝记》、《宋高僧传》等书均有记载。

9世纪末唐懿宗在位期间,新罗僧侣朗空入唐求法巡礼,到达长安后竟引起以礼佛著称的唐懿宗的注意,敕命其住锡左街宝堂寺。此后,唐懿宗亲自召见朗空禅师,崔仁渷《新罗国故两朝国师教谥朗空大师白月栖云之塔碑铭》记载了其中具体事宜,云:

---

① 除了唐太宗设宴款待金春秋一行之外,史书记载唐皇帝宴请新罗使者有6次,具体为:开元二年(714)二月,新罗遣王子金守忠入唐宿卫,唐玄宗赐宅及帛以宠之,赐宴于朝堂;同年十月,唐玄宗宴新罗使者于内殿,敕宰臣及四品以上清官参与。开元二十三年(735),新罗遣大臣金端竭丹入唐贺正,唐玄宗"宴见于内殿,授卫尉少卿,赐绯襕袍,平漫银带及绢六十匹"。新罗惠恭王三年(765),派遣阿湌金隐居"入唐贡方物,仍请加册命,帝(唐代宗)御紫宸殿宴见。";新罗宪德王七年(815),"遣使朝唐,宪宗引见,宴赐有差"。新罗兴德王三年(828)冬十二月,"遣使入唐朝贡,文宗召对于麟德殿,宴赐有差"。参阅(高丽)金富轼:《三国史记》,首尔:乙酉文化社,1997年。

② (高丽)释一然:《三国遗事》卷四《慈藏定律》,首尔:乙酉文化社,1997年。

遂于咸通十一年，投入备朝使金公紧萦（荣），西笑之心备陈所志。金公情深倾盖，许以同舟。无何，利涉大川，达于西岸。此际不远千里，至于上都，寻蒙有司特具事由，奏闻天听，降敕宜令左街宝堂寺孔雀王院安置。大师所喜神居驻足，胜境栖心。未几降诞之辰，敕征入内，懿宗皇帝遐弘至化，虔仰元风，问大师曰："远涉沧溟，有何求事？"大师对敕曰："贫道幸获观风上国，问道中华。今日叨沐鸿恩，得窥盛事。所求遍游灵迹，追寻赤水之珠；还耀吾乡，更作青邱之印。"天子厚加宠赉，甚善其言，犹如法秀之逢晋文，昙鸾之对梁武，古今虽异，名德尤同。以后至五台山，投花严寺，求感于文殊大圣。先上中台，忽遇神人，鬓眉皓尔，叩头作礼，膜拜祈恩，谓大师曰："不易远来，善哉佛子！莫淹此地，速向南方。认其五色之霜，必沐昙摩之雨。"大师含悲顶别，渐次南行。

从记载看，朗空和尚是在唐懿宗生日之时，被传召入大明宫内与唐懿宗见面的。好佛的唐懿宗在皇宫召见僧侣并不奇怪，此前一些信佛皇帝均有相类似的举动，但唐懿宗敕招藩国在唐求法僧侣入宫，在唐中后期大的环境下实不多见。朗空见到唐懿宗，从记载看并没有按照一般状况下的朝堂礼仪规范行事，完全是一次佛教修行爱好者的嘉年华：谈话比较随意自由，内容也相对轻松愉快。即就是所谓的"皇帝的问话平常一般，而朗空的回答则自然可爱，说出了当时入唐求法新罗僧侣的普遍心声……它不仅给以喜佛著称的唐懿宗增加了新的资料，也为回到新罗的朗空和尚赋予无可复加的奇异光环"①。无论如何，唐朝皇帝和入唐新罗著名僧侣见面，尽管从记载来看并没有如同入唐藩国使者觐见皇帝，皇帝设宴款待藩国使者那样繁琐机械的礼仪规定，但无疑却增加衍化了唐朝宾礼的内容，为探讨唐与新罗文化交流提供了重要的资料。

第二节　依礼而行，新罗王面见唐使者

有关唐朝使者前往新罗宣敕册封，新罗王面见使者，唐朝宾礼中也有

---

① 拜根兴：《朝鲜半岛现存金石碑志与古代中韩交往——以与新罗关系为中心》，《陕西师范大学学报》（哲学社会科学版）2007年第4期，第47—53页。

《遣使戒藩主见日》具体条目规定。当然,此宾礼具体条目规定并非专门针对新罗所设,但无疑新罗应该包括在内,其文曰:

> 前一日,守宫设次于馆门之外道右,南向。其日,使者至,掌次者引就次。蕃主服其国服降立于東阶下,西面,蕃国诸官立于蕃主之后,西面北上。使者服朝服出次,立于门西,东面。蕃主有司出门东,西面曰:"敢请事。"使者曰:"奉制戒某主见日。"有司入告。蕃主迎于馆门外之东,西面再拜。使者与蕃主俱入。使者升自西阶,东面;蕃主升自东阶,西面。使者称:"有制。"蕃主再拜。宣制曰:"某日某主见。"蕃主又再拜,稽首。使者降出,蕃主送于馆门之外,西面再拜。使者还,蕃主入。①

规定归规定,唐朝使者前往其他区域,或者认为已是归附唐朝的藩属,有些使者也想依据这些礼仪规定,宣大唐礼乐文明于绝域,但往往因所处现实背景和所在藩属对唐朝体认的程度不同,呈现不同的状态。有的情况是因唐朝使者不得其要领,致使已有的礼仪不能完全有序执行,有的则是所到达藩国的原因,出使异域的唐朝使者某些时期因此而受辱或者丧命。高明士教授对隋唐王朝派遣使臣到达倭国关联的宾礼事宜有详细的论述,阐述了《日本书纪》、《续日本纪》等书描述隋唐遣使至倭时,均以对等之笔调记载涉及史实,其中并未反映实际的情况;高先生还依据《大唐开元礼》等相关史料,论证在"中国的天下秩序"中,倭国是属于隋唐"有贡无封"之外臣,并非如日本史书所记录的对等关系②。应该说,高先生对日本史书的剖析道出了问题的关键。那么,在唐与东亚国家交往实践中,作为"有封有贡"的朝鲜半岛国家新罗,唐朝的册封、吊唁、宣敕使者到达新罗后,双方的礼仪交流是否如同《大唐开元礼》所规定那样,执行严格的宾礼礼仪,这是应该仔细探讨的问题。具体到唐朝赴新罗使者,学界统计有30余次之多,而史料记载实施上述礼仪者只有少数几次,是否没有记载的就没有实施? 笔者认为,虽

---

① (唐)杜佑撰:《通典》卷一百三十一,王文锦等点校,北京:中华书局,1988年。
② 参张文昌:《唐宋礼书及其研究的回顾与展望》,黄俊杰主编:《东亚儒学研究的回顾与展望》,台北:台湾大学出版中心,2005年;高明士:《隋唐使臣赴倭及其礼仪问题》,《台大历史学报》1999年第23期,第199—238页。

第十章　唐朝的宾礼仪式及其实施

然唐与新罗建立了完整的宗藩关系，但各个时期情况并不相同，故是否执行这种礼仪，应和当时唐罗关系的紧密与否，以及唐朝国力的强弱密切相关。但毋庸置疑，大多数情况下，新罗依从这种礼仪规定当是可以肯定的①。下面不妨用史料证明这一点。

一、唐朝敕使王文度会见新罗王金春秋

龙朔元年（661），唐统帅苏定方率军押送百济义慈王等返回唐朝，镇将刘仁愿率万名唐军留守百济，唐朝任命左卫郎将王文度为熊津都督，率兵前往朝鲜半岛，协助留守镇将刘仁愿。史书记载：

> 二十三日，百济余贼入泗沘，谋掠生降人。留守仁愿出唐罗人，击走之。贼退，上泗沘南岭，竖四五栅，屯聚伺隙，抄掠城邑。百济人叛而应者二十余城。唐皇帝遣左卫中郎将王文度为熊津都督。二十八日，至三年山城传诏。文度面东立，大王面西立。锡命后，文度欲以宣物援王，忽疾作，便死。从者摄位，毕事。②

上引史料阐述罗唐百济留守军面对蓬勃而起的百济复兴军，积极应对的史实，而唐朝派遣左卫中郎将王文度前去朝鲜半岛，应该是苏定方攻陷百济都城，唐朝接到奏报后所采取的行动之一。对此，笔者在此前的论述中有所

---

① 《唐故朝议郎守殿中少监兼通事舍人知馆事上柱国赐紫金鱼袋苗公墓志铭》载墓主苗弘本"副新罗使立其嗣，将命至其国，使病死，公专其礼，上下之分，皎然无违，夷人祗畏而欢戴不足。使还，迁殿中少监，赐金紫，转将作，复为殿中少监。"（朝鲜）韩致奫：《海东绎史》卷三七载："武宗会昌中，以左庶子薛宜僚充新罗册赠使。宜僚到外国，未行册礼，旋染疾而卒，判官苗甲摄大使行礼。"上引两种史料，应当记载的是相同一件事情。就是说，唐朝派使臣前往新罗行使册赠礼仪，虽然正使因不服水土等原因葬身异国他乡，但副使仍然依礼完成册赠任务。而到达新罗王京之后，新罗王依宾礼会见唐朝使者，以及随后大型的册赠礼仪，均应是依唐朝礼仪规定程序执行。参阅周绍良主编：《唐代墓志汇编》大中093，上海：上海古籍出版社，1992年；（朝鲜）韩致奫：《海东绎史》，首尔：景仁文化社，1994年。

② （高丽）金富轼：《三国史记》卷五，首尔：乙酉文化社，1997年。

论及①，在此不赘！问题是上引史料中提到作为唐朝派遣的熊津都督王文度，他不仅是唐朝派往百济的最高军事领导人，而且也是代表唐皇帝赴新罗的敕使，担当传达唐高宗敕命的任务。正因如此，上述史料中才有他到"三年山城传诏"的记载。也就是说，在唐罗留守军面对百济复兴军的强力进攻形势下，唐朝派遣王文度到达百济前线具有双重身份。新罗王金春秋和唐朝敕使左卫中郎将熊津都督王文度见面，其地点不是新罗王京庆州雁鸭池所在的宫室，也没有如同礼仪规定的必要陈设，而是远离新罗迫近百济前沿的三年山城（在今韩国忠清北道报恩郡报恩邑鱼岩里乌顶山一带）②。正因如此，举办陈设上述宾礼仪式的繁琐礼节就可能大大减少，但显示唐朝与新罗宗藩关系的重要环节应该没有改变，这就是作为唐皇帝敕使的王文度"面东立"，新罗王金春秋则"面西立"③，其间是否有新罗使者引导王文度面向东面站立，新罗王金春秋是戎装还是穿戴国王礼服，抑或穿戴唐朝官服？其实这些都不重要，重要的是唐朝敕使到达新罗，以礼仪的传导为媒介，宣布唐朝皇帝的旨意，并以之确定并协调唐罗之间旨在对百济复兴军的统一行动。

可以想象，王文度和金春秋两人在符合宾礼要求的交接拜礼过程中，加深了相互了解，从而共同面对百济险恶的局势。然而，当王文度宣完唐高宗敕令，正要将带来的皇帝赐物交予新罗王金春秋之时，不可预测的事情出现了。这就是敕使王文度突然发病抽搐、倒地而亡。尽管史书没有记载当时在场唐罗双方各层面人物对此突发事件的感受，但令人吃惊、惋惜，乃至痛心的情形当是可以预见得到的。不过，宗藩关系涉及的礼仪要求虽然因所处环境、所面对的突发事件可能有所简化，但还是要依礼进行完毕的。最后，作

---

① 拜根兴：《唐将王文度事迹考述：以与新罗关系为中心》，杜文玉主编：《唐史论丛》第十辑，西安：三秦出版社，2008年；拜根兴：《唐朝与新罗关系史论》，北京：中国社会科学出版社，2009年。

② （韩）成周铎：《三年山城研究》，《百济研究》1976年第7辑，1976年。

③ 这里的记载和《大唐开元礼》的规定有所不同。可能是因不在都城殿堂，而是在两军对阵的前沿举办这种礼仪仪式，故因陋就简并具随意性意向，所以才在敕使、藩王站立方向上选择东、西方向；当然，也有可能和新罗自身的因素有关。古濑奈津子教授分析了《入唐求法巡礼行记》中圆仁记载的登州刺史接受唐皇帝诏书礼仪事件，其中刺史与一般参与者"面向西"，使者则"面向北"，这与《大唐开元礼》的规定的位置不符。古濑教授以唐后期地方节度使权力增强，宣敕者为节度使属下解释此一变化，应该说是有其合理性的。当然，古代东亚有以东方为贵的观念，而作为敕使的王文度面东立，应该符合唐朝的宾礼礼仪规定。参阅（日）古濑奈津子：《遣唐使眼中的中国》，高泉益译，台北：商务印书馆，2005年，第62页。

第十章 唐朝的宾礼仪式及其实施

为敕使王文度的随从唐朝官员,代替王氏完成宾礼所规定的"蕃主又再拜,稽首。使者降出,蕃主送于馆门之外,西面再拜。使者还,蕃主入"。可以看出,这里没有实际意义的馆门,只是依据礼仪需求完成礼仪而已。这场本来体现唐朝与新罗宗藩友好关系的礼仪盛典,终因突发的事故而草草结束。至于王文度为什么在如此重要的场合命丧异域?是他自身的原因还是唐罗同盟内部矛盾另有蹊跷?对此,笔者在上述论文中已有论述,在此亦不赘言。

无论如何,金富轼编纂的《三国史记》,为后世留下了唐朝敕使前往朝鲜半岛会见新罗王金春秋,双方实施宾礼的宝贵史料。尽管所记比较简略,但从中也可看出面对百济复兴军的压力,唐朝与新罗宗藩关系的紧密。与此同时,唐朝敕使王文度传达唐高宗对当时朝鲜半岛时局的旨意时,并未因王文度的突然死亡而停息,唐朝随后派往百济留守军的谋臣刘仁轨,和郎将刘仁愿精诚团结,并联合新罗,最终赢得对百济复兴军战斗,以及有倭国军队参战的白江口战斗的胜利。

二、唐朝僧侣到达新罗亦受礼敬

《三国史记》卷十《新罗本纪·兴德王》载:"三月,高丽僧丘德入唐,赍经至,王集诸寺僧徒出迎之"。对此,权悳永教授依据《通典》卷一百三十《皇帝遣使赴藩宣劳》条记载,认为高丽出身的僧侣丘德入唐后,又携带唐皇帝敕令及佛教经典著作到达新罗,新罗王依据唐朝的宾礼规定,带领庆州所在的诸多寺院僧徒,出宫前往迎接。① 需要说明的是,有关高丽僧丘德的身份,应该有两种可能:其一,此僧侣的祖先是在高丽灭亡前后以某种形式到达新罗,后就在新罗生活,进而成为高丽裔的新罗人。其二,丘德的祖先无疑也是出自高丽,高丽灭亡后到达唐朝,成为生活于唐朝的高丽移民;丘德应当出生于唐朝,后因某种原因到达新罗,并成为连接唐与新罗佛教文化交流的重要人物。因为丘德其人的唐人身份,以及在唐罗佛教文化交流中扮演的重要角色,此应是新罗兴德王获悉丘德携带佛教经书到达新罗,就敕令召集庆州所在寺院僧侣,共同出迎的主要原因。新罗末期的新罗诸王,希望利

---

① (韩)权悳永:《古代韩中外交史:遣唐使研究》,首尔:一潮阁,1997年。

用佛教挽回国家的颓势,对入唐求法返回新罗的高僧大德均特别礼敬,当这些人返回新罗之时,新罗王均率文武臣僚前往迎接。① 当然,这些似乎不牵涉宗藩礼仪方面的问题,故还应和上述迎接丘德的境遇有所区别。

综合上述史料,我们可以得出以下见解。首先,唐朝使者前往新罗宣敕或从事其他宗藩关联活动,依据《大唐开元礼》等规定,新罗王有迎接并配合完成礼仪的义务,同时,作为受册封的对象,新罗王室乃至臣民对此乐于接受,这在今天看来好像不可思议,但在1000余年前确是真实且天经地义的事情。其次,某些特殊时期,唐朝所派册封使臣并不能依据宾礼规定,很好地完成册封等任务,这当然是非常遗憾的事情。如唐德宗末所派告哀、册封使元季方一行,就受到不公正的对待。问题是新罗哀庄王在位期间和日本交流频繁,故而和唐朝的关系陷入冷淡,直到唐宪宗继位之后,双方的关系转入正常,元季方一行才得以返回唐朝。② 再次,唐朝派使前往新罗,新罗王的迎奉礼仪的繁简程度,可能随着时间的推移,其具体执行细节应不是一成不变的东西,其中有一定变化当是可以肯定的。只是现存史料有限,对其严密准确地探讨已是不可能的事情。最后,从韩国现存《三国史记》、《三国遗事》等史书看,新罗王室和日本、渤海也有不同程度的交涉来往③,新罗王接见日本使臣采取何种礼仪形式,和唐朝宾礼规定有否联系或者延伸,日本

---

① 拜根兴:《回归历史:罗末丽初金石碑刻的构成及其呈现的历史真实》,《陕西师范大学学报》2012年第2期,第145—151页。

② 拜根兴:《唐与新罗使者往来关联问题的新探索——以九世纪为中心》,《中国边疆史地研究》2008年第1期,第70—80页。

③ 《三国史记》记载8—10世纪新罗与日本交往情况,主要是日本遣使到新罗。《三国史记》卷八载:新罗孝昭王七年(698)三月"日本国使至,王引见于崇礼殿。"圣德王二年(703)"日本国使至,总204人。"景德王在位期间,元年(742)冬十月,"日本国使至,不纳。"十二年(753)秋八月,"日本国使至,慢而无礼,王不见之,乃回。"哀庄王四年(803)秋七月,新罗与日本国交聘结好;五年(804)夏五月,日本国遣使,进黄金三百两;七年(806)春三月,"日本国使至,引见朝元殿";九年(808)春二月,"日本国使至,王厚礼待之"。至于新罗遣使到日本,《三国史记》中记载并不多,而《日本书纪》、《续日本纪》、《日本后记》等日本史书记载颇多。新罗王会见日本使者采用何种礼仪?很明显,单从上述记载很难把握;而日本史书记载新罗使者到达日本,日本天皇则是以藩国礼仪待之。对此,韩日学界看法不同,在此不赘!参阅(日)池田温:《论天宝后期唐朝、新罗与日本的关系》,唐史论丛编纂委员会编:《春史卞麟锡教授还历纪念唐史论丛》,汉城,1995年;(日)池田温:《唐史研究论文选集》,北京:中国社会科学出版社,1999年,第438—493页。新罗与渤海的来往,《三国史记》记载只有两次:其一,新罗元圣王六年(790)三月,"以一吉飡伯鱼出使北国";其二,新罗宪德王四年(812)秋九月,"遣级飡崇正使北国"。从此至少可以看出,在7—10世纪漫长的时间内,新罗与渤海的直接交往似乎很少。

第十章　唐朝的宾礼仪式及其实施

使臣乃至日本政府对此持何种态度？这些也是应当认真仔细探讨的问题。

小　　结

　　本章对唐朝建立之后，与东方的友好藩属国新罗之间交往涉及的宾礼实践做了相应的考察。文章涉及新罗派遣使臣入唐，唐朝在城东长乐驿的"郊迎"，以及唐皇帝接见新罗使者、新罗僧侣，唐皇帝宴请新罗使者等礼仪；同时，唐朝使者前往新罗行使册封、吊唁等义务，其中也涉及相关的新罗王面见唐使者，新罗王接受唐使者的册封等礼仪。文章依据中日韩现有史书的记载，对相关礼仪的具体排设，以及执行过程中可能有的差异和区别提出自己的看法。而对一些具体的事例，由于史料的欠缺，还不能得出恰如其分的结论，期待查找更多的史料，以便使这一问题能够有更清晰的解释。五代乃至宋辽金与高丽宾礼的执行情况如何？笔者认为，除了认真探讨现存相关史料之外，一定要把握这一时期东亚地区几个相互平行存在，互不臣属，势力交替消长明显的政治实体的实态，进而了解存在于相互之间宾礼的演变，得出符合实际情况的结论。

　　说明：本章原名《唐代宾礼仪式及其实施考论》（日文），是笔者2014年7月应邀出席日本东京御茶水女子大学举办的国际学术研讨提交论文。中文本发表于张伯伟主编：《域外汉籍研究集刊》第12辑，北京：中华书局，2016年。

第十一章 中国学界百济史研究的现状与课题——以出土百济移民石刻墓志铭文为中心

有关百济历史文化研究，作为韩国国史的重要组成部分，韩国学界做过较为深入的研究，出版了大量的研究成果①。而中国学界有关百济史的研究起步较晚，探讨课题的深度和广度，因涉猎此领域的学者有限，故受到一定的影响；与此同时，对于百济灭亡后入唐百济移民的研究，却因移民墓志在洛阳、西安两地不断出土，产出数量不少的研究成果，形成了一定的规模，呈现出一些特点。对此，有学者或者针对 2009 年之前中国百济史研究，或者以对外关系为中心，对学术界百济史整体研究做了相应的综述和评论，展示出中国学界百济史研究的基本面貌。② 本章即在追述现有研究的基础上，先对中国学界百济史研究的现状做一简要补充，然后针对中国洛阳、西安出土

---

① 现在看到的主要论著有：（韩）卢重国：《百济政治史研究》，首尔：一潮阁，1988 年；（韩）卢重国：《百济复兴运动史》，首尔：一潮阁，2003 年；（韩）卢重国：《百济社会思想史》，首尔：知识产业社，2010 年；（韩）卢重国：《百济对外交涉和交流》，首尔：知识产业社，2012 年等；（韩）李道学：《百济古代国家研究》，首尔：一志社，1995 年；（韩）李基东：《百济史研究》，首尔：一潮阁，1996 年；（韩）李道学：《活着的百济史》，首尔：humanist 出版社，2003 年；（韩）朴贤淑：《百济的中央和地方》，首尔：周留城出版社，2005 年；（韩）金荣官：《百济复兴运动研究》，首尔：书景文化社，2005 年。

② 周裕兴：《中国百济学研究的回顾与展望》，《百济研究》2007 年第 45 辑；冯立君：《韩国与中国近 30 年百济史研究述要——以对外关系史研究为中心》，中国朝鲜史研究会：《朝鲜·韩国历史研究》第 15 辑，延吉：延边大学出版社，2014 年，第 220—248 页。

第十一章　中国学界百济史研究的现状与课题——以出土百济移民石刻墓志铭文为中心

的入唐百济人墓志，探讨现有研究的现状得失，并提出自己的看法。

第一节　中国学界的百济史研究

关于百济历史的研究，中国学界起步较晚，研究成果相对较少，但经过数十年的积淀，其研究内容也有了一定的集中，呈现出较为清楚的脉络。事实上，南京师范大学社会发展学院的周裕兴教授对此已经有过很好的综述。概括而言，周教授对于2009年前中国国内百济学研究做了回顾和总结，而冯立君则是全面论述30年来百济对外关系史的研究，包括韩国、日本学界的研究成果，故和本书主题存在差距，不在本书论述范围之内。周裕兴将中国学界的百济史研究分为肇始期和发展期两个阶段。其中肇始期起自建国初，终于20世纪80年代。这一时期的研究主要涉及：李成德的6—7世纪百济国家封建社会过渡说，刘永智对史料中百济"略有辽西说"的辨析，认为这里的"辽西"，应为"浿西"；贾梅仙、杨泓、王仲殊、简巧珍对5—6世纪百济与中国南北朝往来的论述，其中涉及5世纪70年代初韩国重大考古发现百济武宁王陵出土文物信息。

周氏将发展期确定为1992年以后的10余年间。文章综述了此一时期中国国内对百济国家发展史的探索轨迹，涉及一些专著和通史著作，例如姜孟山主编的《朝鲜通史》、金春元的《早期东北亚文化圈中的朝鲜》、韩国学者李基白的《韩国史新论》翻译出版，熊义民的博士论文，以及拜根兴的《七世纪中叶唐与新罗关系研究》等。论文提到韩昇对"魏伐百济"事件的分析，金锦子对北魏与百济关系的探讨，张荣芳对中国史书中有关百济记载的考释，孙玉良对唐朝在百济故地设立府州变迁情况的论述。同时，文章还涉及上文所及的百济略有辽西说，即金宪淑依据《宋书》、《梁书》撰文论证"百济略有辽西"确有其事；但随后刘子敏运用文献及考古史料予以商榷，认为所谓百济略有辽西学说极不可信，阐述了此一时期辽西一直处于"三燕"政权的统治之下，随后又归于北魏政权统辖。史料中的百济郡应该是百济占领高丽平壤城后设立的平壤郡，因为是百济设郡，故称其为百济郡。笔者亦认为所谓"百济略有辽西说"难能成立。关于如何看待这一问题，学界现在已经有了辽西乃"浿西"，以及百济郡乃平壤郡两种解释，至于如何进一步诠释，笔者认为此还需学界同仁做更多的努力，以期使这一问题的讨论取得令人信服的结论。关于百济国际关系，周氏援引当时可以看到的韩国磐、周一良、韩昇、王明星、薛瑞泽等人的论文加以说明，只是因各人论述旨趣各异，要做归纳总结确实不是一件容易的事情。关于百济武宁王陵方面关联问题的研究，文章列举了杨泓、周裕兴、王志高、王巍、华国荣、韩昇、薛红艳，以及韩国学者成正镛、赵胤宰、张寅成等人发表在中国学术集刊及杂志上的论文，涉及武宁王墓出土志石与同一时期前后出土的六朝志石对比，武宁王墓室构造、砌砖方式及与南朝梁的关系，论文还涉及百济金铜大香炉的功能及象征意义等。

2009 年之后，和百济史关联的论文有以下数篇。

(1) 探索文化及文化交流。李慧的《试论东北亚文化圈中的百济文化》（《青春岁月》2011 年第 6 期），从地理条件和对外交涉两方面，阐述百济文化的形成，总结出百济文化具有国际独特性、慕华贵族性、儒释道色彩优雅大气三大特点；百济文化就是东北亚文化的缩影，了解百济文化对于认识东北亚文化圈的形成及内涵有重要的意义。栾国琴的《试析百济金铜大香炉中的中国文化因素》（《哈尔滨师范大学学报》（社会科学版）2013 年第 3 期），文章介绍了金铜大香炉出土地陵山里寺址及韩国学界对香炉制作时期的不同看法，认为香炉的制作应当与佛教祭祀有关。同时，从香炉的形制构造可以看出，其形制似乎沿袭中国汉代博山炉的传统，结合现存南朝香炉图像，百济金铜大香炉的基本形制应源于中国；香炉形制及图像显示出人与自然的和谐相处，突出儒教在古代东北亚文化圈中的作用；而五乐师图体现出音乐在百济国家生活中的重要地位。香炉中众多的中国因素出现，证明中国中原王朝与朝鲜半岛文化交流的频繁。杨泓先生的《中国南朝对百济佛教文化的影响》（《中国文物报》2009 年 2 月 20 日）则从武宁王陵出土遗物、墓室构造、墓志文字，以及中国当时南北方佛寺的总体布局、佛塔、佛寺内主要建筑等，探讨中国文化对百济佛教文化的影响。

(2) 涉及百济考古的论文。韩国学者朴淳发以《百济都城的考古发现与研究》（《南京晓庄学院学报》2012 年第 4 期）为题发表长文，从汉城时期的都城、熊津时期的都城、泗沘时期的都城三个阶段，论述 3 世纪中后叶百济出现城墙聚落，是为汉城时期；475 年百济迁都熊津，因熊津都城的应急避

第十一章　中国学界百济史研究的现状与课题——以出土百济移民石刻墓志铭文为中心

难性质，在其附近修筑了作为防御的公山城；538年百济再次迁都，并有计划营造了泗沘城。文章认为泗沘城将扶苏山城和罗城即外城融为一体，以此提高都城防御能力，又以外郭区分京城范围，以网络形系统规划城市空间，这些特点是朝鲜半岛古代都城前所未有的新因素。另外，韩国学者赵胤宰发表《韩国百济故地出土南朝官印浅析》(《东南文化》2012年第6期)，探讨韩国高敞五湖里5号石室墓出土的铜制印，因这块印亦为鼻钮、印文具戎号的性质，和南朝梁的官印颇多相似之处，为百济与中国文化交流提供了新的实物资料。文章还探讨了中国汉魏南北朝时期的官印形态，印文的职官名及其性质，进而缕清高敞铜印传入百济的来龙去脉。

李磊以《百济的天下意识与东晋南朝的天下秩序》为题，从百济初次朝贡与东晋授官，南朝授官百济与百济在天下秩序中的地位，南朝对百济内部权力建构参与，百济与南朝共享同一文化世界，百济与东晋南朝共享连环盛衰五个方面，探讨在西晋大一统崩溃后的东亚世界格局下，百济朝贡南朝，并与南朝共同走过的道路。唐烈探讨420—475年百济的外交政策对朝鲜半岛局势的影响，认为这一时期是朝鲜半岛历史上的重要转折时期，表现在百济与新罗、倭国保持密切联系，以应对高丽南下，而百济与北魏交涉的失败，加速了高丽与北魏的联合态势 (《赤峰学院学报》2013年第7期)。周裕兴的《从海上交通看中国与百济的关系》论文，通过发掘诠释古代文献资料集考古发现，以连接中国大陆与朝鲜半岛西部的海上交通为切入点，从航海史角度揭示中国大陆与百济之间往来的历史，认为2—7世纪百济与中国大陆各朝代的交往最为密切频繁，成为中国大陆朝鲜半岛和日本列岛诸国之间沟通联系的重要使者和促进东亚汉字和儒学文化圈形成的重要媒介 (《东南文化》2010年第1期)。与此相关联的论文还有于春英的《百济与南北朝朝贡关系研究》(《东北史地》2010年第6期)。

赵智滨发表《唐朝在百济初设行政建制考略》(《中国历史地理论丛》2012年第1期)、《关于唐代熊津都督府的几个问题》(《东北史地》2010年第6期)、《熊津都督府陷落始末：兼论罗唐战争的爆发》(《中国边疆史地研究》2010年第2期) 三篇论文，探讨唐朝联合新罗灭亡百济之后，在百济故地所实施的一系列措施得失，如设置的地方行政机构建制等，其中对一些史料的诠释，显示出作者独特的思考和认识，无疑对以后同类研究具有参考和启发作用。

第二节　中国学界对百济移民墓志的探索

有关中国学界对入唐百济移民的研究，笔者此前亦曾做过阶段性的综述探讨，并指出其中存在的问题①。在此，笔者保持对已有研究的检讨评述的基础，再对一些新的研究做以整理，并提出自己的看法。

众所周知，研究朝鲜半岛古代史、古代中韩关系史，史料欠缺成为深入探讨的重大障碍。有关入唐百济移民的史料更是如此。首先，现存入唐百济移民的文献史料很少，涉及百济义慈王、太子扶余隆、大将黑齿常之、沙吒忠义等人，至于入唐百济其他移民的情况，文献史料并没有记载，其具体状况很难掌握。其次，由于史料的匮乏，20世纪20年代之前，涉及入唐百济移民的研究几乎看不到。随着洛阳、西安等地百济移民墓志的出土，这种状况才得以改变②。现在了解到的这些墓志碑石共有12件（方），这不仅增加了新资料和百济移民的新情况，而且对此前文献资料记载的缺失可提供新的补充和考辨依据。

一、出土墓志与文献史料的订正

这方面主要表现在出土的扶余隆、黑齿常之两方墓志。因此二人均是众所周知的百济末期人物，单从史料来说，墓志的出土具有重大意义。扶余隆墓志1919年出土于河南洛阳，墓志出土后各家著录情况，相关研究论文中有详细介绍③。而真正的研究工作当从金石学家罗振玉开始。罗振玉利用《旧唐书》、《新唐书》、《资治通鉴》，《三国史记》、《东国通鉴》等书与墓志对校，

---

① 拜根兴：《高句丽百济遗民关联问题的现状与展望》，《中国历史地理论丛》2006年第2期，第151—160页；拜根兴：《入唐百济遗民的研究现状：以中国学者的研究为中心》，北京大学韩国学研究中心编：《韩国学论文集》第18集，北京：北京大学出版社，2010年。此两文经过修改补充，收入拜根兴：《唐代高丽百济移民研究：以西安洛阳出土墓志为中心》，中国社会科学出版社，2012年。

② 关于洛阳北邙山一带上世纪初为什么会出土大量墓志，参见赵振华、赵水森：《洛阳地下墓志的发现流徙与收藏著录研究》，杨祚龙等编著：《洛阳新出土墓志释录》，北京：北京图书馆出版社，2004年，第3—63页。

③ 董延寿、赵振华：《洛阳、鲁山、西安出土的唐代百济人墓志探索》，《东北史地》2007年第2期。其中提到李根源、赵惜时、孙贯文等学者所做的工作。此文没有提到1920年日本学者内藤虎次郎发表于《艺文》第3号的文章，以及1923年葛城末治发表于《朝鲜》第103辑上的论文。

第十一章 中国学界百济史研究的现状与课题——以出土百济移民石刻墓志铭文为中心

"知志所书,有失实者,有可据史补志之略者,有可据志以补史阙文者。"① 应该说,此后学者对扶余隆及其墓志的研究,均是在罗振玉研究的基础上展开的。台湾毛汉光也对扶余隆墓志做过一定的探讨②,李之龙、黄清连、赵振华等亦有专论。当然,关于唐朝与新罗联合灭亡百济的时间、扶余隆与新罗会盟等问题,笔者此前曾有所商榷③,在此不赘。

1929年10月,《黑齿常之墓志》出土于洛阳北邙山南麓,1986年李希泌出版的《曲石精庐藏唐墓志》一书,《黑齿常之墓志》才广为人知。赵超发表《中州唐志跋尾六则》一文,首开订正黑齿常之墓志的先河。该文用墓志文中的"沙泮州刺史"考辨文献史料所载黑齿常之曾任职"洋州刺史"的错误,根据《古今姓氏书辩证》,认为黑齿常之家族被封地域"是否为倭国以南之黑齿国,而不可知,但《梁书》百济传云:'其国近倭,颇有文身者',说明百济风俗受到倭国影响,其间联系往来是很密切的,而百济与黑齿国等地的联系,可能也不是十分困难的",指出黑齿常之曾任职燕然道、神武道、怀远道、紫蒙道,《新唐书·兵志》记载唐初边防之制,其平卢道等十道及所属军中,并无上述四道设施,因而"据志文等可补《新唐书·兵志》之疏漏"④。20世纪90年代中期,学界研究黑齿常之的论文开始多了起来。张乃翥、张成昆,李之龙、束有春、焦正安诸先生的论文见诸期刊杂志。马驰先生《黑齿常之事迹考辨》一文⑤,分黑齿常之的身世,黑齿常之的既降复叛和再降,"华官参制"下的黑齿常之,内调、备御吐蕃及其他,入朝供职和南北征讨,黑齿常之之死和平反昭雪六个部分,考察黑齿常之的生平事迹,文后还附有黑齿常之事迹系年表,是研究黑齿常之最详细周全的一篇论作。除了与上述论文共同论题之外,此文显示出涉及面更广、探讨问题更深的特点。例如,论文不仅参考中国常见的史书,而且查阅了《三国史记》、《东国舆地胜览》等韩国史书,辩驳《新唐书》中出现黑齿常之任职"洋州刺史"的谬误,认

---

① 罗振玉:《唐代海东藩阀志存》,《石刻史料新编》第二辑,台北:新文丰出版公司,第15册1987年。
② 毛汉光:《唐代墓志铭汇编附考》第10册,台北,"中央研究院"历史语言研究所,1989年,第213—217页。
③ 拜根兴:《七世纪中叶唐与新罗关系研究》,中国社会科学出版社,2003年。
④ 赵超:《中州唐志跋尾六则》,《华夏考古》1988年第2期,第87—94页。
⑤ 马驰:《黑齿常之事迹考辨》,赵文润、刘志清主编:《武则天与偃师》,天津:历史教学社,1997年,第21—38页。

为墓志中记载的百济"沙泮州",在今韩国全罗南道罗州一带,而史书所记"洋州"在今陕西南部,两者风马牛不相及,在此问题上"史误显然,当以墓志为是",更加明确上述赵超论文结论的正确。另外,关于黑齿常之为什么会遭到酷吏诬构下狱以至暴死,墓志及文献史料并未言明,作者认为黑齿常之遭人诬陷,根子在武则天的"大诛杀"政策,以及当时出现"蕃将震主"的局面,最终导致"蚩起孤标",死于酷吏腥风血雨的淫威之下。对此,笔者也曾做过探讨①,在此不赘。还有,作者对唐朝在百济实行"华官参治"羁縻府州体制也有涉及,探讨黑齿常之在此体制下的作为。除此之外,陈暨、姜清波对此也有专门论述,其他论著也多见于报章杂志。纵观中外学者的研究,最初针对墓志铭本身的介绍与考索,随着研究的深入,涉及黑齿常之的姓氏、故乡、名号、生卒年、家门等。应该说,中国学者注重黑齿常之事迹的考证,涉及黑齿氏世系的繁衍,例如陈暨论文中就提到墓志有显庆五年(660)黑齿常之曾经随苏定方返回唐朝之事,检讨墓志铭文,并未发现这方面的记载。黑齿常之籍贯出自黑齿国的具体区域所在,学界众说纷纭,莫衷一是。陈暨认为是我国东北地区的古国,也有国外学者主张在广西壮族自治区的扈宁县,或者将其比定在今菲律宾境内,或者在今韩国忠清南道礼山郡德山面,更有主张黑齿国属于中国九州三十六国,位于太行山以东边方地区。

《大唐□部将军功德记》铭,位于山西太原西南约40千米的天龙山石窟第15窟,功德记拓片高96厘米,宽64厘米。长期以来,研究者对此投入很大的热情,取得了一定的成果。其中清人顾炎武的《金石文字记》、钱大昕的《潜研堂金石文字跋尾》、洪颐煊的《平津读碑记》等书均撰有跋文,王昶的《金石萃编》卷六十八、董诰等编《全唐文》卷二百八十二中收录全文。迄今为止,岑仲勉教授依据《全唐文》卷二百五十三《命姚崇北伐制》,考订上述"大唐□部将军功德记"中的"□"为"勿"②,马驰认同岑仲勉的看法。据姜清波研究,章群教授可能依据《全唐诗》卷七十三《昆明池晏坐答王兵部珣三韵见示》诗,认定此处"□"为"兵",但实际并非如此,进而采用岑仲

---

① 拜根兴:《入乡随俗:墓志所载入唐百济遗民的生活轨迹——兼论百济遗民遗迹》,《陕西师范大学学报》2009年第4期,第72—80页。
② 岑仲勉:《金石论丛》,北京:中华书局,2005年。

勉的观点①。无疑,认定"□"为"勿"是正确的,《大唐□部将军功德记》中提到勿部珣"本枝东海,世食旧德,相虞不膱,之奇族行,太上怀邦,由余载格,历官内外,以贞勤骤徙,天兵重镇,实佐中军"。对此,研究者认为勿部珣出身于百济,国外有学者以"本枝东海"为据,并考证《日本书纪》中有关记载,主张勿部珣应为出自倭国系统(后来的日本)的百济人,对此应该做进一步考察②。勿部珣"内子乐浪郡夫人黑齿氏,即大将军燕公之中女也,跻京陵,越巨壑,出入坎窞,牵挛茎蔓,再休再呬,乃詹夫净域焉",就是说,燕国公黑齿常之有三个女儿,勿部珣夫人排行第二,故有中女之称。这样,就可了解黑齿常之共有三女一男四子,其子黑齿俊已于神龙二年(706)五月别世,他的三个姐妹仍健在。有关这件功德记资料,颜尚英的《盛唐玄宗朝佛教艺术的转变》③也有论及,但主要关注的是石窟佛教艺术方面的问题。

二、对出土墓志史料的新诠释

上述扶余隆、黑齿常之、勿部珣等人,文献史料已有载录,研究者多有了解,墓志的出现为进一步探讨提供了空间。随后发现的入唐百济移民墓志则开阔了百济史、古代中韩关系史,以及入唐百济移民的研究视野,丰富了研究素材。

与《黑齿常之墓志》几乎同时出土的还有其子《黑齿俊墓志》。该志石收藏单位不明。任职南京博物院的束有春等论文中明确指出"此墓志志石现已不见,南京博物院仅藏有其墓志拓片",由现存曲石精庐所藏拓片可知,志石高43厘米,宽43.3厘米。④而董延寿、赵振华认为该墓志石收藏于南京博物院,长53厘米,宽54厘米。另据其他渠道了解的情况,南京博物院确实没有收藏黑齿俊志石。此志石是否还存留于世?抑或收藏于何处?无从知晓。

---

① 姜清波:《入唐三韩人研究》,广州:暨南大学出版社,2010年。
② (韩)卢重国:《百济社会思想史》,首尔:知识产业社,2011年,第122—125页。
③ 颜娟英:《盛唐玄宗朝佛教艺术的转变》,《"中央研究院"历史语言研究所集刊》1996年第2辑,第559—600页。
④ 束有春、焦正安:《唐代百济黑齿常之、黑齿俊父子墓志文解读》,《东南文化》1996年第4期,第61—72页。

黑齿俊墓志有700字，其中重要的内容就是黑齿俊为父申冤。有研究者认为，黑齿俊为父鸣冤平反分两个步骤，其一先摘掉父亲"谋反"的帽子，其二要求迁葬父亲的坟墓。武则天权衡各种情况，可能受到来自彻底肃清酷吏政治造成恶果的朝野群情压力，两次下诏为黑齿常之昭雪平反，也满足了黑齿俊为父申冤平反的心愿。神龙二年（706），黑齿俊31岁英年早逝，依此推算，其应出生于686年（按：古人均按虚岁记年龄），上述束有春、马驰论文中均认为其出生地应在百济故地，从黑齿氏父子墓志文看，可以得出这个结论。另外，黑齿俊之早逝，可能与其十余岁就遭受父死家破以及酷吏白色恐怖，随后又从军频历战阵有关。据姜清波、拜根兴研究，他的姐姐、姐夫修造佛像，请人撰写《大唐勿部将军功德记》，很可能就是为他祈福所采取的行动。不管如何，黑齿常之、黑齿俊父子墓志的出土，加上《大唐勿部将军功德记》，研究者对于入唐百济移民黑齿常之家族个案，他们入唐前家族繁衍发展、入唐后的经历等均有较为详细的了解。

《难元庆墓志》1960年出土于河南鲁山县张店乡张飞沟村，现藏鲁山县文化馆。墓志高、宽各56厘米，厚9厘米，29行，行30字，志文撰者不明。中国文物研究所、河南文物研究所合编的《新中国出土墓志·河南一》下册、《全唐文补遗》第6辑均收录。关于《难元庆墓志》，以及难元庆其人研究，当首推马驰《〈难元庆墓志〉简释》文[①]。该文分志主的姓氏及族属，志主高祖的官称和父祖仕唐，志主事迹，志主家居地、卒地与夫人和葬地四部分，阐述了"难元庆出自乌桓说"、难元庆家族谱系，以及难元庆在唐的生活状况。难元庆于开元十一年（723）卒，享年61岁，他应出生于公元663年。马驰认为难元庆出生地应在百济，"即其父任职所在的支浔州，但不久因支浔州废弃和乃祖德熊津府的侨治建安故城，其童年时当追随父母或祖父历经颠沛流离之苦"，墓志铭文详细记载了难元庆为大唐王朝建功立业的事实。开元九年（721），难元庆官拜"宣威将军，迁汾州清胜府折冲都尉"，成为唐朝正四品职事官。两年后，难元庆卒于"汝州龙兴县之私第"。对此，马氏也有专门论述。另外，姜清波在其博士论文中追述了马驰的研究成果并有所阐发[②]，总

---

① 马驰：《〈难元庆墓志〉简释》，赵振华主编：《洛阳出土墓志研究文集》，北京：朝华出版社，2002年。

② 姜清波：《入唐三韩人研究》，广州：暨南大学出版社，2010年，第163—165页。

之,有关入唐百济移民难元庆的研究,不仅要搞清其族属和入唐经纬,还要与 8 世纪初唐朝对北部边疆战略变迁结合起来,如此才能以独特的视角,得出令人信服的结论。

姜清波的《唐代百济姓氏"福富顺"与"扶余"辨正》(《东疆学刊》2012 年第 1 期)、《百济国末代王室及后裔在唐朝的汉化过程考述》(《暨南学报》2012 年第 11 期)两篇论文,探讨百济灭亡后,百济王室及其后裔在唐生活轨迹,并对百济"扶余"姓氏在唐代的演变做了考述。孙炜冉的《唐代百济蕃将沙吒相如考疑》(《通化师范学院学报》2012 年第 7 期),依据现有中韩日三国史料,对于沙吒相如家族在百济的地位,他本人与黑齿常之的关系做了考述,并质疑学界认为沙吒忠义是沙吒相如之子的观点,认为两者应为同一人物。

第三节　新发现的百济移民墓志及其研究

最近几年,入唐百济移民重量级人物墓志史料出土频传捷报,研究者很受鼓舞,有利于研究的深入。

一、《祢寔进墓志》

2007 年《东北史地》杂志第 2 期刊发了董延寿、赵振华的《洛阳、鲁山、西安出土的唐代百济人墓志探索》一文,论及此前众所周知入唐百济移民墓志的同时,公布了世纪之交在西安南郊大学城一带被盗掘后,辗转流落洛阳坊肆的《大唐故左威卫大将军来远县开国子柱国祢公寔进墓志铭》,并做了较为全面的探讨,堪称对这方墓志研究的开山之作。该墓志盖方形,边长 57 厘米,厚 15 厘米。篆书大字 4 行,行 4 字:"大唐故左威卫大将军祢寔进墓志之铭"。志方形,边长 58.5 厘米,厚 13 厘米。楷书 18 行,满行 18 字,实有 288 字。

首先,文献史料中没有祢寔进其人的任何信息,针对此状况,该文在公布墓志录文的同时,逐一论述墓志中的重要内容:涉及祢寔进国籍本贯"百济熊川"的地理位置;祢寔进祖父、父亲均官"左平一品",引出百济的职官制度;考察"祢"姓的来源,着重论述活跃于百济灭亡前后的百济人祢植、祢军事迹;认为墓志中出现的"沧海青丘",就是朝鲜半岛;对墓志中牵涉祢寔进生平的文字，利用丰富的古汉语知识和详尽的史料加以考释，得出"祢氏是随同扶余隆、黑齿常之等迫于形势投降唐朝廷而颇受重用者"的结论。最后，作者还考察了祢寔进的"卒年葬地"，指出其咸亨三年（672）"因行"而薨，推测其"以先后入华且语言相通，朝廷是否派遣祢寔进赴莱州参与安抚内入的高丽移民呢？还是承担临时差遣呢"等；考证祢寔进卒地莱州黄县、葬地长安南高阳原；认为墓志言多用典妙语骈列，对墓主入唐经纬多有隐晦，不书撰写人姓字，对墓主妻族子嗣不置一词，其名寔进是异韵音译还是唐朝恩赐等都是一个谜。针对新公布的《祢寔进墓志》，拜根兴的《百济移民〈祢寔进墓志铭〉关联问题考释》论文，在认同上述董、赵文论述的基础上，进一步考察墓志关联的其他问题。首先，作者引用现存文献、考古资料，考察7世纪中叶百济灭亡前后，作为熊津方领、百济王扶余义慈近臣的祢植其人动向，祢植是促成百济王投诚唐罗联军的重要人物。同时，墓主祢寔进入唐后何德何能官拜三品左威卫大将军，堪与扶余隆同朝并列，效力边境浴血奋战的百济人黑齿常之生前也不过官任三品左武卫大将军，墓志中隐晦华丽的言词必有玄机。还有，韩文中"植"与"寔"发音相同，祢寔进应是祢植入唐后根据原名读音改定的汉字名字，推证墓主祢寔进就是文献中出现的"祢植"。其次，作者排除了祢寔进到达莱州起因于高丽移民安置的可能性，认为墓志"行薨"中的"行"，当作"行营"或者"行军"理解，应该是唐朝派投诚的百济人士前往百济，支援百济熊津都督府势力，抵御新罗势力的蚕食，坚守百济故地。论文还对实施控制百济王行动、投诚唐罗联军的祢植（即祢寔进）入唐后的生活状况做了探讨。[①] 此外，韩国学者金荣官撰写的《百济遗民祢寔进墓志铭介绍》（《新罗史学报》2007年第10辑），经中国学者金宪镛翻译，发表于西安碑林博物馆编的《碑林集刊》（2008年第13辑）上。拜根兴还在上述《入乡随俗：墓志所在入唐百济遗民的生活轨迹——兼论百济遗民遗迹》文中有所涉及，在此不赘。

董、赵论文中还提到《诺思计墓志》，认为其亦为入唐百济移民。拜根兴在上述《陕西师范大学学报》2009年第4期发表的论文中，同意韩国学者金荣官的观点，认为诺思计应为渤海入唐者，并非百济移民。

---

① 参见笔者提交韩国国立忠南大学校百济研究所2007年11月8日举办的国际学术研讨会论文《唐与百济关系研究二题：以熊津都督王文度之死和新发现的祢寔进墓志铭为中心》，韩文稿发表于《百济研究》2008年第47辑。中文稿《百济遗民〈祢寔进墓志铭〉关联问题考释》，发表于《东北史地》2008年第2期。

二、出自百济王室的扶余氏墓志

北京大学历史系荣新江教授主编的大型刊物《唐研究》第十二辑中，刊载了陕西考古研究所张蕴的《〈唐嗣虢王李邕墓志〉考》一文，其中提到2004年清理陕西富平县南约3千米处北吕村西北一古墓时，发现分属唐嗣虢王李邕及夫人扶余氏墓志两合之事，该文在公布墓志全文之后，重点考释了墓主嗣虢王李邕墓志铭文，指出"其夫人（扶余氏）志留待后文"考察。因李邕夫人扶余氏独特的姓氏（可能与百济王室有关）缘故，此文2006年发表之后，扶余氏墓志公之于世很受期待。2008年4月，碑林博物馆编的《碑林集刊》第十三辑上刊载张蕴、汪幼军的《唐〈故虢王妃扶余氏墓志〉考》[①]一文，才使研究者对这位神秘的扶余氏有所了解。

根据该文提供的信息，扶余氏墓志盖为长方形盝顶式，左、右边长74厘米，上、下边长70厘米，底沿厚2厘米，志盖厚13厘米，四杀斜长16厘米，杀面上细线阴刻波浪式卷叶牡丹石榴图案。盝顶左、右边长48厘米，上、下边长42厘米，面上阴刻篆文三行九字"唐故虢王妃扶余志铭"，字迹清晰，风格古朴。志石仍为长方形，左、右边长74厘米，上、下边长70厘米，厚9厘米，面上打磨光滑，阴刻楷书30行，满行31字，字体遒劲畅达，錾刻清晰有力。四边立沿阴线刻画波浪式卷叶牡丹纹样，因受地下水侵蚀，立面斑驳较甚，图案已不清晰。志文共944字，撰者为"朝议郎守中书舍人安定梁涉"。同样，该文详细考证墓志所及墓主相关的诸多方面，使研究者对百济王室第三代在唐生活的具体情况有所了解。

张、汪发表上述论文之后，因间隔时间短等原因，现在只看到拜根兴发表的论文中有所涉及。韩国学者金荣官也发表有相同内容的论文。

三、祢氏家族墓志（祢素士、祢仁秀、祢军）

如上所述，《祢寔进墓志铭》公布之后，在中韩学术界引起很大的关注。

---

① 张蕴、汪幼军：《唐〈故虢王妃扶余氏墓志〉考》，西安碑林博物馆编：《碑林集刊》第十三辑，西安：陕西人民美术出版社，2008年。

中韩两国学者赵振华、拜根兴、金荣官等人纷纷撰写论文，产生了重要的学术影响。到了 2011 年，吉林省社会科学院《社会科学战线》发表王连龙的《百济移民〈祢军墓志〉考论》一文①，公布出土于西安长安区郭杜镇一带的《祢军墓志》录文。2011 年 8 月 26 日，由韩国驻西安领事馆、西安市文物局、韩国独立纪念馆、西安博物院等联合举办了"西安地区中韩历史文化交流学术研讨会"。西安文物保护考古院的张全民研究员在会上发表了《唐祢氏家族墓的考古发现与初步研究》论文，首次公开新发现的祢氏家族墓地消息，并做了初步研究②，拜根兴也发表有专题论文和综述③，韩国学者金荣官也有论文刊出④。值得一提的是，《祢仁秀墓志》中有"洎子寔进，世官象贤也。有唐受命，东讨不庭。即引其王归义于高宗皇帝"的记载，证明了笔者此前所作文献史料中熊津方领祢植就是祢寔进其人的推断⑤。还有，祢素士、祢仁秀的墓志涉及祢氏祖先、祢寔进归唐的具体事项、祢氏后裔的生活状况等，为探讨祢氏家族在唐生活提供了真实的史料。而仪凤三年（678）镌刻的《祢军墓志》不仅提到"日本"两字、祢军出使倭国，而且涉及唐朝与新罗交涉的诸多内容，这些均在中日韩学术界产生了巨大反响⑥。相信随着祢氏家族四合墓志研究的深入，对唐与百济关系、百济移民的生活、唐与日本关系等问题的探讨将会有重大的帮助和突破。

四、大唐西市收藏百济移民陈法子的墓志

《陈法子墓志》于 2007 年被大唐西市博物馆收藏，因其并非正规的考古发掘，难能知晓其出土的准确时间，但其出土于 2007 年之前当是可以认定的。同时，因志文中有武周天授二年（691）葬于洛阳邙山之原的记载，故出

---

① 王连龙：《新出百济人〈祢军墓志〉研究》，《社会科学战线》2011 年第 7 期，第 123—129 页。
② 张全民：《新出唐百济移民祢氏家族墓志考略》，杜文玉主编：《唐史论丛》第十四辑，西安：陕西师范大学出版社，2012 年，第 52—66 页。
③ 拜根兴：《入唐百济移民祢氏家族墓志关联问题研究》，《韩国古代史研究》2012 年第 66 辑。
④ （韩）金荣官：《中国发现百济遗民祢氏家族墓志铭检讨》，《新罗史学报》2012 年第 24 辑。
⑤ 拜根兴：《百济遗民〈祢寔进墓志铭〉关联问题考释》，《东北史地》2008 年第 2 期，第 28—32 页。
⑥ 拜根兴：《中国学界的百济移民祢氏家门墓志铭检讨》，《韩国史研究》2014 年第 165 辑；（日）气贺泽保规主编：《高句丽百济移民的动向》，东京：勉城出版社，2015 年。

第十一章 中国学界百济史研究的现状与课题——以出土百济移民石刻墓志铭文为中心

土于洛阳亦可确定。胡戟、荣新江主编《大唐西市博物馆藏墓志》出版之后，拜根兴的《入唐百济移民陈法子墓志关联问题考释》①一文，对于墓志中提到的陈法子先祖进入朝鲜半岛的路线，所任官职，以及陈法子本人入唐后的为官经历做了考述，特别是对志文中提及的百济地方四个郡名，依据现有史料做出了自圆其说的解释，文章还对百济灭亡与陈法子入唐经纬做了探讨。陈玮的《新见武周百济移民陈法子墓志研究》则引用史料，着重探讨陈法子作为百济西部人，其先世源于中原，以及陈法子曾祖担任百济太学正等问题，也涉及陈法子父祖担任百济地方麻连大郡、马徒郡官职，以及陈法子本人担任既母郡、禀达郡官职，并对史料中出现的诸多中原人士担当百济中央地方官职多有探讨；文章还探讨了陈法子入唐后担当唐朝官职情况，解释志文中既称百济为"本邦"，入唐后又有"异邦"之感受的矛盾心态，认为墓志"为研究中古东亚汉文化圈中的汉裔群体，在地域流动中所体现的族裔感知与认同提供了独特视角"②。无论如何，《陈法子墓志》为学术界提供了入唐百济移民新的人物样本，弥足珍贵；特别是墓志涉及的几个百济地方行政地名，百济灭亡前的职官等，值得进一步深入研究。关于此墓志，韩国学者金荣官亦发表《百济遗民陈法子墓志研究》论文③。

有两本专著涉及入唐百济移民研究。其一，姜清波《入唐三韩人研究》（暨南大学出版社2010年版），探讨百济人入唐概况，入唐百济使者，唐朝对百济王室后裔及臣僚安置，史书中列传记载的百济人事迹，参与唐中宗时期宫廷政变的百济人等。书中对百济移民沙吒忠义、沙吒利的论述颇见功力，填补了研究空白，但对一些最新的考古发掘资料（如百济王室后裔扶余王妃墓的考古发掘）并未触及，影响了论述的力度。其二，拜根兴的《唐代高丽百济移民研究：以西安洛阳出土墓志为中心》（中国社会科学出版社2012年版），在前人研究的基础上，对迄今为止西安洛阳出土的百济移民11方（件）墓志作了较为深入的探讨，特别是对西安近年来出土的百济王室后裔扶余王妃墓志、西安南郊出土的百济移民祢氏家族墓志，以及黑齿常之、

---

① 该文先以《入唐百济移民陈法子墓志涉及地名及关联问题考释》，刊登于2013年6月西安大明宫研究院编辑出版的内部刊物《大明宫研究》第8辑上，后经修改，以《入唐百济移民陈法子墓志关联问题考释》题目，正式发表于《史学集刊》2014年第3期。
② 王双怀、梁咏涛主编：《武则天与广元》，北京：文物出版社，2014年。
③ （韩）金荣官：《百济遗民陈法子墓志铭研究》，《百济文化》2014年第50辑。

黑齿俊父子墓志的解释，作者掌握最新研究动态，熟悉韩、日学界的研究，梳理探讨成一家之言，进而将入唐百济移民的整体研究推进到了一个新的台阶。

第四节　现有研究的回顾与检讨

纵观中国学术界对百济史及入唐百济移民的研究，虽然取得了一定的成果，尤其对出土百济移民墓志史料的考察探讨，但无疑也存在一些亟须解决的问题。

首先，与研究入唐高丽移民、新罗侨民相比，可能是缺少史料及资源配置失衡等原因，从事入唐百济移民研究者并不多，现有研究者也多是偶尔涉及这一领域，并不是专门或一定时期内将此作为重要的研究议题，因而缺乏一个探讨的群体氛围。

其次，由于缺乏组织性，研究者各自为战，对于已有研究成果不了解或者欠缺查找耐心，总认为自己探讨的命题是唯一的或具有一定水准，造成研究者各说各话，甚至有炒冷饭之嫌。例如，对黑齿常之其人研究，赵超先生1988年发表的论文中，通过探讨《黑齿常之墓志》，首次指出《新唐书》黑齿常之传中记载其担当"洋州刺史"，极可能为"沙泮州刺史"之误，随后出现的几篇论文，要么重提此问题，要么不知所云，也没有注释说明，均以为是自己的发明；对黑齿常之的世系排列也是如此，每篇论文都要提到，但都没有提及在此之前的研究，这极不符合学术研究的规范，应引起特别注意。

再次，可能是语言不通等原因，由于缺乏和国外同一研究领域学者交流切磋，出现研究资源浪费，更遑论学术观点的商榷和讨论。如韩国学者李文基、李道学1991年已发表过有关《黑齿常之墓志》论文，但国内学者并不知道，此后出现研究黑齿常之墓志的论文也未见提及上述研究。当然，随着网络信息化的提高，双方留学人员的增加，以及深层次学术交流的频繁，各自研究成果的互通了解当是可以办到的。

最后，由于没有专门从事入唐百济移民的研究者，当新史料出现时缺乏相应的敏感度，有时出现研究成果出笼迟缓，很难做到近水楼台先得月，这些也是值得学界重视的问题。相信通过各地研究者的不懈努力，如上问题会得到妥善解决。

小　　结

中国学者对入唐百济移民的研究可上溯到20世纪20年代，伴随着入唐百济移民墓志的出土，一些学人步入研究行列，其中以金石学家罗振玉为代表，包括著名隋唐史专家岑仲勉、书法家许平石等。20世纪80年代中期，在此之前出土的一些石刻墓志史料公之于世，开启研究的第二个阶段，研究论文无论数量还是质量均有提高，研究者开始关注更广阔的领域，研究走向深入。老一辈研究者如章群等人在其论著中涉及入唐百济移民活动，赵超、马驰、陈长安、张剑等北京、西安、洛阳学者加入其中，撰写了许多有分量的论文。进入21世纪后，随着中国与韩国外交关系的确立，两国之间的学术交流更加频繁和深入，开阔了研究者的视野。与此同时，洛阳、西安两地新的考古史料不断公布，既凝结着考古工作者的辛勤汗水，也激发了其他研究者探索的热情，出现了一些新的高质量的研究成果。黄清连、赵振华、周裕兴、姜清波、张蕴、拜根兴、张全民、冯立君、陈玮，以及一些民间学者如赵智滨（河南省安阳市文化局）的论文，就是在这种背景下出现的。不仅如此，顺应中韩双方交流深入的潮流，一些韩国学者因在中国大学留学或者合作研究的缘故，如赵胤宰、朴淳发等先生，他们的研究成果要么被翻译，要么自己撰写论文在中国学术杂志上刊出，客观上也强力推动了中国学界的研究。而东北等地域的一些大学硕士研究生论文选题，其中选择百济史或百济移民史研究也在逐渐增多，近年来就有多篇硕士论文产出①。相信通过海内外学界同仁的共同努力，中国学界对于研究中存在的一系列问题，将会总结教训，加强交流，积极努力，争取获得新的研究成果。

---

①　延边大学硕士论文有：于畅《黑齿常之考论》，2008年度硕士论文；李春香《试论百济与隋唐的政治关系》，2010年度硕士论文；郑大伟《百济移民问题探析》，2010年度硕士论文；周晓娇《试论南朝佛教在百济的传播和影响》，2013年度硕士论文。张开霞《碧骨堤之兴废及其风俗文化研究》，2013年度硕士论文。吉林大学：于春英《百济与南北朝朝贡关系研究》，2009年度硕士论文。东北师范大学：杜金唐《白村江战役与东亚格局的演变》，2011年度硕士论文。陕西师范大学硕士论文有：李婷《流入日本的百济、高句丽移民研究》，2008年度硕士论文。

说明：本章原名《中国学界百济史研究的现状与课题：以出土百济移民墓志文中心》，是笔者2014年10月应邀出席韩国忠清南道历史文化研究院举办的"百济与古代东亚"国际学术研讨会提交论文。中文本发表于贾二强主编：《长安学研究》创刊号，中华书局2015年。

附录

一、海内外学界有关百济祢氏家族墓志研究论著目录

拜根兴:《百济遗民祢寔进墓志铭关联问题考释》,《东北史地》2008年第2期

拜根兴:《入乡随俗:墓志所载入唐百济遗民的生活轨迹——兼论百济遗民遗迹》《陕西师范大学学报》(哲学社会科学版)2009年第4期

拜根兴:《唐与百济关系研究二题:以熊津都督王文度死亡与祢寔进墓志铭为中心》(韩)《百济研究》2008年第47辑

拜根兴:《唐代百济移民祢氏家族墓志关联问题研究》,《当代韩国》2012年第2期

拜根兴:《百济移民祢氏家族墓志研究》,《韩国古代史研究》2012年第66辑

拜根兴:《中国学界百济移民祢氏家族墓志的研究》,《韩国史研究》2014年第165辑

拜根兴:《唐高宗时代:朝鲜半岛剧变与高丽的应对》,《陕西师范大学学报》(哲学社会科学版)2014年第4期

拜根兴:《唐代高丽百济移民研究:以西安洛阳出土墓志为中心》,北京:中国社会科学出版社,2012年

董延寿、赵振华:《洛阳、鲁山、西安出土的唐代百济人墓志探索》,《东北史地》2007年第2期

（日）东野治之：《百济人祢军墓志中的"日本"》，《图书》2012年第756号

（日）东野治之：《日本国号的研究动向和课题》，《东方学》2013年第125号

葛继勇：《关于祢军墓志的备忘录》，《专修大学东亚世界史研究年报》2012年第6号

葛继勇：《国号日本及其周边》，《国史学》2013年第209号

葛继勇：《"风谷"与"盘桃，"海左"与"瀛东"：祢军墓志的"日本"备忘录》《东洋学报》2013年第2号

高明士：《日本国号与天皇制的起源》，《台湾师范大学历史学报》2012年第48号

（韩）金荣官：《百济遗民祢寔进墓志绍介》，（韩）《新罗史学报》2007年第10辑

（韩）金荣官撰：《百济遗民祢寔进墓志介绍》，金宪镛译，西安碑林博物馆编：《碑林集刊》第十三辑，西安：陕西人民美术出版社，2007年

（韩）金荣官：《中国发现百济遗民祢氏家族墓志铭检讨》，《新罗史学报》2012年第24辑

（日）荆木美行：《祢军墓志的出土及其意义》，《皇学馆论丛》2012年第45号

（日）金子修一：《唐朝治下百济人的动向和新发现的墓志》，（日）气贺泽保规：《高句丽百济移民的动向》，东京：勉诚出版社，2015年

（日）井上亘：《日本国号的成立》，（日）气贺泽保规：《高句丽百济移民的动向》，东京：勉诚出版社，2015年

（日）井上亘：《祢军墓志"日本"考》，《东洋学报》2013年第4号

（韩）金英心：《墓志铭所见百济灭亡前后祢氏的活动》，（日）气贺泽保规：《高句丽百济移民的动向》，东京：勉诚出版社，2015年

（韩）李道学：《通过"祢寔进墓志铭"看百济祢氏家族》，《传统文化论丛》2007年第5辑

（日）铃木靖民：《东亚世界的构成》，《〈梁职贡图〉及东部亚洲的世界》文集，东京：勉诚出版社，2014年

（韩）权惠永：《百济遗民祢氏家族墓志介绍》，《史学研究》2012年第102辑

（日）气贺泽保规：《祢军墓志的解释和"日本"国号的理解》，（日）气贺泽保规：《高句丽百济移民的动向》，东京：勉诚出版社，2015年

（日）气贺泽保规主编：《高句丽百济移民的动向》，东京：勉诚出版社，2015年

（日）神野志隆光：《日本的由来》，（日）气贺泽保规：《高句丽百济移民的动向》，东京：勉诚出版社，2015年

（日）田中俊明：《百济朝鲜史中祢氏的位置》，（日）气贺泽保规：《高句丽百济移民的动向》，东京：勉诚出版社，2015年

王连龙：《百济人〈祢军墓志〉考》，《社会科学战线》2011年第7期

王连龙：《祢军墓志所见的日本国号问题》，（日）气贺泽保规：《高句丽百济移民的动向》，东京：勉诚出版社，2015年

（日）西本昌弘：《祢军墓志的"日本"与"风谷"》，《日本历史》2013年4月号

（日）小林敏男：《白村江以后的"日本"国号问题》，（日）气贺泽保规：《高句丽百济移民的动向》，东京：勉诚出版社，2015年

（日）榎本淳一：《东亚所见的日本国号问题》，（日）气贺泽保规：《高句丽百济移民的动向》，东京：勉诚出版社，2015年

张全民：《新出唐百济移民祢氏家族墓志考略》，杜文玉主编：《唐史论丛》第十四辑，西安：陕西师范大学出版社，2012年

张全民：《唐代百济祢氏家族墓的发现及其家族世系的考察》，（日）气贺泽保规：《高句丽百济移民的动向》，东京：勉诚出版社，2015年

早稻田大学文学部东亚古代史研究室：《祢军墓志译注》，《史滴》2012年第34号

早稻田大学文学部东亚古代史研究室：《祢寔进墓志译注》，《史滴》2013年第35号

说明：本统计下限止于2015年3月之前。

二、石刻墓志所见七世纪赴朝鲜半岛唐人军将行迹图

附表 1　石刻墓志所见七世纪赴朝鲜半岛唐人军将行迹表

序号	姓名	字号	籍贯	赴朝鲜半岛年月	死亡年月	死亡年龄	最终官职	临终状态	埋葬地点	资料来源
1	李勣	懋功	山东人	贞观十九年 贞观二十二年 乾封元年	总章二年	81	英国公	死于京师长安府第	陪葬昭陵	《全唐文》、《全唐文补遗》
2	契苾何力	—	凉州人	贞观十九年 龙朔年中 乾封元年	—	—	凉国公	—	陪葬昭陵	其子墓志铭，本传
3	尉迟恭	敬德	河南洛阳人	贞观十九年	显庆三年	74	鄂国公	薨于长安府第	陪葬昭陵	《唐代墓志汇编》、《全唐文补遗》
4	郑广	仁泰	荥阳开封人	贞观十九年	龙朔三年	63	右武卫大将军	薨于凉州官舍	陪葬昭陵	《唐代墓志汇编》、《全唐文补遗》
5	阿史那忠	义节	京兆万年人	乾封年间？	上元二年	65	右骁卫大将军	洛阳家中	陪葬昭陵	《全唐文补遗》
6	张士贵	武安	弘农卢氏人	贞观十九年	显庆二年	72	辅国大将军	河南县家中	陪葬昭陵	《全唐文补遗》
7	李思摩	—	阴山人	贞观十九年 贞观二十一年	贞观二十一年	65	右武卫大将军	死于高丽战斗中	陪葬昭陵	《全唐文补遗》
8	马郎	—	扶风人	不明	不明	—	—	死于辽城	—	《全唐文补遗》
9	武希玄	敬道	太原受阳人	贞观十九年	贞观二十年	33	右勋卫宣城公	并州官舍	长安西南5千米	《陕西金石志》
10	常何	—	河内温县人	贞观十九年	显庆四年	66	左卫大将军	长安府第	陪葬昭陵	墓志铭敦煌写本
11	王君愕	—	武安邯郸人	贞观十九年	贞观十九年	51	左武卫将军	战死于军阵	陪葬昭陵	《全唐文补遗》
12	安辅国	—	安息人	贞观十九年	调露二年	83	维州刺史	神都洛阳	京师长安县孝悌乡	《全唐文》
13	温思暕	药王	太原祁人	贞观十九年	证圣元年（695）	72	司农少卿	家中	长安之东白鹿原	《全唐文补遗》
14	赵静安	仁基	南阳人	贞观十九年	长寿二年（693）	87	右监门校尉	家中	京师万年县崇道乡	《全唐文补遗》
15	杨大隐	朝	河南人	贞观十九年	咸亨三年（672）	58	上柱国	长安青化里	城北平乐乡	《唐代墓志汇编》

附录

续表

序号	姓名	字号	籍贯	赴朝鲜半岛年月	死亡年月	死亡年龄	最终官职	临终状态	埋葬地点	资料来源
16	曹钦	毛良	京兆好畤人	贞观十九年	乾封二年（667）	74	左骁卫大将军	薨于献陵留守任内	迁附于先君缘州刺史之旧墓	《唐代墓志汇编续集》
17	边真	行感	西凉人	不明	咸亨四年（673）	54	上柱国	私第	平乐乡	《全唐文补遗》
18	阳玄基	昭业	右北平无终人	龙朔元年	长安三年（703）	75	左羽林卫将军	私第	合宫县万安山南	《全唐文补遗》
19	□敬	仁恪	太原祈人	贞观十九年显庆三年	龙朔三年（663）	50	游击将军	可能死于军阵	洛阳邙山	《唐代墓志汇编》
20	张立德	七郎	范阳方城人	贞观十九年	贞观二十三年（649）	49	秦城府果毅上柱国	秦城府	洪原乡少陵原	《西安碑林博物馆新藏墓志续编》
21	李楷	德谟	陇西成纪人	贞观十九年	永徽六年（655）	50	上柱国	私第	同乐里旧墓	《西安碑林博物馆新藏墓志续编》
22	唐逊	志顺	北海人	贞观十九年	龙朔三年（663）		兰州长史	私第	京师凤栖原	《西安碑林博物馆新藏墓志续编》
23	刘端	正平	沛郡彭城人	贞观十九年	上元二年（675）	73	洛纳府旅帅		河南县龙门乡	《洛阳流散墓志汇编》
24	孙休	承庆	乐安郡人	贞观十九年	麟德二年（665）	57	上轻车都尉	官舍	邙山	《洛阳流散墓志汇编》
25	李俭	孝廉	陇西狄道人	龙朔年间"熊津道运粮大使"	永淳二年（683）	56	容州都督	官舍	河南县龙门乡	《洛阳流散墓志汇编》
26	李吉	神禧	陇西成纪人	乾封年间	文明元年（684）	59	安东都护府万金镇副骑都尉	私第	巩县孝义乡	《洛阳流散墓志汇编》
27	杜□	—	京兆杜陵人杜嗣俭之子	有"从子东征"字样	不详	—	不详	不详	—	《洛阳流散墓志汇编》
28	彭晈	—	其先陇西人	显庆五年"征百济有功"	咸亨三年（672）	43	陈州宛丘县丞，柱国	劝善坊私第	北邙	《洛阳流散墓志汇编》
29	贾感	□	洛阳人	贞观十九年	长寿元年（692）	55	营州平辽镇副	洛阳家中	洛阳北邙山	《唐代墓志汇编》
30	斛斯政则	公宪	京兆户人	贞观十九年	咸亨元年（670）	81	右监门郎将	九成宫家中	陪葬昭陵	《全唐文补遗》

续表

序号	姓名	字号	籍贯	赴朝鲜半岛年月	死亡年月	死亡年龄	最终官职	临终状态	埋葬地点	资料来源
31	李冲寂	广德	陇西狄道人	贞观十九年麟德年中	永淳元年	—	怀州刺史	唐州方城县行次	万年县龟川乡之原	《全唐文》
32	马文超	—	太原扶风?	贞观十九年	—	—	不详	—	—	《唐代墓志汇编》
33	张胫	德纯	汝南郾城人	贞观十九年	总章元年	70	右监门中郎将	私第	伊阙县万安山阳	《全唐文补遗》
34	张秀	实	修武人	贞观十九年	贞观二十二年	27	不详	家中	洛阳北邙	《全唐文补遗》
35	张仁	旻寂	洛阳（原南阳）人	贞观十九年	开元四年	84	五台县令，上骑都尉	家中	代州城西	《唐代墓志汇编》
36	梁基	知本	安定乌氏人	贞观十九年	贞观二十二年	46	—	军中	邙山平阴	《全唐文补遗》
37	任素	—	汾阴人	贞观十九年	显庆□年	38	武骑尉	—	平乐乡	《全唐文补遗》
38	韩邋	长安	许州临颍人	贞观十九年	永徽四年	61	游击将军	官舍	洛阳北邙	《全唐文补遗》
39	张羊	君节	南阳白水人	贞观十九年	显庆元年	32	永嘉府队副	家中	洛阳北邙山	墓志铭
40	刘观	慧览	徐州彭城人	贞观十九年	垂拱元年	83	游击将军	家中	太州赤城	墓志铭
41	姜綱	纪	陇西天水人	贞观十九年	永徽六年	56	杭州刺史	杭州州部	河南县平乐乡北邙	《全唐文补遗》
42	元师奖	玄宗	河南人	贞观十九年	垂拱二年	66	河源道经略副使	鄯州官舍	岐州	《全唐文补遗》
43	刘胡仁	—	洛阳人（望彭城）	贞观十九年	不详	—	不详	—	—	《唐代墓志汇编》
44	郭君副	—	太原人	贞观十九年	乾封二年	67	郏鄘府队正	洛州私第	北邙	《唐代墓志汇编》
45	李琮	文泰	汴州陈留人	贞观十九年	如意元年	—	上骑都尉	延福坊第	清风乡	《全唐文补遗》
46	段雅	德亮	雁门人	贞观十九年	不明	51	骁骑尉	私第	段村东	《全唐文补遗》
47	娄敬	仁恭	其先齐国人	永徽三年龙朔元年乾封元年	乾封二年	53	右骁卫游击将军上柱国	薨于军中	洛阳北邙山之阳	《唐代墓志汇编》
48	莫义	承符	京兆万年人	贞观十九年	长寿二年	67	朝散大夫行司宫台奚官局令	尚善里私第	邙山	《全唐文补遗》
49	浩玄	—	汝南鄢城人	显庆末年龙朔年间—	龙朔元年	41	护军	死于辽左	泽州高平县城东	《全唐文补遗》

续表

序号	姓名	字号	籍贯	赴朝鲜半岛年月	死亡年月	死亡年龄	最终官职	临终状态	埋葬地点	资料来源
50	王行则	—	山东登州人	显庆末年龙朔年间	麟德初年返回故乡	—	不详	返回登州，其他情况不明	不详	圆仁《入唐求法巡礼行记》
51	杨思善	绀	徙居洛阳	龙朔元年	龙朔元年	58	镂方道行军兵曹	死于军所	北邙旧茔	《全唐文补遗》
52	安范	兴孙	雍州盩厔人	龙朔年中	永昌元年	64	上骑都尉	私第	盩厔县昌国原	《全唐文补遗》
53	孙仁贵	士稜	范阳涿人	总章元年	长寿二年	42	辽东道行军判官，赤水军大使	私第	洛州合宫县龙门乡	《全唐文补遗》（千唐志斋卷）
54	朱静方	—	洛州陆浑县人	总章年中	神龙二年	62	柱国	洛阳道政里	河南北山	《全唐文补遗》（千唐志斋卷）
55	刘浚	德深	汴州尉氏人	龙朔年间麟德年间	永昌元年	47	上柱国	广州贬所	陪葬乾陵	《唐代墓志汇编》
56	张□	修义	南阳人	龙朔年间	开元五年	63	—	家中	—	《全唐文补遗》
57	田仁汪	履贞	北平人	贞观年间	麟德二年	—	司卫正卿	东都河南里私第	高阳原	《唐代墓志汇编续集》《全唐文补遗》
58	张亮	—	—	贞观十九年	—	—	水军总管	—	砣矶岛石刻	
59	董师	盛德	陇西人	龙朔年中	龙朔年中	—	上骑都尉	战死军中		《隋唐五代墓志汇编·山西卷》
60	郑宝念	—	荥阳郡开封人	乾封元年	垂拱二年	78	并州太原府折冲	京师西布政乡私第	长安城南细柳原	《长安碑刻》
61	张素	—	南阳白水人	龙朔年中	永隆元年	56	上柱国	长安思恭里私第	洛阳北邙平乐乡	《唐代墓志汇编》
62	张仁楚	仁楚	南阳白水人	龙朔三年	长安三年	77	岷州刺史	岷州官舍	洛阳北原	《唐代墓志汇编》
63	皇甫武达	宝成	雍州长安人	总章元年	仪凤二年	55	宁远将军	廓州镇所	京师马祖原冯落北	《陕西历史博物馆馆刊》第11辑
64	朱义琛	仲珪	洛阳人	龙朔三年	上元三年	85	定州刺史	东都修业里	洛阳奇坑之原	墓志铭
65	南郭生	—	其先固安人	龙朔二年载初元年	延载元年	57	朝议大夫，安东都护府录事	官舍	洛阳合宫县平乐乡	《唐代墓志汇编》

续表

序号	姓名	字号	籍贯	赴朝鲜半岛年月	死亡年月	死亡年龄	最终官职	临终状态	埋葬地点	资料来源
66	平原郡开国公	—	不详	龙朔年中	麟德元年	—	熊津道总管常州刺史	官舍	不详	《全唐文》
67	仵钦	祖仁	蓟县人	龙朔元年	总章元年	67	朝散大夫上柱国	家中	县城北	《全唐文补遗》
68	郑仁恺	仁恺	荥阳人	龙朔中、麟德中?	□□元年	76	密、亳二州刺史	东都惠训里家中	—	《全唐文》
69	王庆	弘庆	东莱掖人	龙朔初	神龙元年	67	朝仪郎行登州司马上柱国	官舍	掖城东南五里掖山之阴	《唐文拾遗》
70	张德	文	洛阳人	显庆五年	总章元年	47	骑都尉	家中	洛阳北邙	《全唐文补遗》
71	陆仁俭	乾迪	河南洛阳人	显庆五年 龙朔元年 麟德元年 乾封元年	如意元年	66	巂州都督	官舍	邙山	《全唐文补遗》
72	李谓	—	陇西成纪人	显庆五年	龙朔二年	54	汾阴县丞上柱国	魏封之私第	洛阳北山	《唐代墓志汇编》、《全唐文补遗》
73	冯师训	邦基	长乐郡人	显庆五年 乾封元年	如意元年	75	左武卫将军上柱国	家中	—	《全唐文补遗》
74	程思义	思义	东平人	不明	长安三年	75	朝议大夫行兖州龚丘县令	洛阳县德懋里私第	合宫县平乐原	《全唐文补遗》
75	豆卢钦望	—	昌黎徒合人	显庆年间	景龙三年	86	芮国公	私第	陪葬乾陵	《陕西历史博物馆馆刊》第6辑
76	张仁袆	道穆	中山义丰人	显庆五年 龙朔元年	仪凤元年	58	吏部郎中	长安胜业里	洛州北邙	《唐代墓志汇编》、《全唐文补遗》
77	阎基	茂先	洛阳人	显庆五年	圣历二年	75	唐州司马	唐州官舍	河阴	《唐代墓志汇编》
78	阎庄	当时	河南人	贞观十九年	上元三年	52	太中大夫太子家令	河南县宣风里私第	乾封县福阳乡高阳原	《全唐文补遗》
79	李思贞	惟杰	平原高堂人	不明	长安四年	63	沙州刺史	沙州刺史官舍	万年县浐川乡长乐原	《全唐文补遗》
80	王嘉	感	太原人	麟德年中	永淳元年	61	昭武校尉	家中	洛州合宫县	《唐代墓志汇编》

续表

序号	姓名	字号	籍贯	赴朝鲜半岛年月	死亡年月	死亡年龄	最终官职	临终状态	埋葬地点	资料来源
81	靳晟	大廉	汾州西河人	麟德元年	仪凤三年	52	带方州录事，礼州司马，建州昭武县令	官舍	洛阳北山	墓志铭
82	王德表	文甫	太原晋阳人	麟德年中	圣历二年	80	瀛州文安县令	家中	合宫县伯乐原	《唐代墓志汇编》
83	梁待宾	—	安定临泾人	麟德年中	长寿二年	50	明威将军	神都旌善里家中	雍州蓝田县骊山原	《全唐文》
84	于遂古	前经	东海郯人	乾封元年	圣历元年	75	巂州刺史建平公	洛州明堂县家中	—	《全唐文补遗》
85	刘公绰	—	上党壶关人	乾封元年	光宅元年	68	从善府校尉上柱国	家中	—	《全唐文补遗》
86	魏哲	知人	钜鹿阳曲人	乾封元年总章年间	总章二年	54	右监门将军，检校安东都护	安东都护府官舍	墓志铭未有记载	《全唐文》
87	马宝义	孝先	洛阳人	总章年中	咸亨二年	67	上骑都尉	家中	邙山平乐乡	《唐代墓志汇编》
88	崔献	—	—	乾封元年	调露三年	67	左武卫将军成安县男	紫桂宫羽林军官第		《全唐文》
89	康留买	—	西州茂族今为洛阳人	乾封、总章中	永淳元年	—	游击将军	家中	邙山平乐乡	《唐代墓志汇编》
90	韦泰真	知道	京兆杜陵人	总章年间	垂拱三年	61	怀州刺史上柱国	神都崇政坊私第	河南县平乐乡	《全唐文补遗》
91	王方翼	仲翔	太原祁人	上元中（未能成行）	垂拱三年	63	夏州都督	—	咸阳原	《全唐文》
92	陆孝斌	顺	洛阳人	咸亨中	圣历元年	62	齐州司马	姚郱之逆旅	漳北之神冈	《全唐文》
93	王守义	—	不详	咸亨中	咸亨中	—	不详	在海东（新罗）遇疫亡	友陆孝斌送丧	陆孝斌墓志铭
94	赵义	怀敬	天水人	咸亨中	调露二年	54	淄州高苑县丞	东都修善里家中	王城北邙之原	《唐代墓志汇编》
95	李谨行	谨行	其先盖肃慎之苗裔	上元中	永淳二年	64	积石道经略大使	州河源军官舍	陪葬乾陵	《全唐文补遗》
96	张大象	张公瑾之子	敦煌人	不明	不明	—	辽东左一军总管	不明	不明	《全唐文补遗》（其子墓志）
97	连□	隆	潞州襄垣人	不明	永昌元年	66	飞骑尉	家馆	襄垣县纯孝乡茅平原	《全唐文补遗》

续表

序号	姓名	字号	籍贯	赴朝鲜半岛年月	死亡年月	死亡年龄	最终官职	临终状态	埋葬地点	资料来源
98	张贞	□师	河南洛阳人	不明	垂拱元年	59	上柱国	私第	邙上之岭	《全唐文补遗》
99	贾隐	—	洛阳人	上元中？	天授三年	61	鸡林道兵曹检校子营总管	—	洛阳清风原	《全唐文补遗》
100	刘仁轨	正则	汴州尉氏人	龙朔、乾封、总章、上元	垂拱元年	85	同凤阁鸾台三品，文献公	洛阳官舍	陪葬乾陵	本传、其子墓志
101	薛礼	仁贵	河东汾阴人	贞观、永徽、显庆、咸亨、上元	永淳二年	70	代州都督	洛阳	葬于故乡山西	《旧唐书》、《集古录跋文》
102	刘仁愿	—	绥州人	显庆五年龙朔、麟德、乾封、	不详	—	熊津都督左卫郎将	不详	不详	《旧唐书》
103	刘三仁	—	元氏县人	不明	不明	—	云骑尉	死于辽川	元氏县城东十里	《全唐文补遗》其父刘珍墓志
104	宋祯	麟福	广平县人	—	长安三年	—	延州刺史	私第	偃师县之原	《全唐文补遗》
105	张□	修义	南阳人	不明	开元五年	63	飞骑尉仁勇副尉	私第	—	《全唐文补遗》
106	韩仁楷	昭本	河南阳城人	贞观十九年永徽六年	仪凤四年	59	荆州长林县令	—	河南平乐乡	《全唐文补遗》
107	□永	隆	太原祁县人	乾封、咸亨、上元	上元元年	58	安东副都护	安东府官舍	雍州山原县	《唐代墓志汇编》
108	王思讷	奇言	太原人	不明	证圣元年	—	文林郎骑都尉	染疫卒于桂州之军幕	邙山之原	《唐代墓志汇编》
109	王敬	仁恪	太原祁人	贞观、显庆	龙朔三年	50	游击将军	死于军中	邙山	《全唐文补遗》
110	黑齿常之	恒元	原百济人	麟德中上元中	永昌元年	60	右武卫大将军	洛阳狱中	洛阳北邙山	《唐代墓志汇编》
111	李秀	玄秀	范阳人	咸亨中	开元四年	62	云麾将军辽西郡开国公	范阳郡私第	范阳福禄乡原	《金石萃编》
112	张举	全节	南阳白水人	贞观十九年	仪凤二年	84	飞骑尉，郑州杨武县令	自宅	邺城西六里	《唐代墓志汇编续集》
113	李德武	—	不明	永徽六年	不详	—	中郎将	不明	不明	《全唐文补遗》
114	张和	才	洛阳人	贞观、高宗朝	永淳元年	60	上柱国	遘疾卒于私第	邙山	《唐代墓志汇编》

续表

序号	姓名	字号	籍贯	赴朝鲜半岛年月	死亡年月	死亡年龄	最终官职	临终状态	埋葬地点	资料来源
115	张成	文德	南阳西鄂人	不明	垂拱三年	52	上柱国右武卫长史	私第	河南县平乐乡	《唐代墓志汇编》
116	牛莫问	—	上党人	高宗	不明	—	柱国	不明	父牛宝永淳元年葬	《西安碑林博物馆新藏墓志汇编》
117	贾绍	文兴	上党人	龙朔年间	龙朔年间	—	—	死于军中	州城西南	《西安碑林博物馆新藏墓志汇编》
118	成俭	贞固	河南緱氏县人	高宗朝	文明元年	61	上柱国	私第	洛阳平阴乡	《唐代墓志汇编》
119	牛文宗	法师	泾州安定人	贞观十九年	永徽四年	47	虢州阌乡县令	阌乡县任内	京兆杜城西高阳原	《大唐西市博物馆馆藏墓志》
120	徐德	孝德	高平人	贞观十九年 贞观二十二年	显庆二年	61	果州刺史	果州刺史任内	万年县少陵原之智原乡	《大唐西市博物馆馆藏墓志》
121	宇文撵	师	河南洛阳人	贞观十九年	麟德二年	—	骁骑尉旅帅	洛阳家中	雍州万年县杜陵凤栖原	《大唐西市博物馆馆藏墓志》
122	焦海智	巨源	陇西南安人	贞观十九年 乾封年间	永隆二年	72	左骁卫安州都督	路途	同州下邽县晋平原	《大唐西市博物馆馆藏墓志》
123	元武寿	—	河南人	贞观十九年	咸亨元年	73	右骁卫将军	西京安兴里	万年县义丰乡	《大唐西市博物馆馆藏墓志》
124	屈突诠	公理	雍州长安人	咸亨、调露、开耀年间	载初元年	69	安东都护笼州刺史	赴任途中（邕州）	洛阳县清风乡	《中原文物》
125	张玄景	元晖	本武威人今居河南	不明	咸亨五年	52	骑都尉	私第	邙山	墓志铭
126	连简	隆	潞州襄垣人	不明	永昌元年	66	飞骑尉	馆	襄垣	《唐代墓志汇编》
127	李起宗	弘道	陇西成纪人	不明	显庆三年	36	上柱国	—	北芒	《唐代墓志汇编》
128	李顶	柱仁	邢州龙岗人	不明	圣历三年	74	上柱国	私第	邢州	《全唐文补遗》
129	牛高	靳举	上党潞城人	贞观年间	永淳元年	59	上柱国	私第	潞城县映山原	《唐代墓志汇编》
130	田涛	菩提	临淄郡东郊县人	贞观十九年	咸亨二年	80	乡长	礼泉坊私第	高阳原	《大唐西市博物馆馆藏墓志》

续表

序号	姓名	字号	籍贯	赴朝鲜半岛年月	死亡年月	死亡年龄	最终官职	临终状态	埋葬地点	资料来源
131	徐迪	元道	高平人	贞观年间	贞观十八年七月	35	上柱国长上校尉	私第	河南龙门山阴	《大唐西市博物馆馆藏墓志》
132	焦海智	巨源	陇西南安人	贞观十九年乾封年间	永隆元年	72	宁远将军	送兵途中	同州下邳县	《大唐西市博物馆馆藏墓志》
133	强伟	玄英	扶风人	贞观二十一年	麟德元年	57	轻车都尉	长城县廨第	河南县金谷原	《唐代墓志汇编》
134	可那氏丈夫	—	不明	贞观十九年	贞观十九年	不明	无	死于战阵	邙山之阳	《全唐文补遗》
135	牛秀	进达	其先陇西人，今为濮阳雷泽人	贞观十九年贞观二十一年	永徽二年	57	左武卫大将军	私第	陪葬昭陵	《全唐文补遗》
136	吴广	黑闼	濮阳人	贞观十九年	总章元年	78	濮阳郡开国公	私第	陪葬昭陵	《全唐文补遗》
137	张琮	珍	南阳人	乾封年间	仪凤二年	63	上柱国	私第	县城西北	《全唐文补遗》
138	王玄裕	玄裕	太原祁人	不明	咸亨二年	61	柱国	德懋里私第	北邙山	《全唐文补遗》
139	郭康	—	并州晋阳人	不明	不明	—	不详	不详	不详	其子郭信墓志铭
140	冯名	孝德	新平郡人	不明	久视元年	49	漳源府校尉	私第	—	《全唐文补遗》
141	郭行节	志该	太原人	咸亨二年	咸亨二年	41	鸡林道判官押运使	死于海中	招魂合葬清风乡	《唐代墓志汇编续集》
142	樊廉	元贞	南阳人	不明	天册万岁二年	76	上轻车都尉	私第	□城东	《唐代墓志汇编续集》
143	扶余隆	隆	百济辰韩人	麟德、乾封	永淳元年	66	熊津都督带方郡王	私第	北邙清善里	《全唐文补遗》
144	李度	仁才	赵郡人	不明	景龙四年	—	上柱国	私第	州城西南	《唐代墓志汇编续集》
145	雍平辽	—	平凉人	—	不详	—	不详	不详	不详	《唐代墓志汇编续集》
146	姬温	思忠	河南洛阳人	贞观十九年	上元二年	75	昭陵令	永安坊私第	白鹿原	《唐代墓志汇编续集》
147	王大礼	仪	河南洛阳人	贞观十九年	总章二年	57	绥州刺史	歙州官第	陪葬昭陵	《唐代墓志汇编续集》
148	高感	敏	渤海郡人	贞观十九年	麟德元年	52	上骑都尉	私第	州城西	《唐代墓志汇编续集》
149	姚思玄	尚默	河东蒲坂人	不详	万岁通天二年	55	上骑都尉	洛城思顺里	某原	《全唐文补遗》

续表

序号	姓名	字号	籍贯	赴朝鲜半岛年月	死亡年月	死亡年龄	最终官职	临终状态	埋葬地点	资料来源
150	执失莫圽友	—	代郡朔方人	贞观十九年	不明	—	左威卫大将军	—	—	《唐代墓志汇编续集》
151	纪会	冲远	丹阳人	不明	万岁通天二年	73	曲周县令	官署	毕陌南原	《唐代墓志汇编续集》
152	庞德威	二哥	南安人	不明	乾封元年	68	上护军	私第	四池之侧	《平津读碑记》
153	樊文	彦藻	南阳人	贞观年间	大足元年	70	司卫少卿上柱国	私第	合宫县谷阳乡王幼村	《唐代墓志汇编续集》
154	薛玄则	燕客	河东汾阴人	龙朔元年	龙朔二年	31	朝请郎	莱州途中	长安高阳原	《长安新出墓志》
155	刘孝节	悌城	徐州彭城人	贞观十九年	麟德二年	65	明威将军	东都恭安里私第	雍州泾阳县	《全唐文补遗》
156	刘文祎	—	—	贞观十九年		83	游击将军	—	—	《碑林收藏墓志》
157	曲名昉等60人	—	中山次飞人	贞观十九年	全部返回家乡		—			《常山金石志》
158	河北元氏县100余人	—	河北元氏县	贞观十九年	全部返回家乡		—			《常山金石志》

说明：以上表格是笔者补充拙著《七世纪中叶唐与新罗关系研究》附表1（中国社会科学出版社2003版），该表列举了赴朝鲜半岛的65位唐人军将事迹。本表在其基础上，依据《石刻史料新编》，台北：新文丰出版公司1987年版；《隋唐五代墓志汇编》天津古籍出版社，1991年；周绍良主编：《唐代墓志汇编》，上海古籍出版社，1992年；周绍良、赵超主编：《唐代墓志汇编续集》，上海古籍出版社，2001年；吴钢主编《全唐文补遗》（全9册，三秦出版社版）；《全唐文补遗》（千唐志斋新藏专辑）；《陕西历史博物馆馆刊》、《碑林集刊》、《文博》定期杂志，以及近年来新出版的《西安碑林博物馆新藏墓志》（全三册，线装书局2007年版）；西安市长安区博物馆编：《长安新出墓志》（文物出版社2010年版）；胡戟、荣新江主编：《大唐西市博物馆藏墓志》（全三册，北京大学出版社2012年版）；毛阳光等主编：《洛阳流散墓志汇编》（国家图书馆出版社2013年版）；赵力光主编：《西安碑林博物馆新藏墓志续编》（上下册，陕西师范大学出版社2014年版）；吴敏霞主

编:《长安碑刻》(陕西人民出版社2014年版)等资料,增加了89件石刻墓志资料,人数增加到156名(不包含贞观十九年赴朝鲜半岛的中山次飞、河北元山县的160人),力图给学界提供更多更有价值的史料。

参考文献

一、石刻墓志总集及研究

（清）王昶：《金石萃编》，北京：中国书店，1985年
（清）陆增祥：《八琼室金石补正》，刘氏希古楼刊本
（清）董诰等：《全唐文》，北京：中华书局，1985年
（清）毕沅撰《关中胜迹图志》，张沛校点，西安：三秦出版社，2004年
罗振玉：《唐代海东藩阀志存》，《石刻史料新编》，台北：新文丰出版公司，1987年
毛汉光：《唐代墓志铭汇编附考》，台北："中央研究院"历史语言研究所，1989年
周绍良主编：《唐代墓志汇编》，上海：上海古籍出版社，1992年
李献奇、郭引强编：《洛阳新获墓志》，北京：文物出版社，1996年
吴钢等主编：《全唐文补遗（1—9辑）》，西安：三秦出版社，1994—2007年
周绍良、赵超主编：《唐代墓志汇编续集》，上海：上海古籍出版社，2001年
岑仲勉：《金石论丛》，北京：中华书局，2005年
吴钢主编：《全唐文补遗：千唐志斋新藏专辑》，西安：三秦出版社，2006年
赵力光主编：《西安碑林博物馆新藏墓志》，北京：线装书局，2007年

乔栋、李献奇、史家珍编：《洛阳新获墓志续编》，北京：科学出版社，2008年

西安市长安区博物馆编：《长安新出墓志》，北京：文物出版社，2010年

胡戟、荣新江主编：《大唐西市博物馆藏墓志》，北京：北京大学出版社，2012年

郭茂育、赵水森编：《洛阳出土鸳鸯志辑录》，北京：国家图书馆出版社，2012年

毛阳光、余扶危主编：《洛阳散见唐代墓志汇编》，北京：国家图书馆出版社，2013年

赵力光主编：《西安碑林博物馆新藏墓志续编》，西安：陕西师范大学出版社，2014年

吴敏霞等主编：《长安碑刻》，西安：陕西人民出版社，2014年

（韩）许兴植编：《韩国金石全文（古代）》，首尔：亚细亚文化社，1984年

李建超：《增订唐两京城坊考》，西安：三秦出版社，2006年

（日）气贺泽保规主编：《新版唐代墓志所在总合目录》增订本，日本明治大学东亚石刻文物研究所编：《东洋史资料丛刊》5，东京：汲古书院，2009年

二、文献史料

（唐）张楚金著、雍公睿注、（日）竹内理三校订：《翰苑》，东京：弘文馆，1977年影印

（唐）杜佑撰：《通典》，王文锦等点校，北京：中华书局，1988年

（唐）李林甫等撰：《唐六典》，陈仲夫点校，北京：中华书局，1992年

（唐）慧立、彦悰：《大慈恩寺三藏法师传》，北京：中华书局，2000年

（唐）许敬宗编、罗国威整理：《日藏弘仁本文馆词林校证》，北京：中华书局，2004年

（唐）张九龄撰、熊飞校注：《张九龄集校注》，北京：中华书局，2008年

（宋）王溥：《唐会要》，上海：上海古籍出版社，1992年

（五代）刘昫：《旧唐书》，北京：中华书局，1975 年

（宋）欧阳修、宋祁：《新唐书》，北京：中华书局，1975 年

（宋）乐史撰：《太平寰宇记》，王文楚等点校，北京：中华书局，2007 年

（宋）李昉等：《文苑英华》，北京：中华书局，1966 年

（高丽）金富轼：《三国史记》，首尔：乙酉文化社，1997 年

（高丽）释一然：《三国遗事》，首尔：乙酉文化社，1997 年

（朝鲜）郑麟趾编：《高丽史》，北京、重庆：人民出版社、西南师范大学出版社，2014 年

（日）圆仁著、白化文等校注：《入唐求法巡礼行记校注》，石家庄：花山文艺出版社，1992 年

三、今人论著

章群：《唐代蕃将研究》，台北：联经出版事业公司，1986 年

章群：《唐代蕃将研究（续编）》，台北：联经出版事业公司，1990 年

叶国良：《石学蠡探》，台北：大安出版社，1989 年

孙继民：《唐代行军制度研究》，台北：文津出版社，1995 年

叶国良：《石学续探》，台北：大安出版社，1999 年

牛致功：《唐代碑石与文化研究》，西安：三秦出版社，2002 年

张沛：《唐折冲府汇考》，西安：三秦出版社，2003 年

拜根兴：《七世纪中叶唐与新罗关系研究》，北京：中国社会科学出版社，2003 年

王小甫主编：《盛唐时代与东北亚政局》，上海：上海辞书出版社，2003 年

党银平：《唐与新罗文化关系研究》，北京：中华书局，2007 年

拜根兴：《唐朝与新罗关系史论》，北京：中国社会科学出版社，2009 年

赵振华：《洛阳古代铭刻文献研究》，西安：三秦出版社 2009 年版

韩昇：《东亚世界形成史论》，上海：复旦大学出版社，2009 年

韩昇：《海东集—古代东亚史实考论》，上海：上海人民出版社，2009 年

姜清波：《入唐三韩人研究》，广州：暨南大学出版社，2010 年

胡元超：《昭陵墓志通释》，西安：三秦出版社，2010 年

马驰：《唐代蕃将》修订本，西安：三秦出版社，2011年

苗威：《高句丽移民研究》，吉林大学出版社，2011年

王双怀、贾云主编：《二十五史干支通检》，西安：三秦出版社，2011年

拜根兴：《唐代高丽百济移民研究：以西安洛阳出土墓志为中心》，北京：中国社会科学出版社，2012年

韩国高句丽研究财团编：《中国所在高句丽关联金石文资料集》，2005年

程义：《关中地区唐代墓葬研究》，北京：文物出版社，2012年

黄约瑟：《薛仁贵》，西安：西北大学出版社，1995年

王双怀、梁咏涛主编：《武则天与广元》，北京：文物出版社，2014年

（日）鲇贝房之进：《〈日本书纪〉朝鲜地名考》，东京：国书刊行会，1972年

（韩）卢重国：《百济政治史研究》，首尔：一潮阁，1988年

（韩）李道学：《百济古代国家研究》，首尔：一志社，1995年

（韩）李基东：《百济史研究》，首尔：一潮阁，1996年

（韩）权悳永：《韩中古代外交史：遣唐使研究》，首尔：一潮阁，1997年

（日）池田温：《唐史研究论文选集》，北京：中国社会科学出版社，1999年

（韩）卢重国：《百济复兴运动史》，首尔：一潮阁，2003年

（韩）李道学：《活着的百济史》，首尔：humanist出版社，2003年

（日）砺波护著、韩昇编：《隋唐佛教文化》，韩昇、刘建英译，上海：上海古籍出版社，2004年

（日）古濑奈津子：《遣唐使眼中的中国》，高泉益译，台北：商务印书馆，2005年

（美）爱德华·谢弗：《唐代的外来文明》，吴玉贵译，陕西师范大学出版社，2005年

（韩）朴贤淑：《百济的中央和地方》，首尔：周留城出版社，2005年

（韩）金荣官：《百济复兴运动研究》，首尔：书景文化社，2005年

（韩）徐荣教：《罗唐战争史研究》，首尔：亚细亚文化出版社，2006年

（韩）卢泰暾：《新罗三国统一战争史》，首尔：首尔大学出版部，

2009 年

（韩）卢重国：《百济社会思想史》，首尔：知识产业社，2010 年

（韩）卢重国：《百济对外交涉和交流》，首尔：知识产业社，2012 年

（韩）李相勋：《罗唐战争研究》，首尔：周留城出版社，2013 年

后记

以唐代东亚交流研究为主题，撰写系列论文或者专著，是笔者一直以来的奋斗目标。为什么如此？答案并不深奥，笔者近20年来就是从事这方面的教学与研究工作。但是，从学界现有研究看，无论是唐代中日关系史，还是唐与朝鲜半岛国家关系史，抑或以唐代东亚命名的研究成果并不少见，要发掘出新的、颇有价值的东西确实还不容易。好在生活在唐代京师所在地古都西安，自世纪之交以来，随着城市的扩张发展，西安周边每年都发掘清理为数众多的唐代墓葬遗址，其中不乏和唐代东亚交流密切关联的石刻墓志出土，这些新的资料无疑成为学界补充现有研究、开拓新的研究领域的动力源泉。当然，距西安不远的唐代东都洛阳不时也有新的考古发现，两地共同烘托出学界研究创新的新天地。正因如此，笔者的研究计划才有进一步实施和完成的可能。

事实上从10余年前撰写博士论文开始，笔者就十分重视石刻墓志史料的收集和探讨，进而得出许多意想不到的收获。例如薛仁贵造像题名、刘仁愿泰山顶上题名，以及不为人知的柴哲威精舍草堂碑、刘仁愿纪功碑等，成为当时探讨相关问题的重要支撑史料。此后对大唐平百济国碑铭、砣矶岛摩崖石刻、新罗真德王石像底座残铭，以及众多的高丽、百济移民墓志，日本遣唐使随从井真成墓志的探讨，应该是这种研究的延续和深入。

唐代东亚交流是本书探讨的重点，笔者秉承高明士教授"中国的天下秩序"观点，诠释涉及的诸多问题。与此同时，本书探讨的石刻墓志均为近10余年来学界的新探索和发现，也是笔者因应海内外学界前沿研究的倾力之作。

在此，笔者诚挚地感谢在此期间邀请我赴海内外出席国际学术研讨会的

后 记

学界师友同行,没有他们的督促,就没有本书的撰作。感谢我的博士导师韩国庆北大学的朱甫暾教授,韩国东国大学庆州分校的文武王教授,韩国东北亚历史财团的延敏洙教授,韩国公州大学的郑载润教授,韩国忠南大学的张寅成、朴淳发教授,2010年10月、2014年10月,笔者两次应邀出席新罗学国际学术大会,2012年2月,笔者应邀出席韩国东国大学庆州分校举办的东亚都市佛教文化交流学术研讨会,2014年10月,笔者出席韩国百济文化研究院举办的百济与古代东亚国际学术研讨会,获益匪浅。感谢日本专修大学土屋昌明教授、日本御茶水女子大学的古濑奈津子教授、日本中央大学妹尾达彦教授,他们邀请我赴日本或作讲演或出席国际学术研讨会,而提交会议的论文成为本书的重要组成部分。感谢著名唐史专家、古代石刻墓志研究专家日本明治大学的气贺泽保规教授,笔者有关《唐高宗时期朝鲜半岛剧变与高丽应对》,以及《入唐高丽移民墓志史料价值》两篇论文,正是在先生的督促下完稿并发表。感谢浙江工商大学东亚研究院王勇教授,浙江大学历史系杨雨蕾教授、王海燕教授,西北大学王维坤教授,中国朝鲜史学会会长金成镐教授、副会长王元周教授,南京师范大学李天石教授,他们也邀请笔者出席各种学术研讨会或前往为学生做报告。也感谢西安大唐西市博物馆胡戟教授、北京大学荣新江教授,西安文物保护考古研究院的张全民研究员,中央民族大学李鸿宾教授。感谢王其祎研究员、张全民研究员、楼正豪博士等提供了部分墓志拓片。对上述师友的呵护支持和帮助,笔者表示真诚的感谢!

拜根兴

2015年7月15日于陕西师范大学